2022年
国家统一法律职业资格考试

客观题
商经知法宝典

汪华亮◎编著

有深度 有温度
有理论 有实务

汪华亮

中国政法大学出版社

2022·北京

图书在版编目（ＣＩＰ）数据

2022 年国家统一法律职业资格考试客观题商经知法宝典/汪华亮编著. —北京：中国政法大学出版社，2022.2

ISBN 978-7-5764-0352-7

Ⅰ.①2… Ⅱ.①汪… Ⅲ.①商法－中国－资格考试－自学参考资料②经济法－中国－资格考试－自学参考资料③知识产权法－中国－资格考试－自学参考资料 Ⅳ.①D92

中国版本图书馆 CIP 数据核字 (2022) 第 031223 号

出 版 者	中国政法大学出版社
地　　址	北京市海淀区西土城路 25 号
邮寄地址	北京 100088 信箱 8034 分箱　邮编 100088
网　　址	http://www.cuplpress.com （网络实名：中国政法大学出版社）
电　　话	010-58908285 (总编室) 58908433 （编辑部） 58908334 (邮购部)
承　　印	固安华明印业有限公司
开　　本	787mm×1092mm　1/16
印　　张	16.5
字　　数	390 千字
版　　次	2022 年 2 月第 1 版
印　　次	2022 年 2 月第 1 次印刷
定　　价	65.00 元

序言：精英法律人

"有深度，有温度，有理论，有实务"。这句"新四有"，既是对亮哥授课风格的总结，也是对本书写作特点的概括，还是对法考发展趋势的回应。

2019年9月，北京大学法学院院长、中国司考和法考制度的深度参与者之一潘剑锋教授发表《论以法律职业精英化为目标的法律职业资格考试》一文，明确提出"法律职业者应当是社会精英，这应当是法律职业与其他多数职业对从业者的不同要求。"进而建议"法律职业资格考试难度应当进一步提高，考试内容应当着眼于对考生法律问题的发现能力、分析能力和法律知识综合性运用能力的检测；每年取得法律职业资格的比例应较以往取得法律职业资格的比例大幅度地减小……考试合格的分数线没有必要事先确定，以有利于命题者在命题内容、题目形式、问题提问方式等方面的把握上相对更加灵活一些，命题的质量更好一些。"这与亮哥的观察、判断和预测不谋而合。

按照亮哥的理解，未来的法考将呈现选拔性、理论性和实务性三大特点，以实现法律职业精英化这一大目标。在此背景之下，中国法学教育需要作出改变，法考培训的课程和图书更需要作出大幅度改变。

一是要"有深度"。法考是一种选拔性考试，而不是过关性考试。不是你不优秀，而是别人更优秀。在过渡期结束之后，考试难度逐步提高，通过率逐步降低，以便选拔出"精英法律人"。如果我们把试题分为"易中天"三个层次，那么，考生必须做对大部分"易"题、相当一部分"中"题和至少一部分"天"题，才可能达到合格分数线。这就意味着，仅仅掌握基础知识，根本无法通过主观题考试，甚至也无法通过客观题考试。这就要求，法考培训课程和图书要增加深度，将学员和读者带到前20%甚至前10%的范围之内。

二是要"有温度"。"有深度"是目标，"有温度"则是实现目标的途径。对大部分考生而言，在复习备考的初期，是达不到法考要求的水平的。要在短期内达到合格分数线，是一个非常困难的甚至有些残忍的过程。在这个过程中，老师和图书是温暖的陪伴者。对老师而言，追求深度是要节制的，应当尽可能把复杂艰深的问题讲得通俗易懂；对图书而言，追求深度是要有策略的，应当尽可能把抽象深奥的道理写得图文并茂。这样，考生可以循序渐进，日益接近"精英法律人"的目标，而不至于当头一棒、望而却步。

三是要"有理论"。尽管法考是一种职业资格考试，但是，法学学科的特点决定了，法考永远无法回避甚至要主动拥抱理论问题。以商法学科为例，最近几年的考试频繁涉及外观主义、有限责任、人合性等等基础理论问题。如果考生仅仅背一些法条，记几个规则，将很难做对中等以上难度的选择题，更难答好中等以上难度的主观题。所以，法考的课程和图书，必须涉及基础理论，不能因为其深奥或者枯燥而选择回避。

四是要"有实务"。我们清晰地观察到，法考试题非常贴近生活，有的是身边的常见事儿，有的是报纸上的离奇事儿，还有的是网络上的热门事儿。它们的共性是发生了纠纷，而考生要能够运用法律知识解决这些纠纷——至少在纸上谈兵的层次上解决。这就意味着，法考老师应当具备一定的实务经验，法考课程和图书应当包括大量真实的、典型的案例。考生在完成学习之后，能够准确地判断案例型选择题，能够用"法言法语"分析案例题。

基于上述"新四有"的理解和追求，亮哥对这本书进行了大幅度的修订。亮哥希望并且相信，它能够帮助我们勤奋执着的读者，通过法考，成为"精英法律人"。

汪华亮

2022 年 1 月

目 录

第一部分 商 法

第二部分 经济法

第三部分 劳动与社会保障法

第四部分 环境与自然资源法

第五部分 知识产权法

第一部分　商法

第一章　公司法

码上揭秘

【本章概览】

地位	本章为商法中最重要的内容，预计分值为30分，其中客观题10分左右，主观题20分左右。考生应当深刻理解公司法基本原理，熟练掌握公司法主要规则，并能够用于解决实际问题。
内容	一是公司法总论，包括公司概念、种类、组织机构等基本原理，公司的股东、董事、监事、高级管理人员等主体，公司的设立、变更、合并、分立、解散和清算等行为，以及公司财务会计制度、公司债券、外国公司的分支机构等其他制度。 二是有限公司基本制度，重点在于有限公司股东的出资、股权转让规则。 三是股份公司基本制度，重点在于股份公司的设立程序、股份转让规则。
法条	《中华人民共和国公司法》 《最高人民法院关于适用〈中华人民共和国公司法〉若干问题的规定（一）》 《最高人民法院关于适用〈中华人民共和国公司法〉若干问题的规定（二）》 《最高人民法院关于适用〈中华人民共和国公司法〉若干问题的规定（三）》 《最高人民法院关于适用〈中华人民共和国公司法〉若干问题的规定（四）》 《最高人民法院关于适用〈中华人民共和国公司法〉若干问题的规定（五）》

第一节　公司基本原理

一、公司的概念和特征

【知识框架】

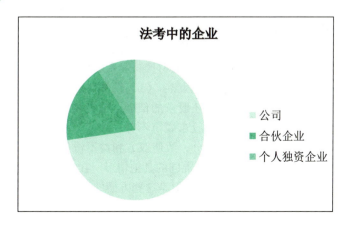

从上图可以看出，目前我国的企业类型主要包括公司、合伙企业和个人独资企业。在民法上，公司是营利法人，合伙企业和个人独资企业是非法人组织。三者相比较，公司是最重要的商事主体，也是现代企业制度的典范。在我国公司法上，公司是指股东依法以其认缴的出资额或认购的股份为限对公司承担责任，公司以其全部法人财产对公司债务承担责任的企业法人，包括有限责任公司和股份有限公司。其中，有限责任公司简称有限公司，包括普通的有限公司、一人有限公司、国有独资公司；股份有限公司简称股份公司，包括普通的股份公司和上市公司。

公司的法律特征可以用下表概括：

法人性	独立财产：公司享有法人财产权，拥有独立于股东和其他主体的财产。
	独立责任：公司用其全部法人财产对自己的债务承担责任（无限责任），股东以其认缴的出资额或者认购的股份为限对公司债务承担责任（有限责任）。
社团性	两个以上成员：股东为2人以上，但是一人公司和国有独资公司是例外。
	团体组织性：所有公司均具有这一特征。
营利性	获取利润（非营利法人也可以获取利润）。
	将利润分配给成员（非营利法人不具有这一特征）。

【难点展开】公司独立责任与法人人格否认

公司获得独立人格，独立承担责任，股东承担有限责任。有限责任制度的价值在于控制投资风险，进而鼓励投资。其作用机理在于，股东通过向公司投资，可以将其个人财产和公司的经营风险"隔离"开来。原则上，无论公司经营结果多差，股东蒙受的最大亏损额仅为其认缴出资额或者认购股份额。这正是现代公司法的基石。

但是，公司法人人格否认制度也存在被滥用的可能性，在此情形下，法院可以对公司人格加以否定，直接追索股东责任。《中华人民共和国公司法》（以下简称《公司法》）第20条第3款规定："公司股东滥用公司法人独立地位和股东有限责任，逃避债务，严重损害公司债权人利益的，应当对公司债务承担连带责任。"《中华人民共和国民法典》（以下简称《民法典》）第83条第2款也规定："营利法人的出资人不得滥用法人独立地位和出资人有限责任损害法人债权人的利益；滥用法人独立地位和出资人有限责任，逃避债务，严重损害法人的债权人的利益的，应当对法人债务承担连带责任。"此即我国法律关于法人人格否认制度的规定。

（一）适用条件

法人人格否认是例外，必须严格认定标准，且以个案适用为原则。根据公司法理论和实践，法人人格否认制度的适用情形主要包括以下三类：

1. 人格混同。认定公司人格与股东人格是否存在混同，最根本的判断标准是公司是否具有独立意思和独立财产，最主要的表现是公司的财产与股东的财产是否混同且无法区分。在认定是否构成人格混同时，应当综合考虑以下因素：（1）股东无偿使用公司资金或者财产，不作财务记载的；（2）股东用公司的资金偿还股东的债务，或者将公司的资金供关联公司无偿使用，不作财务记载的；（3）公司账簿与股东账簿不分，致使公司财产与股东财产无法区分的；（4）股东自身收益与公司盈利不加区分，致使双方利益不清的；（5）公司的财产记载于股东名下，由股东占有、使用的；（6）人格混同的其他情形。在出现人格混同的情况下，往往同时出现股东与公司人员、业务、住所混同，但是这些方面的混同往往只是人格混同的补强因素，而非决定性因素。

2. 过度控制。股东对公司过度支配与控制，操纵公司的决策过程，使公司完全丧失独立性，沦为股东的工具或躯壳，严重损害公司债权人利益，应当否认公司人格，由滥用控制权的股东对公司债务承担连带责任。实践中常见的情形包括：（1）母子公司之间或者子公司之间进行利益输送的；（2）母子公司或者子公司之间进行交易，收益归一方，损失却由另一方承担的；（3）先从原公司抽走资金，然后再成立经营目的相同或者类似的公司，逃避原公司债务的；（4）先解散公司，再以原公司场所、设备、人员及相同或者相似的经营目的另设公司，逃避原公司债务的；（5）过度支配与控制的其他情形。控制股东或实际控制人控制多个子公司或者关联公司，滥用控制权使多个子公司或者关联公司财产边界不清、财务混同，利益相互输送，丧失人格独立性，沦为控制股东逃避债务、非法经营，甚至违法犯罪工具的，可以综合案件事实，否认子公司或者关联公司法人人格，判令承担连带责任。

3. 资本显著不足。资本显著不足指的是，公司设立后在经营过程中，股东实际投入公司的资本数额与公司经营所隐含的风险相比明显不匹配。股东利用较少资本从事力所不及的经营，表明其没有从事公司经营的诚意，实质是恶意利用公司独立人格和股东有限责任把投资风险转嫁给债权人。由于资本显著不足的判断标准有很大的模糊性，特别是要与公司采取"以小博大"的正常经营方式相区分，因此在适用时要十分谨慎，应当与其他因素结合起来综合判断。

此外，还有一种特殊的法人人格否认问题，即横向混同。具体而言，关联公司之间在人员、业务、资产方面交叉混同难以区分的，债权人有权参照《公司法》第20条第3款请求其承担连带责任。例如，在最高人民法院第15号指导案例中，法院认定川交工贸公司与川交机械公司、瑞路公司构成横向混同，支持了川交工贸公司的债权人要求三家公司承担连带责任的诉讼请求。

纵向混同发生在股东与公司之间，横向混同发生在关联公司之间，二者区别如下图所示：

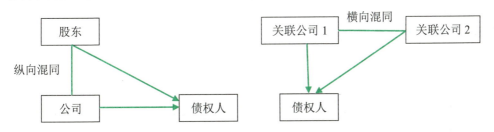

（二）法律后果

适用法人人格否认制度的后果是，债权人有权要求相应的股东对公司债务承担连带责任但不能扩及其他所有股东。此处连带责任，为无限连带责任，不以股东出资额为限。

（三）程序问题

关于当事人问题，要区分不同的情形处理：

1. 债权人对债务人公司享有的债权已经由生效裁判确认，其另行提起公司人格否认诉讼，请求股东对公司债务承担连带责任的，列股东为被告，公司为第三人。

2. 债权人对债务人公司享有的债权提起诉讼的同时，一并提起公司人格否认诉讼，请求股东对公司债务承担连带责任的，列公司和股东为共同被告。

3. 债权人对债务人公司享有的债权尚未经生效裁判确认，直接提起公司人格否认诉讼，请求公司股东对公司债务承担连带责任的，人民法院应当向债权人释明，告知其追加公司为共同被告。债权人拒绝追加的，人民法院应当裁定驳回起诉。

此外，关于举证责任问题，原则上由债权人对适用法人人格否认负举证责任，但是对于一人公司，应当实行举证责任倒置，由被告股东证明自己与公司财产独立，否则承担连带责任。

【案例分析】

（一）徐工机械公司诉川交工贸公司等买卖合同纠纷案

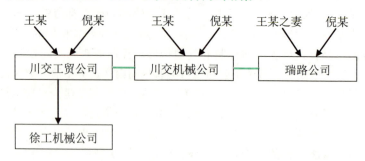

川交工贸公司拖欠徐工机械公司货款 10 511 710.71 元。川交机械公司股东为王某礼、倪某。瑞路公司股东为王某礼、倪某。川交工贸公司股东为张某蓉（占90%股份）、吴某（占10%股份），其中张某蓉系王某礼之妻。在公司人员方面，三个公司经理均为王某礼，财务负责人均为凌某，出纳会计均为卢某，工商手续经办人均为张某；三个公司的管理人员存在交叉任职的情形。在公司业务方面，三个公司在工商行政管理部门登记的经营范围均涉及工程机械且部分重合，三个公司均从事相关业务，且相互之间存在共用统一格式的《销售部业务手册》、《二级经销协议》、结算账户的情形；三个公司在对外宣传中区分不明。在公司财务方面，三个公司共用结算账户，凌某、卢某、汤某、过某的银行卡中曾发生高达亿元的往来，资金的来源包括三个公司的款项，对外支付的依据仅为王某礼的签字。法院认为，川交工贸公司与川交机械公司、瑞路公司在人员、业务、资产等方面出现混同，可以参照《公司法》第20条第3款的规定，由川交机械公司、瑞路公司对川交工贸公司的债务承担连带清偿责任。（案例来源：最高人民法院指导案例第15号）

（二）高某诉三亚天通国际酒店有限公司、海南博超房地产开发有限公司等第三人撤销之诉案

2005年11月3日，高某和邹某某作为公司股东（发起人）发起成立海南博超房地产开发有限公司（以下简称博超公司），高某、邹某某出资比例各占50%，邹某某任该公司执行董事、法定代表人。

2011年6月16日，博超公司、三亚南海岸旅游服务有限公司（以下简称南海岸公司）、三亚天通国际酒店有限公司（以下简称天通公司）、北京天时房地产开发有限公司（以下简称天时公司）四方共同签署了《协议书》，对位于海南省三亚市三亚湾海坡开发区的碧海华云酒店（现为天通国际酒店）的现状、投资额及酒店产权确认、酒店产权过户手续的办理、工程结算及结算资料的移交、违约责任等方面均作明确约定。2012年8月1日，天通公司以博超公司和南海岸公司为被告、天时公司为第三人向海南省高级人民法院提起合资、合作开发房地产合同纠纷之诉，提出碧海华云酒店（现为天通国际酒店）房屋所有权（含房屋占用范围内的土地使用权）归天通公司所有以及博超公司向天通公司支付违约金720万元等诉讼请求。海南省高级人民法院作出（2012）琼民一初字第3号民事判决，支持了天通公司的诉讼请求，判决作出后，各方当事人均未提出上诉。

2012年8月28日，高某以博超公司经营管理发生严重困难，继续存续将会使股东利益遭受重大损失为由起诉请求解散公司。2013年9月12日，海南省海口市中级人民法院作出

（2013）海中法民二初字第 5 号民事判决，判决解散博超公司。博超公司不服该判决，提出上诉。2013 年 12 月 19 日，海南省高级人民法院就该案作出（2013）琼民二终字第 35 号民事判决，判决驳回上诉，维持原判。2014 年 9 月 18 日，海口市中级人民法院指定海南天皓律师事务所担任博超公司管理人，负责博超公司的清算。

2015 年 4 月 20 日，博超公司管理人以天通公司、天时公司、南海岸公司为被告，向海南省高级人民法院起诉：请求确认博超公司于 2011 年 6 月 16 日签订的《协议书》无效，将位于海南省三亚市三亚湾路海坡度假区 15 370.84 平方米的土地使用权及 29 851.55 平方米的地上建筑物返还过户登记至博超公司管理人名下。海南省高级人民法院裁定驳回了博超公司管理人的起诉。诉讼过程中，天时公司、天通公司收到该案诉讼文书后与博超公司管理人联系并向其提供了（2012）琼民一初字第 3 号民事判决的复印件。高某遂据此向海南省高级人民法院就（2012）琼民一初字第 3 号民事判决提起本案第三人撤销之诉。

法院生效裁判认为：本案系高某针对已生效的海南省高级人民法院（2012）琼民一初字第 3 号民事判决而提起的第三人撤销之诉。第三人撤销之诉制度的设置功能，主要是为了保护受错误生效裁判损害的未参加原诉的第三人的合法权益。由于第三人本人以外的原因未能参加原诉，导致人民法院作出了错误裁判，在这种情形下，法律赋予本应参加原诉的第三人有权通过另诉的方式撤销原生效裁判。因此，提起第三人撤销之诉的主体必须符合本应作为第三人参加原诉的身份条件。本案中，高某对（2012）琼民一初字第 3 号民事判决案件的诉讼标的没有独立请求权，案件处理结果同高某之间也没有法律上的利害关系，所以高某不符合以第三人身份参加该案诉讼的条件。据此，法院裁定驳回原告高某的起诉。（**案例来源：最高人民法院指导案例第 148 号**）

【实战演练】

零盛公司的两个股东是甲公司和乙公司。甲公司持股 70% 并派员担任董事长，乙公司持股 30%。后甲公司将零盛公司的资产全部用于甲公司的一个大型投资项目，待债权人丙公司要求零盛公司偿还货款时，发现零盛公司的资产不足以清偿。关于本案，下列哪一选项是正确的？①

A. 甲公司对丙公司应承担清偿责任

B. 甲公司和乙公司按出资比例对丙公司承担清偿责任

C. 甲公司和乙公司对丙公司承担连带清偿责任

D. 丙公司只能通过零盛公司的破产程序来受偿

二、公司的种类

【知识框架】

分类标准	分类结果	
股东责任	无限责任公司、两合公司、股份两合公司、有限责任公司、股份有限公司。	
股份转让	封闭式公司与开放式公司。	
信用基础	人合公司、资合公司、人合兼资合公司。	上市公司是典型的资合公司，普通股份公司是以资合为主兼人合公司，有限公司是以人合为主兼资合公司。

---

① A。本案是比较典型的法人人格否认案例，股东甲公司不再受有限责任制度保护。需要注意的是，股东乙公司很"冤枉"，不必承担连带责任。

续表

分类标准	分类结果
公司国籍	本国公司、外国公司和跨国公司。
公司关系	（1）本公司与分公司：设立分公司，应当向公司登记机关申请登记，领取营业执照。分公司可以自己的名义订立合同，也可以自己的名义独立参加诉讼。但是，分公司不具有法人资格，其财产为公司财产，其民事责任由公司承担。
	（2）母公司与子公司：公司可以设立子公司，子公司具有法人资格，依法独立承担民事责任。

【难点展开】人合性

人合性作为重要的商法基础理论，其含义存在不确定性，但是大体上包括两个方面：一是个人信用以及由此而产生的投资人无限责任，二是投资人之间的合作与信任关系。一般认为，普通合伙企业是典型的人合性企业，因为它集中体现了人合性的两个方面含义。个人独资企业也是典型的人合性企业，因为它集中体现了人合性的第一个方面含义（由于投资人只有一个，第二个方面含义无从谈起）。有限公司是人合兼资合性企业，因为它只体现了人合性的第二个方面的含义，即股权对外转让受限。未上市的股份公司，由于其封闭性，要求股东之间存在一定的信任关系，因此也具有一定的人合性。而上市公司的人合性已经消失殆尽。企业的人合性沿着下述顺序逐步减弱：个人独资企业→普通合伙企业→有限合伙企业→有限公司→未上市的股份公司→上市公司。

【实战演练】

玮平公司是一家从事家具贸易的有限责任公司，注册地在北京，股东为张某、刘某、姜某、方某四人。公司成立2年后，拟设立分公司或子公司以开拓市场。对此，下列哪一表述是正确的？①

A. 在北京市设立分公司，不必申领分公司营业执照

B. 在北京市以外设立分公司，须经登记并领取营业执照，且须独立承担民事责任

C. 在北京市以外设立分公司，其负责人只能由张某、刘某、姜某、方某中的一人担任

D. 在北京市以外设立子公司，即使是全资子公司，亦须独立承担民事责任

三、公司的权利能力和行为能力

【知识框架】

公司的权利能力和行为能力，起止时间一致（公司成立时起，至公司消灭时止），范围相同（记载于公司章程并登记的经营范围）。这一点与自然人明显不同。在公司法上，应当注意以下几个问题：

（一）法定代表人越权行为效力问题

公司的法定代表人，根据章程规定，由董事长、执行董事或者经理担任。公司法定代表人变更，应当办理变更登记。

公司法定代表人的权限以及越权行为效力问题，本质上属于民法问题。根据《民法典》第61条规定，依照法律或者法人章程的规定，代表法人从事民事活动的负责人，为法人的法

---

① D。本题考查了分公司和子公司的区别，其核心在于是否具备独立的法人地位。

定代表人。法定代表人以法人名义从事的民事活动，其法律后果由法人承受。法人章程或者法人权力机构对法定代表人代表权的限制，不得对抗善意相对人。根据《民法典》第 504 条规定，法人的法定代表人或者非法人组织的负责人超越权限订立的合同，除相对人知道或者应当知道其超越权限外，该代表行为有效，订立的合同对法人或者非法人组织发生效力。

（二）超越经营范围订立的合同效力问题

经营范围即公司的权利能力范围和行为能力范围，按照传统民法理论，超越经营范围实施的法律行为无效。但是，我国《民法典》第 505 条规定，当事人超越经营范围订立的合同的效力，不得仅以超越经营范围确认合同无效。

（三）公司对外投资和担保行为

根据《公司法》第 15 条、第 16 条：（1）公司可以向其他企业投资；但是，除法律另有规定外，不得成为对所投资企业的债务承担连带责任的出资人。（2）公司向其他企业投资或者为他人提供担保，依照公司章程的规定，由董事会或者股东会、股东大会决议；公司章程对投资或者担保的总额及单项投资或者担保的数额有限额规定的，不得超过规定的限额。（3）公司为公司股东或者实际控制人提供担保的，必须经股东会或者股东大会决议。该股东或者受该实际控制人支配的股东，不得参加上述事项的表决。该项表决由出席会议的其他股东所持表决权的过半数通过。

【难点展开】越权担保行为的效力

这是公司法上争议最大的问题之一，理论上众说纷纭，实务中莫衷一是，其核心在于如何理解《公司法》第 16 条。结合《公司法》《最高人民法院关于适用〈中华人民共和国民法典〉有关担保制度的解释》和《九民纪要》的规定，基本判断是：法定代表人未经授权擅自为他人提供担保的，构成越权代表，应当区分订立合同时债权人是否善意分别认定合同效力：债权人善意的，合同对公司发生效力；反之，合同对公司不发生效力。需要注意的是：

（一）债权人善意的认定

善意是指相对人在订立担保合同时不知道且不应当知道法定代表人超越权限。相对人有证据证明已对公司决议进行了合理审查，应当认定其构成善意，但是公司有证据证明相对人知道或者应当知道决议系伪造、变造的除外。

相对人对公司机关决议内容的审查一般限于形式审查，只要求尽到必要的注意义务即可，标准不宜太过严苛。公司以机关决议系法定代表人伪造或者变造、决议程序违法、签章（名）不实、担保金额超过法定限额等事由抗辩债权人非善意的，一般不予支持。但是，公司有证据证明相对人明知决议系伪造或者变造的除外。

（二）无须决议的情形

有下列情形之一，公司以其未依照公司法关于公司对外担保的规定作出决议为由主张不承担担保责任的，不予支持：①金融机构开立保函或者担保公司提供担保；②公司为其全资子公司开展经营活动提供担保；③担保合同系由单独或者共同持有公司 2/3 以上对担保事项有表决权的股东签字同意。上述②③不适用于上市公司对外提供担保。

（三）法律后果

相对人善意，担保合同对公司发生效力，相对人请求公司承担担保责任的，依法予以支持；相对人非善意，担保合同对公司不发生效力，相对人请求公司承担担保责任的，不予支持，但可以请求公司承担赔偿责任。关于赔偿责任，具体规定为：（1）债权人与担保人均有过错的，担保人承担的赔偿责任不应超过债务人不能清偿部分的 1/2；（2）担保人有过错而债权人无过错的，担保人对债务人不能清偿的部分承担赔偿责任；（3）债权人有过错而担保人无过错的，担保人不承担赔偿责任。

法定代表人超越权限提供担保造成公司损失，公司请求法定代表人承担赔偿责任的，人民法院应予支持。公司没有提起诉讼，股东依据《公司法》第151条的规定请求法定代表人承担赔偿责任的，依法予以支持。

（四）一人有限责任公司

一人有限公司为其股东提供担保，无须决议。公司因承担担保责任导致无法清偿其他债务，提供担保时的股东不能证明公司财产独立于自己的财产，其他债权人有权请求该股东承担连带责任。

（五）分支机构

公司的分支机构未经公司股东（大）会或者董事会决议以自己的名义对外提供担保，相对人请求公司或者其分支机构承担担保责任的，不予支持，但是相对人不知道且不应当知道分支机构对外提供担保未经公司决议程序的除外。

【实战演练】

甲有限公司在上海设立了乙分公司，乙分公司取得了营业执照，从事货物贸易，张三为乙分公司负责人。张三代表乙分公司与李四签订了劳动合同。张三代表乙分公司与丙公司签订了买卖合同。张三还代表乙分公司与丁公司签订了保证合同，以担保戊公司对丁公司的负债。上述三份合同均未经甲有限公司董事会或股东会讨论。下列哪些说法是正确的？①

A. 该劳动合同有效

B. 该买卖合同有效

C. 丁公司有权要求乙分公司承担保证责任

D. 丁公司有权要求甲有限公司承担保证责任

四、公司章程

【知识框架】

概念	公司章程是规定公司名称、宗旨、资本、组织机构等对内对外事务的基本法律文件。它是公司的必备文件，不得以任何其他法律文件代替。它是实现公司自治的主要途径，但是章程的内容、制定和修改程序、效力都由法律强制规定。
制定	公司章程的订立方式：一是共同订立，适用于有限公司和发起设立的股份公司；二是部分订立，适用于募集设立的股份公司。
内容	有限责任公司章程应当载明下列事项：（1）公司名称和住所；（2）公司经营范围；（3）公司注册资本；（4）股东的姓名或者名称；（5）股东的出资方式、出资额和出资时间；（6）公司的机构及其产生办法、职权、议事规则；（7）公司法定代表人；（8）股东会会议认为需要规定的其他事项。股份公司也有类似规定。
修改	有限责任公司修改公司章程的决议，必须经代表2/3以上表决权的股东通过；股份有限公司修改公司章程的决议，必须经出席股东大会的股东所持表决权的2/3以上通过。公司章程变更后，公司董事会应向工商行政管理机关申请变更登记。
效力	公司章程对公司、股东、董事、监事、高级管理人员具有约束力。

① **AB**。一般情况下，分公司不会获得对外担保的授权。在相对人非善意的情况下，分公司签订的担保合同对分公司和本公司都不发生效力。

【难点展开】公司章程与公司法的属性

公司法是兼具强行法色彩的任意法、公法色彩的私法。在公司法允许的范围内，公司享有自治权，而公司自治主要是通过公司章程实现的。我们经常这样打比方：公司法给公司划了一个圈，圈内是公司自治的，圈外是法律强制的。随着公司法的发展，这个圈越来越大，或者说，公司自治的空间越来越大。

有限公司章程的性质和效力问题颇为复杂。从公司角度看，它是公司宪章；从股东角度看，初始章程或者全体股东一致同意修改的章程又是股东之间的协议。从公司自治角度讲，应该允许公司章程约定重要事项，尤其是内部事项。但是，如果公司章程在内容或程序方面存在严重瑕疵，尤其是严重损害小股东利益，则应当否定其效力。例如，《公司法》明确规定，董事会决议时实行"一人一票"原则，监事会必须包含不少于1/3的职工代表，这都属于强制性规定，违反此规定的章程条款是无效的。再如，根据《公司法解释（四）》第9条，公司章程、股东之间的协议等实质性剥夺股东依据公司法规定查阅或者复制公司文件材料的权利，属于无效约定，公司以此为由拒绝股东查阅或者复制的，人民法院不予支持。

此外，公司章程还有原始章程与修订章程之分。对有限公司而言，原始章程须经全体股东一致同意方可生效，是全体股东的共同意志。但在修订章程的时候，只需要代表2/3以上表决权的股东通过。因此，从公司法理论角度分析，公司在修订章程的时候，不得剥夺或者减损少数异议股东的权利。

五、公司的资本

【知识框架】

注册资本是指公司在设立时筹集的、由章程载明的、经公司登记机关登记的资本。有限责任公司的注册资本为在公司登记机关登记的全体股东认缴的出资额。股份有限公司采取发起设立方式设立的，注册资本为在公司登记机关登记的全体发起人认购的股本总额；股份有限公司采取募集方式设立的，注册资本为在公司登记机关登记的实收股本总额。

【难点展开】三项资本原则

传统公司法上的三项资本原则，在我国公司法上有所变化，具体内容如下：

（一）资本确定原则

公司设立时应在章程中载明公司的资本总额，并由发起人认足或者募足，否则公司不能成立。我国公司法已放弃这一原则，除募集设立股份公司外，不再要求公司成立时缴足资本，也不再要求验资程序，而是将这些问题交由公司章程规定。当然，法律、行政法规、国务院决定另有规定的除外。概而言之，我国公司法以注册资本认缴登记制为原则，以少数法定注册资本实缴登记制为例外。

（二）资本维持原则

公司在存续过程中，应当经常保持与其资本相当的财产。具体表现为：公司成立后发起人或者股东不得退股或抽回股本；不得折价发行股票；按规定提取和使用法定公积金；亏损或者无利润不得分配股利；公司原则上不能收购自己的股份也不得接受本公司股票作为质押的标的。

（三）资本不变原则

公司资本总额一旦确定，未经法定程序不得任意变动。如果公司要增加注册资本，不会对债权人造成损害，因此程序上要求简单。如果公司要减少注册资本，可能会损害债权人利益，因此程序上要求复杂。

第二节　公司股东、董事、监事、高级管理人员

一、股东概述

【知识框架】

概念	股东是指向公司出资、持有公司股份、享有股东权利和承担股东义务的人。	
身份	股东没有身份限制，可以是自然人、法人、非法人组织，还可以是国家。	
能力	股东没有行为能力限制，理论上股东可以是限制行为能力人或无行为能力人。	
取得	原始取得	通过公司设立或增资时的认缴出资或者认购股份而原始取得股东资格。
	继受取得	通过转让、继承、公司合并等方式继受取得股东资格。

【实战演练】

甲、乙、丙三人设立有限公司，公司与2017年10月10日取得营业执照，但是甲一直未按章程规定缴资，甲能否取得股东资格？2019年12月20日，乙不幸病故，其12岁的儿子小乙能否继承其股权？[①]

二、有限公司股东资格的确认

【知识框架】

出资证明书	有限责任公司成立后，应当向股东签发出资证明书。出资证明书应当载明下列事项：（1）公司名称；（2）公司成立日期；（3）公司注册资本；（4）股东的姓名或者名称、缴纳的出资额和出资日期；（5）出资证明书的编号和核发日期。出资证明书由公司盖章。
股东名册	有限责任公司应当置备股东名册，记载下列事项：（1）股东的姓名或者名称及住所；（2）股东的出资额；（3）出资证明书编号。
公司登记	公司应当将股东的姓名或者名称向公司登记机关登记；登记事项发生变更的，应当办理变更登记。未经登记或者变更登记的，不得对抗善意第三人。股东名册本身不必登记。
公司章程	有限责任公司章程应当载明股东的姓名或者名称以及股东的出资方式、出资额和出资时间。
营业执照	公司营业执照应当载明公司的名称、住所、注册资本、经营范围、法定代表人姓名等事项。公司营业执照记载的事项发生变更的，公司应当依法办理变更登记，由公司登记机关换发营业执照。
确认规则	对内以股东名册为准，记载于股东名册的股东可以主张行使股东权利。
	对外以公司登记为准，未经登记或者变更登记的，不得对抗善意第三人。

---

① 甲自2017年10月10日公司成立时即取得股东资格。股东资格的取得，以认缴出资而非实缴出资为条件。如果公司章程没有特别限制，小乙能够继承乙的股权。公司法并未要求股东必须具备完全民事行为能力。

【难点展开】

（一）股权变动的权利外观与其基础性法律关系

考察现行公司法之规定，围绕股东资格之取得，在公司设立时存在着一系列的程序性环节与要素，包括出资证明书之签发（第31条）、股东名册之记载（第32条）、公司章程之载明（第25条）以及公司登记机关之登记（第32条）。这些程序性环节均是法律上人为设计出来的技术，具有外部形式性特征，即所谓"外观"。当它们发生冲突时，以何者为准？

对内以股东名册为准。股东名册的效力体现在"推定性效力"方面，具体而言：第一，能够有资格向公司主张各种股东权利的，仅为已记载于股东名册的股东；第二，公司只对记载于股东名册的股东履行其义务，如召开股东会时对股东的通知义务、查阅复制之提供义务、分派红利义务以及剩余财产分配义务等；第三，公司也只能向记载于股东名册的股东主张相应的公司权利，如缴纳出资请求权等；第四，凡是需要股东签名或盖章的公司文件，如公司章程、股东会决议等，也只能由已记载于股东名册的股东签名，否则即构成无效签名，进而构成公司文件的程序瑕疵；第五，在发生股东资格争议时，股东名册的"推定性效力"将体现为举证负担上的优势。记载于股东名册中的主体只需援引该记载，即已完成其举证负担，而处于攻击地位的其他主体，则须提出股东名册以外的其他证据，以推翻股东名册之记载，这就是《公司法解释（三）》第22条所规定的"当事人之间对股权归属发生争议，一方请求人民法院确认其享有股权的，应当证明以下事实之一：（一）已经依法向公司出资或者认缴出资，且不违反法律法规强制性规定；（二）已经受让或者以其他形式继受公司股权，且不违反法律法规强制性规定。"

对外以公司登记为准。公司登记的效力体现在"对抗性效力"上。公司应当将股东的姓名或者名称向公司登记机关登记；登记事项发生变更的，应当办理变更登记。未经登记或者变更登记的，不得对抗善意第三人。这一规定成为股权善意取得制度的基础。《公司法解释（三）》第27条规定："股权转让后尚未向公司登记机关办理变更登记，原股东将仍登记于其名下的股权转让、质押或者以其他方式处分，受让股东以其对于股权享有实际权利为由，请求认定处分股权行为无效的，人民法院可以参照民法典第三百一十一条的规定处理。原股东处分股权造成受让股东损失，受让股东请求原股东承担赔偿责任、对于未及时办理变更登记有过错的董事、高级管理人员或者实际控制人承担相应责任的，人民法院应予支持；受让股东对于未及时办理变更登记也有过错的，可以适当减轻上述董事、高级管理人员或者实际控制人的责任。"

需要强调的是，不论是股东名册还是公司登记，都只是权利外观，必须以出资、受让股权等基础性法律关系为基础。如果基础法律关系不存在或者为虚假、无效，则可以推翻股东名册或者工商登记的记载。反之，如果基础性法律关系具备且无瑕疵，即使未经股东名册或者工商登记记载，仍然可以认定股权关系存在，并且据此请求公司完善股东名册及工商登记等外观。例如，《公司法解释（三）》第28条规定："冒用他人名义出资并将该他人作为股东在公司登记机关登记的，冒名登记行为人应当承担相应责任；公司、其他股东或者公司债权人以未履行出资义务为由，请求被冒名登记为股东的承担补足出资责任或者对公司债务不能清偿部分的赔偿责任的，人民法院不予支持。"再如，如果出现虚假增资，导致某股东的股权比例被稀释，即使进行了公司变更登记，仍不能认定股权比例发生了变更。又如，伪造股东签章，签署股权转让协议，并据此办理了股东名册和公司登记的变更，该股东可以请求法院确认股权转让协议不成立，并据此确认其股东资格。

（二）隐名出资问题

有限公司的实际出资人与名义出资人订立合同，约定由实际出资人出资并享有投资权益，以名义出资人为名义股东，在实践中较为常见，我们将其称为隐名出资问题。其关系结构如下：

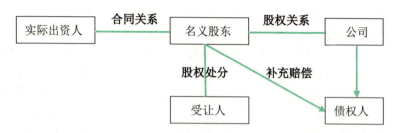

1. 合同关系：通常为信托合同、合伙合同或者其他无名合同。该合同的效力依民法判断，公司法并不禁止。例如，代持保险公司股权、代持上市公司股份的合同，因为违反了法律强制性规定或者损害公共利益，被法院判决无效。在代持股合同有效的情况下，名义股东和实际出资人依合同享有权利、履行义务。由于实际出资人的权利被视为债权，不具有股权的权利外观，因此，在代持股关系中，实际出资人面临巨大的风险。

2. 股权关系：因为具备完整的权利外观，名义股东具备股东资格，享有股东权利。例如，在股东会上，名义股东拥有表决权，实际出资人只能基于代持股合同向名义股东发出指示。如果名义股东违背实际出资人的指示投票，实际出资人只能追究其违约责任。再如，公司应当向名义股东分配投资收益，但实际出资人有权基于合同关系请求名义股东返还。又如，实际出资人即便认为公司账簿存在虚假记载，也无权以自己的名义直接提出查账请求，而只能要求名义股东去查阅账簿。实际出资人希望"浮出水面"，请求公司改变股东名义（变更股东、签发出资证明书、记载于股东名册、记载于公司章程并办理公司登记机关登记）的，应经其他股东过半数同意。需要注意的是，在此问题上，《九民纪要》根据意思主义作出了补充规定：即便未经其他股东过半数同意，实际出资人能够提供证据证明有限责任公司过半数的其他股东知道其实际出资的事实，且对其实际行使股东权利未曾提出异议的，对实际出资人提出的登记为公司股东的请求，也应予以支持。

3. 股权处分：名义股东转让、质押或以其他方式处分股权，善意第三人可以取得股权或者股权质权。名义股东处分股权造成实际出资人损失，实际出资人有权请求名义股东承担赔偿责任，该责任在性质上属于违约责任。

4. 补充赔偿责任：公司债权人以登记于公司登记机关的股东未履行出资义务为由，请求其对公司债务不能清偿的部分在未出资本息范围内承担补充赔偿责任，股东以其仅为名义股东而非实际出资人为由进行抗辩的，不予支持。名义股东根据上述规定承担赔偿责任后，向实际出资人追偿的，应予支持。

5. 冒名出资不适用上述规定，由冒名者对公司和公司的债权人承担责任，被冒名者对公司和公司的债权人既不享有权利、也不承担义务。但须注意，如果被冒名者处分股权，善意第三人依然可以善意取得股权。

【案例分析】黄某诉陈某等股东资格确认案

2004 年，黄某与陈某等股东共同设立制品公司，黄某出资 80 万元，持股 20%。2006 年，工商局根据制品公司申请，将制品公司注册资本由 400 万元变更登记为 1500 万元，黄某持股比例变更为 5.33%；"新股东"建筑公司"增资" 1100 万元，持股比例为 73.33%。2012 年，黄某诉请确认其持股比例仍为 20%。经鉴定，制品公司有关增资的股东会决议上黄某签名非本人所为，制品公司并未就增资问题召开过股东会会议。

　　法院认为：（1）制品公司系黄某与陈某等共同出资设立，设立时黄某依法持有制品公司20% 股权。在黄某未对其股权作出处分的前提下，除非制品公司进行了合法的增资，否则黄某持股比例不应降低。（2）制品公司章程明确约定公司增资应由股东会作出决议，经笔迹鉴定，制品公司及建筑公司股东会决议上均非黄某本人签名，不能依据书面的股东会决议来认定黄某知道增资情况。故在无证据证明黄某明知且在股东会上签名同意制品公司增资至 1500 万元的情况下，对制品公司设立时的股东内部而言，该增资行为无效，且对于黄某无法律约束力，不应以工商变更登记后的 1500 万元注册资本金额来降低黄某在制品公司的持股比例，而仍应依20% 的股权比例在股东内部进行股权分配，故判决黄某自设立后至股权转让前持有制品公司20% 股权。概而言之，未经公司有效的股东会决议通过，以虚假增资方式"稀释"公司原有股东股份的，即使已办公司登记，仍应认定无效，公司原有股东股权比例应保持不变。

【实战演练】

　　甲与朋友乙、丙于 2018 年 11 月共同成立了阮稼酒品加工有限公司，同时办理了公司股东登记。实际经营一段时间后，甲因股东资格问题与其他股东产生争议。甲称公司成立后不久，其就通过其弟弟个人账户向公司转账 200 万元，实际缴纳个人出资。股东乙却认为甲无法出具股东出资证明书，否认其股东资格。股东丙调查得知，由于公司成立初期事务繁忙，财会相关负责人因遗忘而未给甲出具股东出资证明书，同时公司也未置备股东名册。关于该争议，下列哪一选项是正确的?①

　　A. 应综合各种证据来认定甲的股东资格
　　B. 仅依据公司登记即可证明甲的股东资格
　　C. 甲不具有股东资格，因其无出资证明书证明
　　D. 甲不具有股东资格，因其无股东名册记载予以证明

三、股东的权利

【知识框架】

原则	股东有限责任和股东平等原则。
特征	（1）股东权利是一种私权。 （2）股东权利的内容具有综合性，包括自益权和共益权。前者如转让权、利润分配请求权、剩余财产分配权、优先认购新股权等，后者如临时股东（大）会召集权、提案权、投票权、知情权、选举权和被选举权、提起股东代表诉讼权等。前者以财产利益为主要内容，后者则以参与公司管理为内容。对有限公司而言，如果章程没有特别规定，自益权按实缴出资比例行使，共益权按认缴出资比例行使。

---

　　① 　A。本题中，公司登记和股东名册这两种最重要的权利外观相互冲突，但是甲具备取得股权的基础性法律关系，综合各种因素，最终应认定甲的股东资格。

续表

内容	财产权	(1) 发给股票或其他股权证明请求权。 (2) 股份转让权。 (3) 利润分配请求权。 (4) 优先认购新股权。 (5) 公司剩余财产分配权。
	管理权	(6) 股东（大）会临时召集请求权或自行召集权。 (7) 出席股东（大）会并行使表决权。 (8) 知情权。 (9) 对公司经营的建议与质询权。 (10) 公司重整申请权。
	救济权	权利损害救济权和股东代表诉讼权。

四、股东知情权

【知识框架】

（一）有限公司

1. 股东有权查阅、复制公司章程、股东会会议记录、董事会会议决议、监事会会议决议和财务会计报告。

2. 股东可以要求查阅公司会计账簿。股东要求查阅公司会计账簿的，应当向公司提出书面请求，说明目的。公司有合理根据认为股东查阅会计账簿有不正当目的，可能损害公司合法利益的，可以拒绝提供查阅，并应当自股东提出书面请求之日起15日内书面答复股东并说明理由。

这是公司法关于股东查阅会计账簿的程序的规定。需要注意三点。第一，这一前置程序仅适用于查阅会计账簿，而不适用于查阅、复制公司章程、股东会会议记录、董事会会议决议、监事会会议决议和财务会计报告。第二，未遵循前置程序的后果是什么？实践中，有的法院以股东未遵循前置程序，或者未说明目的，或者没有等满15天为由，判决驳回原告查阅会计账簿的诉讼请求。但是，判决驳回后，股东可以完善前置程序，然后再行起诉，其结果是增加了诉讼负担。所以，也有法院对前置程序瑕疵持宽容态度，即股东便未经前置程序，也可能获得胜诉判决。第三，这里的"不正当目的"是指：①股东自营或者为他人经营与公司主营业务有实质性竞争关系业务的，但公司章程另有规定或者全体股东另有约定的除外；②股东为了向他人通报有关信息查阅公司会计账簿，可能损害公司合法利益的；③股东在向公司提出查阅请求之日前的3年内，曾通过查阅公司会计账簿，向他人通报有关信息损害公司合法利益的；④股东有不正当目的的其他情形。"不正当目的"由公司负举证责任。

此外，这里的"会计账簿"是否包括凭证？这是一个有争议的问题。本书认为，从保护股东知情权的目的出发，应当允许股东查阅与会计账簿记载相关的凭证。

（二）股份公司

股东有权查阅公司章程、股东名册、公司债券存根、股东大会会议记录、董事会会议决议、监事会会议决议、财务会计报告，对公司的经营提出建议或者质询。

（三）二者区别

1. 可以查阅的资料范围有所不同。

2. 有限公司股东有权复制部分资料，股份公司股东无此权利。

3. 有限公司股东有权查阅会计账簿，股份公司股东无此权利。

【难点展开】股东知情权之诉

股东知情权是股东行使其他权利的前提和基础，在理论上被认为是股东的固有权。但是，实务中，股东知情权受到侵害的情形时候发生，事后欠缺有效的救济手段。《公司法解释（四）》从以下几个方面对股东知情权加以保障：

（一）主体问题

原则上知情权与股东身份不可分离，但有例外。该解释第 7 条规定，原告在起诉时不具有公司股东资格的，法院应当驳回起诉，但原告有初步证据证明在持股期间其合法权益受到损害，请求依法查阅或者复制其持股期间的公司特定文件材料的除外。也就是说，原股东享有有限的诉权。

（二）固有权

股东知情权为固有权，具有不可剥夺性。该解释第 9 条规定，公司章程、股东之间的协议等实质性剥夺股东查阅或者复制公司文件材料的权利，公司以此为由拒绝股东查阅或者复制的，法院不予支持。

（三）可辅助性

由于股东知情权与公司商业秘密保护之间存在利益冲突，因此在学术上有人主张股东知情权不得由他人辅助实现，但是《公司法解释（四）》从充分保护股东权利的立场出发，明确规定知情权可以由专业人员辅助实现。该解释第 10 条规定，股东依据人民法院生效判决查阅公司文件材料的，在该股东在场的情况下，可以由会计师、律师等依法或者依据执业行为规范负有保密义务的中介机构执业人员辅助进行。当然，该解释也兼顾了公司商业秘密的保护，在第 11 条进一步规定，股东行使知情权后泄露公司商业秘密导致公司合法利益受到损害，公司请求该股东赔偿相关损失的，人民法院应当予以支持。辅助股东查阅公司文件材料的会计师、律师等泄露公司商业秘密导致公司合法利益受到损害，公司请求其赔偿相关损失的，人民法院应当予以支持。

（四）董事、高级管理人员的赔偿责任

该解释第 12 条规定，公司董事、高级管理人员等未依法履行职责，导致公司未依法制作或者保存公司法规定的公司文件材料，给股东造成损失，股东依法请求负有相应责任的公司董事、高级管理人员承担民事赔偿责任的，人民法院应当予以支持。

【案例分析】捷成公司与北方食品公司股东知情权纠纷

北方食品公司是一家中外合资经营企业（有限公司），捷成公司是北方食品公司的外方股东，李某为捷成公司委派至北方食品公司的法定代表人。2009 年，捷成公司以特快专递的形式向北方食品公司发出通知，要求查阅并且复制北方食品公司董事会会议决议、财务会计报告，查阅北方食品公司会计账簿。北方食品公司未予答复。一个月后，捷成公司以北方食品公司为被告提起诉讼，提出上述主张。

法院认为：（1）捷成公司是否委派人员担任北方食品公司的经营管理人员，并非捷成公司主张股东知情权的预设条件。（2）捷成公司是北方食品公司的外方股东，其有权查阅并复制北方食品公司的董事会会议决议、财务会计报告等资料。（3）有限公司股东有权查阅会计账簿。基于上述理由，法院支持了原告捷成公司的全部诉讼请求。

【实战演练】

甲、乙、丙、丁、戊五人是昌盛有限公司股东，其中甲持有公司股权比例为 1%；乙持有公司股权比例为2%；丙持有公司股权比例为17%，但丙与好友赵某签订了股权代持协议，约定由好友赵某实际出资，享受投资收益；丁持有公司股权比例为30%；戊持有公司股权比例为50%，且担任公司董事长。公司章程规定，持股比例低于5%的股东不得查阅公司会计账簿。对此，下列说法正确的是哪一项？①

A. 甲无权查阅公司会计账簿　　　　　　B. 丙无权查阅公司会计账簿

C. 赵某无权查阅公司会计账簿　　　　　D. 丁有权查阅并复制公司会计账簿

五、股东代表诉讼

【知识框架】

诉因	（1）董事、监事、高级管理人员执行公司职务时违反法律、行政法规或公司章程的规定，给公司造成损失的，应当承担赔偿责任。 （2）他人侵犯公司合法权益，给公司造成损失的，应当承担赔偿责任。
当事人	（1）原告：股东以自己的名义起诉，何时成为股东不影响其原告资格。在股东资格方面，有限公司所有股东可以起诉，股份有限公司连续180日以上单独或者合计持有公司1%以上股份的股东可以起诉。一审法庭辩论终结前，符合条件的其他股东，以相同的诉讼请求申请参加诉讼的，应当列为共同原告。 （2）被告：造成公司损失的董事、监事、高级管理人员或者他人。 （3）第三人：法院受理股东代表诉讼的，应当通知公司作为第三人参加诉讼。
前置程序	（1）书面请求交叉起诉：对董事、高级管理人员，前述股东应首先书面请求监事会或者不设监事会的有限责任公司的监事提起诉讼；对监事，前述股东应首先书面请求董事会或者不设董事会的有限责任公司的执行董事提起诉讼；对他人，前述股东应首先书面请求董事会、执行董事或者监事会、监事提起诉讼。此时，公司为原告，由监事会负责人、监事或者董事长、执行董事担任诉讼代表人。 （2）若董事会、执行董事或者监事会、监事拒绝提起诉讼，或者自收到请求之日起30日内未提起诉讼，或者情况紧急、不立即提起诉讼将会使公司利益受到难以弥补的损害的，前述股东有权提起诉讼。 （3）如果查明的相关事实表明，根本不存在适用前置程序可能性的，法院不应当以原告未履行前置程序为由驳回起诉。
诉讼效果	（1）原则上，诉讼利益归属于公司，被告应向公司返还财产或者赔偿公司损失。股东请求被告直接向其承担民事责任的，人民法院不予支持。 （2）股东全部或者部分胜诉后，公司应当承担股东因参加诉讼支付的合理费用，如合理的律师费以及为诉讼支出的调查费、评估费、公证费等。
反诉问题	（1）被告以原告股东恶意起诉侵犯其合法权益为由提出反诉的，法院应当受理。 （2）被告以公司在涉案纠纷中应当承担侵权或者违约等责任为由对公司提出反诉的，因不符合反诉的要件，法院应当裁定不予受理；已经受理的，裁定驳回起诉。
调解问题	为避免因原告股东与被告通过调解损害公司利益，调解协议只有经公司股东会或者股东大会、董事会会议决议通过后才能生效。至于具体应由何种机关决议，则取决于公司章程如何规定。公司章程没有规定的，应当认定公司股东（大）会为决议机关。

---

① C。查阅账簿等知情权专属于股东，代持股关系中的实际出资人无权享有。

【实战演练】

郑贺为甲有限公司的经理，利用职务之便为其妻吴悠经营的乙公司谋取本来属于甲公司的商业机会，致甲公司损失 50 万元。甲公司小股东付冰欲通过诉讼维护公司利益。关于付冰的做法，下列哪一选项是正确的？①

A. 必须先书面请求甲公司董事会对郑贺提起诉讼

B. 必须先书面请求甲公司监事会对郑贺提起诉讼

C. 只有在董事会拒绝起诉情况下，才能请求监事会对郑贺提起诉讼

D. 只有在其股权达到 1% 时，才能请求甲公司有关部门对郑贺提起诉讼

六、股东除名制度

【知识框架】

股东除名，即解除股东资格，是对股东最严厉的惩罚，因此，条件必须严格控制，程序必须规范严谨。一方面，要确保严重损害公司利益的股东的强制退出机制畅通，另一方面，要平等保护每一位股东的基本权利。

适用条件	完全未履行出资义务或者抽逃全部出资这两种情形。如果公司章程另有规定，且该规定不违反法律、不损害公共利益或他人利益的，依其规定。
前置程序	公司应履行催告义务，并经过合理期间。在合理期间内仍未缴纳或者返还出资的，方可解除该股东的股东资格。
决议程序	公司必须召开股东会作出决议，而不得由董事会或者监事会作出决议。在股东会上，被解除资格的股东无表决权。
善后措施	解除股东资格之后，应当依法减资或由其他股东或者第三人承担缴资义务。在此之前，被除名股东仍然承担未履行出资义务或者抽逃出资行为的法律责任。

【难点展开】股东表决权回避

在公司法上，并不存在一般性的股东表决权回避规则。也就是说，即便股东有违法行为、损害公司利益或者存在关联关系，通常情况下仍然享有表决权。《公司法》明文规定的表决权回避，仅有 2 处。一是在第 16 条中规定，公司为公司股东或者实际控制人提供担保的，必须经股东（大）会决议，该股东或该受实际控制人支配的股东不得参加表决。二是在第 90 条中规定，股份公司创立大会表决时，应由出席会议的认股人所持表决权过半数通过，这实际排除了发起人股东的表决权。在股东除名决议中适用表决权回避，理由在于，若非如此，当大股东完全不履行出资义务或者抽逃全部出资时，其他股东只能望洋兴叹、无计可施。例如，在象云公司诉家兴公司决议效力确认纠纷案中，大股东认缴出资比例为 70%，经过多次催告后仍未按章程规定期限缴资，后在其余股东一致同意的情况下，公司通过决议，解除其股东资格。虽然大股东在股东会上投了反对票，但是法院认为大股东没有表决权，决议仍然有效。

【案例分析】被除名股东的表决权问题

万禹公司系设立于 2009 年 3 月 11 日的有限责任公司，设立时注册资本为 100 万元（币种为人民币，以下同），股东为宋某、高某，宋某担任执行董事，高某担任监事。

2012 年 8 月 28 日，万禹公司召开股东会会议，作出决议如下：1. 同意增加公司注册资

---

① B。股东代表诉讼是一种"替补性"手段，其程序要件是先穷尽内部救济。

本，由原注册资本100万元增至10 000万元。2. 同意吸收新股东豪旭公司。3. 增资后的股东、出资情况及股权比例为：宋某60万元（0.6%）、高某40万元（0.4%）、豪旭公司9900万元（99%）。4. 通过新的公司章程。5. 公司原执行董事、监事不变。2012年9月14日，万禹公司已收到豪旭公司缴纳的新增注册资本（实收资本）9900万元。不久，豪旭公司将9900万元全部转走。

2013年12月27日，万禹公司向豪旭公司邮寄"催告返还抽逃出资函"，称豪旭公司已抽逃其全部出资9900万元，望其于收函后3日内返还全部抽逃出资，否则，万禹公司将依法召开股东会会议，解除其股东资格。豪旭公司于2013年12月30日签收该份函件。

2014年3月6日，万禹公司向豪旭公司邮寄"临时股东会会议通知"，通知其于2014年3月25日上午10点召开股东会，审议关于解除豪旭公司股东资格的事项。2014年3月25日，万禹公司召开2014年度临时股东会，全体股东均出席股东会。股东会会议记录载明：……5. 到会股东就解除豪旭公司作为万禹公司股东资格事项进行表决。6. 表决情况：同意2票，占总股数1%，占出席会议有效表决权100%；反对1票，占总股数99%，占出席会议有效表决权的0%。表决结果：提案通过。各股东在会议记录尾部签字，其中，豪旭公司代理人俞素琴注明，豪旭公司不认可第6项中"占出席会议有效表决权的100%"及"占出席会议有效表决权的0%"的表述。同日，万禹公司出具股东会决议，载明：因股东豪旭公司抽逃全部出资，且经合理催告后仍未及时归还，故经其他所有股东协商一致，决议解除其作为万禹公司股东的资格。万禹公司于本决议作出后30日内向公司登记机关申请办理股东变更登记及减资手续。如涉及法律、法规和有关规定应先报经审批的项目，公司将于有关部门审批之日起30日内向公司登记机关申请办理相关公司变更登记手续。以上事项表决结果：同意的，占总股数1%；不同意的，占总股数99%。宋某、高某在该股东会决议尾部签字。豪旭公司代理人拒绝签字。2014年4月7日，万禹公司再次向豪旭公司发函，通知其股东资格已被解除。由于豪旭公司对上述股东会决议不认可，故宋某作为万禹公司股东，诉至原审法院，请求确认万禹公司2014年3月25日股东会决议有效。

法院生效裁判认为，《公司法解释（三）》第17条第1款规定，有限责任公司的股东未履行出资义务或者抽逃全部出资，经公司催告缴纳或者返还，其在合理期间内仍未缴纳或者返还出资，公司以股东会决议解除该股东的股东资格，该股东请求确认该解除行为无效的，人民法院不予支持。根据本院审理查明的事实和对前述第一个争议焦点的认定，万禹公司以股东会决议形式解除豪旭公司股东资格的核心要件均已具备，但在股东会决议就股东除名问题进行讨论和决议时，拟被除名股东是否应当回避，即是否应当将豪旭公司本身排除在外，各方对此意见不一。《公司法解释（三）》对此未作规定。本院认为，《公司法解释（三）》第17条中规定的股东除名权是公司为消除不履行义务的股东对公司和其他股东所产生不利影响而享有的一种法定权能，是不以征求被除名股东的意思为前提和基础的。在特定情形下，股东除名决议作出时，会涉及被除名股东可能操纵表决权的情形。故当某一股东与股东会讨论的决议事项有特别利害关系时，该股东不得就其持有的股权行使表决权。本案中，豪旭公司是持有万禹公司99%股权的大股东，万禹公司召开系争股东会会议前通知了豪旭公司参加会议，并由其委托的代理人在会议上进行了申辩和提出反对意见，已尽到了对拟被除名股东权利的保护。但如前所述，豪旭公司在系争决议表决时，其所持股权对应的表决权应被排除在外。本院认为，本案系争除名决议已获除豪旭公司以外的其他股东一致表决同意系争决议内容，即以100%表决权同意并通过，故万禹公司2014年3月25日作出的股东会决议应属有效。本院对原审判决予以改判。此外需要说明的是，豪旭公司股东资格被解除后，万禹公司应当及时办理法定减资程序或者有其他股东或者第三人缴纳相应的出资。法院判决确认万禹公司于 2014 年 3 月 25 日作出的股东会决议有效。

【实战演练】

2017 年 6 月，李某、张某、汪某、赵某四人共同出资成立了某有限责任公司，公司章程约定李某认缴出资 400 万元，其他三人分别认缴出资 200 万元，出资期限为公司成立后 3 个月内缴足至 2017 年年末，经公司多次催告，李某仍未缴纳出资。2018 年 1 月，公司召开股东会会议，李某未出席，经张某、汪某、赵某三股东同意，最终通过了对李某除名的决议。对此，下列说法正确的有哪些?①

A. 李某系该公司重要股东，其未出席此次股东会会议，该决议无效

B. 对李某除名的决议，李某有利害关系，没有表决权，该决议有效

C. 在李某被除名的相关登记事项变更完成之前，若公司有对外债务不能清偿，李某仍需承担补充赔偿责任

D. 公司对李某除名后，应当及时办理相应的减资程序，或安排其他主体缴纳相应的出资

七、股东的义务

【知识框架】

一般义务	（1）出资义务；（2）不得抽逃出资；（3）参加股东会；（4）不干涉正常经营；（5）不得滥用股权。
抽逃出资	**抽逃行为**：制作虚假财务会计报表虚增利润进行分配；通过虚构债权债务关系将其出资转出；利用关联交易将出资转出；其他未经法定程序抽回出资的行为。
	法律后果：向公司返还本息，向债权人承担补充赔偿责任；协助抽逃出资的其他股东、董事、高级管理人员或者实际控制人承担连带责任，其他人协助抽逃出资的，可以参照共同侵权规则，承担连带责任。抽逃全部出资，经催告后在合理期限内未返还，有限公司股东会可决议解除其股东资格。
滥用股权	**滥用行为**：（1）滥用财产管理权，无偿占用、调拨公司财产；（2）滥用表决权，强行通过不利于公司或其他股东利益的股东会决议；（3）滥用经营管理权，越过公司股东会、董事会等决策机构，代替公司作出决策，以股东意志代替公司意志。
	法律后果：（1）公司股东滥用股东权利给公司或者其他股东造成损失的，应当依法承担赔偿责任。（2）若公司股东滥用公司法人独立地位和股东有限责任，逃避债务，严重损害公司债权人利益的，应当对公司债务承担连带责任（详见前文"法人人格否认"制度的内容）。

---

① BCD。本题核心考点即被除名股东没有表决权。

续表

控股股东特别义务	**相关概念：**（1）控股股东，是指其出资额占有限责任公司资本总额50%以上或者其持有的股份占股份有限公司股本总额50%以上的股东；出资额或者持有股份的比例虽然不足50%，但依其出资额或者持有的股份所享有的表决权已足以对股东会、股东大会的决议产生重大影响的股东。（2）实际控制人，是指虽不是公司的股东，但通过投资关系、协议或者其他安排，能够实际支配公司行为的人。（3）关联关系，是指公司控股股东、实际控制人、董事、监事、高级管理人员与其直接或者间接控制的企业之间的关系，以及可能导致公司利益转移的其他关系。但是，国家控股的企业之间不仅因为同受国家控股而具有关联关系。
	法律责任：公司的控股股东、实际控制人、董事、监事、高级管理人员不得利用其关联关系损害公司利益。否则，给公司造成损失的，应当承担赔偿责任。

【难点展开】

（一）深石原则

所谓深石原则，是指在存在控制与从属关系的关联企业中，为了保障从属公司债权人的正当利益免受控股公司的不法侵害，法律规定，在从属公司进行清算、和解和重整等程序中，根据控制股东是否有不公平行为，而决定其债权是否应劣后于其他债权人或者优先股股东受偿的原则。自著名的深石公司案件之后，该原则在英美法上广泛使用，我国台湾地区"公司法"也有明文规定。最高人民法院于2003年11月4日公布的《关于审理公司纠纷案件若干问题的规定（一）（征求意见稿）》第52条规定："控制公司滥用从属公司人格的，控制公司对从属公司的债权不享有抵销权；从属公司破产清算时，控制公司不享有别除权或者优先权，其债权分配顺序次于从属公司的其他债权人。"后来，因为争议较大，尤其是与债权平等原则冲突，深石原则并未写入司法解释正式文本。

在司法实践中，既有支持深石原则的裁判，也有不支持深石原则的裁判。支持者，从民法基本原则中的诚实信用原则和公平原则出发，侧重于保护股东之外的普通债权人。不支持者，从债权平等原则出发，主张作为债权人的股东应和其他普通债权人同等保护。

（二）关联交易

关联交易是把双刃剑，正常的关联交易，可以稳定公司业务，分散经营风险，有利于公司发展。但实践中发现，一些公司大股东、实际控制人和管理层，利用与公司的关联关系和控制地位，迫使公司与自己或者其他关联方从事不利于公司的交易，以达到挪用公司资金、转移利润的目的，严重损害公司、少数股东和债权人利益。我国《公司法》第21条规定："公司的控股股东、实际控制人、董事、监事、高级管理人员不得利用其关联关系损害公司利益。违反前款规定，给公司造成损失的，应当承担赔偿责任。"考生需要把握两个问题：

1. 关联交易的内部赔偿责任问题

（1）关联交易损害公司利益的，应当承担赔偿责任。

（2）履行法定程序不能豁免关联交易赔偿责任。实践中，相关行为人往往会以其行为已经履行了合法程序而进行抗辩，例如，该交易已经履行了信息披露、经股东会或者股东大会、董事会同意等法律、行政法规或者公司章程规定的程序。但是，关联交易的核心是公平，即使关联交易已经履行了相应的程序，但如果违反公平原则，损害公司利益，公司依然可以主张行为人承担损害赔偿责任。

（3）赔偿责任往往需要股东代表诉讼的介入。鉴于关联交易情形下，行为人往往控制公司或者对公司决策能够产生重大影响，公司本身很难主动主张赔偿责任，故股东可以依法提起代表诉讼。当然,《公司法》第 151 条关于股东代表诉讼的条件和程序规定,仍然必须满足。

2. 关联交易合同效力问题

(1)关联交易合同效力,依照民法判断,并不仅仅因为关联交易本身而无效、可撤销或者对公司不发生效力。

(2)可以通过股东代表诉讼解决关联交易合同效力问题。关联交易合同不同于一般的合同,是关联人通过关联关系促成的交易,而关联人往往控制公司或者对公司决策产生重大影响,即使合同存在无效、可撤销或者对公司不发生效力的情形,公司本身也很难主动提出请求。故在关联交易中,有必要给股东相应救济的权利。在公司不起诉的情形下股东可以依法提起股东代表诉讼,来维护公司利益,进而维护股东自身利益。同样,《公司法》第 151 条关于股东代表诉讼的条件和程序规定,仍然必须满足。

【案例分析】深石原则的运用

2010 年 6 月 11 日,上海市松江区人民法院作出(2010)松民二(商)初字第 275 号民事判决,葺城公司应当向沙港公司支付货款以及相应利息损失。275 号案判决生效后进入执行程序,因未查实葺城公司可供执行的财产线索,终结执行。葺城公司被注销后,沙港公司申请恢复执行,松江法院裁定恢复执行,并追加葺城公司股东开天公司及 7 名自然人股东为被执行人,并在各自出资不实范围内向沙港公司承担责任,扣划到开天公司和 4 个自然人股东款项共计 696 505.68 元(包括开天公司出资不足的 45 万元)。2012 年 7 月 18 日,该院分别立案受理由开天公司提起的两个诉讼:(2012)松民二(商)初字第 1436 号案和(2012)松民三(民)初字第 2084 号案,开天公司要求葺城公司 8 个股东在各自出资不实范围内对葺城公司欠付开天公司借款以及相应利息、房屋租金以及相应逾期付款违约金承担连带清偿责任。该两案判决生效后均进入执行程序。

2013 年 2 月 27 日,沙港公司收到松江法院执行局送达的《被执行人葺城公司追加股东执行款分配方案表》。分配方案表将上述三案合并,确定执行款 696 505.68 元在先行发还三案诉讼费用后,余款再按 31.825% 同比例分配,今后继续执行到款项再行分配处理。沙港公司后向松江法院提交《执行分配方案异议书》,认为开天公司不能就其因出资不到位而被扣划的款项参与分配,且对分配方案未将逾期付款双倍利息纳入执行标的不予认可,开天公司对沙港公司上述执行分配方案异议提出反对意见,要求按原定方案分配。松江法院将此函告沙港公司,2013 年 4 月 27 日,松江法院依法受理原告沙港公司提起的本案诉讼。

另查明,上述三案裁判文书认定了葺城公司股东各自应缴注册资本金数额和实缴数额的情况。

法院认为,本案是一起执行分配方案异议之诉。争议焦点为,针对开天公司出资不实而被法院扣划的 45 万元,开天公司能否以对公司也享有债权为由与沙港公司共同分配该部分执行款。关于这一问题,公司法律明确规定有限责任公司的股东以其认缴的出资额为限对公司承担责任。开天公司因出资不实而被扣划的 45 万元应首先补足葺城公司责任资产向作为公司外部的债权人原告沙港公司进行清偿。开天公司以其对葺城公司也享有债权要求参与其自身被扣划款项的分配,对公司外部债权人是不公平的,也与公司股东以其出资对公司承担责任的法律原则相悖。696 505.68 元执行款中的 45 万元应先由原告受偿,余款再按比例进行分配的意见予以采纳。

本案当事人对执行分配方案的主要争议在于,出资不实股东因向公司外部债权人承担出资不实的股东责任并被扣划款项后,能否以其对于公司的债权与外部债权人就上述款项进行分配。对此,我国法律尚未明确规定,而美国历史上深石案所确立的衡平居次原则对本案的处理具有一定的借鉴意义。在该类案件的审判实践中，若允许出资不实的问题股东就其对公司的债权与外部债权人处于同等受偿顺位，既会导致对公司外部债权人不公平的结果，也与公司法对于出资不实股东课以的法律责任相悖。故本案最终否定了出资不实股东进行同等顺位受偿的主张，社会效果较好，对同类案件的处理也有较好的借鉴意义。

八、董事、监事、高级管理人员的任职资格

【知识框架】

人员范围	董事可以是股东或股东委派的代表，也可以不是。纯国有的有限责任公司，其董事会成员中应当有公司职工代表；其他有限责任公司董事会成员中可以有公司职工代表。
	监事可以是股东或股东委派的代表，也可以不是。监事会中应有不少于1/3的职工代表。
	高级管理人员，是指公司的经理、副经理、财务负责人，上市公司董事会秘书和公司章程规定的其他人员。
任职资格	下列情形之一，不得担任董事、监事、高级管理人员： （1）无民事行为能力或者限制民事行为能力； （2）因贪污、贿赂、侵占财产、挪用财产或者破坏社会主义市场经济秩序，被判处刑罚，执行期满未逾5年，或者因犯罪被剥夺政治权利，执行期满未逾5年； （3）担任破产清算的公司、企业的董事或者厂长、经理，对该公司、企业的破产负有个人责任的，自该公司、企业破产清算完结之日起未逾3年； （4）担任因违法被吊销营业执照、责令关闭的公司、企业的法定代表人，并负有个人责任的，自该公司、企业被吊销营业执照之日起未逾3年； （5）个人所负数额较大的债务到期未清偿。 此外，董事和高级管理人员可以相互兼职，但监事和董事、高级管理人员不得相互兼职。
法律后果	（1）违反上述条件委派、选举董事、监事或者聘任高级管理人员，则该委派行为、选举行为和聘任行为无效。 （2）董事、监事、高级管理人员如果在任职期间出现上述情形的，公司应当解除其职务。

【实战演练】

甲公司于2017年7月依法成立，现有数名推荐的董事人选，依照《公司法》规定，下列哪些人员不能担任公司董事？①

A. 王某，因交通肇事罪于2010年6月被判处三年有期徒刑，2013年6月刑满释放

B. 张某，与他人共同投资设立一家有限责任公司，持股51%，该公司长期经营不善，负债累累，于2015年被宣告破产

C. 徐某，2012年向他人借款100万元，为期2年，但因资金被股市套住至今未清偿

D. 赵某，曾任某音像公司法定代表人，该公司因违法经营于2015年5月被吊销营业执照，赵某负有个人责任

---

① CD。关于董监高任职资格，公司法的规定比较细致，应准确记忆、小心判断。

九、董事、监事、高级管理人员的义务和责任

【知识框架】

一般义务	**忠实义务**：强调董事、监事、高级管理人员应当忠诚于公司，不得为有损公司利益的行为，在公司利益和个人利益冲突时，要维护公司利益。
	勤勉义务：强调董事、监事、高级管理人员应当积极履行职责，依法谋求公司利益和股东利益的最大化。
特别义务	董事、高级管理人员不得有下列行为： （1）挪用公司资金； （2）将公司资金以其个人名义或者以其他个人名义开立账户存储； （3）违反公司章程的规定，未经股东会、股东大会或者董事会同意，将公司资金借贷给他人或者以公司财产为他人提供担保； （4）违反公司章程的规定或者未经股东会、股东大会同意，与本公司订立合同或者进行交易； （5）未经股东会或者股东大会同意，利用职务便利为自己或者他人谋取属于公司的商业机会，自营或者为他人经营与所任职公司同类的业务； （6）接受他人与公司交易的佣金归为己有； （7）擅自披露公司秘密； （8）违反对公司忠实义务的其他行为。
	上述规定并非效力性强制性规定。董事、高级管理人员违反前款规定所得的收入应当归公司所有。给公司造成的损失大于所得收入的，还应当赔偿差额部分。
恶意董事赔偿责任	董事应当对董事会的决议承担责任。董事会的决议违反法律、行政法规或者公司章程、股东大会决议，致使公司遭受严重损失的，参与决议的董事对公司负赔偿责任。但经证明在表决时曾表明异议并记载于会议记录的，该董事可以免除责任。

【案例分析】竞业禁止义务

甲公司成立于2005年10月，主营业务为化工原料和产品销售。胡某自2007年起在甲公司工作，2014年起担任甲公司业务经理，2016年起担任甲公司总经理。虞某2014年在甲公司工作，2015年起担任甲公司业务经理。2016年8月，胡某、虞某在未办理任何离职手续的情况下离开甲公司，并于同年9月设立乙公司，注册资本人民币50万元，其中胡某认缴出资人民币30万元，虞某认缴出资人民币20万元。该公司经营范围为销售化工原料及产品、商务信息咨询，由胡某担任该公司法定代表人。乙公司的业务范围与甲公司基本相同。2018年7月，甲公司以胡某、虞某、乙公司侵害公司利益为由，将三者一并诉至法院，要求胡某、虞某在乙公司的全部收入所得归甲公司所有并承担连带责任，乙公司应停止经营与甲公司相同的业务。法院判决胡某在乙公司的全部收入归甲公司所有，驳回甲公司其他诉讼请求。

第三节　公司设立、变更、合并、分立、解散和清算

一、公司设立的概念、方式和程序

【知识框架】

概念	公司设立人依照法定的条件和程序，为组建公司并取得法人资格而必须采取和完成的法律行为。可以由他人代理。	
方式	发起设立：是指由发起人认缴全部出资或者认购全部股份而设立公司。认缴或者认购并不意味着实际缴付。	有限公司只能发起设立。股份公司可发起设立，也可募集设立。
	募集设立：是指由发起人认购公司应发行股份的一部分，其余股份向社会公开募集或向特定对象募集而设立公司。	
登记	设立有限责任公司应由全体股东指定的代表或共同委托的代理人作为申请人，向登记机关申请设立登记。	公司营业执照签发日期为公司成立日期。营业执照应当载明公司的名称、住所、注册资本、经营范围、法定代表人姓名等事项。
	设立股份有限公司应由董事会作为申请人，向登记机关申请设立登记。	
立法体例	准则主义为主，兼有核准主义。也就是说，设立公司原则上不必经行政机关批准，符合公司法规定的条件即可办理设立登记，但是公开募集设立股份公司需要有关部门核准，银行、证券公司、保险公司、劳务派遣公司等特殊行业公司的设立需要经过监管部门批准。	

【实战演练】

下列关于公司设立的表述中，错误的是哪一项？①

A. 有限公司只能采用发起设立方式　　　B. 股份公司只能采用募集设立方式

C. 公司设立可以由他人代理　　　D. 公司营业执照签发日期为公司成立日期

二、发起人

【知识框架】

(一) 设立中的公司

1. 公司从开始筹备到最终成立，被称为"设立中的公司"。

2. 设立中的公司，可以视为非法人组织，可以从事与其设立有关的民事活动。也就是说，设立中的公司，可以为了设立公司的目的去签订合同或者实施其他民事活动。在理论上，就其行为效果与责任承担而言，将设立中的公司视为非法人组织并无不妥。但是，设立中的公司毕竟只是一个过渡阶段，所以我国《公司法》和《民法典》并未将设立中的法人规定为一种非法人组织。

3. "设立中的公司"与公司的接续性。由于设立中的公司与成立后的公司是基于同一目的，并且组织的本质是相同的，因此，设立中的公司发生的权利义务，原则上无需特别转移手续，当然归于成立后的公司享有或者负担。这就解决了设立中的公司不具有法人资格、不能独

---

① **B。**就设立方式而言，有限公司只能发起设立；股份公司可发起设立，也可募集设立。

立承担民事责任的问题。

（二）发起人的责任

发起人是指为设立公司而签署公司章程、向公司认购出资或者股份并履行公司设立职责的人，包括有限责任公司设立时的股东。

1. 设立中的费用和债务问题。公司成立的，设立中的费用和债务由公司承担。公司未成立，设立中的费用和债务由全体发起人承担连带责任。在发起人内部，按照"约定的责任承担比例→约定的出资比例分担责任→均等份额"的顺序分担责任。因部分发起人的过错导致公司未成立，应当根据过错情况，确定过错一方的责任范围。

2. 发起人职务侵权责任问题。公司成立的，受害人有权请求公司承担侵权赔偿责任。公司未成立，受害人有权请求全体发起人承担连带赔偿责任。公司或者无过错的发起人承担赔偿责任后，可以向有过错的发起人追偿。

3. 设立过程中的合同问题。发起人为设立公司以自己名义对外签订合同，公司成立后合同相对人有权选择请求公司或者发起人承担责任。发起人以设立中公司名义对外签订合同，公司成立后合同相对人有权请求公司承担合同责任。在上述两种情况下，若公司未成立，合同相对人有权请求发起人承担连带责任。

【实战演练】

李某和王某正在磋商物流公司的设立之事。通大公司出卖一批大货车，李某认为物流公司需要，便以自己的名义与通大公司签订了购买合同，通大公司交付了货车，但尚有150万元车款未收到。后物流公司未能设立。关于本案，下列哪一说法是正确的？①

A. 通大公司可以向王某提出付款请求

B. 通大公司只能请求李某支付车款

C. 李某、王某对通大公司的请求各承担50%的责任

D. 李某、王某按拟定的出资比例向通大公司承担责任

三、公司变更

【知识框架】

一般规则	(1) 公司内部决议（如股东会、董事会作出决议）。
	(2) 办理变更登记，包括公司名称、公司住所、公司法定代表人、公司注册资本、公司经营范围、公司类型、股东和股权、公司合并、公司分立等事项的变更登记。
增资	(1) 股东会或者股东大会作出决议。
	(2) 办理变更登记。
减资	(1) 股东会或者股东大会作出决议。
	(2) 债权人保护程序：公司应当自作出减少注册资本决议之日起10日内通知债权人，并于30日内在报纸上公告。债权人自接到通知书之日起30日内，未接到通知书的自公告之日起45日内，有权要求公司清偿债务或者提供相应的担保。
	(3) 办理变更登记。

---

① A. 因公司最终未能成立，基于"视为合伙"原理，故发起人可以要求全体发起人承担连带责任。

【难点展开】

（一）公司登记的效力问题

公司登记具有公示效力，如果涉及外部争议，应以公司登记为准。如果仅涉及内部争议，则应以有效的内部决议为准。例如，《公司法》第13条规定，公司法定代表人变更应当办理变更登记。对法定代表人变更事项进行登记，其意义在于向社会公示公司意志代表权的基本状态。公司登记的法定代表人对外具有公示效力，如果涉及公司以外的第三人因公司代表权而产生的外部争议，应以公司登记为准。而对于公司与股东之间因法定代表人任免产生的内部争议，则应以有效的股东会任免决议为准，并在公司内部产生法定代表人变更的法律效果。再如，公司增加注册资本，在股东会作出有效的决议之后，在股东与公司之间依据该决议产生新的缴资义务，但对债权人以及任何其他第三人而言，注册资本增加的效力在办理变更登记之后方才发生。

（二）增资中股东优先认缴权问题

如果公司增资，原有股东按照何种比例分配新增注册资本？对此，《公司法》第34条规定："股东按照实缴的出资比例分取红利；公司新增资本时，股东有权优先按照实缴的出资比例认缴出资。但是，全体股东约定不按照出资比例分取红利或者不按照出资比例优先认缴出资的除外。"据此，如果没有全体股东的特别约定，原有股东按照实缴出资比例分配新增资本。

问题在于，如果部分原有股东放弃认缴权，而转由股东以外的人认缴，未放弃的股东对于其他股东放弃的新增资本是否拥有优先认缴权？例如，华亮建设有限公司拟将注册资本从1000万增加到2000万，对此全体股东无异议。对于新增资本，其余股东均放弃优先认缴权并同意由外部战略投资者认缴，但股东甲（实缴出资比例15%）主张全部由其认缴。股东甲的主张能否成立？答案应该是否定的。从理论上讲，这里存在着两个相互冲突的原理。股东甲的主张基于有限公司人合性，即股东有权阻止外部成员加入公司。其他股东的主张基于公司的战略发展，因为在增资过程中引进外部投资者往往是有利于公司整体利益和长远利益的。在此情况下，公司战略发展应当优先于人合性，股东甲只能就15%即150万新增资本享有优先认缴权。当然，如果我们对《公司法》第34条进行目的解释，也可以得出相同的结论。该条规定的目的在于确保任一股东的股权不因增资而被稀释，因此，对超出其实缴出资比例的新增资本，股东并无优先认缴权。

（三）减资中债权人保护问题

减资与抽逃出资的根本区别在于，减资遵循法定程序，抽逃出资未经法定程序。若减资程序违法，损害了债权人利益，则在本质上和抽逃出资无异。因此，公司减资时对已知或应知的债权人应履行通知义务，不能在未先行通知的情况下直接以登报公告形式代替通知义务。公司减资时未依法履行通知已知或应知的债权人的义务，公司股东不能证明其在减资过程中对怠于通知的行为无过错的，当公司减资后不能偿付减资前的债务时，公司股东应就该债务对债权人承担补充赔偿责任。

（四）对赌协议问题

实践中所称的"对赌协议"，是指在股权性融资协议中包含了股权回购或者现金补偿等内容的交易安排。从签约主体的角度看，有投资方与目标公司的股东或者实际控制人"对赌"，投资方与目标公司"对赌"，投资方与目标公司的股东和目标公司"对赌"等形式。关于对赌协议是否有效问题，既要坚持鼓励投资方对实体企业特别是科技创新企业投资原则，从而在一定程度上缓解企业融资难问题；又要贯彻资本维持原则和保护债权人合法权益原则，平衡投资方、公司股东、公司以及公司债权人之间的利益。

（1）对于投资方与股东或者实际控制人签订的对赌协议的效力，实践中均认可其合法有效，并无争议。例如，华亮公司现有股东甲和乙。战略投资者丙公司拟增资 2000 万元入股，但是要求华亮公司 5 年内实现在 A 股上市的目标，否则甲、乙要以 3000 万元回购丙公司的股权，三方据此签订协议。这就是典型投资方与原股东的对赌，该协议有效。

（2）投资方与目标公司签订的对赌协议的效力，若不存在法定无效事由，目标公司仅以存在股权回购或者金钱补偿约定为由，主张"对赌协议"无效的，法院不予支持，但投资方主张实际履行的，人民法院应当审查是否符合公司法关于"股东不得抽逃出资"及股份回购的强制性规定，判决是否支持其诉讼请求。具体而言，投资方请求目标公司回购股权的，法院应当依据《公司法》第 35 条关于"股东不得抽逃出资"或者第 142 条关于股份回购的强制性规定进行审查。经审查，目标公司未完成减资程序的，人民法院应当驳回其诉讼请求。投资方请求目标公司承担金钱补偿义务的，法院应当依据《公司法》第 35 条关于"股东不得抽逃出资"和第 166 条关于利润分配的强制性规定进行审查。经审查，目标公司没有利润或者虽有利润但不足以补偿投资方的，法院应当驳回或者部分支持其诉讼请求。今后目标公司有利润时，投资方还可以依据该事实另行提起诉讼。在上例中，若战略投资者丙公司和华亮公司约定，在 4 年内，华亮公司每年向丙公司的分红不低于 500 万，否则华亮公司应予补足，就是典型的投资方与目标公司对赌。假如丙公司起诉要求分红，正确的处理方案是，应当认定该约定有效，但若华亮公司无利润或可分配利润达不到约定的数额，则法院应当驳回或者部分驳回丙公司的诉讼请求。

四、公司合并

【知识框架】

概念	两个以上的公司，订立合并协议，依照公司法的规定，不经过清算程序，直接结合为一个公司的法律行为。
种类	吸收合并：A + B = A
	新设合并：A + B = C
程序	（1）股东（大）会作出决议。 （2）签订合并协议。 （3）编制资产负债表和财产清单。 （4）债权人保护：公司应当自作出合并决议之日起 10 日内通知债权人，并于 30 日内在报纸上公告。债权人自接到通知书之日起 30 日内，未接到通知书的自公告之日起 45 日内，可以要求公司清偿债务或者提供相应的担保。 （5）办理合并登记手续。
后果	合并各方的债权、债务，应当由合并后存续的公司或者新设的公司承继。

【实战演练】

张某、李某为甲公司的股东，分别持股 65% 与 35%，张某为公司董事长。为谋求更大的市场空间，张某提出吸收合并乙公司的发展战略。关于甲公司的合并行为，下列哪些表述是正确的？①

①　AD。公司有合并的自由，但是不得损害债权人利益。

A. 只有取得李某的同意，甲公司内部的合并决议才能有效

B. 在合并决议作出之日起 15 日内，甲公司须通知其债权人

C. 债权人自接到通知之日起 30 日内，有权对甲公司的合并行为提出异议

D. 合并乙公司后，甲公司须对原乙公司的债权人负责

五、公司分立

【知识框架】

概念	一个公司依法不经过清算程序，分为两个或两个以上公司的法律行为。
种类	派生分立：A = A + B（与吸收合并相反）
	新设分立：C = A + B（与新设合并相反）
程序	（1）股东（大）会作出决议。 （2）编制资产负债表和财产清单，分割财产。 （3）通知与公告：公司应当自作出分立决议之日起 10 日内通知债权人，并于 30 日内在报纸上公告。（公司法未规定债权人有权要求清偿债务或者提供担保） （4）办理相应的登记手续。
后果	公司分立前的债务由分立后的公司承担连带责任。但是，公司在分立前与债权人就债务清偿达成的书面协议另有约定的除外。

【实战演练】

白阳有限公司分立为阳春有限公司与白雪有限公司时，在对原债权人甲的关系上，下列哪一说法是错误的?①

A. 白阳公司应在作出分立决议之日起 10 日内通知甲

B. 甲在接到分立通知书后 30 日内，可要求白阳公司清偿债务或提供相应的担保

C. 甲可向分立后的阳春公司与白雪公司主张连带清偿责任

D. 白阳公司在分立前可与甲就债务偿还问题签订书面协议

六、公司解散

【知识框架】

概念	基于一定的合法事由而使公司消灭的法律行为。
一般解散	（1）公司章程规定的营业期限届满或公司章程规定的其他解散事由出现时。 （2）股东会或股东大会决议解散。 （3）因公司合并或者分立需要解散。
强制解散	（1）主管机关决定。 （2）责令关闭。 （3）被吊销营业执照。

---

① B。公司分立的后果已经足以保障债权人利益，所以，在分立程序中，不再赋予债权人要求清偿债务或者提供担保的权利。

续表

判决解散	（1）条件：公司僵局，即公司经营管理发生严重困难，继续存续会使股东利益受到重大损失，通过其他途径不能解决。
	（2）原告：单独或者合计持有公司全部股东表决权10%以上的股东。
	（3）被告：公司。其他股东可以共同原告或者第三人身份参加诉讼。
	（4）解散与清算程序相互独立：股东提起解散公司诉讼，同时又申请法院对公司进行清算的，法院对其提出的清算申请不予受理。
	（5）保全：原告申请财产保全或者证据保全的，在股东提供担保且不影响公司正常经营的情形下，法院可予以保全。
	（6）判决：判决解散的，对公司全体股东具有法律约束力。判决驳回的，原告或者其他股东又以同一事实和理由提起解散公司诉讼的，不予受理。

【难点展开】公司僵局

1. 公司僵局的具体事由

公司僵局是指其治理结构上的困难。公司作为一个法律拟制的法人结构，其实际管理和经营主要依靠股东（大）会、董事会等意思机构和执行机构的有效运行，股东（大）会和董事会等机构就像公司的大脑和四肢，如果这些大脑和四肢发生了瘫痪，公司这个组织体的经营管理往往就会出现严重困难，公司的一切事务处于瘫痪的这种经营管理困难状况，在学理上被称之为"公司僵局"，即公司股东僵局和董事僵局两种情形。根据《公司法解释（二）》第1条，公司僵局具体包括：（1）公司持续2年以上无法召开股东会或者股东大会，公司经营管理发生严重困难的；（2）股东表决时无法达到法定或者公司章程规定的比例，持续2年以上不能做出有效的股东会或者股东大会决议，公司经营管理发生严重困难的；（3）公司董事长期冲突，且无法通过股东会或者股东大会解决，公司经营管理发生严重困难的；（4）经营管理发生其他严重困难，公司继续存续会使股东利益受到重大损失的情形。以下情形不属于"公司僵局"：（1）股东知情权、利润分配请求权等权益受到损害；（2）公司亏损、财产不足以偿还全部债务；（3）公司被吊销企业法人营业执照未进行清算。

2. 解散公司的替代方案

对于公司僵局，应当首先寻求替代解决方案，避免公司解散的命运。对此《公司法解释（五）》第5条规定："人民法院审理涉及有限责任公司股东重大分歧案件时，应当注重调解。当事人协商一致以下列方式解决分歧，且不违反法律、行政法规的强制性规定的，人民法院应予支持：（一）公司回购部分股东股份；（二）其他股东受让部分股东股份；（三）他人受让部分股东股份；（四）公司减资；（五）公司分立；（六）其他能够解决分歧，恢复公司正常经营，避免公司解散的方式。"但须注意，替代解决方案的前提，一是当事人协商一致，二是不违反法律或行政法规的强制性规定。例如，公司回购股东股份的，应当及时注销该股份；公司分立的，应当公告债权人清偿债务等。若不能达成替代解决方案，法院仍应判决解散公司。

【案例分析】林某某诉常熟市凯莱实业有限公司、戴某某公司解散纠纷案

凯莱公司仅有戴某某与林某某两名股东，两人各占50%的股份，凯莱公司章程规定"股东会的决议须经代表1/2以上表决权的股东通过"。2006年起，林某某与戴某某两人之间的矛盾逐渐显现。从2006年6月1日至起诉时止，凯莱公司未召开过股东会，服装城管委会调解委员会于2009年12月15日、16日两次组织双方进行调解，但均未成功。林某某提起诉讼，请求解散凯莱公司。

法院生效裁判认为：首先，凯莱公司的经营管理已发生严重困难。"公司经营管理发生严重困难"的侧重点在于公司管理方面存有严重内部障碍，如股东会机制失灵、无法就公司的经营管理进行决策等，不应片面理解为公司资金缺乏、严重亏损等经营性困难。本案中，凯莱公司已持续4年未召开股东会，也就无法通过股东会决议的方式管理公司，股东会机制已经失灵，即使尚未处于亏损状况，也不能改变该公司的经营管理已发生严重困难的事实。其次，林某某的股东权长期处于无法行使的状态，其投资凯莱公司的目的无法实现，利益受到重大损失，且凯莱公司的僵局通过服装城管委会调解等其他途径长期无法解决，两审法院也积极进行调解，但均未成功。此外，林某某持有凯莱公司50%的股份，也符合公司法关于提起公司解散诉讼的股东须持有公司10%以上股份的条件。法院最终判决解散凯莱公司。（**案例来源：最高人民法院指导案例第8号**）

七、公司的清算程序

【知识框架】

强制性	未经清算，公司不得注销，但因合并、分立导致的解散无须清算。
清算中公司	清算期间，公司存续，但不得开展与清算无关的经营活动。有关公司的民事诉讼，仍应以公司自己的名义进行，由清算组负责人代表公司参加诉讼活动；没有成立清算组的，则仍由原法定代表人代表公司参加诉讼活动。

清算程序	成立清算组	公司应当自解散之日起15日内成立清算组。有限公司清算组由股东组成，股份公司清算组由董事或者股东大会确定的人组成。有下列情形之一，债权人、公司股东、董事或其他利害关系人有权申请法院指定清算组进行清算：公司解散逾期不成立清算组进行清算的；虽然成立清算组但故意拖延清算的；违法清算可能严重损害债权人或者股东利益的。法院受理后，从公司股东、董事、监事、高级管理人员、社会中介机构、社会中介机构中具备相关专业知识并取得执业资格的人员中产生清算组。
	通知公告	清算组应当自成立之日起10日内书面通知全体已知的债权人，并于60日内在报纸上公告。
	债权申报	(1) 债权人应当自接到通知书之日起30日内，未接到通知书的自第一次公告之日起45日内，向清算组申报其债权。债权人在规定的期限内未申报债权，在公司清算程序终结前补充申报的，清算组应予登记。债权人补充申报的债权，可以在公司尚未分配财产中依法清偿。公司尚未分配财产不能全额清偿，债权人有权主张股东以其在剩余财产分配中已经取得的财产予以清偿的，但债权人因重大过错未在规定期限内申报债权的除外。 (2) 债权人对清算组核定的债权有异议的，可以要求清算组重新核定；清算组不予重新核定，或者债权人对重新核定的债权仍有异议，债权人可以公司为被告向法院提起诉讼请求确认债权。 (3) 在申报债权期间，清算组不得对债权人进行清偿。

续表

清偿债务	（1）公司解散时，股东尚未缴纳的出资均应作为清算财产。公司财产不足以清偿债务时，债权人有权主张未缴出资股东以及公司设立时的其他股东或者发起人在未缴出资范围内对公司债务承担连带清偿责任。 （2）公司财产能够清偿公司债务的，清算组应先拨付清算费用，然后按照下列顺序清偿：职工工资、社会保险费用和法定补偿金→所欠税款→公司债务。 （3）公司财产不足以清偿债务，清算组可以与债权人协商制作有关债务清偿方案。债务清偿方案经全体债权人确认且不损害其他利害关系人利益的，法院可依清算组的申请裁定予以认可。清算组依据该清偿方案清偿债务后，应当向法院申请裁定终结清算程序。债权人对债务清偿方案不予确认或者法院不予认可的，清算组应当依法向法院申请宣告破产。
分配剩余财产	在支付清算费用和清偿公司债务后，清算组应将剩余的公司财产分配给股东。有限公司按照股东的出资比例进行分配；股份公司按照股东持有的股份比例进行分配。公司财产在未清偿公司债务前，不得分配给股东。
清算终结	（1）公司自行清算的，清算方案应当报股东会或者股东大会决议确认；法院组织清算的，清算方案应当报法院确认。未经确认的清算方案，清算组不得执行。 （2）公司清算结束后，清算组应当制作清算报告，报股东会、股东大会或者人民法院确认；并报公司登记机关，申请注销登记。注销登记时，公司终止。

【难点展开】清算中的责任

（一）清算组责任

1. 怠于通知或公告

清算组未按规定履行通知和公告义务，导致债权人未及时申报债权而未获清偿，债权人有权主张清算组成员对因此造成的损失承担赔偿责任。

2. 执行未经确认的清算方案

执行未经确认的清算方案给公司或者债权人造成损失，公司、股东、董事、公司其他利害关系人或者债权人主张清算组成员承担赔偿责任的，人法院应依法予以支持。

（二）清算义务人责任

清算义务人是有限公司股东，股份有限公司的董事、控股股东，以及所有公司的实际控制人，这里主要讲有限公司股东。具体情形有两种：

1. 怠于履行清算义务

未在法定期限内成立清算组开始清算，导致公司财产贬值、流失、毁损或者灭失，但公司尚可清算的，债权人有权主张其在造成损失范围内对公司债务承担赔偿责任。

怠于履行清算义务，导致公司主要财产、账册、重要文件等灭失，无法进行清算，债权人有权主张其对公司债务承担连带清偿责任。

2. 恶意处置公司财产或骗取注销登记

恶意处置公司财产给债权人造成损失，或者未经依法清算，以虚假的清算报告骗取公司登记机关办理法人注销登记，债权人有权主张其对公司债务承担相应赔偿责任。

3. 未经清算即办理注销登记

公司未经清算即办理注销登记，导致公司无法进行清算，债权人主张其对公司债务承担清偿责任。

公司未经依法清算即办理注销登记，股东或者第三人在公司登记机关办理注销登记时承诺对公司债务承担责任，债权人有权主张其对公司债务承担相应民事责任。

第四节　其他基本制度

一、公司财务、会计制度

【知识框架】

财务会计报告	每年编制财务会计报告，并依法经会计师事务所审计。
	有限责任公司应当依照公司章程规定的期限将财务会计报告送交各股东。
	股份有限公司财务会计报告应当在召开股东大会年会的 20 日前置备于本公司，供股东查阅；公开发行股票的股份有限公司必须公告其财务会计报告。
利润分配顺序	弥补亏损→提取法定公积金→提取任意公积金→支付股利。
利润分配比例	有限公司：实缴出资比例，但全体股东另有约定的除外。
	股份公司：股东持有的股份比例分配，但股份有限公司章程规定不按持股比例分配的除外。

	有限公司：实缴出资比例，但全体股东另有约定的除外。	公司持有的本公司股份不得分配利润。
	股份公司：股东持有的股份比例分配，但股份有限公司章程规定不按持股比例分配的除外。	

公积金制度	法定公积金：提取弥补亏损并缴纳所得税后利润的 10% 列入公司法定公积金；公司法定公积金累计额为公司注册资本的 50% 以上的，可以不再提取。
	任意公积金：由经股东会或股东大会决议是否提取以及提取的比例。
	公积金用于弥补公司的亏损、扩大公司生产经营或者转为增加公司资本。但是，资本公积金不得用于弥补公司的亏损。法定公积金转为资本时，所留存的该项公积金不得少于转增前公司注册资本的 25%。

【难点展开】股东的利润分配权

利润分配权，是指股东有权按照出资或股份比例请求分配公司利润的权利。是否分配和如何分配公司利润，原则上属于商业判断和公司自治的范畴，法律一般不应介入。但近年来，公司大股东违反同股同权原则和股东权利不得滥用原则，排挤、压榨小股东，导致公司不分配利润，损害小股东利润分配权的现象时有发生，严重破坏了公司自治。因此，一定程度的法律干预是有必要的。在此基础上，《公司法》及《公司法解释（四）》《公司法解释（五）》规定以下几个要点：

（一）原则上以有效的利润分配决议为前提

股东提交载明具体分配方案的股东会或者股东大会的有效决议，请求公司分配利润，公司拒绝分配利润且其关于无法执行决议的抗辩理由不成立的，法院应当判决公司按照决议载明的具体分配方案向股东分配利润。

（二）例外情况下司法介入

股东未提交载明具体分配方案的股东会或者股东大会决议，请求公司分配利润的，法院应当驳回其诉讼请求，但违反法律规定滥用股东权利导致公司不分配利润，给其他股东造成损失的除外。实践中，常见的情形包括：公司不分配利润，但董事、高级管理人员领取过高薪酬；由控股股东操纵公司购买与经营无关的财物或者服务，用于其自身使用或者消费；隐瞒或者转移利润。

（三）诉讼主体

股东请求公司分配利润案件，应当列公司为被告。一审法庭辩论终结前，其他股东基于同一分配方案请求分配利润并申请参加诉讼的，应当列为共同原告。

（四）分配时间

分配决议中有规定的，以分配决议为准；分配决议中没有规定的，以公司章程为准；分配决议和公司章程中均没有规定，或者有规定但时限超过1年的，则应当在1年内分配完毕。

如果分配决议中载明的分配时间超过了章程的规定，那么，公司决议内容违反章程规定，符合决议可撤销情形，股东有权依法起诉撤销该决议中关于分配时间的部分。分配时间被撤销后，则应当依照章程规定的时间进行分配。这就意味着，公司决议可以部分撤销，决议部分撤销不影响其他部分的效力。

（五）诉讼时效

利润分配权是否适用诉讼时效，有不同的观点。通说认为，如果公司尚未作出载明具体分配方案的股东会或股东大会决议，股东的利润分配权还处于"抽象"的权利阶段，不适用诉讼时效。但是，如果公司作出载明具体分配方案的股东会或股东大会决议，股东的利润分配权成为"具体"的权利，如同一般的债权请求权，适用诉讼时效。

【实战演练】

2016年，由陈某和周某共同创办了逐月有限公司，其中陈某持有公司67%的股权，并担任董事长、法定代表人。公司章程规定，只要公司可分配利润超过10万元，即向周某分配10万元，剩余部分向陈某分配。2017年公司业务不佳，税后利润提取公积金后，公司可分配利润仅为11万元。当年股东会会议中，陈某以周某业务能力差、对公司贡献少为由，主张将可分配利润全部分配给自己，不向周某分配。该决议两股东均签字，但周某注明了反对意见。据此，当年全部利润均分配给了陈某。对此，下列说法正确的是？①

A. 周某可以主张该决议无效　　　　B. 周某可以主张撤销该决议
C. 周某可以主张公司赔偿其损失　　D. 周某可以主张陈某赔偿其损失

二、公司债券

【知识框架】

股票与债券	股票	债券
发行主体	股份公司	股份公司或有限公司
法律关系	股权关系	债权关系
风险大小	风险较大	风险较小
实现顺序	剩余财产分配	债权优先于股权
认购方式	金钱或者实物	金钱
共同之处	均为证明投资者权利的证券，均具有流通性	

---

① BD。该决议内容违反公司章程，可以撤销。大股东滥用股权，损害小股东利益，应当赔偿。

三、外国公司的分支机构

【知识框架】

性质	不具有中国法人资格。外国公司对其分支机构在中国境内经营活动承担民事责任。
设立	必须向中国主管机关提出申请，并提交其公司章程、所属国的公司登记证书等有关文件，经批准后，向公司登记机关依法办理登记，领取营业执照。
经营	外国公司在中国境内设立分支机构，必须在中国境内指定负责该分支机构的代表人或者代理人，并向该分支机构拨付与其所从事的经营活动相适应的资金。
公示	外国公司的分支机构应当在其名称中标明该外国公司的国籍及责任形式。外国公司的分支机构应当在本机构中置备该外国公司章程。
撤销	外国公司撤销其在中国境内的分支机构时，必须依法清偿债务，依照本法的规定进行清算。未清偿债务之前，不得将其分支机构的财产移至中国境外。

第五节　有限公司和股份公司的基本制度

一、两种公司的概念和特征

【知识框架】

	有限公司	股份公司
概念	股东以其认缴的出资额为限对公司承担责任，公司以其全部资产对公司债务承担责任的企业法人。	全部资本分为等额股份，股东以其认购的股份为限对公司承担责任，公司以其全部资产对公司债务承担责任的企业法人。
股东人数	1~50个股东出资设立	发起人2~200人，股东人数无限制
设立方式	发起设立	发起设立或募集设立
股份转让	受到严格限制	原则上自由转让
开放程度	封闭性（设立程序、经营状况）	开放性和社会性
法律规制	以任意性规范为主	以强制性规范为主

二、两种公司的组织机构

【知识框架】

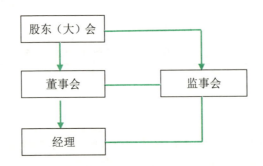

上图显示的是一般公司的组织机构框架，但是，有限公司的组织机构呈现多元化色彩。一人公司没有股东会。股东人数较少或者规模较小的有限公司，可以不设董事会，设一名执行董事；可以不设监事会，设一至二名监事。有限公司可以不设经理。

（一）权力机关

		有限公司	股份公司
股东会或股东大会	组成	权力机关，非常设机关，全体股东组成。	
	职权	重大事项决策，选择经营管理者。原则上以会议形式行使职权，但是对股东会职权范围内事项，有限公司股东以书面形式一致表示同意的，可以不召开股东会会议，直接作出决定，并由全体股东在决定文件上签名、盖章。	
	召集程序	董事会（执行董事）—监事会（监事）—代表 1/10 以上表决权的股东。首次会议由出资最多的股东召集主持。	董事会—监事会—连续 90 天以上单独或者合计持股 10% 以上的股东。
	通知程序	召开 15 日前通知全体股东，章程另有规定或全体股东另有约定的除外。	召开 20 日前通知各股东；发行无记名股票的召开 30 日前公告。
	表决比例	认缴出资比例，章程另有规定的除外。议事方式和表决程序由章程规定。	每一股份有一表决权。一般决议经出席会议的股东所持表决权过半数通过。选举董事、监事，可依照公司章程的规定或股东大会决议，实行累积投票制。
	特别决议事项	包括：修改公司章程，增加或者减少注册资本，合并、分立、解散或变更公司形式。	
		须经代表 2/3 以上表决权的股东通过。	须经出席会议股东所持表决权 2/3 以上通过。

特别提示：股东（大）会行使职权

（1）决定公司的经营方针和投资计划；
（2）选举和更换非由职工代表担任的董事、监事，决定有关董事、监事的报酬事项；
（3）审议批准董事会的报告；
（4）审议批准监事会或者监事的报告；
（5）审议批准公司的年度财务预算方案、决算方案；
（6）审议批准公司的利润分配方案和弥补亏损方案；
（7）对公司增加或者减少注册资本作出决议；
（8）对发行公司债券作出决议；
（9）对公司合并、分立、解散、清算或者变更公司形式作出决议；
（10）修改公司章程；
（11）公司章程规定的其他职权。

（二）业务执行机关

	有限公司	股份公司
设置	常设机关，但股东人数较少或规模较小的，可只设一名执行董事	常设机关，必设机关

续表

	有限公司	股份公司
组成	3～13人，由股东会选举产生，董事长产生办法由章程规定；	5～19人，由股东大会选举产生，董事长由全体董事过半数选举产生
任期	每届不超过3年，可连选连任。董事任期届满未及时改选，或者董事在任期内辞职导致董事会成员低于法定人数的，在改选出的董事就任前，原董事仍应当依照法律、行政法规和公司章程的规定，履行董事职务。	
职权	业务执行权，经营决策权。	
会议程序	一人一票，其余由章程规定。	一人一票。会议应有过半数的董事出席方可举行。决议必须经全体董事的过半数通过。

特别提示：董事会职权

董事会对股东会负责，行使下列职权：

（1）召集股东会会议，并向股东会报告工作；

（2）执行股东会的决议；

（3）决定公司的经营计划和投资方案；

（4）制订公司的年度财务预算方案、决算方案；

（5）制订公司的利润分配方案和弥补亏损方案；

（6）制订公司增加或者减少注册资本以及发行公司债券的方案；

（7）制订公司合并、分立、解散或者变更公司形式的方案；

（8）决定公司内部管理机构的设置；

（9）决定聘任或者解聘公司经理及其报酬事项，并根据经理的提名决定聘任或者解聘公司副经理、财务负责人及其报酬事项；

（10）制定公司的基本管理制度；

（11）公司章程规定的其他职权。

（三）监督机关

	有限公司	股份公司
设置	常设机关，但股东人数较少或规模较小的，可只设一至二名监事	常设机关，必设机关
组成任期	不少于3人，多数由股东（大）会选举产生，职工代表的比例不少于1/3（由职工民主选举产生），监事会主席由全体监事过半数选举产生，任期3年可连选连任，监事任期届满未及时改选，或者监事在任期内辞职导致监事会成员低于法定人数的，在改选出的监事就任前，原监事仍应当依照法律、行政法规和公司章程的规定，履行监事职务。	
职权	监督权	

特别提示：监事会职权

（1）检查公司财务；

（2）对董事、高级管理人员执行公司职务的行为进行监督，对违反法律、行政法规、公司章程或者股东会决议的董事、高级管理人员提出罢免的建议；

（3）当董事、高级管理人员的行为损害公司的利益时，要求董事、高级管理人员予以纠正；

（4）提议召开临时股东会会议，在董事会不履行本法规定的召集和主持股东会会议职责时召集和主持股东会会议；

（5）向股东会会议提出提案；

（6）依照《公司法》第151条的规定，对董事、高级管理人员提起诉讼；

（7）监事可以列席董事会会议，并对董事会决议事项提出质询或者建议；

（8）监事会、不设监事会的公司的监事发现公司经营情况异常，可以进行调查；必要时，可以聘请会计师事务所等协助其工作，费用由公司承担。

（9）公司章程规定的其他职权。

（四）经理

经理		有限公司	股份公司
	设置	可以设	必须设
	产生	有限责任公司可以设经理，由董事会决定聘任或者解聘。	
	职权	内部最高行政长官，对董事会负责，有权制定公司的具体规章，提请聘任或者解聘公司副经理、财务负责人，决定聘任或者解聘除应由董事会决定聘任或者解聘以外的负责管理人员，经理列席董事会会议等。经理可以担任公司的法定代表人。若未担任法定代表人，则可在其职权范围内对外以公司名义处理各类业务。	

（五）上市公司组织机构的特别规定

1. 上市公司在1年内购买、出售重大资产或者担保金额超过公司资产总额30%的，应当由股东大会作出决议，并经出席会议的股东所持表决权的2/3以上通过。

2. 上市公司设立独立董事。上市公司独立董事是指不在公司担任除董事外的其他职务，并与其所受聘的上市公司及其主要股东不存在可能妨碍其进行独立客观判断的关系的董事，但是法律并不禁止独立董事持股（但有比例的限制）。独立董事原则上最多在5家上市公司兼任独立董事。上市公司董事会成员中应当至少包括1/3的独立董事，其中至少包括一名会计专业人士。

3. 上市公司设董事会秘书。

4. 上市公司董事与董事会会议决议事项所涉及的企业有关联关系的，不得对该项决议行使表决权，也不得代理其他董事行使表决权。该董事会会议由过半数的无关联关系董事出席即可举行，董事会会议所作决议须经无关联关系董事过半数通过。出席董事会的无关联关系董事人数不足3人的，应将该事项提交上市公司股东大会审议。

【难点展开】

（一）董事无因解除

《公司法解释（五）》第3条规定："董事任期届满前被股东会或者股东大会有效决议解除职务，其主张解除不发生法律效力的，人民法院不予支持。董事职务被解除后，因补偿与公司发生纠纷提起诉讼的，人民法院应当依据法律、行政法规、公司章程的规定或者合同的约定，综合考虑解除的原因、剩余任期、董事薪酬等因素，确定是否补偿以及补偿的合理数额。"这就是理论上的董事无因解除制度。

1. 董事无因解除的理论基础

我国公司法中仅规定了董事任期由公司章程规定，每届任期不得超过3年，任期届满连选可以连任。在我国公司法上，对董事与公司的关系并无明确的规定，但公司法理论研究与司法实践中已经基本统一认识，认为公司与董事之间实为委托关系，依股东会的选任决议和董事同意任职而成立民法上的委托合同。既然为委托合同，则合同双方均有任意解除权，即公司可以随时解除董事职务，无论任期是否届满，董事也可以随时辞职。需要注意的是，我国公司中还存在职工董事。因职工董事不由股东决议任免，因此不存在股东会或股东大会决议解除其职务的情形。

2. 董事无因解除的合理补偿

无因解除不能损害董事的合法权益。为平衡双方利益，公司解除董事职务应合理补偿，以保护董事的合法权益，并防止公司无故任意解除董事职务。因补偿问题发生纠纷，法院应当依据法律、行政法规、公司章程的规定或者合同的约定，综合考虑解除的原因、剩余任期、董事薪酬等因素，确定是否补偿以及补偿的合理数额。

（二）不得强制召开股东会

前文介绍了公司召开股东会或者股东大会的程序。然后，在某些情况下，董事会和监事都不履行或者不能履行召开股东会或股东大会的职责，而股东的持股比例又达不到自行召开股东会或股东大会的要求，于是股东起诉公司，请求法院判令公司召开股东会或者股东大会。法院应该如何处理？理论上讲，公司召开股东会或者股东大会本质上属于公司内部治理问题，法院应当告知其按照公司法规定的召集和主持方式自行召开股东会或者股东大会。公司不能召开股东会或者股东大会，股东再次向法院起诉的，法院应当裁定不予受理；已经受理的，裁定驳回起诉。

（三）表决权自主

股东、公司或者其他主体，不得以诉讼方式强制股东、董事或监事在相关会议上投赞成票或反对票。即使股东、董事或监事的投票支持违法的决议，其表决权也应受到尊重。由此造成的后果，可以通过否定相关决议效力或者追究责任的方式解决。

【实战演练】

茂森股份公司效益一直不错，为提升公司治理现代化，增强市场竞争力并顺利上市，公司决定重金聘请知名职业经理人王某担任总经理。对此，下列哪些选项是正确的？①

A. 对王某的聘任以及具体的薪酬，由茂森公司董事会决定

B. 王某受聘总经理后，就其职权范围的事项，有权以茂森公司名义对外签订合同

C. 王某受聘总经理后，有权决定聘请其好友田某担任茂森公司的财务总监

D. 王某受聘总经理后，公司一旦发现其不称职，可通过股东会决议将其解聘

三、公司决议效力

【知识框架】

	适用事由
有效	公司决议内容与程序均不违反法律、行政法规或公司章程，或仅有轻微程序瑕疵且对决议没有产生实质影响。

---

① **AB**。本题对经理的产生和职权做了比较全面的考查，掌握基本原理之后即可答对。

	适用事由
不成立	（1）公司未召开会议的，但依据公司法或者公司章程规定可以不开会而直接作出决定，并由全体股东在决定文件上签名、盖章的除外；（2）会议未对决议事项进行表决的；（3）出席会议的人数或者股东所持表决权不符合公司法或者公司章程规定的；（4）会议的表决结果未达到公司法或者公司章程规定的通过比例的；（5）导致决议不成立的其他情形。
无效	公司决议内容违反法律、行政法规。
可撤销	会议召集程序、表决方式违反法律、行政法规或公司章程，或决议内容违反公司章程。但会议召集程序或者表决方式仅有轻微瑕疵，且对决议未产生实质影响的，不予撤销。
内外有别	（1）内部溯及力：公司决议被法院生效判决否认的，自始没有法律约束力。公司根据决议已办理变更登记的，应当向公司登记机关申请撤销变更登记；（2）对外无溯及力：公司依据该议与善意相对人形成的民事法律关系不受影响。

特别提示：公司决议瑕疵的诉讼程序

（一）当事人问题

1. 原告：撤销之诉的原告只能为公司股东，应当在起诉时具有公司股东身份。确认不成立、无效诉讼的原告为股东、董事、监事等。

2. 被告和第三人：所有诉讼的被告均为公司。对决议涉及的其他利害关系人，可以依法列为第三人。

（二）时效期间问题

撤销之诉的除斥期间为决议作出之日起 60 日内，其他诉讼不受该除斥期间限制。

（三）撤销决议之诉的审查对象

在公司决议撤销纠纷中，法院应当依据《公司法》第 22 条第 2 款规定进行审查，即审查会议召集程序、表决方式是否违反法律、行政法规或者公司章程，以及决议内容是否违反公司章程。在未违反上述规定的前提下，决议所依据的事实是否属实，理由是否成立，属于公司自治的范围，不属于司法审查内容。

【难点展开】公司决议程序瑕疵的影响

从上文知识框架可以看出，如果公司决议存在程序瑕疵，有可能导致公司决议不成立，也有可能导致公司决议可撤销，还有可能不影响公司决议的效力。如何区分？

首先，导致公司决议不成立的瑕疵，必须是十分严重的程序瑕疵。对此，《公司法解释（四）》第 5 条规定了"不开会、不表决、出席不达标、表决不达标"等情形，并配有兜底性条款"导致决议不成立的其他情形"。对于这里的"其他情形"，应该做严格的限缩解释，必须达到足以导致公司法人机关的团体意志根本没有形成的程度，否则，将架空公司决议撤销制度。

其次，大部分程序瑕疵将导致公司决议可撤销。公司法并非追求程序正义的法律，因此，公司法本身可以容忍公司决议的程序瑕疵，并将此类决议的命运交由公司股东去决定。亦即，当公司决议存在程序瑕疵时，由股东决定是否提起撤销之诉，若股东未在除斥期间内提起撤销之诉，则该决议确定有效。这是公司决议撤销制度的目的之所在，也是解决公司决议程序瑕疵问题的基本指引。实践中，公司决议的程序瑕疵主要分为召集程序瑕疵和表决程序瑕疵，例如：（1）通知之遗漏；（2）通知中未载明事由或议题；（3）召集人不适格；（4）召集通知的时间过短；（5）会议主持人拒绝适格的表决权；（6）主持人无正当理由剥夺股东的质询权或者建议权。

最后，只有同时符合"轻微"和"对决议未产生实质影响"两个条件的程序瑕疵，才不影响公司决议效力。这一规定的目的在于，提高公司决策效率，遏制股东滥诉行为，有其合理性，但是也要防止滥用，以致侵害甚至剥夺股东的表决权。例如，有法院裁判认为，只要该程序瑕疵不影响表决结果，就是可以容忍的程序瑕疵，就应当判决驳回股东撤销该决议的诉讼请求。这种做法显然与公司决议撤销制度目的相悖。

我们仅举一例来分析公司决议程序瑕疵的影响。甲有限公司有9名股东，大股东持股60%，另外8小名股东各持股5%。因大股东与小股东张三有矛盾，在大股东的授意下，甲有限公司召集股东会时未通知张三与会。会上，经出席会议的8名股东一致同意，通过了一项股东会决议。不久，张三知悉该股东会决议。该决议效力如何？一种观点认为，即便张三与会，也不会改变表决结果，故不通知张三开会属于"轻微瑕疵，且对决议未产生实质影响"，因此该决议有效。另一种观点认为，不通知股东开会，属于十分严重的程序瑕疵，因此该决议不成立。还有一种观点认为，该决议无效。本书认为，上述三种观点均不成立。一方面，虽然张三的表决比例不足以改变表决结果，但是不通知张三开会，剥夺了张三的表决权，属于严重瑕疵，因此不宜认定其不影响公司决议效力。另一方面，这种程序瑕疵尚未达到与"不开会、不表决、出席不达标、表决不达标"相当的严重程度，因此也不能认定其不成立。至于认定该决议无效的观点，更没有法律依据，因为该决议只存在程序瑕疵，而不存在内容瑕疵。正确的做法是，该决议存在召集程序瑕疵，张三有权请求法院撤销该决议。

【案例分析】

（一）李某某诉上海佳动力环保科技有限公司公司决议撤销纠纷案

原告李某某系被告佳动力公司的股东，并担任董事兼总经理。2009年7月18日，佳动力公司董事长葛某某召集并主持董事会，三位董事均出席，会议形成了"鉴于总经理李某某不经董事会同意私自动用公司资金在二级市场炒股，造成巨大损失，现免去其总经理职务，即日生效"等内容的决议。该决议由葛某某和另外一名董事签名，李某某未在该决议上签名。李某某提起诉讼，请求法院依法撤销该董事会决议。

法院生效裁判认为，在公司决议撤销纠纷中，法院应当依据《公司法》第22条第2款规定进行审查，即审查会议召集程序、表决方式是否违反法律、行政法规或者公司章程，以及决议内容是否违反公司章程。在未违反上述规定的前提下，解聘总经理职务的决议所依据的事实是否属实，理由是否成立，属于公司自治的范围，不属于司法审查内容。本案中，佳动力公司的董事会决议不存在会议召集程序、表决方式违反法律、行政法规或者公司章程的情形，决议的内容也不违反公司章程，因此不应予以撤销。法院最终判决驳回李某某的诉讼请求。（案例来源：最高人民法院指导案例第10号）

（二）公司决议效力纠纷

花木公司是依法设立的有限责任公司，截至2013年11月，该公司的注册资金为1亿元。中远公司出资7200万元，其占花木公司股份为72%。林都公司出资2800万元，其占花木公司股份为28%。花木公司的董事为姚某、袁某、牛某，监事为李某。

2014年7月4日，中远公司向姚某、袁某、牛某、李某、林都公司以快递的形式通知提议召开花木公司2014年第一次临时股东会，要求于2014年7月31日上午9点整，会议地点为郑州市××酒店××楼××会议室。如花木公司第一次临时股东会未能在上述的时间内如期召开，则视为公司的董事会、董事长、董事、监事不能履行其召集、主持股东会的职责。中远公司将于 2014 年 7 月 31 日上午 11 点整在郑州市××酒店××楼××会议室自行召集，并主持花木公司 2014 年第一次临时股东会议。

2014 年 7 月 31 日，某律师代表林都公司在郑州市××酒店××楼××会议室向中远公司递交律师函，要求召开花木公司 2014 年第一次临时股东会，按照公司章程由花木公司的法定代表人姚某召集并主持。反对中远公司召开花木公司 2014 年第一次临时股东会议。

2014 年 7 月 31 日 11 时，中远公司召开了花木公司 2014 年第一次临时股东会，在林都公司反对的情况下，选举产生花木公司新的董事、监事，免去姚某、牛某董事职务，免去李某监事职务及其他议案。同日，新产生的花木公司的董事、监事召开了花木公司 2014 年第一次董事会决议，产生了新的董事长、总经理。任命白某为花木公司董事长，并免去姚某等人在花木公司中所担任的职务。

林都公司根据花木公司的章程第 17 条规定："股东会会议由董事长召集和主持；董事长不能履行职务或者不履行职务的，由监事召集和主持；监事不召集和主持的，代表十分之一表决权的股东可以自行召集和主持"。请求撤销 2014 年第一次临时股东会决议并宣告花木公司 2014 年第一次董事会决议无效。

法院生效裁判认为：

第一，关于花木公司 2014 年第一次临时股东会决议是否应予撤销的问题。《公司法》第 40 条规定："有限责任公司设立董事会的，股东会会议由董事会召集，董事长主持；董事长不能履行职务或者不履行职务的，由副董事长主持；副董事长不能履行职务或者不履行职务的，由半数以上董事共同推举一名董事主持。有限责任公司不设董事会的，股东会会议由执行董事召集和主持。董事会或者执行董事不能履行或者不履行召集股东会会议职责的，由监事会或者不设监事会的公司监事召集和主持；监事会或者监事不召集和主持的，代表十分之一以上表决权的股东可以自行召集和主持。"花木公司章程第 17 条规定："股东会会议由董事长召集和主持；董事长不能履行职务或者不履行职务的，由监事召集和主持；监事不召集和主持的，代表十分之一表决权的股东可以自行召集和主持"。《公司法》规定股东会会议的召集人依次为董事会或者执行董事、监事会或者监事、代表 1/10 以上表决权的股东；主持人依次为董事长、副董事长、半数以上董事共同推荐的一名董事、监事会或者监事、代表 1/10 以上表决权的股东。花木公司章程规定的股东会会议的召集和主持人依次为董事长、监事、代表 1/10 表决权的股东。比较两者，花木公司章程与《公司法》的相关规定尽管不一致，但并未构成实质性冲突，故花木公司章程及相关条款并不因此而无效。

花木公司章程第 17 条规定了临时股东会议的召集程序及主持人，且明确在董事长、监事不履行召集和主持股东会会议职务的情况下，代表 1/10 表决权的股东可以自行召集和主持股东会会议。本案中，中远公司召集并主持花木公司 2014 年第一次临时股东会议，并未提供证据证明花木公司董事长不履行召集和主持股东会的职责，或者在董事长不履行上述职责后监事亦不履行职责的情形，故其召集和主持临时股东会议的程序违反了公司章程规定，亦与《公司法》的相关规定不符。根据《公司法》第 22 条第 2 款规定："股东会或者股东大会、董事会的会议召集程序、表决方式违反法律、行政法规或者公司章程，或者决议内容违反公司章程的，股东可以自决议作出六十日内，请求人民法院撤销。"花木公司 2014 年第一次临时股东会会议的召集程序违反《公司法》及花木公司章程规定，林都公司在法定期限内向法院起诉请求撤销花木公司 2014 年第一次临时股东会决议，于法有据，本院依法予以支持。

第二，关于花木公司 2014 年第一次临时董事会决议效力问题。花木公司 2014 年第一次临时股东会决议被撤销后，其选举的董事、监事自始不具有董事、监事资格，由其召集并主持的董事会形成的决议不具有合法性，应属无效决议。林都公司请求确认花木公司2014年第一次临时董事会决议无效的诉请，本院依法予以支持。

法院判决：撤销花木公司2014年第一次临时股东会决议；花木公司2014年第一次董事会决议无效。

【实战演练】

2018年5月，甲有限责任公司成立，张某持有公司80%的股权，并担任公司董事长；李某持有公司7%的股权。公司章程规定，公司召开股东会应当提前10天以书面形式通知全体股东。为了扩大公司规模，张某认为甲公司应当与乙公司合并，遂提议召开公司股东会会议，但因准备匆忙，在会议召开前五天才通知李某。股东会会议中持有公司90%表决权的股东同意合并，3%表决权的股东反对，最终通过了与乙公司合并的决议，李某拒绝在决议上签字。下列说法正确的是哪一项？①

A. 该次股东会会议的召集程序违反法律规定，李某可以主张该决议无效

B. 李某有权要求公司以合理价款回购其所持有的甲公司股权

C. 该次股东会会议的召集程序违反法律规定，李某可以要求撤销该决议

D. 如果李某针对股东会决议效力提起相关诉讼，应当以公司为被告，其他股东列为第三人

四、有限公司的设立

【知识框架】

设立条件	（1）50个以下股东出资设立； （2）有符合公司章程规定的全体股东认缴的出资额（取消最低注册资本限额）； （3）股东共同制定公司章程； （4）有公司名称，建立符合有限责任公司要求的组织机构；有公司住所。名称和住所原则上没有限制。
出资方式	货币、实物、知识产权、土地使用权等可以用货币估价并可以依法转让的非货币财产（如股权、债权、采矿权、净资产等），但不包括信用、劳务、姓名、商誉、特许经营权。
	对各种出资方式所占数额的具体比例无限制。
出资程序	**期限**：根据章程规定在公司成立时一次缴清或在公司成立后分次缴清。
	货币出资：足额存入有限责任公司在银行开设的账户。
	非货币出资：评估—依法办理其财产权的转移手续。
	不动产或知识产权出资：交付＋登记。自交付时起，股东享有相应的股东权利（包括新股优先认购权、剩余财产分配请求权、利润分配请求权）。
	验资：取消了法定验资程序，由公司章程规定是否需要验资。

① D。本题适用轻微瑕疵裁量驳回制度，也就是说该股东会决议是有效的。

续表

	未按期足额缴纳出资：
股东违反出资义务法律后果	**（1）股东资格**：原则上不受影响，但完全未履行出资义务的股东经公司催告在合理期间内仍未缴纳的，股东会可以决议解除该其股东资格。 **（2）对其他股东**：向其他完全履行了出资义务的股东承担违约责任。若全体股东均存在违反出资义务的情况，则相互之间仍然要承担违约责任。 **（3）对公司**：公司或其他股东可以请求其向公司履行出资义务，不受诉讼时效限制。 **（4）对债权人**：在未出资本息范围内对公司债务不能清偿的部分承担补充赔偿责任，只要债权人的债权未过诉讼时效即可。 **（5）股权限制**：公司根据公司章程或股东会决议，可对其新股优先认购权、剩余财产分配请求权、利润分配请求权等股东权利作出相应的合理限制。 **（6）其他发起人**：就上述（3）和（4）承担连带责任，并有权向未履行出资义务的股东追偿。 **（7）受让股东**：股东未履行或者未全面履行出资义务即转让股权，受让人对此知道或者应当知道的，受让人和该股东向公司和债权人承担连带责任。
	非货币财产出资不实：有限责任公司成立后，发现作为设立公司出资的非货币财产的实际价额显著低于公司章程所定价额的，应当由交付该出资的股东补足其差额；公司设立时的其他股东承担连带责任。但是出资人以符合法定条件的非货币财产出资后，因市场变化或者其他客观因素导致出资财产贬值，公司、其他股东或者公司债权人请求该出资人承担补足出资责任的，不予支持。
	增资时董事、高管的义务和责任：股东在公司增资时未履行或者未全面履行出资义务，公司或债权人有权请求未尽勤勉义务而使出资未缴足的董事、高管承担相应责任；董事、高管承担责任后，可以向该股东追偿。实践中，这一规则也可以类推适用到设立时的出资问题。

【难点展开】

（一）债权出资问题

　　此处的债权是一个广义概念，不限于金钱债权，还可以包括非金钱债权，常见的债权包括债券、票据、合同债权等。按照债务人的身份为标准分类，此处债权可以分为对第三人的债权和对公司的债权。股东对第三人的债权，只要是依法可以转让的，就可以作为出资标的。股东对公司的债权，在不损害其他债权人前提下也可以作为出资标的，这就是"债转股"的法律依据。债权出资本质上属于债权让与，所以股东应对该出资的债权承担瑕疵担保责任，但是，如果在出资完成之后发生新的事实导致该债权无法实现，则股东不承担瑕疵担保责任。

　　兹举一例来说明债权出资的法律关系。1998年，A公司拖欠B公司450万元货款。双方商定共同出资1000万元组建长沙长江公司，其中B公司出资550万元，具体形式包括其对A公司的450万元债权和价值100万元的散件；A公司出资450万元。公司成立后，对B公司而言，它对A公司的450万元债权转化为对长沙长江公司的股权（债权出资）；对A公司而言，它对B公司的450万元债务转化为对长沙长江公司的债务。

（二）股权出资问题

　　股权出资是公司法上一个颇有争议的理论问题。《公司法解释（三）》规定第11条规定："出资人以其他公司股权出资，符合下列条件的，人民法院应当认定出资人已履行出资义务：（一）出资的股权由出资人合法持有并依法可以转让；（二）出资的股权无权利瑕疵或者权利负担；（三）出资人已履行关于股权转让的法定手续；（四）出资的股权已依法进行了价值评估。""股权出资不符合前款第（一）、（二）、（三）项的规定，公司、其他股东或者公司债权人请求认定出资人未履行出资义务的，人民法院应当责令该出资人在指定的合理期间内采取补正措施，以符合上述条件；逾期未补正的，人民法院应当认定其未依法全面履行出资义务。""股权出资不符合本条第一款第（四）项的规定，公司、其他股东或者公司债权人请求认定出资人未履行出资义务的，人民法院应当按照本规定第九条的规定处理。"（人民法院应当委托具有合法资格的评估机构对该财产评估作价。评估确定的价额显著低于公司章程所定价额的，人民法院应当认定出资人未依法全面履行出资义务）。

兹举一例。张三和李四是A公司股东，张三和王五拟设立B公司，其中张三以其在A公司的全部股权出资于B公司。为履行对B公司的出资义务，张三应当将其在A公司的股权全部转让给B公司，最终A公司的股东变成了B公司和李四。张三完全履行对B公司出资义务的条件是：（1）张三在A公司的股权由张三合法持有并依法可以转让；（2）张三在A公司的股权无权利瑕疵或权利负担；（3）张三已经履行了向B公司转让股权的法定手续；（4）张三在A公司的股权已经进行了评估。

（三）出资中的无权处分

出资行为本质上是一种处分行为。若发生无权处分，则依民法规则处理。在公司为善意的情况下，可以由公司善意取得股东的出资财产，并视为股东履行了出资义务。股东和第三人的关系，依民法解决。公司善意的判断，依民法标准。唯须注意，若实施无权处分的股东为公司法定代表人或负责公司设立事务的重要人员，则其对无权处分的明知，视为公司的明知，公司不可能是善意，也不可能善意取得出资财产。

另外，考虑到货币的特殊性，如果股东以贪污、受贿、侵占、挪用等违法犯罪所得的货币出资，则视为其履行了出资义务，公司取得货币所有权。将来对违法犯罪行为予以追究、处罚时，应当采取拍卖或者变卖的方式处置其股权。

（四）加速到期问题

所谓加速到期问题，就是在股东出资期限未届而公司不能清偿到期债务时，债权人是否有权要求股东在未出资范围内对公司不能清偿的债务承担补充赔偿责任的问题。在注册资本认缴制下，股东依法享有期限利益。债权人以公司不能清偿到期债务为由，请求未届出资期限的股东在未出资范围内对公司不能清偿的债务承担补充赔偿责任的，法院一般不予支持。但是，下列情形除外：（1）公司作为被执行人的案件，法院穷尽执行措施无财产可供执行，已具备破产原因，但不申请破产的；（2）在公司债务产生后，公司股东（大）会决议或以其他方式延长股东出资期限的。

另外，根据《公司法》和《破产法》的规定，当公司进入解散清算程序或者法院受理公司破产申请的，也适用加速到期。

【实战演练】

甲、乙、丙、丁计划设立一家从事技术开发的天际有限责任公司，按照公司设立协议，甲以其持有的君则房地产开发有限公司20%的股权作为其出资。下列哪些情形会导致甲无法全面履行其出资义务？[①]

A. 君则公司章程中对该公司股权是否可用作对其他公司的出资形式没有明确规定

B. 甲对君则公司尚未依章程履行完毕其出资义务

---

① BCD。本题考查股权出资的具体条件，B、C项属于股权存在瑕疵，D项导致股权转让不能实现。

C. 甲已将其股权出质给其债权人戊

D. 甲以其股权作为出资转让给天际公司时，君则公司的另一股东已主张行使优先购买权

【案例分析】五洲证券与前锋公司股东缴纳出资纠纷

五洲证券有限公司的前身为洛阳市证券公司。2004 年 2 月，洛阳市证券公司注册资本由原来的 1000 万元增至 5.12 亿元，更名为五洲证券，并将总部设在深圳；包括前锋公司在内的 11 家单位被核准了五洲证券的股东资格及出资额，其中核准新增加股东前锋公司的出资额为人民币 8700 万元。但是，包括前锋公司在内的 8 家新增股东在五洲证券的增资过程中，没有如实缴付出资款。2006 年 9 月 4 日，洛阳市中级人民法院裁定宣告五洲证券破产还债。2009 年 1 月 12 日，洛阳市中级人民法院指定五洲证券破产清算组为五洲证券破产管理人。2010 年 12 月 27 日，五洲证券以前锋公司没有如实缴纳出资款为由，向河南省高级人民法院提起诉讼，请求判定前锋公司履行 8700 万元的出资义务及支付相应利息并承担本案全部诉讼费用。法院判决前锋公司于判决生效后 30 日内向五洲证券支付人民币 8700 万元及相应利息。

五、有限公司的股权转让

【知识框架】

内部转让	无须其他股东同意，也无须通知其他股东，其他股东也不享有优先购买权。	（1）章程对股权转让另有规定的从其规定；（2）转让股权后，公司应注销原股东的出资证明书，向新股东签发出资证明书，并相应修改公司章程和股东名册中有关股东及其出资额的记载。对公司章程的该项修改不需再由股东会表决。
对外转让	**通知义务：**有限责任公司的股东对外转让股权，应就其股权转让事项以书面或者其他能够确认收悉的合理方式通知其他股东征求同意。	
	其他股东同意权：应当经其他股东过半数同意。其他股东在接到书面通知之日起 30 日未予答复的，视为其同意转让。其他股东半数以上不同意转让的，不同意的股东应当购买该转让的股权；不购买的视为同意转让。	
	其他股东优先购买权：经股东同意转让的股权，转让股东应当以书面或者其他能够确认收悉的合理方式通知其他股东转让股权的同等条件。在同等条件下，其他股东有优先购买权。两个以上股东主张行使优先购买权的，协商确定各自的购买比例；协商不成的，按照转让时各自的出资比例行使优先购买权。	
强制执行	法院依照法定强制执行程序转让股东的股权时，应当通知公司及全体股东，其他股东在同等条件下有优先购买权。自法院通知之日起满 20 日不行使的视为放弃。	
股权回购	**条件**	（1）公司连续 5 年不向股东分配利润，而该 5 年连续盈利，并符合法定的分配利润条件的；（2）公司合并、分立、转让主要财产的；（3）公司章程规定的营业期限届满或公司章程规定的其他解散事由出现，股东会会议通过决议修改公司章程使公司存续的。符合任一条件即可。
	主体	对股东会该项决议投反对票的股东（还包括非因本人原因而未能出席股东会的异议股东）。
	程序	自股东会会议决议通过之日起 60 日内，股东与公司不能达成股权收购协议的，股东可以自会议决议通过之日起 90 日内向法院起诉。
继 承	自然人股东死亡后，其合法继承人可以继承股东资格；但章程另有规定的除外。	

【难点展开】

（一）股权转让合同与股权变动

股权转让合同的效力与股权变动的效果应当加以区分。（1）法律或者行政法规对股权转让合同有规定的，依照其规定；没有规定的，可以参照适用买卖合同的有关规定。（2）除法律、行政法规规定应办理批准、登记手续生效的以外，股权转让合同成立时生效。（3）生效的股权转让合同将产生债权效力，卖方有义务将其股权让渡给买方，公司应当注销原股东的出资证明书，向新股东签发出资证明书，并相应修改公司章程和股东名册中有关股东及其出资额的记载。但是，股权转让合同生效，不会直接导致股权的变动。（4）判断是否发生股权变动的效果，对内应以股东名册变更为准，对外应以公司登记为准。具体而言，当事人之间转让有限责任公司股权，受让人以其姓名或者名称已记载于股东名册为由主张其已经取得股权的，法院依法予以支持，但法律、行政法规规定应当办理批准手续生效的股权转让除外。未向公司登记机关办理股权变更登记的，不得对抗善意相对人。

（二）股东优先购买权

1. 适用范围

有限公司股东之间转让股权，或者自然人股东因继承发生变化时，其他股东不享有优先购买权，但公司章程另有规定或者全体股东另有约定的除外。

2. 同等条件

"同等条件"，应当考虑转让股权的数量、价格、支付方式及期限等因素。转让方与受让方之间的人身关系，不属于"同等条件"。

3. 行使期限

有限公司的股东主张优先购买转让股权的，应当在收到通知后，在公司章程规定的行使期间内提出购买请求。公司章程没有规定行使期间或规定不明确的，以通知确定的期间为准，通知确定的期间短于30日或者未明确行使期间的，行使期间为30日。

4. 股东放弃转让

有限公司的转让股东，在其他股东主张优先购买后又不同意转让股权的，对其他股东优先购买的主张，不予支持，但公司章程另有规定或者全体股东另有约定的除外。其他股东主张转让股东赔偿其损失合理的，应予支持。

5. 损害优先购买权的法律后果

损害优先购买权的股权转让合同，不应仅仅因为损害股东优先购买权认定合同无效、撤销合同。股东以外的股权受让人，因股东行使优先购买权而不能实现合同目的的，可以依法请求转让股东承担相应民事责任。但是，若存在民法上的合同无效事由，如通谋虚伪行为、恶意串通损害第三人利益的，应认定合同无效。

转让股东未就其股权转让事项征求其他股东意见，或者以欺诈、恶意串通等手段，损害其他股东优先购买权，其他股东有权主张按照同等条件购买该转让股权，但其他股东自知道或者应当知道行使优先购买权的同等条件之日起30日内没有主张，或者自股权变更登记之日起超过1年的除外。

（三）夫妻离婚时的股权分割问题

这一问题的处理原则，是要兼顾有限公司的人合性和夫妻共同财产的可分割性。《最高人民法院关于适用〈中华人民共和国民法典〉婚姻家庭编的解释（一）》第73条规定："人民法院审理离婚案件，涉及分割夫妻共同财产中以一方名义在有限责任公司的出资额，另一方不是该公司股东的，按以下情形分别处理：（一）夫妻双方协商一致将出资额部分或者全部转让给该股东的配偶，其他股东过半数同意，并且其他股东均明确表示放弃优先购买权的，该股东的配偶可以成为该公司股东；（二）夫妻双方就出资额转让份额和转让价格等事项协商一致后，其他股东半数以上不同意转让，但愿意以同等条件购买该出资额的，人民法院可以对转让出资所得财产进行分割。其他股东半数以上不同意转让，也不愿意以同等条件购买该出资额的，视为其同意转让，该股东的配偶可以成为该公司股东。用于证明前款规定的股东同意的证据，可以是股东会议材料，也可以是当事人通过其他合法途径取得的股东的书面声明材料。"

【案例分析】

（一）人走股留条款是否有效

西安市华华餐饮有限责任公司（以下简称华华公司）成立于 1990 年 4 月 5 日。2004 年 5 月，华华公司由国有企业改制为有限责任公司，宋某系华华公司员工，出资 2 万元成为华华公司的自然人股东。

华华公司章程第三章"注册资本和股份"第 14 条规定"持股人若辞职、调离或被辞退、解除劳动合同的，人走股留，所持股份由企业收购……"，第十三章"股东认为需要规定的其他事项"下第 66 条规定"本章程由全体股东共同认可，自公司设立之日起生效"。该公司章程经华华公司全体股东签名通过。

2006 年 6 月 3 日，宋某向公司提出解除劳动合同，并申请退出其所持有的公司的 2 万元股份。2006 年 8 月 28 日，经华华公司法定代表人赵某同意，宋某领到退出股金款 2 万元整。2007 年 1 月 8 日，华华公司召开 2006 年度股东大会，大会应到股东 107 人，实到股东 104 人，代表股权占公司股份总数的 93%，会议审议通过了宋某等三位股东退股的申请并决议"其股份暂由公司收购保管，不得参与红利分配"。

后宋某以华华公司章程中股权回购条款违反《公司法》第 74 条规定，华华公司回购宋某股权的行为违反了《公司法》第 35 条规定，请求依法确认其具有华华公司的股东资格。华华公司辩称，公司章程关于"人走股留"的规定合法有效，公司回购股权是双方真实意思表示，不属于抽逃出资行为，请求法院判决驳回宋某诉讼请求。法院判决驳回原告诉讼请求。（案例来源：最高人民法院指导案例第 96 号）

（二）股权转让通知与其他股东的优先购买权

同昭公司成立于 2012 年 5 月 22 日，注册资本 5000 万元。2016 年 9 月 16 日，股东变更为杨某（持股 60%）、钟某（持股 34%）和陈某（持股 6%），分别认缴出资 3000 万元、1700 万元、300 万元，认缴期限为 2044 年 4 月 8 日。

2017 年 1 月 18 日，钟某以手机短信的方式分别向杨某、陈某发出通知，载明：钟某作为同昭公司股东，拟对外转让所持有同昭公司 22% 的股权，若杨某、陈某作为公司内部股东愿意购买，请于 2017 年 1 月 23 日前书面回复并与钟某协商转让事宜。逾期回复视为不同意购买，钟某将对外转让。陈某电话回复不愿意购买，杨某未予回复。2017 年 1 月 20 日，钟某通过公证方式向包括杨某的户籍地址在内的共计 3 个地址分别邮寄了《关于对外转让同昭公司股权的通知》，通知内容除对回复时间未作要求外，其余与短信内容相同。但三封邮件均为他人收或单位收发章签收。

2017 年 3 月 13 日，钟某与佳兴教育公司签订《同昭公司股权转让协议》，约定钟某将持有的同昭公司 1670 万股权（占注册资本的 33.4%）转让给佳兴教育公司，股权转让价款及付款方式双方另行约定，但签署本协议时，视为已实现股权交割。同日，钟某作为甲方与作为乙方的 6 名自然人，作为丙方的佳兴教育公司签订了三方《股权转让补充协议》，约定甲方（钟某）将持有同昭公司 34% 股权全部转让给乙方和丙方，分别是：乙方 0.6%、佳兴教育公司 33.4%。甲方实缴的股本金 272 万元，由乙丙双方按各自受让比例分别支付给甲方，乙方须付 4.8 万元，丙方须付 267.2 万元；甲方认缴的剩余股本金 1428 万元由乙丙双方在公司章程规定的认缴期限届满前直接向同昭公司缴纳。

2017 年 4 月 13 日，佳兴教育公司通过民生银行向钟某支付股权转让款 267.2 万元，钟某向佳兴教育公司出具收条。

2017 年 4 月 14 日，钟某通过公证方式向包括杨某的户籍地址、同昭公司登记注册地址在内的 4 个地址分别邮寄了《关于限期办理工商变更登记的通知》《同昭公司股权转让协议》《股权转让补充协议》，要求杨某及同昭公司在接到通知后 15 日内依法办理股权转让工商登记事宜。其中，邮寄给杨某的 3 封邮件均为他人代收或单位收发章签收，邮寄给同昭公司的邮件，钟某未提交邮寄情况回单。

在杨某主张优先购买后，钟某与佳兴教育公司及 6 名自然人遂解除了《同昭公司股权转让协议》及两份《股权转让补充协议》，并返还了收取的股权转让款。

杨某起诉请求：1. 确认钟某与佳兴教育公司于 2017 年 3 月 13 日签订的《同昭公司股权转让协议》《股权转让补充协议》无效；2. 判令杨某以同等条件优先购买钟某拟转让于佳兴教育公司的同昭公司 33.4% 的股权（即以 267.2 万元的价格收购钟某 33.4% 的股权）。

法院生效裁判认为，根据当事人的诉辩主张，本案争议的焦点，一是钟某转让股权时是否依法履行了通知义务，二是杨某要求按照 2017 年 3 月 13 日《股权转让补充协议》的同等条件行使优先购买权是否应予支持。对此本院分析评判如下：

（一）关于钟某转让股权时是否依法履行了通知义务的问题。

首先，为保护有限责任公司股东在同等条件下的优先购买权，拟对外转让股权的股东不仅需要向其他股东告知自己欲对外转让股权，还应当告知受让人、转让数量、转让价格、支付方式、履行期限等主要内容。根据《公司法解释（四）》第 17 条"有限责任公司的股东向股东以外的人转让股权，应就其股权转让事项以书面或者其他能够确认收悉的合理方式通知其他股东征求同意。其他股东半数以上不同意转让，不同意转让的股东不购买的，人民法院应当认定视为同意转让。经股东同意转让的股权，其他股东主张转让股东应当向其以书面或者其他能够确认收悉的合理方式通知转让股权的同等条件的，人民法院应当予以支持"的规定，转让股东可以一次告知前述全部内容，也可以分几次告知。本案中，钟某于 2017 年 1 月 18 日、1 月 20 日通过短信和邮件通知杨某，其拟对外转让 22% 的股权，要求限期回复是否愿意购买。该通知载明的转让股权数量与实际转让数量不符，且其中"逾期回复视为不同意购买"只是钟某的单方意思表示，对杨某没有约束力。即使杨某收到通知后未回复，也只能视为同意转让，而非不同意购买。在杨某同意转让股权的情况下，其享有的优先购买权并不丧失，钟某仍须就转让股权的同等条件再次通知杨某。但此后钟某在未通知杨某的情况下，于 2017 年 3 月 13 日与佳兴教育公司签订《同昭公司股权转让协议》，同时与 6 名自然人签订《股权转让补充协议》，并于 2017 年 4 月 13 日收取了佳兴教育公司支付的股权转让价款。虽然钟某于 2017 年 4 月 14 日向杨某邮寄了《同昭公司股权转让协议》《股权转让补充协议》，但同时还邮寄了《关于限期办理工商变更登记的通知》，要求杨某和同昭公司在接到通知后 15 日内依法办理股权转让工商登记。显然，钟某向杨某邮寄《同昭公司股权转让协议》《股权转让补充协议》的目的并非告知杨某股权转让的同等条件，并征求其是否行使优先购买权，而是告知杨某股权已经转让的事实，并要求其协助办理股权变更登记手续。此外，钟某一方面主张已经向杨某告知股权转让相关事项，另一方面又主张第一份《股权转让补充协议》约定的价格并非真实的转让价格，显然自相矛盾。因此，钟某转让股权时未依法履行通知义务。

（二）关于杨某要求按照 2017 年 3 月 13 日《股权转让补充协议》的同等条件行使优先购买权是否应予支持的问题。

首先，《公司法解释（四）》第 17 条第 3 款规定："经股东同意转让的股权，在同等条件下，转让股东以外的其他股东主张优先购买的，人民法院应当予以支持，但转让股东依据本规定第 20 条放弃转让的除外。"第 20 条规定："有限责任公司的转让股东，在其他股东主张优先购买后又不同意转让股权的，对其他股东优先购买的主张，人民法院不予支持，但公司章程另有规定或者全体股东另有约定的除外。其他股东主张转让股东赔偿其损失合理的，人民法院应当予以支持。"本案中，同昭公司章程对于转让股东在其他股东主张优先购买后又放弃转让如何处理没有规定，全体股东也没有约定。在杨某主张优先购买后，钟某与佳兴教育公司及 6 名自然人解除了《同昭公司股权转让协议》及两份《股权转让补充协议》，并返还了收取的股权转让款。根据《公司法解释（四）》第 20 条规定，对于杨某的优先购买主张，不应予以支持。当然，如果以后转让股东再次转让股权，其他股东在同等条件下仍享有优先购买权。

综上，钟某转让股权时未依法履行通知义务。但是，钟某已经放弃转让股权，杨某主张优先购买权不应支持。判决驳回杨某的诉讼请求。

【实战演练】

汪某为兴荣有限责任公司的股东，持股 34%。2017 年 5 月，汪某因不能偿还永平公司的货款，永平公司向法院申请强制执行汪某在兴荣公司的股权。关于本案，下列哪一选项是正确的？①

A. 永平公司在申请强制执行汪某的股权时，应通知兴荣公司的其他股东

B. 兴荣公司的其他股东自通知之日起 1 个月内，可主张行使优先购买权

C. 如汪某所持股权的 50% 在价值上即可清偿债务，则永平公司不得强制执行其全部股权

D. 如在股权强制拍卖中由丁某拍定，则丁某取得汪某股权的时间为变更登记办理完毕时

六、一人有限公司

【知识框架】

数量限制	一个自然人只能投资设立一个一人公司。该一人公司不能投资设立新的一人公司。
公示要求	一人公司应当在公司登记中注明自然人独资或者法人独资，并在公司营业执照中载明。
股东权利	一人公司章程由股东制定。一人公司不设股东会，股东行使股东会职权，应当采用书面形式，并由股东签名后置备于公司。
股东责任	一人公司的股东不能证明公司财产独立于自己的财产的，应对公司债务承担连带责任。

【难点展开】实质性一人公司

夫妻股东成立公司，且因公司设立时未向登记部门提交分割财产证明，应视为实质性一人公司。若案涉债务纠纷发生在双方婚姻关系存续期间，二股东不能证明其个人财产独立于公司财产，由股东双方承担共同付款责任。

---

① C。股权为可分割的财产，因此在部分股权即可清偿债务时，不得强制执行全部股权。

七、国有独资公司

【知识框架】

股东	国家单独出资、由国务院或地方政府授权本级国有资产监督管理机构履行出资人职责。		
章程	由国有资产监督管理机构制定，或者由董事会制定报国有资产监督管理机构批准。		
机构	股东会	(1) 不设股东会，由国有资产监督管理机构行使股东会职权。 (2) 国有资产监督管理机构可以授权公司董事会行使股东会的部分职权。 (3) 公司的合并、分立、解散、增加或者减少注册资本和发行公司债券，必须由国有资产监督管理机构决定；其中，重要的国有独资公司合并、分立、解散、申请破产的，应当由国有资产监督管理机构审核后，报本级政府批准。	
	董事会	董事会成员中应当有公司职工代表。董事会成员由国有资产监督管理机构委派；但职工代表董事由公司职工代表大会选举产生。董事长、副董事长由国有资产监督管理机构从董事会成员中指定。	未经国有资产监督管理机构同意，不得在其他有公司或经济组织兼职。
	经理	国有独资公司设经理，由董事会聘任或者解聘。经国有资产监督管理机构同意，董事会成员可以兼任经理。	
	监事会	监事会成员不得少于 5 人，其中职工代表的比例不得低于 1/3。监事会成员由国有资产监督管理机构委派；但职工代表监事由公司职工代表大会选举产生。监事会主席由国有资产监督管理机构从监事会成员中指定。	

八、股份有限公司的设立

【知识框架】

条件	(1) 发起人 2~200，其中须有半数以上在中国境内有住所。 (2) 有符合公司章程规定的全体发起人认购的股本总额或者募集的实收股本总额； (3) 股份发行、筹办事项符合法律规定； (4) 发起人制订公司章程，采取募集方式设立的经创立大会通过； (5) 有公司名称，建立符合股份有限公司要求的组织机构；有公司住所。		
程序	发起设立	发起人认购全部股份→发起人根据章程规定缴纳股款→选举董事会和监事会→董事会申请设立登记。	发起人违反出资义务的责任：(1) 股份公司成立后，发起人未按照公司章程的规定缴足出资的，应当补缴；其他发起人承担连带责任。(2) 股份公司成立后，发现作为设立公司出资的非货币财产的实际价额显著低于公司章程所定价额的，应当由交付该出资的发起人补足其差额；其他发起人承担连带责任。
	募集设立	发起人先认购股份（不低于公司股份总数的35%）→公告招股说明书制作认股书→签订证券公司承销协议和银行代收股款协议→足额缴纳股款并验资→召开创立大会→董事会申请设立登记。	

【难点展开】 创立大会

创立大会是股份公司募集设立程序中的决议机构，对股份公司的命运产生决定性影响。其程序和职权包括：(1) 发起人应当自股款缴足之日起 30 日内主持召开公司创立大会。发行的股份超过招股说明书规定的截止期限尚未募足的，或者发行股份的股款缴足后，发起人在30日内未召开创立大会的，认股人可以按照所缴股款并加算银行同期存款利息，要求发起人返还。（2）创立大会由发起人、认股人组成。创立大会应有代表股份总数过半数的发起人、认股人出席，方可举行。创立大会作出决议，必须经出席会议的认股人所持表决权过半数通过。（3）创立大会行使下列7项职权：①审议发起人关于公司筹办情况的报告；②通过公司章程；③选举董事会成员；④选举监事会成员；⑤对公司的设立费用进行审核；⑥对发起人用于抵作股款的财产的作价进行审核；⑦发生不可抗力或者经营条件发生重大变化直接影响公司设立的，可以作出不设立公司的决议。

【实战演练】

甲、乙、丙等拟以募集方式设立厚亿股份公司。经过较长时间的筹备，公司设立的各项事务逐渐完成，现大股东甲准备组织召开公司创立大会。下列哪些表述是正确的？①

A. 厚亿公司的章程应在创立大会上通过

B. 甲、乙、丙等出资的验资证明应由创立大会审核

C. 厚亿公司的经营方针应在创立大会上决定

D. 设立厚亿公司的各种费用应由创立大会审核

九、股份公司的股份发行和转让

股票	股票是股份有限公司股份证券化的形式，是股份有限公司签发的证明股东所持股份的凭证。股份有限公司成立后即向股东正式交付股票。股票必须载明：①公司名称；②公司登记成立的日期；③股票种类、票面金额及代表的股份数；④股票的编号。股票由董事长签名，公司盖章；发起人的股票，应当标明发起人股票字样。
股份发行	（1）同股同权：同种类的每一股份应当具有同等权利； （2）同股同价：同次发行的同种类股票，每股的发行条件和价格应当相同； （3）发行价格：可以溢价发行、平价发行，但不得折价发行。溢价款列入资本公积金。溢价发行不必经证监会批准。 （4）记名与否：可以为记名或无记名股票。向发起人、法人发行的股票，应为记名股票。记名股票以背书或其他方式转让，由公司将受让人的姓名或者名称及住所记载于股东名册。无记名股票的转让，交付后即发生转让的效力。
交易限制	基于股份公司的资合性，其股份原则上自由转让，但是公司法对特定主体作出了限制：（1）发起人持有的本公司股份，自公司成立之日起1年内不得转让。（2）公司公开发行股份前已发行的股份，自上市之日起1年内不得转让。（3）董、监、高在任职期间每年转让的股份不得超过其所持有本公司股份总数的25%；所持本公司股份自公司股票上市交易之日起1年内不得转让。上述人员离职后半年内，不得转让其所持有的本公司股份。公司章程可以对此作出更多限制。
质押	公司不得接受本公司的股票作为质押权的标的。

【难点展开】股份回购

1. 回购事由。与有限公司不同，公司法原则上禁止股份公司回购股份，但是规定了例外情形。具体包括：（1）减少公司注册资本；（2）与持有本公司股份的其他公司合并；（3）将

---

① AD。创立大会不同于股份公司成立后的股东大会，其职权和程序均有所不同。

股份用于员工持股计划或者股权激励；（4）股东因对股东大会作出的公司合并、分立决议持异议，要求公司收购其股份；（5）将股份用于转换上市公司发行的可转换为股票的公司债券；（6）上市公司为维护公司价值及股东权益所必需。

2. 回购的决策程序。上述（1）（2）项必需经股东大会决议；上述（3）（5）（6）项，可以依照公司章程规定或股东大会授权，经2/3以上董事出席的董事会会议决议。

3. 回购股份的处分。第（1）项应在10日内注销。第（2）（4）项应在6个月内转让或者注销。第（3）（5）（6）项，公司合计持有的本公司股份不得超过已发行总股份的10%，并应当在3年内转让或注销。

4. 上市公司的特别规定。应当信息披露。第（3）（5）（6）项，应当通过公开的集中交易方式进行。

总结如下表：

回购事由	决策程序	股份处分	上市公司
减资	股东大会	10日内注销	信息披露
合并		6个月内转让或注销	
股东请求	股东对合并、分立决议有异议		
员工持股 股权激励	股东大会决议 或者依照公司章程规定或股东大会授权经2/3以上董事出席的董事会会议决议	合计持有不超过10% 3年内转让或注销	信息披露 公开集中交易
可转债			
托市			

【实战演练】

庙台公司是一家从事酒品生产的企业，由于产品质量得到广大消费者认可，自公司上市以来，经营效益不断攀升，上市3年后一场股市风波使公司陷入困境，公司股票先短期上升而后大幅下降，股市堪忧，股票交易量也随之下跌，公司遂决定以未分配利润收购本公司股票，以阻止股票继续下跌，从而维护公司及股东利益。对此，下列选项正确的有哪些？①

A. 庙台公司须通过公司股东大会来决议收购本公司股份事项

B. 庙台公司应于收购完成后，半年内转让或注销所收购的股份

C. 庙台公司进行收购的方式应当是公开的集中交易方式

D. 庙台公司本次收购的数额最多只能是公司已发行股份总额10%的股份

---

① CD。本题考查的是上述第（6）项股权回购事由，俗称"托市"。

第二章　合伙企业法

码上揭秘

【本章概览】

地位	预计平均分值，客观题约为 3 分，主观题一般不涉及。
内容	一是合伙的内部关系，例如合伙企业的设立、合伙财产的性质、合伙事务的决议和执行、入伙和退伙等。 二是合伙外部关系，例如合伙企业的债务、合伙人对外责任等。 三是特殊普通合伙企业和有限合伙企业的特殊规则。
法条	《中华人民共和国合伙企业法》

一、合伙企业的概念和特征

【知识框架】

合伙企业，是指自然人、法人和非法人组织依法在中国境内设立的普通合伙企业和有限合伙企业。普通合伙企业由普通合伙人组成，合伙人对合伙企业债务承担无限连带责任。特殊普通合伙企业有特别规定的，从其规定。有限合伙企业由普通合伙人和有限合伙人组成，普通合伙人对合伙企业债务承担无限连带责任，有限合伙人以其认缴的出资额为限对合伙企业债务承担责任。理解合伙企业的关键词是"四个共同"，即共同出资、共同经营、共负盈亏、共担风险。

【难点展开】合伙企业与公司的区别

	合伙企业	公司
主体资格	非法人组织	法人
成立基础	合伙协议	公司章程
共同出资	出资方式、数额和期限灵活多样	出资方式、数额和期限受一定限制
共同经营	普通合伙人直接参与经营	股东不以股东身份参与经营
对外责任	普通合伙人对外承担无限连带责任	股东承担有限责任
财产性质	合伙人共有	公司享有法人财产权，股东享有股权
组织机构	简单	复杂
税收负担	不缴企业所得税	缴纳企业所得税

【实战演练】

公司与合伙企业是两种重要的企业组织形式，根据我国相关法律规定，下列说法中正确的有哪些?①

A. 公司与合伙企业都具有法人资格

B. 公司与合伙企业都可以作为当事人缔结合同

C. 公司和合伙企业可以相互出资

D. 公司和合伙企业都能够独立承担民事责任

二、普通合伙企业的设立

【知识框架】

合伙人	肯定条件	①合伙人的人数:不少于2人。 ②合伙人是自然人的,须具有完全民事行为能力。 ③合伙人的种类:自然人、法人、非法人组织。
	限制条件	①合伙人职业禁止:法律、行政法规禁止从事营利性活动的人,不得成为合伙企业的合伙人。 ②普通合伙人的资格限制:国有独资公司、国有企业、上市公司以及公益性的事业单位、社会团体不得成为普通合伙人。
合伙协议		①书面形式订立。经全体合伙人签名、盖章后生效。 ②合伙协议应当载明下列事项:合伙企业的名称和主要经营场所的地点;合伙目的和合伙经营范围;合伙人的姓名或者名称、住所;合伙人的出资方式、数额和缴付期限;利润分配、亏损分担方式;合伙事务的执行;入伙与退伙;争议解决办法;合伙企业的解散与清算;违约责任。 ③除另有约定外,合伙协议的修改和补充应当经全体合伙人一致同意。 ④合伙人违反合伙协议的,应当依法承担违约责任。
合伙出资		①有合伙人实际缴付的出资。 ②无最低出资数额和出资期限的要求,无注册资本。 ③形式多样,如货币、实物、土地使用权、知识产权、劳务、财产使用权等。 ④合伙人以非货币财产出资,需要评估作价的,可以由全体合伙人协商确定,也可以由全体合伙人委托法定评估机构评估。合伙人以劳务出资的,其评估办法由全体合伙人协商确定,并在合伙协议中载明。 ⑤合伙人违反出资义务应承担违约责任。
名称		应当标明"普通合伙",可是使用"公司",但不得使用"有限责任"。
物质条件		有经营场所和从事合伙经营的必要条件。
设立登记		合伙企业的营业执照签发日期,为合伙企业成立之日。

【难点展开】合伙人资格限制

1. 自然人合伙人行为能力问题。之所以要求普通合伙人具备完全民事行为能力,原因有二,一是普通合伙人承担无限连带责任,如果让无行为能力人或者限制行为能力人承担无限连带责任,实属不妥;二是普通合伙人要参与经营管理,如果让无行为能力人或者限制行为能力人参与经营管理,确实不当。这一要求体现在两个方面:(1)无行为能力人或限制行为能力

---

① BC。公司和合伙企业都是民事主体,可以相互投资。

人不能成为合伙企业设立时的创始普通合伙人；（2）普通合伙人丧失行为能力的，要么退伙，要么依法定条件和程序转换为有限合伙人。

2. 法人作为合伙人问题。《公司法》第 15 条规定，公司可以向其他企业投资；但是，除法律另有规定外，不得成为对所投资企业的债务承担连带责任的出资人。那么一般的公司能否作为普通合伙人呢？答案是肯定的，依据在于《合伙企业法》第 2 条："本法所称合伙企业，是指自然人、法人和其他组织依照本法在中国境内设立的普通合伙企业和有限合伙企业。"这里的"法人"当然包括公司。但是，某些法人由于性质特殊，不适于对外承担无限连带责任，所以不得成为普通合伙人，只可以成为有限合伙人。这就是《合伙企业法》第 3 条："国有独资公司、国有企业、上市公司以及公益性的事业单位、社会团体不得成为普通合伙人。"

【实战演练】

甲、乙、丙、丁打算设立一家普通合伙企业。对此，下列哪一表述是正确的？①

A. 各合伙人不得以劳务作为出资

B. 如乙仅以其房屋使用权作为出资，则不必办理房屋产权过户登记

C. 该合伙企业名称中不得以任何一个合伙人的名字作为商号或字号

D. 合伙协议经全体合伙人签名、盖章并经登记后生效

三、普通合伙企业的财产

【知识框架】

范围	出资财产和积累财产。	
性质	**出资财产**：以所有权出资的归全体合伙人共有，以使用权出资的归合伙人单独所有。	
	积累财产：全体合伙人共有。	
管理使用	**财产份额对外转让**：须经全体合伙人一致同意，其他合伙人享有同等条件下的优先购买权。但是合伙协议另有约定的除外。合伙人以外的人依法受让合伙人在合伙企业中的财产份额的，经修改合伙协议即成为合伙企业的合伙人。	
	财产份额内部转让：合伙人之间转让，应通知其他合伙人。	
	财产份额出质：须经其他合伙人一致同意。否则，出质行为无效，因此给善意第三人造成损失的，由行为人依法承担赔偿责任。	
	分割：在合伙企业存续期间，除依法退伙等法律有特别规定的外，合伙人不得请求分割合伙企业财产，也不得私自转移或者处分合伙企业财产。	

【实战演练】

甲、乙、丙、丁四人设立华亮建材经营部（普通合伙）。现甲拟将其合伙份额分为两个部分，分别转让给乙和戊。下列哪些说法是正确的？②

A. 甲向乙转让合伙份额，丙、丁都享有同等条件下的优先购买权

B. 甲向乙转让合伙份额，丙、丁都不享有同等条件下的优先购买权

C. 甲向戊转让合伙份额，丙、丁都享有同等条件下的优先购买权

D. 甲向戊转让合伙份额，丙、丁都不享有同等条件下的优先购买权

---

① B。合伙人出资，可以不转移所有权。

② BC。本题的关键在于区分内部转让和对外转让。

四、普通合伙事务的决议和执行

【知识框架】

（一）决议

一般事务	合伙人一人一票并经全体合伙人过半数通过，合伙协议另有约定的除外。
特别事务	除合伙协议另有约定外，合伙企业的下列事项应当经全体合伙人一致同意：①改变合伙企业的名称；②改变合伙企业的经营范围、主要经营场所的地点；③处分合伙企业的不动产；④转让或者处分合伙企业的知识产权和其他财产权利；⑤以合伙企业名义为他人提供担保；⑥聘任合伙人以外的人担任合伙企业的经营管理人员。①
决议效力	未按上述方式表决的决议无效。但是，在相对人为善意的情况下，决议无效不影响善意相对人的权利。

（二）执行

基本原理		①合伙人对执行合伙事务享有同等的权利，执行合伙事务的合伙人对外代表合伙企业。 ②合伙企业对合伙人执行合伙事务以及对外代表合伙企业权利的限制，不得对抗善意第三人，即合伙企业仍需承担合伙人越权行为的后果。 ③经营管理人员：被聘任的合伙企业的经营管理人员，在合伙企业授权范围内有权以合伙企业名义从事经营活动。超越合伙企业授权范围履行职务，或在履行职务过程中因故意或重大过失给合伙企业造成损失的，依法承担赔偿责任。	
执行方式	共同执行	通常适用于合伙人人数较少的合伙企业。	收益归合伙企业，费用和亏损由合伙企业承担。
	各合伙人单独执行	执行事务合伙人可以对其他合伙人执行的事务提出异议。提出异议时，应当暂停该项事务的执行。如果发生争议，则进行决议。	
	委托执行	①按照合伙协议的约定或经全体合伙人决定；②可以委托一个或数个合伙人；③受托执行者有定期报告义务，其他合伙人不再执行合伙事务，但享有监督权、查阅合伙企业会计账簿等财务资料权、撤销委托权。	
忠实义务		合伙人不得自营或同他人合作经营与本合伙企业相竞争的业务。	
		除合伙协议另有约定或经全体合伙人一致同意外，不得同本合伙企业进行交易。	
盈亏负担		①合伙协议约定→协商→实缴出资比例→平均分配。 ②不得约定将全部利润分配给部分合伙人或由部分合伙人承担全部亏损。	

【实战演练】

张、王、李、赵各出资1/4，设立通程酒吧（普通合伙企业）。合伙协议未约定合伙期限。酒吧开业1年后，经营环境急剧变化，全体合伙人开会，协商对策。按照《合伙企业法》规

---

① 此外，下列事项并非合伙事务执行问题，但是除合伙协议另有约定外，也应当经全体合伙人一致同意：修改或者补充合伙协议、合伙人对外转让合伙份额、吸收他人入伙、合伙人同本合伙企业交易。

定，下列事项的表决属于有效表决的是哪一项？①

A. 张某认为"通程"二字没有吸引力，提议改为"同升酒吧"。王某、赵某同意，但李某反对

B. 鉴于生意清淡，王某提议暂停业 1 个月，装修整顿。张某、赵某同意，但李某反对

C. 鉴于酒吧之急需，赵某提议将其一批咖啡机卖给酒吧。张某、王某同意，但李某反对

D. 鉴于 4 人缺乏酒吧经营之道，李某提议聘任其友汪某为合伙经营管理人。张某、王某同意，但赵某反对

五、普通合伙与第三人的关系

【知识框架】

债务清偿	合伙企业对其债务，应先以其全部财产进行清偿。合伙企业不能清偿到期债务的，合伙人承担无限连带责任。合伙人内部按亏损分担比例分担。
代位权 抵销权	合伙人发生与合伙企业无关的债务，相关债权人不得以其债权抵销其对合伙企业的债务；也不得代位行使合伙人在合伙企业中的权利。
合伙份额 强制执行	普通合伙人：合伙人的自有财产不足清偿其个人债务的，该合伙人可以以其从合伙企业中分取的收益用于清偿；债权人也可以依法请求法院强制执行其合伙财产份额用于清偿。法院强制执行合伙人的财产份额时，应当通知全体合伙人，其他合伙人有优先购买权；其他合伙人未购买，又不同意将该财产份额转让给他人的，依法为该合伙人办理退伙或削减合伙份额的结算。
	有限合伙人：有限合伙人的自有财产不足清偿其与合伙企业无关的债务的，该合伙人可以以其从有限合伙企业中分取的收益用于清偿；债权人也可以依法请求人民法院强制执行该合伙人在有限合伙企业中的财产份额用于清偿。人民法院强制执行有限合伙人的财产份额时，应当通知全体合伙人。在同等条件下，其他合伙人有优先购买权。

【难点展开】合伙人的责任

关于合伙人对合伙企业债务承担何种性质的责任问题，理论上存在争议，实务中也有分歧。结合《合伙企业法》的规定，应该将合伙人的责任解释为具有一定补充色彩的无限连带责任。所谓"补充"，法律上的依据为《合伙企业法》第 38 条和第 39 条。也就是说，合伙企业对其债务，应先以其全部财产进行清偿。合伙企业不能清偿到期债务的，合伙人承担无限连带责任。理论上的依据是合伙企业的相对独立性，合伙企业不仅具有独立的名称或字号，在营业执照核定的范围内具有独立的经营资格，对外可以自己的名义从事民事和经济活动，而且具有相对独立的财产（合伙企业的财产为合伙人所共有，但在合伙组织存续期间，该共有财产的支配权或经营管理权与各合伙人相对分离，各合伙人不得随意抽回或支配），对外可以承担一定的民事责任。补充责任的具体含义是，在诉讼中，如果债权人将合伙企业和合伙人列为共同被告，法院应判决合伙企业清偿债务，合伙人在合伙企业财产不足清偿的范围内承担无限连带责任；在执行中，债权人应当首先申请执行合伙企业财产，如果合伙企业的财产不足以清偿债务，债权人可以申请追加合伙人为被执行人，由合伙人对不足部分予以补充清偿。所谓"无

---

① B。B 项属于一般事项，实行合伙人一人一票并经全体合伙人过半数通过的表决办法。其余三项都属于特别事项，要经全体合伙人一致同意。

限"，是指合伙人以其全部财产对合伙企业债务负责，而不限于某个数额，尤其是不限于合伙人的出资数额。所谓"连带"，是指合伙人之间对外承担责任时没有先后顺序之分，债权人可以任意选择一个或者数个合伙人要求承担责任，而在合伙人之间则按照亏损分担比例确定各自的最终责任份额，这就是《合伙企业法》第40条规定的"合伙人由于承担无限连带责任，清偿数额超过本法第33条第1款规定的其亏损分担比例的，有权向其他合伙人追偿。"

【实战演练】

2015年6月，刘璋向顾谐借款50万元用来炒股，借期1个月，结果恰遇股市动荡，刘璋到期不能还款。经查明，刘璋为某普通合伙企业的合伙人，持有44%的合伙份额。对此，下列哪些说法是正确的?①

A. 顾谐可主张以刘璋自该合伙企业中所分取的收益来清偿债务

B. 顾谐可主张对刘璋合伙份额进行强制执行

C. 对刘璋的合伙份额进行强制执行时，其他合伙人不享有优先购买权

D. 顾谐可直接向合伙企业要求对刘璋进行退伙处理，并以退伙结算所得来清偿债务

六、普通合伙的入伙与退伙

【知识框架】

入伙	①须经全体合伙人的同意，合伙协议另有约定的除外；②入伙人与原合伙人订立书面合伙协议；③原合伙人应告知入伙人原合伙企业的经营状况和财务状况；④新合伙人对入伙前合伙企业的债务承担无限连带责任。			
退伙	声明退伙	有经营期限的单方退伙	①合伙协议约定的退伙事由出现；②经全体合伙人一致同意；③发生合伙人难以继续参加合伙的事由；④其他合伙人严重违反合伙协议约定的义务。	第①、③、④项不必取得其他合伙人同意。	违法退伙的应当向合伙企业赔偿损失
		无经营期限的通知退伙	合伙协议未约定合伙期限的，合伙人在不给合伙企业事务执行造成不利影响的情况下，可以退伙，但应当提前30日通知其他合伙人。	提前30天通知其他合伙人	
	当然退伙	①作为合伙人的自然人死亡或被依法宣告死亡；②个人丧失偿债能力；③作为合伙人的法人或其他组织依法终止；④法律规定或合伙协议约定合伙人必须具有相关资格而丧失该资格；⑤合伙人在合伙企业中的全部财产份额被人民法院强制执行；⑥合伙人被依法认定为无民事行为能力人或限制民事行为能力人，其他合伙人未能一致同意其转变为有限合伙人的。		退伙事由实际发生之日为退伙生效日	
	除名退伙	合伙人有下列情形之一的，经其他合伙人一致同意，可以决议将其除名：①未履行出资义务；②因故意或重大过失给合伙企业造成损失；③执行合伙事务时有不正当行为；④发生合伙协议约定的事由。		①被除名人接到除名通知之日，除名生效，被除名人退伙；②被除名人有异议的，可以自接到除名通知之日起30日内起诉。	

---

① AB。强制执行合伙份额时，其他合伙人实际上有三种选择，但债权人无权直接要求合伙人退伙。

续表

后果	结算：其他合伙人应当与该退伙人按照退伙时的合伙企业财产状况进行结算，退还退伙人的财产份额（根据合伙协议或合伙人决定，退还实物或折价）。退伙人对给合伙企业造成的损失负有赔偿责任的，相应扣减其应当赔偿的数额。退伙时有未了结的合伙企业事务的，待该事务了结后进行结算。
	责任：退伙人对基于其退伙前的原因发生的合伙企业债务，承担无限连带责任。
继承	①继承人为完全行为能力人，按合伙协议的约定或全体合伙人一致同意，从继承开始之日起，取得普通合伙人资格； ②继承人非为完全行为能力人，经全体合伙人一致同意，成为有限合伙人； ③在继承人未能取得合伙人资格的情况下，合伙企业应当向合伙人的继承人退还被继承合伙人的财产份额。

【实战演练】

2007 年 1 月，甲、乙、丙设立一普通合伙企业。2008 年 2 月，甲与戊结婚。2008 年 7 月，甲因车祸去世。甲除戊外没有其他亲人，合伙协议对合伙人资格取得或丧失未作约定。下列哪一选项是正确的？①

A. 合伙企业中甲的财产份额属于夫妻共同财产

B. 戊依法自动取得合伙人地位

C. 经乙、丙一致同意，戊取得合伙人资格

D. 只能由合伙企业向戊退还甲在合伙企业中的财产份额

七、特殊的普通合伙企业

【知识框架】

适用范围	以专业知识和专门技能为客户提供有偿服务的专业服务机构。
公示要求	特殊的普通合伙企业名称中应当标明"特殊普通合伙"字样。
责任规则	**一般责任规则**：与普通合伙企业相同。
	特殊责任规则：一个合伙人或数个合伙人在执业活动中因故意或重大过失造成合伙企业债务的，应当承担无限责任或无限连带责任，其他合伙人以其在合伙企业中的财产份额为限承担责任（在合伙企业内部，以合伙企业财产对外承担责任后，该合伙人应当按照合伙协议的约定对给合伙企业造成的损失承担赔偿责任）。
债权人保护	特殊的普通合伙企业应当建立执业风险基金、办理职业保险。

【实战演练】

君平昌成律师事务所是一家采取特殊普通合伙形式设立的律师事务所，曾君、郭昌是其中的两名合伙人。在一次由曾君主办、郭昌辅办的诉讼代理业务中，因二人的重大过失而泄露客户商业秘密，导致该所对客户应承担巨额赔偿责任。关于该客户的求偿，下列哪些说法是正

---

① C。合伙份额具有可继承性，但是合伙人资格的继承需要满足条件。

确的?①

A. 向该所主张全部赔偿责任
B. 向曾君主张无限连带赔偿责任
C. 向郭昌主张补充赔偿责任
D. 向该所其他合伙人主张连带赔偿责任

八、有限合伙企业

【知识框架】

(一) 有限合伙企业的概念

有限合伙企业是指由一个及以上的普通合伙人和一个及以上的有限合伙人共同设立的合伙企业。普通合伙人对合伙企业债务承担无限连带责任,有限合伙人以其认缴的出资额为限对合伙企业债务承担责任。

(二) 有限合伙企业的设立

1. 由 2 个以上 50 个以下合伙人设立,但法律另有规定的除外。

2. 有限合伙企业的名称中应当标明"有限合伙"字样。

3. 有限合伙人不得以劳务出资(普通合伙人依然可以劳务出资)。

4. 登记事项中应当载明有限合伙人的姓名或名称及认缴的出资数额。

(三) 有限合伙企业的事务执行

1. 有限合伙企业的事务由普通合伙人执行。有限合伙人不执行合伙事务,也不得对外代表有限合伙企业。

2. 表见普通合伙:第三人有理由相信有限合伙人为普通合伙人并与其交易的,该有限合伙人对该笔交易承担与普通合伙人同样的责任。有限合伙人未经授权以有限合伙企业名义与他人进行交易,给有限合伙企业或者其他合伙人造成损失的,应当承担赔偿责任。

3. 有限合伙人的下列行为不视为执行合伙事务:(1) 参与决定普通合伙人入伙、退伙;(2) 对企业的经营管理提出建议;(3) 参与选择承办有限合伙企业审计业务的会计师事务所;(4) 获取经审计的有限合伙企业财务会计报告;(5) 对涉及自身利益的情况,查阅有限合伙企业财务会计账簿等财务资料;(6) 在有限合伙企业中的利益受到侵害时,向有责任的合伙人主张权利或提起诉讼;(7) 执行事务合伙人怠于行使权利时,督促其行使权利或为了本企业的利益以自己的名义提起诉讼;(8) 依法为本企业提供担保。

(四) 有限合伙人的特殊权利和义务

1. 利润分配。有限合伙企业不得将全部利润分配给部分合伙人;但是,合伙协议另有约定的除外。

2. 自我交易和同业竞争。除非合伙协议另有约定,有限合伙人可以同本有限合伙企业进行交易,也可以自营或同他人合作经营与本有限合伙企业相竞争的业务。

3. 合伙份额出质。除非合伙协议另有约定,有限合伙人可以将其在有限合伙企业中的财产份额出质。

4. 合伙份额转让。有限合伙人可以按照合伙协议的约定向合伙人以外的人转让其在有限合伙企业中的财产份额,只需提前 30 天通知其他合伙人即可。

(五) 有限合伙人的入伙和退伙

1. 责任:新入伙的有限合伙人对入伙前有限合伙企业的债务,以其认缴的出资额为限承担责任。有限合伙人退伙后,对基于其退伙前的原因发生的有限合伙企业债务,以其退伙时从

---

① AB。本题完全符合特殊责任规则的构成要件。

有限合伙企业中取回的财产承担责任。

2. 退伙事由的特殊性：有限合伙人个人丧失偿债能力的，并不当然退伙。丧失民事行为能力的，其他合伙人不得因此要求其退伙。

3. 有限合伙份额的自动继承性：作为有限合伙人的自然人死亡、被依法宣告死亡或作为有限合伙人的法人及其他组织终止时，其继承人或者权利承受人可以依法取得该有限合伙人在有限合伙人企业中的资格。

（六）有限合伙与普通合伙的转换

1. 当有限合伙企业仅剩普通合伙人时，有限合伙企业转为普通合伙企业，并应当进行相应的变更登记。

2. 当有限合伙企业仅剩有限合伙人时，则该企业不再是合伙企业，故应解散。

3. 经全体合伙人一致同意，普通合伙人可以转变为有限合伙人，有限合伙人可以转变为普通合伙人。有限合伙人转变为普通合伙人的，对其作为有限合伙人期间有限合伙企业发生的债务承担无限连带责任；普通合伙人转变为有限合伙人的，对其作为普通合伙人期间合伙企业发生的债务承担无限连带责任。

（七）普通合伙人、有限合伙人和有限公司股东比较

	普通合伙人	有限合伙人	有限公司股东
行为能力	完全民事行为能力	不限	
对外责任	无限连带责任	以认缴出资额为限	
竞业禁止	负有竞业禁止义务	不负竞业禁止义务	
是否经营	是	否	
自我交易	须有约定或一致同意	原则上不受限制	
劳务出资	允许	不允许	
权益质押	全体合伙人一致同意	无条件	
权益转让	全体合伙人一致同意	按约定提前30天通知	其他股东过半数同意

【实战演练】

灏德投资是一家有限合伙企业，专门从事新能源开发方面的风险投资。甲公司是灏德投资的有限合伙人，乙和丙是普通合伙人。关于合伙协议的约定，下列哪些选项是正确的?[1]

A. 甲公司派驻灏德投资的员工不领取报酬，其劳务折抵10%的出资

B. 甲公司不得与其他公司合作从事新能源方面的风险投资

C. 甲公司不得将自己在灏德投资中的份额设定质权

D. 甲公司不得将自己在灏德投资中的份额转让给他人

---

① BC。需要注意，合伙协议可以禁止有限合伙份额的出质，但不得禁止其转让。

九、合伙的解散与清算

【知识框架】

解散原因	①合伙期限届满，合伙人决定不再经营； ②合伙协议约定的解散事由出现； ③全体合伙人决定解散； ④合伙人已不具备法定人数满30天； ⑤合伙协议约定的合伙目的已经实现或无法实现； ⑥依法被吊销营业执照、责令关闭或被撤销； ⑦法律、行政法规规定的其他原因。	
清算	清算人	①清算人由全体合伙人担任；经全体合伙人过半数同意，可以自合伙企业解散事由出现后15日内指定一个或者数个合伙人，或者委托第三人，担任清算人。 ②自合伙企业解散事由出现之日起15日内未确定清算人的，合伙人或其他利害关系人可以申请人民法院指定清算人。
	程序	确定清算人→通知债权人并公告→债权人申报债权→实施清算→办理注销登记。
	责任	①企业注销后，原普通合伙人对合伙企业存续期间的债务仍承担无限连带责任。 ②合伙企业不能清偿到期债务的，债权人可以依法向人民法院提出破产清算申请，也可以要求普通合伙人清偿。合伙企业依法被宣告破产的，普通合伙人对合伙企业债务仍应承担无限连带责任。

【实战演练】

汪、钱、潘、刘共同投资设立了一个有限合伙企业，其中汪、钱为普通合伙人，潘、刘为有限合伙人。后因该合伙企业长期拖欠供货商货款，企业资产不足以清偿到期债务。依照我国相关法律的规定，下列哪一选项是错误的?①

A. 债权人可以根据企业破产法申请该合伙企业破产

B. 债权人可以要求任一合伙人清偿全部债务

C. 债权人可以要求汪、钱清偿全部债务

D. 如果该合伙企业被宣告破产，则汪、钱仍需承担无限连带责任

---

① B。即便合伙企业消灭，合伙人的责任也不发生变化。

码上揭秘

第三章 企业破产法

【本章概览】

地位	预计平均分值，客观题约为 3 分，主观题也有可能涉及。
内容	一是破产程序性规则，包括破产案件的申请和受理、破产管理人、债权申报、债权人会议、破产清算程序、和解程序、重整程序。 二是破产实体性规则，包括债务人财产、破产费用和共益债务。
法条	《中华人民共和国企业破产法》 《最高人民法院关于适用〈中华人民共和国企业破产法〉若干问题的规定（一）》 《最高人民法院关于适用〈中华人民共和国企业破产法〉若干问题的规定（二）》 《最高人民法院关于适用〈中华人民共和国企业破产法〉若干问题的规定（三）》

一、一般规定

【知识框架】

概念	通过司法程序处理无力偿债事件，包括但不限于倒闭清算事件。
适用范围	适用于企业法人。企业法人以外的组织的破产清算可以参照适用破产法。
破产原因	①企业法人不能清偿到期债务，并且资产不足以清偿全部债务或明显缺乏清偿能力的，可以适用破产清算、重整、和解程序。 ②企业法人有明显丧失清偿能力可能的，可以适用重整。
管辖	地域管辖：债务人所在地法院管辖。
	级别管辖：区县登记机关登记的企业由基层法院管辖，其余的由中级法院管辖。

【难点展开】破产原因

我国《破产法》对破产原因的规定，采用双重标准。一是现金流标准，即"不能清偿到期债务"，其要件包括：（1）债权债务关系依法成立；（2）债务履行期限已经届满；（3）债务人未完全清偿债务。二是资产负债表标准，即"资产不足以清偿全部债务或明显缺乏清偿能力"。其中，"资产不足以清偿全部债务"，主要依财务资料判断，但有相反证据足以推翻的除外。"明显缺乏清偿能力"是指下列情形之一：（1）因资金严重不足或者财产不能变现等原因，无法清偿债务；（2）法定代表人下落不明且无其他人员负责管理财产，无法清偿债务；（3）经人民法院强制执行，无法清偿债务；（4）长期亏损且经营扭亏困难，无法清偿债务；（5）导致债务人丧失清偿能力的其他情形。另外，对于债务人是否具备破产原因，应当采用"独立判断原则"，相关当事人以对债务人的债务负有连带责任的人未丧失清偿能力为由，主张债务人不具备破产原因的，不予支持。

【实战演练】

中南公司不能清偿到期债务，债权人天一公司向法院提出对其进行破产清算的申请，但中南公司以其账面资产大于负债为由表示异议。天一公司遂提出各种事由，以证明中南公司属于明显缺乏清偿能力的情形。下列哪些选项符合法律规定的关于债务人明显缺乏清偿能力、无法清偿债务的情形？①

A. 因房地产市场萎缩，构成中南公司核心资产的房地产无法变现

B. 中南公司陷入管理混乱，法定代表人已潜至海外

C. 天一公司已申请法院强制执行中南公司财产，仍无法获得清偿

D. 中南公司已出售房屋质量纠纷多，市场信誉差

二、破产申请和受理

【知识框架】

申请人	清算人	企业法人已解散但未清算或未清算完毕，资产不足以清偿债务的，依法负有清算责任的人或清算组应当向法院申请破产清算。
	债权人	债权人可以申请重整或破产清算，但不得申请和解。
		债权人的请求权必须具备以下条件：①须为具有给付内容的请求权；②须为法律上可强制执行的请求权；③须为已到期的请求权。
	债务人	可以向法院提出重整、和解或破产清算申请。
撤回申请		①法院受理破产申请前，申请人可以请求撤回申请。②在法院受理破产案件后，申请人请求撤回破产申请的，应予驳回。
受理时限		①债权人申请的，法院应当自收到申请之日起5日内通知债务人。债务人对申请有异议的，应当自收到通知之日起7日内向法院提出。法院应当自异议期满之日起10日内裁定是否受理。②债务人无异议的，或债务人、清算义务人申请的，法院应当自收到破产申请之日起15日内裁定是否受理。③有特殊情况需要延长裁定受理期限的，经上一级人民法院批准，可以延长15日。④不予受理的裁定可以上诉。

【难点展开】 受理破产申请的法律效果

法院受理破产申请时，破产程序开始。为实现公平偿债的目的，破产法规定了一系列法律效果。具体如下：

1. 债权冻结

（1）债务人对个别债权人的债务清偿无效（但管理人可以通过清偿债务或提供为债权人接受的担保，取回质物、留置物）。

（2）有关债务人财产的保全措施应当解除，执行程序应当中止。

2. 统一管理

（1）破产管理人接管债务人财产和事务，债务人的法定代表人或法院决定的其他人员负有协助义务、信息提供义务，未经法院许可不得离开住所地，不新任其他企业的董事、监事、高管。

---

① ABC。"明显缺乏清偿能力"的认定，操作起来比较困难，所以《破产法解释（一）》进行了列举式规定。

（2）债务人的债务人或财产持有人应当向管理人清偿债务或交付财产。

（3）正在进行的有关债务人的民事诉讼或仲裁应当中止；在管理人接管债务人的财产后，该诉讼或仲裁继续进行。在案件裁判生效前，债权人可以同时向管理人申报债权，但其作为债权尚未确定的债权人，原则上不得行使表决权，除非人民法院能够为其行使表决权而临时确定其债权额。

（4）对于受理之前成立且双方均未履行完毕的合同（简称待履行合同），管理人有权决定解除或继续履行，并通知对方当事人。管理人决定继续履行合同的，对方当事人应当履行；但是，对方当事人有权要求管理人提供担保。管理人不提供担保的，视为解除合同。管理人自破产申请受理之日起 2 个月内未通知对方当事人，或自收到对方当事人催告之日起 30 日内未答复的，视为解除合同。

3. 汇集程序

法院受理破产申请后，债权人新提起的要求债务人清偿的民事诉讼，法院不予受理，同时告知债权人应当向管理人申报债权。有关债务人的其他新的民事诉讼，只能向受理破产申请的法院提起，由受理破产申请的人民法院管辖（受理之后，可以根据民事诉讼法的规定，由上级人民法院提审，或者报请上级人民法院批准后交下级人民法院审理，海事、专利等案件可以由上级人民法院指定管辖）。此外，债务人与他人在破产申请受理之前达成的仲裁协议不受影响，依然由仲裁机构仲裁。

4. 新借款问题

"依法决议＋优先受偿"。依法决议是指，经债权人会议决议通过，或者第一次债权人会议召开前经人民法院许可，管理人或者自行管理的债务人可以为债务人继续营业而借款。优先受偿是指参照共益债务优先于普通债权清偿，但不得影响此前设定的担保物权。

【实战演练】

2013 年 3 月，债权人甲公司对债务人乙公司提出破产申请。下列哪些选项是正确的？①

A. 甲公司应提交乙公司不能清偿到期债务的证据

B. 甲公司应提交乙公司资产不足以清偿全部债务的证据

C. 乙公司就甲公司的破产申请，在收到法院通知之日起 7 日内可向法院提出异议

D. 如乙公司对甲公司所负债务存在连带保证人，则其可以该保证人具有清偿能力为由，主张其不具备破产原因

---

① AC。注意，债权人申请破产的条件，不同于破产原因。

三、管理人

【知识框架】

人事问题	指定	法院在裁定受理破产申请的同时指定管理人。
	资格	管理人可以由依法成立的清算组或者社会中介机构担任，也可以在征询社会中介机构意见后，指定该机构中具备相关专业知识并取得执业资格的专业人员担任。 有下列情形之一的，不得担任管理人：①因故意犯罪受过刑事处罚；②曾被吊销相关专业执业证书；③与本案有利害关系；④人民法院认为不宜担任管理人的其他情形。
	变更	债权人会议认为管理人不能依法、公正执行职务或有其他不能胜任职务情形的，可以申请法院予以更换。
	辞职	管理人没有正当理由不得辞去职务。管理人辞去职务应当经法院许可。
	报酬	管理人的报酬由法院确定。管理人经人民法院许可，可以聘用必要的工作人员。管理人执行职务的费用、报酬和聘用工作人员的费用列入破产费用。
职责	一般职责	管理债务人财产、营业和内部事务，执行破产程序，代表债务人行使权利（接管债务人的财产、印章和账簿、文书等资料；调查债务人财产状况，制作财产状况报告；决定债务人的内部管理事务；决定债务人的日常开支和其他必要开支；在第一次债权人会议召开之前，决定继续或者停止债务人的营业；管理和处分债务人的财产；代表债务人参加诉讼、仲裁或者其他法律程序；提议召开债权人会议；人民法院认为管理人应当履行的其他职责）。
	特别职责	决定待履行合同的解除或继续履行；对债务人在破产程序前的不正当处分行为行使撤销权和追回权；接受债权申报、调查职工债权和编制债权表；重整期间主持债务人营业或者对债务人自行营业进行监督；制备重整计划草案；申请法院批准重整计划草案；监督重整计划的执行；在破产宣告后，拟订破产变价方案；拟订和执行破产分配方案；破产程序终结时，办理破产人的注销登记。
义务		①忠实和勤勉义务。单个债权人有权查阅债务人财产状况报告、债权人会议决议、债权人委员会决议、管理人监督报告等债务人财务和经营信息资料。管理人无正当理由不予提供的，债权人可以请求法院作出决定；法院应当在5日内作出决定。 ②报告义务：向法院报告工作，列席债权人会议并报告职务履行情况和回答询问。 ③不辞任义务。

【难点展开】**管理人的重大财产处分行为**

可以总结为"事先表决＋事先报告"规则。管理人对债务人重大财产的处分行为，会直接影响债权人的清偿利益。债权人作为破产程序中对债务人财产享有最终权利的主体，应当有权参与决定此类对其权益有重大影响的行为，这是确保债权人合法清偿利益不受损害的重要程序要求。虽然《破产法》第69条只规定管理人实施处分时应当向债权人委员会报告，没有成立债权人委员会的，管理人应当向法院报告，但由于管理人此类重大财产处分行为均涉及债务人财产的管理或变价，从破产法对债权人会议的职权地位规定来看，应当属于债权人会议表决通过后才能实施的事项，因此，《破产法解释（三）》第15条对此予以明确，即管理人处分债务人重大财产的，应当事先制作财产管理或者变价方案并提交债权人会议进行表决，债权人会议表决未通过的，管理人不得处分。

【实战演练】

某破产案件中，债权人向法院提出更换管理人的申请。申请书中指出了如下事实，其中哪些属于主张更换管理人的正当事由？①

A. 管理人列席债权人会议时，未如实报告债务人财产接管情况，并拒绝回答部分债权人询问

B. 管理人将债务人的一处房产转让给第三人，未报告债权人委员会

C. 债权人对债务人在破产申请前曾以还债为名向关联企业划转大笔资金的情况多次要求调查，但管理人一再拖延

D. 管理人将对外追收债款的诉讼业务交给其所在律师事务所办理，并单独计收代理费

四、债务人财产

（一）债务人财产的范围

【知识框架】

包括	**破产申请受理时属于债务人的财产：** ①形态多样：货币、实物、债权、股权、知识产权、用益物权等财产和财产权益。 ②包括债务人已依法设定担保物权的特定财产。 ③包括按份共有中的共有份额、共同共有中的共有权利和依法分割共有财产所得部分。
	破产申请受理后至破产程序终结前取得的财产： ①财产的增值：如租金、利息、退税、红利等。 ②收回的财产：如追回的财产、获得执行回转的财产等。 ③股东补缴的出资：应当在破产申请受理时补缴，不必等待缴资期限届至。
不包括	①债务人基于租赁、保管、承揽等合同或其他法律关系占有、使用的他人财产； ②债务人在所有权保留买卖中尚未取得所有权的财产； ③所有权专属于国家且不得转让的财产； ④其他依照法律、行政法规不属于债务人的财产。

【难点展开】债务人财产和破产财产

债务人财产是再建主义立法的概念，是指在破产程序中纳入破产管理的属于债务人的财产。破产财产是清算主义立法的概念，是指由破产管理人依照破产程序分配给债权人的全部财产。在我国破产法上，一旦破产程序开始（包括破产清算、重整、和解），即使用债务人财产的概念，待债务人被宣告破产之后，才使用破产财产的概念。另外，债务人财产和破产财产的范围也有所不同，别除权的标的属于债务人财产，但不计入破产财产。

---

① ABC。这里的判断标准是管理人是否存在"不能依法、公正执行职务或者有其他不能胜任职务情形"。

（二）债务人财产的追回

【知识框架】

可撤销行为	法院受理破产申请前1年内，涉及债务人财产的下列行为，管理人有权请求法院予以撤销：①无偿转让财产的；②以明显不合理的价格进行交易的；③对没有财产担保的债务提供财产担保的；④对未到期的债务提前清偿的（若该债权在破产申请受理前已经到期，管理人不能请求撤销该清偿行为）；⑤放弃债权的。对于①、②、⑤项，管理人不撤销的，债权人可行使撤销权。
	法院受理破产申请前6个月内，债务人具备破产原因，仍对个别债权人进行清偿的，管理人有权请求法院予以撤销。但是，个别清偿使债务人财产受益的除外（包括：债务人对以自有财产设定担保物权的债权进行的个别清偿；债务人经诉讼、仲裁、执行程序对债权人进行的个别清偿；债务人为维系基本生产需要而支付的水费、电费等费用；债务人支付劳动报酬、人身损害赔偿金的；使债务人财产受益的其他个别清偿）。
无效行为	①为逃避债务而隐匿、转移财产的；②虚构债务或者承认不真实的债务的。
特别追回权	债务人的董事、监事和高级管理人员利用职权从企业获取的非正常收入（如绩效奖金、普遍拖欠职工工资情况下获取的工资性收入、其他非正常收入）和侵占的企业财产，管理人应当追回。追回之后，将来破产清算时，绩效奖金可以作为普通债权清偿；工资性收入分为两部分，相当于该企业职工平均工资的部分作为职工债权优先清偿，超出部分作为普通债权清偿。

注意：因上述原因而追回的财产，均计入债务人财产。

【难点展开】个别清偿行为的撤销问题

从过去多年的教学实践来看，很多同学对于个别清偿行为是否可以撤销，总是拿不准。要解决这个问题，首先要理解为什么破产法要规定破产撤销权。实际上，破产撤销权的目的在于贯彻债权平等原则，实现公平偿债的目标。因此，任何导致个别债权人优先受偿的个别清偿行为原则上都是可以撤销的。但是另一方面，私法自治也应得到尊重，所以对债务人所实施的个别清偿行为，只有在确有必要的时候才可撤销。

理解之后，总结如下：（1）受理前1年内，提前清偿可撤销（但该债权在破产申请受理前已经到期的不可撤销）；（2）受理前6个月以内的，具备破产原因的到期清偿可撤销（个别清偿使债务人财产受益的除外）；（3）其余个别清偿行为均不可撤销。

（三）破产取回权

【知识框架】

原理	法院受理破产申请后，债务人占有的不属于债务人的财产，该财产的权利人可以通过管理人取回。
一般取回权	①行使时间：在破产财产变价方案或和解协议、重整计划草案提交债权人会议表决前向管理人提出。超期行使的，应承担延迟行使取回权增加的相关费用。②异议程序：管理人不认可的，权利人可以债务人为被告向法院起诉请求行使取回权。③留置抗辩：权利人行使取回权时未依法向管理人支付相关的加工费、保管费、托运费、委托费、代销费等费用，管理人有权拒绝。

续表

出卖人取回权	法院受理破产申请时，出卖人已将买卖标的物向作为买受人的债务人发运，债务人尚未收到且未付清全部价款的，出卖人可以取回在运途中的标的物。但是，管理人可以支付全部价款，请求出卖人交付标的物。

【难点展开】特殊取回权

1. 代位取回权：（1）债务人占有的他人财产毁损、灭失，因此获得的保险金、赔偿金、代偿物尚未交付给债务人，或者代偿物虽已交付给债务人但能与债务人财产予以区分的，权利人可以取回就此获得的保险金、赔偿金、代偿物。（2）否则，权利人不能行使取回权，只能要求债务人赔偿损失。若财产毁损、灭失发生在破产申请受理之前，该赔偿请求权为普通破产债权；若财产毁损、灭失发生在破产申请受理之后，该赔偿请求权为共益债务。

2. 债务人无权处分财产：（1）财产归属依民法确定。第三人符合善意取得构成要件的取得所有权；第三人不符合善意取得构成要件的，权利人可以追回财产。（2）受损一方依债权法保护。丧失所有权的原权利人，或者支付价款但未能取得所有权的第三人，可以要求债务人赔偿损失。若无权处分发生在破产申请受理之前，该赔偿请求权为普通破产债权；若无权处分发生在破产申请受理之后，该赔偿请求权为共益债务。

3. 所有权保留买卖中的取回权：（1）买方破产，所有权保留买卖合同解除的，卖方可以取回标的物但应返还价款。（2）买方破产，所有权保留买卖合同继续履行的，买方的付款义务在法院受理破产申请时视为到期；买方不付款或不当处分标的物，给出卖人造成损害，出卖人管理人可以取回标的物，但买方已支付标的物总价款75%以上或者第三人善意取得标的物所有权或其他物权的除外（此时卖方的损失作为共益债务优先清偿）。

【实战演练】

2014年6月经法院受理，甲公司进入破产程序。现查明，甲公司所占有的一台精密仪器，实为乙公司委托甲公司承运而交付给甲公司的。关于乙公司的取回权，下列哪一表述是错误的？①

A. 取回权的行使，应在破产财产变价方案或和解协议、重整计划草案提交债权人会议表决之前

B. 乙公司未在规定期限内行使取回权，则其取回权即归于消灭

C. 管理人否认乙公司的取回权时，乙公司可以诉讼方式主张其权利

D. 乙公司未支付相关运输、保管等费用时，保管人可拒绝其取回该仪器

---

① 　B。原则上，不得因为期限的迟延而剥夺实体权利。

（四）破产抵销权

【知识框架】

原理	债权人在破产申请受理前对债务人负有债务的，可以向管理人主张抵销。
限制	有下列情形之一的，不得抵销： ①债务人的债务人在破产申请受理后取得他人对债务人的债权的； ②债权人已知债务人有不能清偿到期债务或破产申请的事实，对债务人负担债务的；但是，债权人因为法律规定或有破产申请1年前所发生的原因而负担债务的除外； ③债务人的债务人已知债务人有不能清偿到期债务或破产申请的事实，对债务人取得债权的；但是，债务人的债务人因为法律规定或有破产申请1年前所发生的原因而取得债权的除外。
	债务人的股东对债务人的下列债务，不得抵销： ①债务人股东因欠缴债务人的出资或抽逃出资对债务人所负的债务； ②债务人股东滥用股东权利或关联关系损害公司利益对债务人所负的债务。
程序	①单向行使：债权人应当向管理人提出抵销主张。管理人不得主动提出抵销，但抵销使债务人财产受益的除外。 ②异议程序：管理人对抵销主张有异议的，应当在约定的异议期限内或自收到主张债务抵销的通知之日起3个月内起诉。管理人以下列理由提出异议的，法院不予支持：破产申请受理时，债务人对债权人负有的债务尚未到期；破产申请受理时，债权人对债务人负有的债务尚未到期；双方互负债务标的物种类、品质不同。 ③抵销生效：符合条件的抵销，自管理人收到主张债务抵销的通知之日起生效。

【难点展开】破产法上抵销权和民法上抵销权的区别

破产抵销权，实际上使得部分债权人的债权优先实现，有违公平偿债原则，因此少数国家立法不允许破产抵销。我国破产法允许破产抵销，同时规定了一些不得抵销的情形。

在民法上，法定抵销权成立，有两个重要条件：（1）双方所负债务的标的物种类相同、品质相同；（2）主动债权已届清偿期。但在破产法上，这两个条件均不需要。也就是说，破产抵销权不受标的物种类和品质的限制，不受债务是否到期的限制。反过来讲，如果破产管理人以标的物种类或者品质不同、债务尚未到期等理由主张抵销不成立的，不予支持。

但是，破产程序本质上是一个集体偿债程序。为了平等保护所有普通债权人的利益，破产法对那些可能造成个别债权人优先受偿、进而损害其他债权人的抵销，作出了限制性的规定。

（五）破产费用和共益债务

【知识框架】

范围	破产费用	破产申请受理后发生的下列费用，为破产费用：①破产案件的诉讼费用；②管理、变价和分配债务人财产的费用；③管理人执行职务的费用、报酬和聘用工作人员的费用。法院裁定受理破产申请的，此前债务人尚未支付的公司强制清算费用、未终结的执行程序中产生的评估费、公告费、保管费等执行费用，可以参照破产费用的规定，由债务人财产随时清偿。此前债务人尚未支付的案件受理费、执行申请费，可以作为破产债权清偿。
	共益债务	破产申请受理后发生的下列债务，为共益债务：①因管理人或债务人请求对方当事人履行双方均未履行完毕的合同所产生的债务；②债务人财产受无因管理所产生的债务；③因债务人不当得利所产生的债务；④为债务人继续营业而应支付的劳动报酬和社会保险费用以及由此产生的其他债务（包括破产受理后为继续营业而发生的借款）；⑤管理人或相关人员执行职务致人损害所产生的债务；⑥债务人财产致人损害所产生的债务。

续表

清偿	①破产费用和共益债务由债务人财产随时清偿。 ②债务人财产不足以清偿所有破产费用和共益债务的，先行清偿破产费用。 ③债务人财产不足以清偿所有破产费用或者共益债务的，按照比例清偿。 ④债务人财产不足以清偿破产费用的，管理人应当提请法院终结破产程序。

【实战演练】

某公司经营不善，现进行破产清算。关于本案的诉讼费用，下列哪一说法是错误的?①

A. 在破产申请人未预先交纳诉讼费用时，法院应裁定不予受理破产申请

B. 该诉讼费用可由债务人财产随时清偿

C. 债务人财产不足时，诉讼费用应先于共益债务受清偿

D. 债务人财产不足以清偿诉讼费用等破产费用的，破产管理人应提请法院终结破产程序

五、债权申报

【知识框架】

申报条件	①须为以财产给付为内容的； ②须为法院受理前成立的债权； ③须为平等主体之间的债权； ④须为合法有效的债权。 但是该债权是否到期、是否有财产担保在所不问。
申报程序	①债权人未依法申报债权的，不得依破产法规定的程序行使权利。 ②申报期限：法院确定。逾期未申报的，可以在破产财产最后分配前补充申报；但是，此前已进行的分配，不再对其补充分配。为审查和确认补充申报债权的费用，由补充申报人承担。 ③申报材料：债权人应当书面说明债权的数额和有无财产担保，并提交有关证据。 ④确认和异议：债务人、债权人对债权表记载的债权无异议的，由法院裁定确认。债务人、债权人对债权表记载的债权有异议的，可以向受理破产申请的法院提起诉讼。

【难点展开】债权申报的特殊情形

1. 未到期的债权，在破产申请受理时视为到期。附利息的债权自破产申请受理时起停止计息（破产申请受理后，债务人欠缴款项产生的滞纳金，包括债务人未履行生效法律文书应当加倍支付的迟延利息和劳动保险金的滞纳金，债权人作为破产债权申报的，法院不予确认）。

2. 不确定的债权，如附条件、附期限的债权和诉讼、仲裁未决的债权，债权人可以申报。但是，除法院能够为其行使表决权而临时确定债权额的外，不得行使表决权。

3. 职工债权不必申报。债务人所欠职工的工资和医疗、伤残补助、抚恤费用，所欠的应当划入职工个人账户的基本养老保险、基本医疗保险费用，以及法律、行政法规规定应当支付给职工的补偿金，不必申报，由管理人调查后列出清单并予以公示。职工对清单记载有异议的，可以要求管理人更正；管理人不予更正的，职工可以向法院提起诉讼。

4. 连带债权人可以由其中一人代表全体连带债权人申报债权，也可以共同申报债权。

---

① A。破产案件的诉讼费用，属于破产费用，从债务人财产中拨付，不必由申请人预缴。

5. 有保证关系的债权申报。

（1）债务人破产。债务人的保证人或者其他连带债务人已经代替债务人清偿债务的，以其对债务人的求偿权申报债权。债务人的保证人或者其他连带债务人尚未代替债务人清偿债务的，以其对债务人的将来求偿权申报债权，但是，债权人已经向管理人申报全部债权的除外。

（2）保证人破产。①保证人被裁定进入破产程序的，债权人有权申报其对保证人的保证债权。②主债务未到期的，保证债权在保证人破产申请受理时视为到期。③一般保证的保证人主张行使先诉抗辩权的，人民法院不予支持，但债权人在一般保证人破产程序中的分配额应予提存，待一般保证人应承担的保证责任确定后再按照破产清偿比例予以分配。④保证人被确定应当承担保证责任的，保证人的管理人可以就保证人实际承担的清偿额向主债务人或其他债务人行使求偿权。

（3）保证人和债务人都破产。①债务人、保证人均被裁定进入破产程序的，债权人有权向债务人、保证人分别申报债权。②债权人向债务人、保证人均申报全部债权的，从一方破产程序中获得清偿后，其对另一方的债权额不作调整，但债权人的受偿额不得超出其债权总额。③保证人履行保证责任后不再享有求偿权。

6. 连带债务人数人被裁定适用破产程序的，其债权人有权就全部债权分别在各破产案件中申报债权。

7. 管理人或债务人解除合同的，对方当事人以因合同解除所产生的损害赔偿请求权申报债权。

8. 债务人是委托合同的委托人，被裁定适用破产程序，受托人不知该事实，继续处理委托事务的，受托人以由此产生的请求权申报债权。

9. 债务人是票据的出票人，被裁定适用破产程序，该票据的付款人继续付款或承兑的，付款人以由此产生的请求权申报债权。

【实战演练】

甲是某有限公司的工人，2016年8月2日，甲因工伤住院治疗，久治未愈，期间医疗费用、护理费等一直由该公司垫付。2017年9月，该公司向甲支付10万元赔偿金后便不再垫付其后续的医疗费用。甲认为公司支付的赔偿金额过低，于2017年10月向法院提起诉讼，要求该公司支付医疗费、护理费、伤残补助金等共计20万元。2017年11月，该公司经营不善，法院裁定受理其破产申请。对此，下列说法正确的是？①

A. 管理人可以要求甲返还医疗费

B. 对于该公司向甲支付的赔偿金，管理人可向法院申请予以撤销

C. 甲经过申报债权后，有权参加债权人会议

D. 法院裁定受理某公司破产申请后，甲提起的诉讼应当中止审理

---

① D。本题具有综合性，涉及破产申请受理的效果、个别清偿行为撤销和债权申报等问题。

六、债权人会议

【知识框架】

组成	依法申报债权的债权人。	
表决	无表决权债权人：①债权尚未确定，法院也未能为其行使表决权而临时确定债权数额的；②债权附有停止条件，条件尚有待成就的，或债权附有解除条件，其解除条件已经成就的；③尚未代替债务人清偿债务的保证人或其他连带债务人。	
	部分表决权债权人：有财产担保且未放弃优先受偿权利的债权人，对于通过和解协议和破产财产分配方案的决议，不享有表决权。	
	完整表决权债权人：其他债权人对所有事项享有表决权。	
职权	①核查债权；②申请人民法院更换管理人，审查管理人的费用和报酬；③监督管理人；④选任和更换债权人委员会成员；⑤决定继续或者停止债务人的营业；⑥通过重整计划；⑦通过和解协议；⑧通过债务人财产的管理方案；⑨通过破产财产的变价方案；⑩通过破产财产的分配方案；⑪人民法院认为应当由债权人会议行使的其他职权。 其中，通过债务人财产的管理方案和通过破产财产的变价方案，经债权人会议表决未通过的，由人民法院裁定。通过破产财产的分配方案，经债权人会议二次表决仍未通过的，由人民法院裁定。	
决议	第一次债权人会议由人民法院召集，此后的债权人会议，在法院认为必要时，或管理人、债权人委员会、占债权总额 1/4 以上的债权人向债权人会议主席提议时召开。	
	由出席会议的有表决权的债权人过半数通过，并且其所代表的债权额占无财产担保债权总额的 1/2 以上。但和解协议草案和重整计划草案除外。	
	债权人会议的决议，对于全体债权人均有约束力。债权人认为债权人会议的决议违反法律规定，损害其利益的，可以自债权人会议作出决议之日起 15 日内，请求法院裁定撤销该决议，责令债权人会议依法重新作出决议。	
债权人委员会	组成：债权人会议可以决定设立债权人委员会，由债权人会议选任的债权人代表和 1 名债务人的职工代表或工会代表组成，成员不得超过 9 人。债权人委员会成员应当经法院书面决定认可。	
	职权：债权人委员会根据债权人会议的委托，可以申请人民法院更换管理人，审查管理人的费用和报酬；监督管理人；决定继续或者停止债务人的营业。	

【实战演练】

在某公司破产案件中，债权人会议经出席会议的有表决权的债权人过半数通过，并且其所代表的债权额占无财产担保债权总额的 60%，就若干事项形成决议。该决议所涉下列哪一事项不符合《企业破产法》的规定？①

A. 选举 8 名债权人代表与 1 名职工代表组成债权人委员会

B. 通过债务人财产的管理方案

C. 申请法院更换管理人

D. 通过和解协议

---

① D。债权人会议通过和解协议的决议，由出席会议的有表决权的债权人过半数同意，并且其所代表的债权额占无财产担保债权总额的三分之二以上。由于表决权比例未达上述要求，所以通过和解协议不合法。其余各项都是合法的。

七、重整程序、和解程序与破产清算程序

【知识框架】
（一）三大程序之间的关系

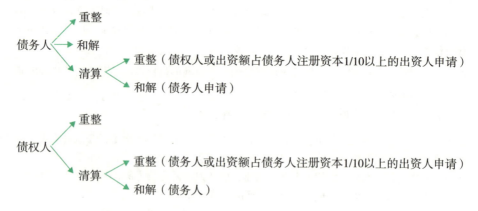

（二）破产清算程序

破产宣告	①不可逆转：债务人无可逆转地进入破产清算程序。 ②债权解冻：债权人只能依破产程序接受清偿，未到期的债权视为到期，有财产担保的债权人可以随时由担保物清偿（行使别除权），无担保债权人依破产分配方案获得清偿。 ③停止营业：原则上停止营业，但继续经营有助于破产财产保值增值的，法院可以许可。
别除权	①债权人不依破产程序，而由特定财产单独优先受偿的权利； ②别除权以抵押、质押、留置三种担保物权为基础权利； ③别除权的标的物在破产宣告前属于债务人财产，但在破产宣告后不计入破产财产； ④在法院裁定和解和裁定宣告债务人破产时可以行使； ⑤债权人未能通过别除权实现的债权计入普通破产债权。
破产清偿顺序	破产财产在优先清偿破产费用和共益债务后，依照下列顺序清偿： ①职工债权和应划入个人账户的社保费用（破产企业的董事、监事和高级管理人员的工资按照该企业职工的平均工资计算）； ②破产人欠缴的除前项规定以外的社会保险费用和破产人所欠税款； ③普通破产债权。 破产财产不足以清偿同一顺序的清偿要求的，按照比例分配。

（三）重整程序

概　念	指对可能或已经发生破产原因但又有挽救希望的法人企业，通过对各方利害关系人的利益协调，借助法律强制进行营业重组与债务清理，以避免企业破产的法律制度。
重整原因	①企业法人不能清偿到期债务，并且资产不足以清偿全部债务或明显缺乏清偿能力 或者②有明显丧失清偿能力可能的
重整启动	①初始重整申请：债务人或者债权人可以直接申请 ②后续重整申请：债权人申请对债务人进行破产清算的，在宣告债务人破产前，债务人或出资额占债务人注册资本1/10以上的出资人，可以向法院申请重整。

财产管理	自法院裁定债务人重整之日起至重整程序终止，为重整期间。 ①经债务人申请，法院批准，债务人可以在管理人的监督下自行管理财产和营业事务，并由债务人制作重整计划草案。 ②管理人负责管理财产和营业事务，可以聘任债务人的经营管理人员负责营业事务，并由管理人制作重整计划草案。	
营业保护	①担保权暂停行使：在重整期间，对债务人的特定财产享有的担保权暂停行使。但是，担保物有损坏或价值明显减少的可能，足以危害担保权人权利的，担保权人可以向人民法院请求恢复行使担保权。 ②新设担保：债务人或管理人为继续营业而借款的，可以为该借款设定担保。 ③取回权受到限制：债务人合法占有的他人财产，该财产的权利人在重整期间要求取回的，应当符合事先约定的条件。 ④股东权限制：债务人的出资人不得请求投资收益分配。债务人的董事、监事、高级管理人员不得向第三人转让其持有的债务人的股权。但是，经法院同意的除外。	
重整计划	表决批准	①分组表决。有担保债权组、职工债权组、税收债权组、普通债权组，涉及出资人权益的，应设出资人组表决。 ②每一组内，出席会议的同一表决组的债权人过半数同意重整计划草案，并且其所代表的债权额占该组债权总额的2/3以上的，即为该组通过。 ③每组都通过，重整计划通过。 ④表决通过后须经法院审查批准，表决未通过的法院可以强行批准。
	效力	①经法院裁定批准的重整计划，对债务人和全体债权人均有约束力。 ②债权人未申报债权的，在重整计划执行期间不得行使权利；在重整计划执行完毕后，可以按照重整计划规定的同类债权的清偿条件行使权利。 ③债权人对债务人的保证人和其他连带债务人所享有的权利，不受重整计划的影响。
	执行	①**执行方式**：由债务人负责执行，由管理人监督重整计划的执行。在监督期内，债务人应当向管理人报告重整计划执行情况和债务人财务状况。 ②**执行完毕**：重整计划执行完毕，经法院裁定确认，终结破产程序。按照重整计划减免的债务，自重整计划执行完毕时起，债务人不再承担清偿责任。 ③**执行不能**：债务人不能执行或不执行重整计划的，法院经管理人或者利害关系人请求，应当裁定终止重整计划的执行，并宣告债务人破产。债权人在重整计划中作出的债权调整的承诺失去效力。为重整计划的执行提供的担保继续有效。债权人因执行重整计划所受的清偿仍然有效，债权未受清偿的部分作为破产债权，但只有在其他同顺位债权人同自己所受的清偿达到同一比例时，才能继续接受分配（就高不就低）。
宣告破产	①重整遇到重大障碍的（债务人的经营状况和财产状况继续恶化，缺乏挽救的可能性；债务人有欺诈、恶意减少债务人财产或者其他显著不利于债权人的行为；由于债务人的行为致使管理人无法执行职务），经管理人或利害关系人请求，法院应当裁定终止重整程序，并宣告债务人破产。 ②债务人或管理人未按期提出重整计划草案的，重整计划草案未获得通过或未获得批准的，法院应当裁定终止重整程序，并宣告债务人破产。	

（四）和解程序

概　念		债务人不能清偿债务时，为避免破产清算，经与债权人会议协商达成相互间谅解的一项制度。
启　动		①只有债务人才能申请，可以直接申请，也可以在破产程序中申请。 ②债务人申请和解，应当提出和解协议草案。
审　查		法院经审查认为和解申请合法的，应当裁定和解，予以公告，并召集债权人会议讨论和解协议草案。
和解协议	表决	由出席会议的有表决权的债权人过半数同意，并且其所代表的债权额占无财产担保债权总额的 2/3 以上。经法院裁定认可后生效。
	效力	①**终止和解程序**：债权人会议通过和解协议的，由法院裁定认可，终止和解程序，并予以公告。管理人应当向债务人移交财产和营业事务，并向法院提交执行职务的报告。 ②**约束力**：经法院裁定认可的和解协议，对债务人和全体和解债权人（法院受理破产申请时对债务人享有无财产担保债权的人）均有约束力。债务人应当按照和解协议规定的条件清偿债务。按照和解协议减免的债务，自和解协议执行完毕时起，债务人不再承担清偿责任。
宣告破产		①和解协议未通过或未获法院认可，法院应当裁定终止和解程序，并宣告债务人破产。 ②因债务人的欺诈或其他违法行为而成立的和解协议，法院应当裁定无效，并宣告债务人破产。和解债权人因执行和解协议所受的清偿，在其他债权人所受清偿同等比例的范围内，不予返还（就低不就高）。 ③债务人不能执行或者不执行和解协议的，法院经和解债权人请求，应当裁定终止和解协议的执行，并宣告债务人破产。和解债权人在和解协议中作出的债权调整的承诺失去效力。为和解协议的执行提供的担保继续有效。和解债权人因执行和解协议所受的清偿仍然有效，和解债权未受清偿的部分作为破产债权，但只有在其他债权人同自己所受的清偿达到同一比例时，才能继续接受分配（就高不就低）。

（五）破产程序终结

维持人格 {
　重整计划执行完毕
　法院裁定认可和解协议
　债务人有不予宣告破产的法定事由（宣告破产前，第三人为债务人提供足额担保或者为债务人清偿全部到期债务的，或债务人已清偿全部到期债务的）
}

消灭人格 {
　债务人财产不足以清偿破产费用
　破产人无财产可供分配
　破产财产分配完毕
}

【实战演练】

思瑞公司不能清偿到期债务，债权人向法院申请破产清算。法院受理并指定了管理人。在宣告破产前，持股 20% 的股东甲认为如引进战略投资者乙公司，思瑞公司仍有生机，于是向法院申请重整。关于重整，下列哪一选项是正确的？①

---

① D。重整计划的决策程序结束（如未通过、通过后未批准、通过并且批准），重整程序就终止。

A. 如甲申请重整，必须附有乙公司的投资承诺
B. 如债权人反对，则思瑞公司不能开始重整
C. 如思瑞公司开始重整，则管理人应辞去职务
D. 只要思瑞公司的重整计划草案获得法院批准，重整程序就终止

第四章　票据法

【本章概览】

地位	预计平均分值，客观题约为 3 分，主观题偶有涉及。
内容	票据原理（票据的特征，票据权利，票据行为，票据抗辩与补救） 汇票、本票、支票的法律规则
法条	《中华人民共和国票据法》 《最高人民法院关于审理票据纠纷案件若干问题的规定》（本解释不在大纲内）

一、票据概述

【知识框架】

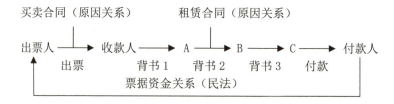

（一）概念和种类

票据是指由出票人签发的、约定由自己或委托他人于见票时或确定的日期，向持票人或收款人无条件支付一定金额的有价证券。我国票据法上的票据仅指汇票、本票和支票。并且，票据法遵循"类型法定"原则，除了上述三种票据之外，不得签发和使用其他票据。

（二）特征

要式性：票据和票据行为都必须遵循法定格式。

无因性：票据效力不受其赖以发生的原因关系的影响。

文义性：票据上的权利义务以票据文字记载为准。

设权性：在票据作成之前，票据权利不存在。

流通性：票据可以转让，并且更加灵活简便。

（三）功能

汇兑功能：原始功能，减少现金的异地转移。

支付功能：基本功能，作为支付手段，代替现金使用。

信用功能：核心功能，卖方将一般债权转化为票据债权，票据债权可以贴现。

结算功能：又叫抵销功能，即通过票据交换来抵销债务。

融资功能：通过票据贴现，未到期票据的持票人可以获得现金。

（四）票据关系的当事人

基本当事人：出票人、收款人、付款人。基本当事人在票据形式上的不存在或不完全，票据法律关系就不能成立，票据也就无效。

非基本当事人：背书人、保证人等。

【难点展开】票据无因性

票据上的法律关系是单纯的金钱支付关系，权利人享有票据权利仅以持有符合票据法规定的有效票据为必要，即使原因关系无效或有瑕疵，均不影响票据的效力。例如，出票人 A 基于和收款人 B 之间的买卖关系，向 B 签发汇票，B 又基于和 C 之间的借贷关系，将该汇票背书转让给 C；则 C 在请求付款时，无须证明 A、B 间的买卖关系及 B、C 间借贷关系的存在，即使 A、B 间的买卖关系不存在了，或有瑕疵，C 亦可以以背书连续的票据，当然地行使票据权利。

票据无因性使得票据的效率提高，但是一定程度上牺牲了公平。为了弥补这一缺陷，票据法规定了票据对人抗辩制度，使得票据原因关系的直接当事人之间的公平基本得到保障；除此之外，当事人还可以通过民法来解决公平问题。例如，在上例中，如果 A 和 B 之间的买卖合同无效，根据无因性原理，C 依然可以行使票据权利，A 依然需要为这张票据负责，但是 A 的损失可以通过要求 B 返还价款的方式实现。

二、票据权利与票据行为

【知识框架】

（一）票据权利的概念和种类

票据权利是持票人向票据债务人请求支付票据金额的权利，是一种金钱债权、证券性权利和二次性权利，包括付款请求权和追索权。二者区别如下：

	对象	条件	金额	时效
付款请求权	主债务人	主票据权利	票据金额	2 年
追索权	持票人前手	次票据权利	票据金额利息费用	6 个月

（二）票据权利的取得

取得票据权利，原则上必须支付对价（税收、继承、赠与除外，但所享有的票据权利不得优于其前手），并且取得票据的手段合法（以欺诈、偷盗或者胁迫等手段取得票据的，或者明知有前列情形，出于恶意取得票据的，不得享有票据权利）。

取得方式包括原始取得和继受取得。原始取得包括发行取得和善意取得。继受取得包括票据法上的继受取得（背书，保证人履行保证义务或追索义务人偿还追索金额后取得票据）和非票据法上的继受取得（继承、企业合并）。票据权利的善意取得必须符合以下构成要件：第一，必须是从无权利人处取得票据。第二，必须是以连续背书的方式取得票据。第三，受让人必须是善意。

（三）票据权利消灭

票据权利的消灭，是指因一定的事由而使票据上的付款请求权和追索权失去其法律意义。

民法上的原因（如抵销、混同、免除、提存等）
付款（全体债务人的责任解除）　｝权利实现
追索义务人清偿票据债务及追索费用（相应的追索权消灭）

保全手续欠缺（丧失对前手的追索权）
票据记载事项欠缺
票据时效期间届满　｝权利未能实现
票据物质形态消灭

需要注意的是，因时效期间届满或票据记载事项欠缺等原因导致票据权利消灭后，当事人基于其他法律关系如合同关系等享有的民事权利可以继续存在，但与票据法无关。

（四）票据行为

特点 ⎰ 无因性
⎱ 要式性
⎱ 独立性（某一票据行为无效，不影响其他票据行为效力）

种类 ⎰ 汇票：出票、背书、保证、承兑
⎱ 本票：出票、背书、保证
⎱ 支票：出票、背书

（五）票据行为的代理

通常情况下，代理人以自己的名义签章，明确表明为被代理人实施票据行为，其后果由被代理人承担。没有代理权而以代理人名义在票据上签章的，由签章人承担票据责任；代理人超越代理权限的，就其超越权限部分承担票据责任。

代理人直接以被代理人的名义签章叫票据代行。若经授权，则由被代理人承担后果。若未经授权，则构成票据伪造。

（六）票据更改

票据金额、日期、收款人名称不得更改，更改的票据无效。对票据上的其他记载事项（如付款人名称、付款日期、付款地、出票地等），原记载人可以更改，更改时只需签章证明即可。

【难点展开】票据行为的独立性

为了追求效率，票据法确认票据行为的独立性原理。其意义在于，同一票据上的多个票据行为效力相互独立、各不牵连，某一个票据行为无效，通常不影响其他票据行为的效力。形象地说，票据就是"打不死的小强"。具体表现为：（1）行为能力瑕疵。票据行为是复杂的有偿法律行为，行为人必须具备完全民事行为能力，行为能力有瑕疵者实施的票据行为无效，但是不影响其他真实行为的效力。（2）伪造签章。票据伪造是指假借他人名义为票据行为。伪造签章无效，但是不影响其他真实签章的效力。但是伪造者要承担民事责任、行政责任甚至刑事责任。（3）出票人签章不真实，或者出票人行为能力有瑕疵，未经背书转让的，票据债务人不承担票据责任；已经背书转让的，票据无效不影响其他真实签章的效力。

三、票据抗辩

【知识框架】

	定义	票据债务人根据票据法的规定对票据债权人拒绝履行义务的行为。
种类	物的抗辩	①欠缺法定必要记载事项或不符合法定格式的； ②超过票据权利时效的； ③法院作出的除权判决已经发生法律效力的； ④以背书方式取得但背书不连续的； ⑤无权代理情况下被代理人的抗辩； ⑥票据瑕疵的抗辩（被伪造签章者可以抗辩；行为能力瑕疵者的监护人可以抗辩；变造之前签章者对变造之后的记载事项抗辩；变造之后签章者对变造之前的记载事项抗辩；不能辨别是在票据被变造之前或者之后签章的对变造之后的记载事项抗辩）。

续表

人的抗辩	①欠缺原因关系，或原因关系无效的抗辩； ②持票人与票据债务人有直接债权债务关系并且不履行约定义务的； ③明知票据债务人与出票人或与持票人的前手之间存在抗辩事由而取得票据的； ④非法取得票据、恶意取得票据或因重大过失取得票据的（以欺诈、偷盗或胁迫等非法手段取得票据，或明知有前列情形，出于恶意取得票据的；因重大过失取得票据的）。
限制	①票据债务人不得以自己与出票人之间的对人抗辩事由，对抗持票人。 ②票据债务人不得以自己与持票人前手之间的抗辩事由，对抗持票人。

【难点展开】 票据对人抗辩与无因性的关系

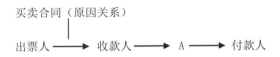

1. 若买卖合同无效

收款人向出票人追索，出票人可主张欠缺原因关系的抗辩；

善意 A 向出票人追索，出票人不可主张欠缺原因关系的抗辩。

2. 若收款人不履行到期交付货物的义务

收款人向出票人追索，出票人可主张对价欠缺的抗辩；

善意 A 向出票人追索，出票人不可主张对价欠缺的抗辩。

【实战演练】

甲未经乙同意而以乙的名义签发一张商业汇票，汇票上记载的付款人为丙银行。丁取得该汇票后将其背书转让给戊。下列哪一说法是正确的？①

A. 乙可以无权代理为由拒绝承担该汇票上的责任

B. 丙银行可以该汇票是无权代理为由而拒绝付款

C. 丁对甲的无权代理行为不知情时，丁对戊不承担责任

D. 甲未在该汇票上签章，故甲不承担责任

四、票据的丧失与补救

【知识框架】

丧失对票据的占有并不失去票据权利，但票据权利的行使遭遇重大障碍。救济途径包括挂失止付、公示催告和提起诉讼。

1. 挂失止付

挂失止付是指票据权利人在丧失票据占有时，为防止可能发生的损害，保护自己的票据权利，通知票据上的付款人，请求其停止票据支付的行为。

（1）挂失止付的提起人为失票人。只要是丧失票据实际占有的当事人，无论是否为票据权利人，均可通知挂失止付。

（2）挂失止付的相对人为丧失的票据上记载的付款人。

（3）挂失止付的效力：付款人暂停付款（临时补救措施）。如果其仍对票据进行付款，则

---

① A。票据行为无权代理的情况下，被代理人不承担责任。

无论善意与否，都应该承担赔偿责任。

但是，票据本身并不因挂失止付而无效，失票人的票据责任并不因此免除，失票人的票据权利也不能因挂失止付得到最终的恢复。另外，挂失止付也不是公示催告程序和诉讼程序的必经程序。

2. 公示催告

（1）公示催告可以在挂失止付后申请，也可以直接申请。

（2）公示催告的申请人：失票人（是指票据被盗、遗失或者灭失前的最后持有人，如收款人或被背书人），学说上认为还应当包括出票人。

（3）公示催告的进行：审查、公告、发出止付通知。法院受理公示催告的申请后，应当立即向票据付款人发出止付通知。

（4）公示催告的终结：有人主张权利的，法院裁定终结公示催告程序，通过民事诉讼解决；无人主张权利的，法院判决，宣告票据无效，终结公示催告；自该判决作出之日起，申请人就有权依该判决，行使其付款请求权和追索权。

3. 普通诉讼程序：直接请求法院判令票据债务人履行票据债务，但应提供担保。

【难点展开】恶意申请公示催告的权利救济

公示催告程序本为对合法持票人进行失票救济的法律制度，但实践中却成为票据出卖方在未获得票款情形下、通过伪报票据丧失事实申请公示催告、阻止合法持票人行使票据权利的工具。民事诉讼法司法解释已规定了相关制度进行救济。需明确以下问题：

第一，在除权判决作出后，付款人尚未付款的情况下，最后合法持票人可以根据《民事诉讼法》第230条的规定，在法定期限内请求撤销除权判决，待票据恢复效力后再依法行使票据权利。最后合法持票人也可以基于基础法律关系向其直接前手退票并请求其直接前手另行给付基础法律关系项下的对价。

第二，除权判决做出后，付款人已付款情形下的权利救济。因恶意申请公示催告并持除权判决获得票款行为损害了最后合法持票人的权利，构成侵权，最后合法持票人据此请求申请人承担赔偿责任的，应予支持。

【实战演练】

甲向乙购买原材料，为支付货款，甲向乙出具金额为50万元的商业汇票一张，丙银行对该汇票进行了承兑。后乙不慎将该汇票丢失，被丁拾到。乙立即向付款人丙银行办理了挂失止付手续。下列哪些选项是正确的？①

A. 乙因丢失票据而确定性地丧失了票据权利

B. 乙在遗失汇票后，可直接提起诉讼要求丙银行付款

C. 如果丙银行向丁支付了票据上的款项，则丙应向乙承担赔偿责任

D. 乙在通知挂失止付后十五日内，应向法院申请公示催告

---

① BC。挂失止付只是一种临时救济措施，其效力体现在暂停付款上。挂失止付不是其他救济手段的前置程序。

五、汇票

【知识框架】

（一）汇票概述

特征	①三个基本当事人：出票人、付款人和收款人。②汇票是委托他人进行支付的票据。③汇票通常都需要由付款人进行承兑。④汇票是在见票时或指定的到期日无条件支付给持票人一定金额的票据。⑤汇票对于当事人没有特别的限制，既可以是银行，也可以是公司、企业或个人。	
记载事项	法定记载事项：①表明"汇票"的字样；②无条件支付的委托；③确定的金额；④付款人名称；⑤收款人名称；⑥出票日期；⑦出票人签章。欠缺任一项的汇票无效。	①未记载付款日期的，为见票即付。②未记载付款地的，付款人的营业场所、住所或经常居住地为付款地。③未记载出票地的，出票人的营业场所、住所或经常居住地为出票地。④汇票上可以记载其他出票事项，但是该记载事项不具有汇票上的效力。
出票	一个完整的出票行为包括两个方面：一是出票人签章；二是交付票据。	①出票人成为票据债务人。②收款人取得票据权利。③对付款人暂未发生票据法上的效力。

（二）背书

定义	指持票人在票据的背面或者粘单上记载有关事项，完成签章，并将其交付相对人，从而将票据权利转让给他人或将一定的票据权利授予他人行使的票据行为。
效力	①背书转让无须经票据债务人同意。②背书转让的转让人不退出票据关系。③背书转让具有更强的转让效力。
特例	①**附条件背书**：背书不得附有条件。附有条件的，所附条件不具有汇票上的效力。②**部分背书和分别背书**：将汇票金额的一部分转让的背书或将汇票金额分别转让给2人以上的背书无效。③**期后背书**：汇票被拒绝承兑、被拒绝付款或超过付款提示期限的，不得背书转让；背书转让的，背书人应当承担汇票责任，被背书人可以向背书人追索。④**限制背书**：出票人在票据上记载"不得转让"字样，票据持有人背书转让的，背书行为无效；背书人在汇票上记载"不得转让"字样，其后手再背书转让的，原背书人对后手的被背书人不承担保证责任。⑤**回头背书**：追索权受到限制，持票人为出票人的，对其前手无追索权。持票人为背书人的，对其后手无追索权。

质押	票据质权必须以质押背书形式设立。未记载"质押"字样并签章的，票据质权未有效设立。如果存在关于出质票据的约定，在没有法律和事实障碍的情形下，债权人有权请求出质人完善质押背书，使质权有效设立。
	质押票据再行背书质押或背书转让的，背书行为无效。上述"限制背书"规则也适用于质押背书。
	质权人可以依票据请求全部票据金额的完全给付，而不限于其债权额。

（三）承兑

定义	汇票付款人承诺在汇票到期日支付汇票金额的票据行为。见票即付的汇票无须承兑。一经承兑，付款人就负担到期足额付款的票据义务。
原则	①自由承兑：即使是应承兑而未承兑，也只承担票据外责任。 ②完全承兑：部分承兑的，视为拒绝。 ③单纯承兑：付款人承兑汇票，不得附有条件；承兑附有条件的，视为拒绝承兑。
期间	①对于定日付款或出票后定期付款的汇票，持票人应当在汇票到期日前向付款人提示承兑。 ②见票后定期付款的汇票，持票人应当自出票日起1个月内，提示承兑。 ③汇票未按照规定期限提示承兑的，持票人丧失对其前手的追索权。

（四）保证

成立	**要式性**：在票据或者粘单上记载"保证"文句。
	被保证人：保证人未记载被保证人名称的，已承兑的汇票，承兑人为被保证人；未承兑的汇票，出票人为被保证人。
	保证日期：保证人未记载保证日期的，以出票日期为保证日期。
	附条件：保证不得附有条件；保证附有条件的，不影响对汇票的保证责任。
效力	**独立责任**：即使被保证的票据债务无效，已经完成的票据保证也依然有效，但是被保证人的债务因汇票记载事项欠缺而无效的除外。
	连带责任：保证人不享有先诉抗辩权；2名以上的保证人之间承担连带责任。
代位权	保证人清偿汇票债务后，可以行使持票人对被保证人及其前手的追索权。

（五）付款和追索

付款		提示付款人：合法持票人。
		提示付款期限：持票人未按期提示付款的，在作出说明后，承兑人或付款人仍应当继续对持票人承担付款责任。但持票人丧失对背书人的追索权。
		付款程序：当日足额付款；付款人负有形式审查义务，善意错付免责。
联系		持票人只能在付款请求权已经或必然无法实现时，才可以行使追索权。
追索原因	未到期	在汇票到期日前：①汇票被拒绝承兑的；②承兑人或付款人死亡、逃匿的；③承兑人或付款人被依法宣告破产的或因违法被责令终止业务活动的。
	已到期	汇票到期后，被拒绝付款。

续表

追索对象	①汇票的出票人、背书人、承兑人和保证人对持票人承担连带责任。 ②持票人可以选择一个或数个追索对象。 ③被追索人清偿债务后，可以再向其他汇票债务人行使追索权。
追索	汇票金额＋利息＋费用。

【实战演练】

甲公司开具一张金额50万元的汇票，收款人为乙公司，付款人为丙银行。乙公司收到后将该汇票背书转让给丁公司。下列哪一说法是正确的？①

A. 乙公司将票据背书转让给丁公司后即退出票据关系

B. 丁公司的票据债务人包括乙公司和丙银行，但不包括甲公司

C. 乙公司背书转让时不得附加任何条件

D. 如甲公司在出票时于汇票上记载有"不得转让"字样，则乙公司的背书转让行为依然有效，但持票人不得向甲行使追索权

六、本票和支票

【知识框架】

（一）本票

特征	①是自付证券； ②无须承兑； ③基本当事人只有出票人和收款人； ④只有银行本票，只有即期本票。
出票	法定记载事项： ①表明"本票"的字样； ②无条件支付的承诺； ③确定的金额； ④收款人名称； ⑤出票日期； ⑥出票人签章。
付款	①本票的出票人在持票人提示见票时，必须承担付款的责任。 ②本票自出票日起，付款期限最长不超过2个月。 ③本票的持票人未按照规定期限提示见票的，丧失对出票人以外的前手的追索权。

（二）支票

特征	①付款人的资格有严格限制，仅限于银行或其他金融机构。 ②支票是见票即付的票据，无承兑行为。 ③禁止空头支票。出票人所签发的支票金额不得超过其付款时在付款人处实有的存款金额。

---

① C。背书、保证、承兑都不得附条件。但是，如果附条件，其后果又有所不同。

续表

种类	记名与否	分为记名支票、无记名支票和指示支票。 支票上未记载收款人名称的，经出票人授权，可以补记。	
	付款方式	现金支票和转账支票。现金支票只能用来支取现金；转账支票只能用来转账，不能支取现金。	
记载事项	法定记载事项： ①表明"支票"的字样； ②无条件支付的委托； ③确定的金额（可以由出票人授权补记）； ④付款人名称； ⑤出票日期； ⑥出票人签章。		①未记载收款人名称的，经出票人授权，可以补记。出票人可记载自己为收款人。 ②未记载付款地的，付款人的营业场所为付款地。 ③未记载出票地的，出票人的营业场所、住所或经常居住地为出票地。
付款	①支票的持票人应当在出票日起10日内提示付款。支票限于见票即付，不得另行记载付款日期。另行记载付款日期的，该记载无效。 ②超过付款提示期限的，付款人可以拒绝付款。因超过提示付款期限付款人不予付款的，持票人仍享有票据权利，出票人仍应对持票人承担票据责任。		

【实战演练】

关于支票的表述，下列哪些选项是正确的？①

A. 现金支票在其正面注明后，可用于转账

B. 支票出票人所签发的支票金额不得超过其付款时在付款人处实有的存款金额

C. 支票上不得另行记载付款日期，否则该记载无效

D. 支票上未记载收款人名称的，该支票无效

① BC。本题综合考查支票的基础知识。

第五章　证券法

码上揭秘

【本章概览】

地位	预计平均分值，客观题约 3 分，主观题一般不涉及。
内容	证券发行制度、证券交易制度、信息披露制度、上市公司收购制度、投资者保护制度、证券机构、证券投资基金制度等。
法条	《中华人民共和国证券法》 《中华人民共和国证券投资基金法》

一、证券法概述

【知识框架】

基本原则	三公原则：公开、公平、公正。
	平等、自愿、有偿、诚实信用。
	合法原则。
	分业经营、分业管理原则。
适用范围	股票、公司债券、存托凭证和国务院依法认定的其他证券的发行和交易（证券法优先）。
	政府债券、证券投资基金份额的上市交易（其他法优先）。
	资产支持证券、资产管理产品发行、交易的管理办法，由国务院依照本法的原则规定。
证券市场	发行市场（一级市场）：由发行人、认购人和中介人组成。发行人包括政府、金融机构、公司等；认购人为投资者；中介人包括综合类的证券公司和会计师事务所、律师事务所、资产评估机构等证券发行服务机构
	流通市场（二级市场）：包括证券交易所、国务院批准的其他全国性证券交易场所以及按照国务院规定设立的区域性股权市场（为非公开发行证券的发行、转让提供场所和设施）。

二、证券发行

【知识框架】

种类		有下列情形之一的，为公开发行：①向不特定对象发行证券；②向特定对象发行证券累计超过200人，但依法实施员工持股计划的员工人数不计算在内；③法律、行政法规规定的其他发行行为。	注册制：公开发行证券，必须符合法律、行政法规规定的条件，并依法报经证监会或国务院授权的部门注册。未经依法注册，任何单位和个人不得公开发行证券。证券发行注册制的具体范围、实施步骤，由国务院规定。
		除上述公开发行之外，均为非公开发行。	非公开发行证券，无须注册，但是不得采用广告、公开劝诱和变相公开方式。
公开发行新股	种类	增资发行（已成立的股份公司），设立发行（拟募集设立的股份公司）。	
	条件	公司首次公开发行新股，应当符合下列条件：①具备健全且运行良好的组织机构；②具有持续经营能力；③最近3年财务会计报告被出具无保留意见审计报告；④发行人及其控股股东、实际控制人最近3年不存在贪污、贿赂、侵占财产、挪用财产或破坏社会主义市场经济秩序的刑事犯罪；⑤经国务院批准的国务院证券监督管理机构规定的其他条件。公开发行存托凭证的，应当符合首次公开发行新股的条件以及国务院证券监督管理机构规定的其他条件。	
	资金	公司对公开发行股票所募集资金，必须按照招股说明书或者其他公开发行募集文件所列资金用途使用；改变资金用途，必须经股东大会作出决议。擅自改变用途，未作纠正的，或者未经股东大会认可的，不得公开发行新股。	
公开发行公司债券	条件	公开发行公司债券，应当符合下列条件：①具备健全且运行良好的组织机构；②最近3年平均可分配利润足以支付公司债券1年的利息；③国务院规定的其他条件。上市公司发行可转债，除应当符合上述条件外，还应当符合经国务院批准的国务院证券监督管理机构规定的条件。但是，按照公司债券募集办法，上市公司通过收购本公司股份的方式进行公司债券转换的除外。	
	资金	公开发行公司债券筹集的资金，必须按照公司债券募集办法所列资金用途使用；改变资金用途，必须经债券持有人会议作出决议。公开发行公司债券筹集的资金，不得用于弥补亏损和非生产性支出。	
	禁止	有下列情形之一的，不得再次公开发行公司债券：①对已公开发行的公司债券或者其他债务有违约或者延迟支付本息的事实，仍处于继续状态；②违反《证券法》规定，改变公开发行公司债券所募资金的用途。	

续表

承销制度	定义	由证券公司帮助发行人发行证券的法律行为。
	种类	发行人向不特定对象发行的证券，法律、行政法规规定应当由证券公司承销的，发行人应当同证券公司签订承销协议。证券承销业务采取代销或者包销方式。
	核查	证券公司承销证券，应当对公开发行募集文件的真实性、准确性、完整性进行核查。发现有虚假记载、误导性陈述或者重大遗漏的，不得进行销售活动；已经销售的，必须立即停止销售活动，并采取纠正措施。证券公司承销证券，不得有下列行为：①进行虚假的或者误导投资者的广告宣传或者其他宣传推介活动；②以不正当竞争手段招揽承销业务；③其他违反证券承销业务规定的行为。
	期限	证券的代销、包销期限最长不得超过 90 日。期满后，发行人应当在规定的期限内将股票发行情况报证监会备案。
	价格	股票发行采取溢价发行的，其发行价格由发行人与承销人协商确定。
	发行失败	股票发行采用代销方式，代销期限届满，向投资者出售的股票数量未达到拟公开发行股票数量70%的，为发行失败。发行人应当按照发行价并加算银行同期存款利息返还股票认购人。

【实战演练】

依据我国《证券法》的相关规定，关于证券发行的表述，下列哪一选项是正确的?①

A. 所有证券必须公开发行，而不得采用非公开发行的方式

B. 发行人可通过证券承销方式发行，也可由发行人直接向投资者发行

C. 只有依法正式成立的股份公司才可发行股票

D. 国有独资公司均可申请发行公司债券

三、证券交易

【知识框架】

一般规则	交易场所：①公开发行的证券，应当在依法设立的证券交易所上市或在国务院批准的其他全国性证券交易场所交易。②非公开发行的证券，可以在证券交易所、国务院批准的其他全国性证券交易场所、按照国务院规定设立的区域性股权市场转让。
	交易方式：证券在证券交易所上市交易，应当采用公开的集中交易方式或者证监会批准的其他方式。
	交易形式：证券交易当事人买卖的证券可以采用纸面形式或证监会规定的其他形式。
	证券上市：申请证券上市交易，应当向证券交易所提出申请，由证券交易所依法审核同意，并由双方签订上市协议。上市交易的证券，有证券交易所规定的终止上市情形的，由证券交易所按照业务规则终止其上市交易。证券交易所决定终止证券上市交易的，应当及时公告，并报证监会备案。对证券交易所作出的不予上市交易、终止上市交易决定不服的，可以向证券交易所设立的复核机构申请复核。

---

① D。修订后的《证券法》放松了公开发行公司债券的条件，对发行人的组织形式不再有限制。

续表

交易禁止	特定人员	证券交易场所、证券公司和证券登记结算机构的从业人员，证券监督管理机构的工作人员以及法律、行政法规规定禁止参与股票交易的其他人员，在任期或者法定限期内，不得直接或者以化名、借他人名义持有、买卖股票或其他具有股权性质的证券，也不得收受他人赠送的股票或其他具有股权性质的证券。任何人在成为上述人员时，其原已持有的股票或其他具有股权性质的证券，必须依法转让。实施股权激励计划或员工持股计划的证券公司的从业人员，可以按照证监会的规定持有、卖出本公司股票或其他具有股权性质的证券。
	内幕交易	主体：证券交易内幕信息的知情人和非法获取内幕信息的人。证券交易内幕信息的知情人包括因其身份、任职或工作而合法获取内幕信息的人。
		内幕信息：证券交易活动中，涉及发行人的经营、财务或者对该发行人证券的市场价格有重大影响的尚未公开的信息。
		行为：在内幕信息公开前，买卖该公司的证券，或泄露该信息，或建议他人买卖该证券。
		后果：内幕交易行为给投资者造成损失的，应当依法承担赔偿责任。
	操纵市场	禁止任何人以下列手段操纵证券市场，影响或意图影响证券交易价格或证券交易量：①单独或者通过合谋，集中资金优势、持股优势或者利用信息优势联合或者连续买卖；②与他人串通，以事先约定的时间、价格和方式相互进行证券交易；③在自己实际控制的账户之间进行证券交易；④不以成交为目的，频繁或大量申报并撤销申报；⑤利用虚假或不确定的重大信息，诱导投资者进行证券交易；⑥对证券、发行人公开作出评价、预测或投资建议，并进行反向证券交易；⑦利用在其他相关市场的活动操纵证券市场；⑧操纵证券市场的其他手段。
		后果：操纵证券市场行为给投资者造成损失的，应当依法承担赔偿责任。
交易限制	中介机构和人员	①为证券发行出具审计报告或法律意见书等文件的证券服务机构和人员，在该证券承销期内和期满后6个月内，不得买卖该证券。②为发行人及其控股股东、实际控制人，或者收购人、重大资产交易方出具审计报告或法律意见书等文件的证券服务机构和人员，自接受委托之日或开展上述有关工作之日起至上述文件公开后5日内，不得买卖该证券。
	短线交易	主体：上市公司、股票在国务院批准的其他全国性证券交易场所交易的公司持有5%以上股份的股东、董监高。
		认定：将其持有（包括其配偶、父母、子女持有的及利用他人账户持有）的该公司的股票或其他具有股权性质的证券在买入后6个月内卖出，或者在卖出后6个月内又买入，但是，证券公司因购入包销售后剩余股票而持有5%以上股份，以及有证监会规定的其他情形的除外。
		后果：短线交易所得收益归该公司所有。公司董事会应当收回其所得收益，否则股东有权要求董事会在30日内执行。公司董事会未在上述期限内执行的，股东有权为了公司的利益以自己的名义直接向法院提起诉讼。此外，董事会不收回其所得收益的，负有责任的董事依法承担连带责任。

【案例分析】光大证券乌龙指案

2013年8月16日，中国资本市场发生了著名的光大证券8·16乌龙指事件。2013年11

月，证监会对光大证券做出《行政处罚决定书》，认定光大证券2013年8月16日下午1点到2点22之间卖空股指期货等行为构成内幕交易。在此定性的基础上，从2013年11月到2014年，大概有150名个人或机构投资者向法院起诉光大证券，要求光大证券赔偿其内幕交易给投资者造成的损失，此后2014年进行了多次庭审。2015年9月30日，法院对投资者提起的内幕交易民事索赔做出判决，符合条件的部分投资者获得部分或全部的胜诉。此后光大证券向上海高院提起上诉，2016年年初，上海高院对部分案件做出二审判决，驳回上诉，维持原判。

【实战演练】

某上市公司董事吴某，持有该公司6%的股份。吴某将其持有的该公司股票在买入后的第5个月卖出，获利600万元。关于此收益，下列哪一项是错误的？①

A. 该收益应当全部归公司所有

B. 该收益应由公司董事会负责收回

C. 董事会不收回该收益的，股东有权要求董事会限期收回

D. 董事会未在规定期限内执行股东关于收回吴某收益的要求的，股东有权代替董事会以公司名义直接向法院提起收回该收益的诉讼

四、上市公司收购

【知识框架】

概念	投资者依法定程序公开收购股份公司已发行上市的股份以达到对该公司控股或兼并目的的行为。	
举牌制度	首次达到5%举牌与限制交易：通过证券交易所的证券交易，投资者或其一致行动人持有一个上市公司已发行的有表决权股份达到5%时，应当在该事实发生之日起3日内，向证监会、证券交易所作出书面报告，通知该上市公司，并予公告，在上述期限内不得再行买卖该上市公司的股票，但证监会规定的情形除外。	违反左侧规定买入上市公司有表决权的股份的，在买入后的36个月内，对该超过规定比例部分的股份不得行使表决权。
	变动5%举牌与限制交易：以后所持比例每增加或减少5%，应当向证监会、证券交易所作出书面报告，通知该上市公司，并予公告，在该事实发生之日起至公告后3日内，不得再行买卖该上市公司的股票，但证监会规定的情形除外；以后所持比例每增加或减少1%，应当在该事实发生的次日通知该上市公司，并予公告。	
收购方式	要约收购、协议收购和其他合法方式收购。	

---

① D。这是股东代表诉讼在证券法上的应用，股东以自己的名义，而不是以公司的名义起诉。

续表

要约收购	条件	投资者或其一致行动人持有已发行的有表决权股份30%且继续收购的。
	公平性	被收购公司股东承诺出售的股份数额超过预定收购的股份数额的，收购人按比例进行收购。
		收购要约提出的各项收购条件，适用于被收购公司的所有股东。但是，上市公司发行不同种类股份的，收购人可以针对不同种类股份提出不同的收购条件。
	期限	不得少于30日，并不得超过60日。
	排他性	收购人在收购期限内，不得卖出被收购公司的股票，也不得采取要约规定以外的形式和超出要约的条件买入被收购公司的股票。
	不可撤销	要约不得撤销，若要变更，应当及时公告，且不得存在下列情形：①降低收购价格；②减少预定收购股份数额；③缩短收购期限；④证监会规定的其他情形。
协议收购		依照法律、行政法规规定以协议方式收购上市公司时，达成协议后，收购人必须在3日内将该收购协议向证监会及证券交易所作出书面报告，并予公告。在公告前不得履行收购协议。
		协议收购到达要约收购的起点（30%）的，应当启动要约收购，但是按照证监会规定免除发出要约的除外。
收购完成		必然的结果：①限制转让：在上市公司收购中，收购人持有的被收购的上市公司的股票，在收购行为完成后的18个月内不得转让。②报告公告：收购行为完成后，收购人应当在15日内将收购情况报告证监会和证券交易所，并予公告。上市公司分立或被其他公司合并，应当向证监会报告，并予公告。
		可能的结果：①终止上市：收购期限届满，被收购公司股权分布不符合上市条件的，该上市公司的股票应当由证券交易所依法终止上市交易；其余仍持有被收购公司股票的股东，有权向收购人以收购要约的同等条件出售其股票，收购人应当收购。②变更形式：收购行为完成后，被收购公司不再具备股份有限公司条件的，应当依法变更企业形式。③公司解散：收购行为完成后，收购人与被收购公司合并，并将该公司解散的，被解散公司的原有股票由收购人依法更换。

【实战演练】

甲在证券市场上陆续买入力扬股份公司的股票，持股达6%时才公告，被证券监督管理机构以信息披露违法为由处罚。之后甲欲继续购入力扬公司股票，力扬公司的股东乙、丙反对，持股4%的股东丁同意。对此，下列哪些说法是正确的？①

A. 甲的行为已违法，故无权再买入力扬公司股票
B. 乙可邀请其他公司对力扬公司展开要约收购
C. 丙可主张甲已违法，故应撤销其先前购买股票的行为

---

① BD。上市公司收购可以单独进行，也可以和一致行动人共同进行。除要约收购外，还可以依法采取协议收购方式。

D. 丁可与甲签订股权转让协议，将自己所持全部股份卖给甲

五、信息披露

【知识框架】

一般规则	披露要求：①真实、准确、完整，简明清晰，通俗易懂。②境内外同步。	
	董监高：①应当对证券发行文件和定期报告签署书面确认意见。②无法保证证券发行文件和定期报告内容的真实性、准确性、完整性或有异议的，应当在书面确认意见中发表意见并陈述理由，发行人应当披露。发行人不予披露的，董监高可以直接申请披露。	
定期报告	主体：上市公司、公司债券上市交易的公司、股票在国务院批准的其他全国性证券交易场所交易的公司。	
	方式：编制定期报告，向证监会和交易所报送并公告。	
	内容：①在每一会计年度结束之日起4个月内，报送并公告年度报告，其中的年度财务会计报告应当经会计师事务所审计；②在每一会计年度的上半年结束之日起2个月内，报送并公告中期报告。	
临时报告	股票：发生可能对上市公司、股票在国务院批准的其他全国性证券交易场所交易的公司的股票交易价格产生较大影响的重大事件，投资者尚未得知时，公司应当立即将有关该重大事件的情况向证监会和证券交易场所报送临时报告，并予公告，说明事件的起因、目前的状态和可能产生的法律后果。	
	债券：发生可能对上市交易公司债券的交易价格产生较大影响的重大事件，投资者尚未得知时，公司应当立即将有关该重大事件的情况向证监会和证券交易场所报送临时报告，并予公告，说明事件的起因、目前的状态和可能产生的法律后果。	
自愿披露	除依法需要披露的信息之外，信息披露义务人可以自愿披露与投资者作出价值判断和投资决策有关的信息，但不得与依法披露的信息相冲突，不得误导投资者。	
虚假陈述	行为	未按照规定披露信息，或披露信息有虚假记载、误导性陈述或重大遗漏，致使投资者在证券交易中遭受损失。
	责任	①信息披露义务人应当承担赔偿责任；②发行人的控股股东、实际控制人、董监高和其他直接责任人员以及保荐人、承销的证券公司及其直接责任人员，应当与发行人承担连带赔偿责任，但是能够证明自己没有过错的除外。

【案例分析】杭萧钢构虚假陈述案

2007年2月12日，杭萧钢构（600477）股份有限公司董事长在公司2006年度总结表彰大会上披露了公司将介入一个"国外大项目"的重大内幕消息。2月12日~14日，杭萧钢构股票连续3个涨停板。2月15日，公司公告正与有关业主洽谈一个境外建设项目，该意向项目整体涉及总金额折合人民币约300亿元，尚未正式签署任何相关合同协议。其后公司股票出现3个涨停板。2007年2月27日~3月12日，公司因重要事项未公告，停牌。2007年3月13日，公司公告与中国国际基金有限公司签订了《安哥拉共和国－安哥拉安居家园建设工程产品销售合同》、《安哥拉共和国－安哥拉安居家园建设工程施工合同》，产品销售合同总计人民币248.26亿元，施工合同总计人民币95.75亿元。其后，公司股票连续出现多个涨停。2007年3月24日，公司又发布公告称："目前合同前期设计准备工作已经开始，合同尚未有实质性

的履行，如对方未支付相应款项，公司存在不持续执行的可能。上述建设工程项目合同签订后，公司近期内没有形成收益。项目的进度和收益均存在不确定性，对公司影响还需要一定时间和过程才能逐步体现。"2007年3月30日，公司发布澄清公告，就新华社以通稿形式发布的《杭萧钢构订单利好被公司提前泄漏》一文，澄清公司并无信息披露违规；同时，发布境外建设工程项目合同进展公告。期间，公司股票一直处于异常波动中。

2007年4月30日，中国证监会经调查、审理终结，认定杭萧钢构存在未按照规定披露信息、披露的信息有误导性陈述的违规行为，下发了对有关当事人的行政处罚决定书。2007年5月至2009年5月，127名原告分别向杭州中院提起诉讼，因杭萧钢构实施上述虚假陈述行为导致原告在证券交易过程中受误导而遭受损失。5月20日，双方当事人达成协议，杭萧钢构于2009年6月30日前，在原告诉讼请求的基础上按照82%的比例以现金形式向各原告分别支付赔偿金额，案件受理费各半负担。

【实战演练】

某上市公司因披露虚假年度财务报告，导致投资者在证券交易中蒙受重大损失。关于对此承担民事赔偿责任的主体，下列哪一选项是错误的？①

A. 该上市公司的监事　　　　　　　B. 该上市公司的实际控制人
C. 该上市公司财务报告的刊登媒体　D. 该上市公司的证券承销商

六、投资者保护

【知识框架】

投资者适当性	证券公司审核：证券公司应当充分了解、如实说明，并提供匹配的服务。否则，造成投资者损失的，证券公司承担赔偿责任。
	投资者分类：根据证监会规定的标准，投资者可以分为普通投资者和专业投资者。普通投资者与证券公司发生纠纷，证券公司负举证责任。
公开征集股东权利	征集人：上市公司董事会、独立董事、持有1%以上有表决权股份的股东或投资者保护机构。
	征集内容：征集人自行或委托证券公司、证券服务机构，公开请求上市公司股东委托其代为出席股东大会，并代为行使提案权、表决权等股东权利。
	信息披露：征集人应当披露征集文件，上市公司应当予以配合。
	无偿性：禁止以有偿或变相有偿的方式公开征集股东权利。
	责任：违法征集导致上市公司或其股东遭受损失的，应当依法承担赔偿责任。

---

① C。上市公司披露虚假信息的责任主体包括：第一，上市公司的董事、监事、高级管理人员和其他直接责任人员；第二，保荐人、承销的证券公司；第三，上市公司的控股股东、实际控制人。上市公司财务报告的刊登媒体并不包括在内。

投资者保护机构	先行赔付：发行人因欺诈发行、虚假陈述或其他重大违法行为给投资者造成损失的，发行人的控股股东、实际控制人、相关的证券公司可以委托投资者保护机构，就赔偿事宜与受到损失的投资者达成协议，予以先行赔付。先行赔付后，可以依法向发行人以及其他连带责任人追偿。
	调解：投资者与发行人、证券公司等发生纠纷的，双方可以向投资者保护机构申请调解。普通投资者与证券公司发生证券业务纠纷，普通投资者提出调解请求的，证券公司不得拒绝。
	支持诉讼：投资者保护机构对损害投资者利益的行为，可以依法支持投资者向人民法院提起诉讼。
	股东代表诉讼：针对董监高、控股股东、实际控制人侵犯公司利益行为，投资者保护机构持有该公司股份的，可以提起股东代表诉讼，持股比例和持股期限不受《公司法》规定的限制（即 1% ＋180 天）。
代表人诉讼	适用范围：投资者提起虚假陈述等证券民事赔偿诉讼时，诉讼标的是同一种类，且当事人一方人数众多的，可以依法推选代表人进行诉讼。
	法院登记：对代表人诉讼，可能存在有相同诉讼请求的其他众多投资者的，法院可以发出公告，说明该诉讼请求的案件情况，通知投资者在一定期间向法院登记。人民法院作出的判决、裁定，对参加登记的投资者发生效力。
	默示参加：投资者保护机构受 50 名以上投资者委托，可以作为代表人参加诉讼，并为经证券登记结算机构确认的权利人向法院登记，但投资者明确表示不愿意参加该诉讼的除外。

七、证券机构

【知识框架】

（一）证券交易所

性质	非营利法人。实行会员制的证券交易所的财产积累归会员所有，其权益由会员共同享有，在其存续期间，不得将其财产积累分配给会员。证券交易所不得允许非会员直接参与股票的集中交易。
设立	证券交易所的设立、变更和解散，由国务院决定。
章程	证券交易所章程的制定和修改，必须经证监会批准。
组织	证券交易所设理事会、监事会。设总经理一人，由证监会任免。
风险基金	证券交易所应当从其收取的交易费用和会员费、席位费中提取一定比例的金额设立风险基金。风险基金由证券交易所理事会管理。

续表

突发事件处置	因不可抗力、意外事件、重大技术故障、重大人为差错等突发性事件而影响证券交易正常进行时，为维护证券交易正常秩序和市场公平，证券交易所可以按照业务规则采取技术性停牌、临时停市等处置措施，并应当及时向证监会报告。
	按照依法制定的交易规则进行的交易，不得改变其交易结果，但是因上述突发性事件导致证券交易结果出现重大异常，按交易结果进行交收将对证券交易正常秩序和市场公平造成重大影响的，证券交易所按照业务规则可以采取取消交易、通知证券登记结算机构暂缓交收等措施，并应当及时向证监会报告并公告。
	证券交易所对其上述措施，不承担民事赔偿责任，但存在重大过错的除外。

（二）证券公司

设立	设立证券公司，必须经证监会审查批准。
业务范围	经证监会核准，证券公司可以经营下列部分或者全部业务：①证券经纪；②证券投资咨询；③与证券交易、证券投资活动有关的财务顾问；④证券承销与保荐；⑤融资融券；⑥证券做市交易；⑦证券自营；⑧其他证券业务。除证券公司外，任何单位和个人不得从事证券承销、证券保荐、证券经纪和证券融资融券业务。
业务规则	①证券公司必须将其证券经纪业务、证券承销业务、证券自营业务、证券做市业务和证券资产管理业务分开办理，不得混合操作。②证券公司除依照规定为其客户提供融资融券外，不得为其股东或股东的关联人提供融资或担保。③证券公司办理经纪业务，不得接受客户的全权委托而决定证券买卖、选择证券种类、决定买卖数量或买卖价格。④证券公司不得对客户证券买卖的收益或赔偿证券买卖的损失作出承诺。⑤证券公司的从业人员不得私下接受客户委托买卖证券。

【实战演练】

关于证券交易所，下列哪一表述是正确的？①

A. 会员制证券交易所从事业务的盈余和积累的财产可按比例分配给会员

B. 证券交易所总经理由理事会选举产生并报证监会批准

C. 证券交易所制定和修改章程应报证监会备案

D. 证券交易所的设立和解散必须由国务院决定

八、证券投资基金

【知识框架】

（一）概念和特征

证券投资基金是通过公开或者非公开发售基金份额募集证券投资基金，由基金管理人管理，基金托管人托管，为基金份额持有人的利益，以资产组合方式进行证券投资活动而获取一定收益的投资工具。可以采用封闭式、开放式或者其他方式。

其主要特征包括：①主要依据信托原理来组织证券投资；②主要投资于股票、债权等证券；③收益由基金份额持有人享有。

---

① D。设立和解散证券交易所，事关重大，必须由国务院决定。

	股票	债券	基金
法律关系	股权关系	债权关系	信托关系
资金投向	实业	实业	证券
风险收益	风险大，收益高	风险小，收益低	风险和收益居中

（二）基金财产

基金财产的独立性表现在：①基金管理人、基金托管人因基金财产的管理、运用或者其他情形而取得的财产和收益，归入基金财产。②基金财产独立于基金管理人、基金托管人的固有财产。基金管理人、基金托管人不得将基金财产归入其固有财产。③基金财产的债务由基金财产本身承担，基金份额持有人以其出资为限对基金财产的债务承担责任。④基金管理人、基金托管人因依法解散、被依法撤销或被依法宣告破产等原因进行清算的，基金财产不属于其清算财产。⑤基金财产的债权，不得与基金管理人、基金托管人固有财产的债务相抵销；不同基金财产的债权债务，不得相互抵销。⑥非因基金财产本身承担的债务，不得对基金财产强制执行。

（三）相关主体

1. 基金管理人

基金管理人由公司或者合伙企业担任。其中公开募集基金的基金管理人，由基金管理公司或者经证监会核准的其他机构担任。设立基金公司应当经证监会批准。

公开募集基金的基金管理人及其董事、监事、高级管理人员和其他从业人员不得有下列行为：①将其固有财产或他人财产混同于基金财产从事证券投资；②不公平地对待其管理的不同基金财产；③利用基金财产或职务之便为基金份额持有人以外的人牟取利益；④向基金份额持有人违规承诺收益或承担损失；⑤侵占、挪用基金财产；⑥泄露因职务便利获取的未公开信息、利用该信息从事或明示、暗示他人从事相关的交易活动；⑦玩忽职守，不按照规定履行职责。公开募集基金的基金管理人的董事、监事、高级管理人员和其他从业人员，其本人、配偶、利害关系人进行证券投资，应当事先向基金管理人申报，并不得与基金份额持有人发生利益冲突。

私募基金管理人，应当按照规定向基金行业协会履行登记手续，报送基本情况。未经登记，任何单位或者个人不得使用"基金"或者"基金管理"字样或者近似名称进行证券投资活动；但是，法律、行政法规另有规定的除外。

2. 基金托管人：由依法设立的商业银行或其他金融机构担任。

3. 基金份额持有人

享有下列权利：①分享基金财产收益（公开募集基金的基金份额持有人按其所持基金份额享受收益和承担风险，非公开募集基金的收益分配和风险承担由基金合同约定）；②参与分配清算后的剩余基金财产；③依法转让或申请赎回其持有的基金份额；④按照规定要求召开基金份额持有人大会或召集基金份额持有人大会；⑤对基金份额持有人大会审议事项行使表决权；⑥对基金管理人、基金托管人、基金服务机构损害其合法权益的行为依法提起诉讼；⑦基金合同约定的其他权利。此外，公开募集基金的基金份额持有人有权查阅或复制公开披露的基金信息资料；非公开募集基金的基金份额持有人对涉及自身利益的情况，有权查阅基金的财务会计账簿等财务资料。

表决权：基金份额持有人大会就审议事项作出决定，应当经参加大会的基金份额持有人所持表决权的1/2以上通过；但是，转换基金的运作方式、更换基金管理人或者基金托管人、提前终止基金合同、与其他基金合并，应当经参加大会的基金份额持有人所持表决权的2/3以上通过。

（四）公募基金运作

1. 公开募集

公开募集基金，应当经证监会注册。未经注册，不得公开或者变相公开募集基金。基金募集申请经注册后，方可发售基金份额。基金份额的发售，由基金管理人或者其委托的基金销售机构办理。投资人交纳认购的基金份额的款项时，基金合同成立；基金管理人依法向证监会办理基金备案手续，基金合同生效。

2. 交易、申购和赎回

申请基金份额上市交易，基金管理人应当向证券交易所提出申请，证券交易所依法审核同意的，双方应当签订上市协议。

投资人交付申购款项，申购成立；基金份额登记机构确认基金份额时，申购生效。基金份额持有人递交赎回申请，赎回成立；基金份额登记机构确认赎回时，赎回生效。

开放式基金应当保持足够的现金或者政府债券，以备支付基金份额持有人的赎回款项。

3. 投资

基金财产应当用于下列投资：（1）上市交易的股票、债券；（2）证监会规定的其他证券及其衍生品种。

基金财产不得用于下列投资或者活动：（1）承销证券；（2）违反规定向他人贷款或者提供担保；（3）从事承担无限责任的投资；（4）买卖其他基金份额，但是证监会另有规定的除外；（5）向基金管理人、基金托管人出资；（6）从事内幕交易、操纵证券交易价格及其他不正当的证券交易活动；（7）法律、行政法规和证监会规定禁止的其他活动。

4. 变更和终止

按照基金合同的约定或者基金份额持有人大会的决议，基金可以转换运作方式或者与其他基金合并。

基金合同终止时，基金管理人应当组织清算组对基金财产进行清算。清算组由基金管理人、基金托管人以及相关的中介服务机构组成。清算组作出的清算报告经会计师事务所审计，律师事务所出具法律意见书后，报证监会备案并公告。清算后的剩余基金财产，应当按照基金份额持有人所持份额比例进行分配。

（五）公募基金和私募基金

	公募基金	私募基金
募集对象	不特定对象或者特定对象累计超200人。	合格投资者，累计不超过200人，不得通过公众传播媒体或者讲座、报告会、分析会等方式向不特定对象宣传推介。
注册备案	公开募集基金前应经证监会注册。	募集完毕后向基金行业协会备案。
管理人	基金公司或证监会核准的其他机构。不得将其固有财产或者他人财产混同于基金财产从事证券投资。	公司或者合伙企业。可以由部分基金份额持有人作为基金管理人负责基金的投资管理活动，并对基金财产的债务承担无限连带责任。
托管人	必须有（商业银行或其他金融机构）。	可以没有。
收益风险	按持有基金份额享受收益和承担风险。	收益分配和风险承担由基金合同约定。

续表

	公募基金	私募基金
投资对象	上市交易的股票、债券、证监会规定的其他证券及其衍生品种。	公开发行的股份有限公司股票、债券、基金份额，以及证监会规定的其他证券及其衍生品种。

【实战演练】

赢鑫投资公司业绩骄人。公司拟开展非公开募集基金业务，首期募集 1000 万元。李某等老客户知悉后纷纷表示支持，愿意将自己的资金继续交其运作。关于此事，下列哪一选项是正确的？①

A. 李某等合格投资者的人数可以超过 200 人

B. 赢鑫公司可在全国性报纸上推介其业绩及拟募集的基金

C. 赢鑫公司可用所募集的基金购买其他的基金份额

D. 赢鑫公司就其非公开募集基金业务应向中国证监会备案

---

① C。私募基金可以购买其他基金份额，尽管它们事实上很少这么做。

第六章　保险法

【本章概览】

地位	预计平均分值，客观题3分，主观题偶有涉及。
内容	一是保险合同总论，如保险法基本原则，保险合同的主体、订立、效力、内容和解除等。 二是人身保险合同的主要规则。如死亡保险限制，中止与复效，法定除外责任，保险金给付，宣告死亡，医疗费用保险，年龄误告等。 三是财产保险合同的主要规则，如代位求偿权问题，保险标的转让问题，责任保险问题等。
法条	《中华人民共和国保险法》 《最高人民法院关于适用〈中华人民共和国保险法〉若干问题的解释（一）》 《最高人民法院关于适用〈中华人民共和国保险法〉若干问题的解释（二）》 《最高人民法院关于适用〈中华人民共和国保险法〉若干问题的解释（三）》 《最高人民法院关于适用〈中华人民共和国保险法〉若干问题的解释（四）》

一、保险法基本原则

【知识框架】

公序良俗		必须遵守法律、行政法规，尊重社会公德，不得损害社会公共利益。
自愿原则		商业保险自愿参加，但法律、行政法规可以规定强制保险。
最大诚信	投保人	①在订立保险合同时的如实告知义务； ②履行保险合同约定的义务。
	保险人	①在订立保险合同时履行说明义务，特别是免责条款的说明； ②及时与全面支付保险金的义务。
近因原则		①近因是指造成保险标的损害的最直接、最有效的原因。 ②近因是承保事故的，保险人承担保险责任。被保险人的损失系由承保事故或非承保事故、免责事由造成难以确定，法院可以按相应比例支持保险金请求权。
保险利益		保险利益本质上是经济利益，根本目的在于防止道德风险。
		保险利益的成立需具备三个要件：合法性，确定性，经济性。

【难点展开】保险利益问题

1. 财产保险的保险利益

在财产保险中，保险利益成立需具备三个要件：（1）必须是法律上承认的利益，即合法的利益；（2）必须是经济上的利益，即可以用金钱估计的利益；（3）必须是可以确定的利益。通常，基于所有权、用益物权、担保物权或合同关系，可以产生对保险标的的保险利益。

财产保险的被保险人在保险事故发生时，对保险标的应当具有保险利益。保险事故发生时，被保险人对保险标的不具有保险利益的，不得向保险人请求赔偿保险金。财产保险中，不同投保人就同一保险标的分别投保，保险事故发生后，被保险人在其保险利益范围内依据保险合同主张保险赔偿的，法院应予支持。

2. 人身保险的保险利益

在人身保险中，由于保险标的的特殊性，无法按照上述三个要件来判断保险利益。根据保险法规定，投保人对下列人员具有保险利益：（1）本人；（2）配偶、子女、父母；（3）前项以外与投保人有抚养、赡养或者扶养关系的家庭其他成员、近亲属；（4）与投保人有劳动关系的劳动者；（5）被保险人同意投保人为其订立合同的，视为投保人对被保险人具有保险利益。

订立合同时，投保人对被保险人不具有保险利益的，合同无效，投保人可以主张保险人退还扣减相应手续费后的保险费。保险合同订立后，因投保人丧失对被保险人的保险利益，当事人主张保险合同无效的，法院不予支持。法院在审理案件时，应主动审查投保人订立保险合同时是否具有保险利益。

3. 财产保险与人身保险中保险利益的对比

	财产保险	人身保险
主体	被保险人	投保人
时间	保险事故发生时	保险合同订立时
后果	不得请求赔偿保险金	保险合同无效
标准	合法性、确定性、经济性	列举人身关系 + 被保险人同意

【实战演练】

甲乙系夫妻关系。甲为乙投保人身保险，不久二人离婚。后来，乙发生保险事故，至保险公司索赔。保险公司以甲对乙不具有保险利益为由拒绝。请问：（1）该保险合同是否有效？（2）保险公司的拒赔理由是否成立？[①]

二、保险合同主体

【知识框架】

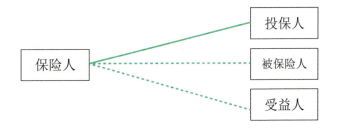

（一）投保人

1. 投保人是与保险人订立保险合同并负有交付保险费义务的保险合同的一方当事人。投

---

① （1）有效。在保险合同订立时，甲乙系夫妻关系，投保人甲对被保险人乙具有保险利益，所以保险合同有效。（2）不成立。虽然保险事故发生时投保人对被保险人不再具有保险利益，但是保险合同效力不受影响，保险公司应当按照约定承担保险责任。

保人负有支付保费义务。

2. **投保人享有解除合同的权利。** 投保人解除人身保险合同，不必经被保险人或者受益人同意，但被保险人或受益人可以向投保人支付相当于保险单现金价值的款项并通知保险人来维持合同效力。

3. 一般情况下，人身保险的保单现金价值属于投保人，而不属于被保险人或者受益人。但是，如果投保人故意造成被保险人死亡、伤残或者疾病，投保人已交足 2 年以上保险费的，保单现金价值由被保险人或被保险人继承人享有。

（二）被保险人

被保险人是指约定的保险事故可能在其财产或人身上发生的人，是保险事故的承载者。他不是保险合同的当事人，而是关系人。现代保险法确立了"以被保险人利益为中心"的原则，我国保险法及司法解释对被保险人利益保护也有所规定。例如，死亡保险应当经被保险人同意并认可保险金额，否则无效。再如，指定或变更受益人须经被保险人同意，否则无效。

（三）受益人

受益人是指人身保险合同中由被保险人或投保人指定的享有保险金请求权的人。关于受益人，大家需要掌握以下几个要点：

1. **范围：** 受益人没有身份或行为能力的限制。投保人、被保险人可以为受益人。另外，投保人与被保险人可以是同一人，也可以不是同一人。投保人为与其有劳动关系的劳动者投保人身保险，不得指定被保险人及其近亲属以外的人为受益人。

2. **指定：** 受益人由被保险人指定，或者投保人指定并经被保险人同意。投保人指定受益人未经被保险人同意的，指定行为无效。

3. **变更：** 受益人由被保险人变更，或者投保人变更并经被保险人同意。投保人变更受益人未经被保险人同意的，变更行为无效。变更受益人应书面通知保险人，否则对保险人不生效。变更行为自变更意思表示发出时生效。在保险事故发生后变更受益人，变更后的受益人不享有保险金请求权。

4. **争议处理：** 除另有约定外，按照以下情形分别处理：（1）受益人约定为"法定"或"法定继承人"的，以《民法典》规定的法定继承人为受益人；（2）受益人仅约定为身份关系，投保人与被保险人为同一主体的，根据保险事故发生时与被保险人的身份关系确定受益人；投保人与被保险人为不同主体的，根据保险合同成立时与被保险人的身份关系确定受益人；（3）受益人的约定包括姓名和身份关系，保险事故发生时身份关系发生变化的，认定为未指定受益人。

5. **顺序和份额：** 被保险人或者投保人可以指定一人或数人为受益人。受益人为数人的，被保险人或投保人可以确定受益顺序和受益份额；未确定受益份额的，受益人按照相等份额享有受益权。

受益人为数人，部分受益人在保险事故发生前死亡、放弃受益权或依法丧失受益权的，除另有约定外，该受益人应得的受益份额按照以下情形分别处理：（1）未约定受益顺序和受益份额的，由其他受益人平均享有；（2）未约定受益顺序但约定受益份额的，由其他受益人按照相应比例享有；（3）约定受益顺序但未约定受益份额的，由同顺序的其他受益人平均享有；同一顺序没有其他受益人的，由后一顺序的受益人平均享有；（4）约定受益顺序和受益份额的，由同顺序的其他受益人按照相应比例享有；同一顺序没有其他受益人的，由后一顺序的受益人按照相应比例享有。

6. **受益权转让：** 保险事故发生前，受益权不得转让。保险事故发生后，受益人可转让部分或者全部保险金请求权。

7. 丧失受益权：受益人故意造成被保险人死亡、伤残或疾病的，或故意杀害被保险人未遂的，该受益人丧失受益权。

【实战演练】

甲为自己投保人身保险，指定受益人一栏填写"妻子"。不久甲、乙离婚，甲又与丙结婚。又过不久，甲发生保险事故死亡。甲的保险金由谁领取？①

A. 甲的继承人领取　　　　　　　　B. 乙领取

C. 丙领取　　　　　　　　　　　　D. 乙和丙共同领取

三、保险合同的订立

【知识框架】

（一）投保人告知义务

告知范围	①**询问回答主义**：限于保险人询问的范围和内容。当事人对询问范围及内容有争议的，保险人负举证责任。投保单询问表中所列概括性条款无效，但该概括性条款有具体内容的除外。 ②**以明知为限**：投保人明知的与保险标的或被保险人有关的情况，应当告知。被保险人根据保险人的要求在指定医疗服务机构进行体检，不免除告知义务。保险人知道体检结果的，不得主张投保人违反相关情况的告知义务。
法律后果	**保险人有权解除合同**：故意或因重大过失未履行如实告知义务，足以影响保险人决定是否同意承保或者提高保险费率的，保险人有权解除合同。保险人解除权的限制：①30天除斥期间（自保险人知道有解除事由之日起，超过30日不行使而消灭）。②2年不可抗辩（自合同成立之日起超过2年的，保险人不得解除合同）。③弃权与禁止反言（保险人在合同订立时已经知道投保人未如实告知的情况的，或者保险人在保险合同成立后知道或应当知道投保人未履行如实告知义务仍然收取保险费的，保险人不得解除合同）。
	保险人不承担保险责任：投保人故意不履行如实告知义务的，或者因重大过失未履行如实告知义务对保险事故的发生有严重影响的，保险人对于合同解除前发生的保险事故，不承担赔偿或者给付保险金的责任。保险人不行使解除权，仅主张拒绝赔偿的，不予支持。
	保险人是否退还保险费：故意违反的不退还，重大过失违反的应当退还。

（二）保险人说明义务

对保险合同中免除保险人责任的条款，保险人在订立合同时应当在投保单、保险单或其他保险凭证上作出足以引起投保人注意的提示，并对该条款的内容以书面或口头形式向投保人作出明确说明；未作提示或明确说明的，该条款不产生效力。

1. "免除保险人责任的条款"范围：（1）包括责任免除条款、免赔额、免赔率、比例赔付或者给付等免除或减轻保险人责任的条款；（2）不包括保险人享有解除合同权利的条款；（3）保险人将法律、行政法规中的禁止性规定情形作为保险合同免责条款的免责事由，不负说明义务，但应当作出提示。

2. 提示和明确说明的方式：（1）在投保单或保险单等其他保险凭证上，对免除保险人责

---

① C。此种情况根据事故发生时的身份关系确定受益人。

任条款，以足以引起投保人注意的文字、字体、符号或其他明显标志作出提示；（2）对免除保险人责任条款的概念、内容及其法律后果以书面或口头形式向投保人作出常人能够理解的解释说明；（3）通过网络、电话等方式订立的保险合同，保险人可以网页、音频、视频等形式对免除保险人责任条款予以提示和明确说明。

3. **举证责任**：保险人对其履行了明确说明义务负举证责任。投保人对保险人履行了明确说明义务在相关文书上签字、盖章或以其他形式予以确认的，应当认定保险人履行了该项义务，但另有证据证明保险人未履行明确说明义务的除外。

4. **法律后果**：未作提示或者明确说明的，该免除保险人责任的条款不成为合同内容。

（三）保险合同的成立和生效

订立过程	**要约**：投保行为，即填写并提交投保单的行为。
	承诺：保险人同意承保的行为。
特殊情况	**代签名问题**：投保人或者投保人的代理人订立保险合同时没有亲自签字或盖章，而由保险人或保险人的代理人代为签字或盖章的，对投保人不生效。但投保人已经交纳保险费的，视为其对代签字或盖章行为的追认。
	预收保费问题：保险人接受了投保人提交的投保单并收取了保险费，尚未作出是否承保的意思表示，发生保险事故，符合承保条件的，保险人应当赔偿；不符合承保条件的，保险人不承担保险责任，但应当退还已经收取的保险费。保险人主张不符合承保条件的，应承担举证责任。
生效	自成立时生效。投保人和保险人可以对合同的效力约定附条件或者附期限。
	支付保险费是合同生效后约束力的体现，而非合同生效条件。

【实战演练】

2016年3月，张某向甲保险公司投保重大疾病险，但投保时隐瞒了其患有乙肝的事实。在保险合同订立前，甲保险公司曾要求张某到安康医院体检，并提交体检报告。因安康医院工作人员的失误，未能诊断出张某患有乙肝。2017年4月，张某因乙肝住院治疗，花去医疗费等6.3万元。2017年9月，甲保险公司得知张某隐瞒病情投保的事实。下列说法正确的有哪些？①

A. 若张某投保时，体检报告明确显示其患有乙肝，则甲保险公司不能拒赔

B. 甲保险公司发现隐瞒事实一个月后无权解除保险合同

C. 甲保险公司可以在不解除保险合同的情况下，拒绝赔付

D. 若甲保险公司解除保险合同，应当向张某退还保费

---

① AB。A项属于"弃权与禁止反言"，B项属于除斥期间，均为对保险人解除权和拒赔权的限制。

四、保险合同的内容

【知识框架】

内容认定	①投保单与保险单或其他保险凭证不一致的，以投保单为准。但不一致的情形系经保险人说明并经投保人同意的，以投保人签收的保险单或者其他保险凭证载明的内容为准； ②非格式条款与格式条款不一致的，以非格式条款为准； ③保险凭证记载的时间不同的，以形成时间在后的为准； ④保险凭证存在手写和打印两种方式的，以双方签字、盖章的手写部分内容为准。
保险人义务	按照约定支付保险金。保险金请求权诉讼时效，人寿保险为5年，其他保险为2年，自其知道或应当知道保险事故发生之日起计算。
相对一方义务	支付保费：投保人义务。保险人对人寿保险的保险费，不得用诉讼方式要求支付。
	保险事故的通知的义务。
	维护保险标的的安全的义务。
	危险程度增加的通知义务。
	施救义务。

【难点展开】投保人、被保险人和受益人一方的义务

1. 投保人、被保险人或受益人保险事故发生后的通知义务。投保人、被保险人或者受益人知道保险事故发生后，应当及时通知保险人。故意或者因重大过失未及时通知，致使保险事故的性质、原因、损失程度等难以确定的，保险人对无法确定的部分，不承担赔偿或者给付保险金的责任，但保险人通过其他途径已经及时知道或者应当及时知道保险事故发生的除外。保险事故发生后，投保人、被保险人或者受益人以伪造、变造的有关证明、资料或者其他证据，编造虚假的事故原因或者夸大损失程度的，保险人对其虚报的部分不承担赔偿或者给付保险金的责任，致使保险人支出费用的，应当赔偿。

2. 危险程度显著增加时被保险人的通知义务。在合同有效期内，保险标的的危险程度显著增加的，被保险人应当按照合同约定及时通知保险人，保险人可以按照合同约定增加保险费或者解除合同。保险人解除合同的，应当将已收取的保险费，按照合同约定扣除自保险责任开始之日起至合同解除之日止应收的部分后，退还投保人。被保险人未履行上述通知义务的，因保险标的的危险程度显著增加而发生的保险事故，保险人不承担赔偿保险金的责任。"危险程度显著增加"应当综合考虑以下因素：（1）保险标的用途的改变；（2）保险标的的使用范围的改变；（3）保险标的的所处环境的变化；（4）保险标的的因改装等原因引起的变化；（5）保险标的的使用人或者管理人的改变；（6）危险程度增加持续的时间；（7）其他可能导致危险程度显著增加的因素。保险标的的危险程度虽然增加，但增加的危险属于保险合同订立时保险人预见或者应当预见的保险合同承保范围的，不构成危险程度显著增加。

当然，从公平角度出发，《保险法》也规定，有下列情形之一的，除合同另有约定外，保险人应当降低保险费，并按日计算退还相应的保险费：（1）据以确定保险费率的有关情况发生变化，保险标的的危险程度明显减少的；（2）保险标的的保险价值明显减少的。

3. 投保人、被保险人的安全保障义务。投保人、被保险人未按照约定履行其对保险标的的安全应尽责任的，保险人有权要求增加保险费或者解除合同。在保险合同解除前，因投保人、被保险人未履行安全应尽责任，导致保险标的的危险程度显著增加而发生的保险事故，保

险人有权拒赔。

4. 被保险人的施救义务。保险事故发生时，被保险人应当尽力采取必要的措施，防止或者减少损失。保险事故发生后，被保险人为防止或减少保险标的的损失所支付的必要的、合理的费用，由保险人承担；保险人所承担的费用数额在保险标的损失赔偿金额以外另行计算，最高不超过保险金额的数额。施救措施是否产生实际效果在所不论。

【实战演练】

姜某的私家车投保商业车险，年保险费为3000元。姜某发现当网约车司机收入不错，便用手机软件接单载客，后辞职专门跑网约车。某晚，姜某载客途中与他人相撞，造成车损10万元。姜某向保险公司索赔，保险公司调查后拒赔。关于本案，下列哪一选项是正确的？①

A. 保险合同无效

B. 姜某有权主张约定的保险金

C. 保险公司不承担赔偿保险金的责任

D. 保险公司有权解除保险合同并不退还保险费

五、保险合同的解除

【知识框架】

保险人	通常不得解除合同，但保险法规定了例外：①投保人违反告知义务；②被保险人或受益人谎称发生事故索赔；③投保人、被保险人故意造成保险事故；④投保人、被保险人未按约定履行对保险标的的安全保护义务；⑤保险标的的危险程度显著增加；⑥投保人申报的年龄不真实；⑦人身保险合同效力中止满2年未复效。
投保人	通常可以解除合同。人身保险中，保险人应按照合同约定向投保人退还保险单的现金价值。财产保险中，保险人应当扣除手续费后退还保险费，或按比例退还保险费。
例外	货物运输保险合同和运输工具航程保险合同，保险责任开始后，合同当事人不得解除合同。

【实战演练】

杨某为全家人投保了人身保险同时也为全部家庭财产投保了财产险，在两份保险合同的存续期间，保险公司在下列哪项情况下不享有解除保险合同的权利？②

A. 杨某全家的人身保险合同中都是约定采用分期交纳保险费的方式，但是杨某在支付首期保险费后已超过合同约定的期限2年半未缴纳第2期的保险费的

B. 杨某的房屋在保险合同成立后，由于周边环境的改变，出现危险程度显著增加的情形

C. 财产保险中保险事故发生后杨某不积极进行施救的

D. 人身保险中杨某为其母亲申报的年龄不真实，合同成立3个月后保险公司发现被保险人杨某的母亲的真实年龄不符合合同约定的年龄限制

---

① C。保险标的的危险程度显著增加，未通知保险人，且事故发生与此相关。

② C。施救义务的违反，不会导致保险人解除权发生。

六、人身保险合同

【知识框架】

（一）死亡保险的限制

1. 行为能力限制

投保人不得为无民事行为能力人投保以死亡为给付保险金条件的人身保险，保险人也不得承保。父母为其未成年子女投保的人身保险，不受此限制，但是死亡保险金总和不得超过保监会规定的限额。

2. 被保险人同意

以死亡为给付保险金条件的合同，未经被保险人同意并认可保险金额的，合同无效。父母为其未成年子女投保的人身保险，不受此限制。根据《保险法解释（三）》，有以下几点需要注意：（1）被保险人同意，可以采取书面形式、口头形式或其他形式；可以在合同订立时作出，也可以在合同订立后追认。（2）有下列情形之一的，应认定为被保险人同意投保人为其订立保险合同并认可保险金额：①被保险人明知他人代其签名同意而未表示异议的；②被保险人同意投保人指定的受益人的；③有证据足以认定被保险人同意投保人为其投保的其他情形。（3）被保险人以书面形式通知保险人和投保人撤销同意的，可认定为保险合同解除。（4）法院应当主动审查合同是否经过被保险人同意并认可保险金额。

3. 保单转让与质押

按照以死亡为给付保险金条件的合同所签发的保险单，未经被保险人书面同意，不得转让或质押。

4. 其他监护人

父母之外的其他履行监护职责的人为未成年人订立以死亡为给付保险金条件的合同，合同无效，但经未成年人父母同意的除外。

（二）中止与复效

1. 宽限期：（1）可以由合同约定，或保险人催告之日起 30 天，或缴费日起 60 天；（2）宽限期内发生保险事故的，保险人应当给付保险金，但可以扣减欠交的保险费。

2. 中止期：（1）最长 2 年，满 2 年后保险人有权解除合同，退还保单现金价值；（2）投保人提出恢复效力申请并同意补交保险费的，除被保险人的危险程度在中止期间显著增加外，保险人不得拒绝。保险人在收到恢复效力申请后，30 日内未明确拒绝的，应认定为同意恢复效力。保险合同自投保人补交保险费之日恢复效力。保险人有权要求投保人补交相应利息。

（三）法定除外责任

投保人故意	①保险人不承担给付保险金的责任。 ②投保人已交足 2 年以上保险费的，保险人应向其他权利人退还保险单的现金价值。其他权利人按照被保险人、被保险人继承人的顺序确定。

续表

被保险人自杀	①自合同成立或复效之日起2年内，被保险人自杀的，保险人免责，退还保单现金价值，但被保险人自杀时为无民事行为能力人的除外。 ②保险人对自杀负举证责任，保险金请求权人对无行为能力负举证责任。
被保险人犯罪	①因被保险人故意犯罪或抗拒依法采取的刑事强制措施导致其伤残或者死亡的，保险人免责。 ②投保人已交足2年以上保险费的，保险人应退还保险单的现金价值。

（四）保险金的给付

给付顺序	受益人或其继承人—被保险人—被保险人的继承人
保险金继承	被保险人死亡后，有下列情形之一的，保险金作为被保险人的遗产，由保险人依照《民法典》继承编的规定履行给付保险金的义务：①没有指定受益人，或受益人指定不明无法确定的；②受益人先于被保险人死亡，没有其他受益人的（受益人与被保险人在同一事件中死亡，且不能确定死亡先后顺序的，推定受益人死亡在先）；③受益人依法丧失受益权或者放弃受益权，没有其他受益人的。
	被保险人存在多个继承人，保险人向持有保单的继承人给付保险金，视为履行给付保险金义务。继承人之间，依《民法典》继承编分配。

（五）宣告死亡

对死亡保险而言，被保险人被宣告死亡后，当事人有权要求保险人按照保险合同约定给付保险金。被保险人被宣告死亡之日在保险责任期间之外，但有证据证明下落不明之日在保险责任期间之内，当事人有权要求保险人按照保险合同约定给付保险金。

（六）医疗费用保险

1. 不适用代位求偿权。

2. 与社会保险的关系。（1）扣除医保保险金额的条件：保险人给付费用补偿型的医疗费用保险金时，主张扣减被保险人从公费医疗或者社会医疗保险取得的赔偿金额的，应当证明该保险产品在厘定医疗费用保险费率时已经将公费医疗或者社会医疗保险部分相应扣除，并按照扣减后的标准收取保险费。（2）超出医保的医疗费用可以拒赔：保险合同约定按照基本医疗保险的标准核定医疗费用，超出基本医疗保险范围的，保险人不得以此全部拒赔，但有权拒赔超出部分。

（七）年龄误告

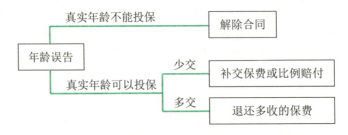

注意：在年龄误告情形下，不适用告知义务规则。但是，保险人合同解除权的限制，准用告知义务规则。具体而言，保险人解除权受到三个限制：30天除斥期间，2年不可抗辩条款，弃权与禁止反言。

难点展开

（一）人身保险中的代位求偿权问题

《保险法》第 46 条规定，"被保险人因第三者的行为而发生死亡、伤残或者疾病等保险事故的，保险人向被保险人或者受益人给付保险金后，不享有向第三者追偿的权利，但被保险人或者受益人仍有权向第三者请求赔偿。"从理论上讲，医疗费用保险应该适用损害填补原则，被保险人或受益人不能就医疗费用获得双倍赔偿。但我国保险法的立法体系上并不是采区分定额给付保险和损害填补保险的立法模式，而是区分财产保险与人身保险，并分别进行规定，财产保险适用损害填补原则，而人身保险不适用损害填补原则，且人身保险的保险人给付保险金后不享有对第三人的保险代位偿权。这种立法模式导致医疗费用保险在实践中定位不清，是否适用损害填补原则存在争议。《保险法解释（三）》起草过程中，曾拟对医疗费用保险相关问题进行规定，但受制于理论界通说与《保险法》第 46 条之间的矛盾，没能形成最终条文。[①]

（二）人身保险合同解除问题

按照中国保险法规定和理论上的通说，人身保险中，投保人为当事人，被保险人和受益人为关系人，只有投保人有权解除保险合同，且无须经被保险人或受益人同意。但是，为了避免投保人解除保险合同损害被保险人或受益人的利益，被保险人或受益人可以介入，具体而言，《保险法解释（三）》第 17 条规定："投保人解除保险合同，当事人以其解除合同未经被保险人或者受益人同意为由主张解除行为无效的，人民法院不予支持，但被保险人或者受益人已向投保人支付相当于保险单现金价值的款项并通知保险人的除外。"

被保险人不享有合同解除权，但是，被保险人毕竟是保险合同保障的对象，也是保险事故的载体，与保险合同存在十分密切的联系。更有甚者，在某些特殊情况下，如果不允许被保险人解除保险合同，将会使被保险人面临巨大的风险。为此，《保险法解释（三）》第 2 条规定，在死亡保险合同中，被保险人书面通知投保人和保险人，撤销同意投保人为其投保死亡保险的意思表示，可以认定为解除保险合同，保险人应当向投保人退还保单现金价值。

【实战演练】

杨某为其妻王某购买了某款人身保险，该保险除可获得分红外，还约定若王某意外死亡，则保险公司应当支付保险金 20 万元。关于该保险合同，下列哪一说法是正确的？[②]

A. 若合同成立 2 年后王某自杀，则保险公司不支付保险金

B. 王某可让杨某代其在被保险人同意处签字

C. 经王某口头同意，杨某即可将该保险单质押

D. 若王某现为无民事行为能力人，则无需经其同意该保险合同即有效

---

① 有兴趣的同学可以参阅刘凯湘、汪华亮：《保险代位求偿权规范价值、适用范围与效力研究》，载《复旦民商法学评论》2008 年卷。

② B。被保险人同意，可以准用代理的一般规则。

七、财产保险合同

【**知识框架**】

（一）代位求偿权

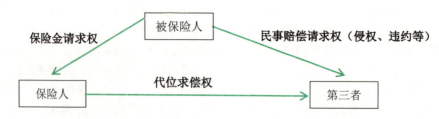

1. **被保险人的选择权及其限制**：（1）保险事故是由第三人的行为所致，被保险人既可以要求该第三人即责任人赔偿，也可以要求保险人赔偿，但是所得赔偿不能超过所受损失。（2）被保险人已经从第三人取得损害赔偿的，保险人赔偿保险金时，可以相应扣减。（3）保险人行使代位请求赔偿的权利，不影响被保险人就未取得赔偿的部分向第三者请求赔偿的权利。

2. **保险人代位求偿权及其限制**：（1）保险人只有在向被保险人支付了保险金后才能行使对第三人的代位求偿权。（2）保险人行使代位求偿权向第三人追偿的金额不得超过其向被保险人支付的保险金。（3）不得向被保险人的家庭成员或其组成人员的非故意行为追偿。"被保险人的家庭成员"界定为与被保险人共同生活的近亲属以及其他与被保险人有抚养、赡养、扶养关系的人，具体包括：保险事故发生时，与被保险人共同生活的配偶、父母、子女、兄弟姐妹、祖父母、外祖父母、孙子女、外孙子女；以及与被保险人有抚养、赡养、扶养关系的人。"被保险人的组成人员"，则包括被保险人的工作人员、接受或者派遣的劳务派遣人员。（4）保险人可向投保人追偿。

3. **被保险人处分权的限制**：（1）保险合同订立前，被保险人已经放弃对第三人赔偿请求权的，保险人不得行使代位求偿权。若投保人对此未如实告知，导致保险人不能行使代位求偿权，保险人有权请求返还相应保险金，但保险人知道或者应当知道上述情形仍同意承保的除外。（2）保险事故发生后，在保险人未赔偿保险金之前，被保险人放弃对第三人赔偿请求权的，保险人不承担赔偿保险金的责任；（3）保险人向被保险人赔偿保险金后，若被保险人未经保险人同意放弃对第三人的赔偿请求权的，该放弃行为无效。

4. **适用范围**：代位求偿权仅适用于财产保险，不适用于人身保险。

5. **程序性规则**：（1）保险人应以自己的名义行使保险代位求偿权。（2）以被保险人与第三者之间的法律关系确定管辖法院。（3）保险人提起代位求偿权之诉时，被保险人已经向第三者提起诉讼的，法院可以依法合并审理。（4）保险人行使代位求偿权时，被保险人已经向第三者提起诉讼，保险人向受理该案的法院申请变更当事人，代位行使被保险人对第三者请求赔偿的权利，被保险人同意的，法院应予准许；被保险人不同意的，保险人可以作为共同原告参加诉讼。（5）保险人代位求偿权的诉讼时效期间应自其取得代位求偿权之日起算。

（二）责任保险

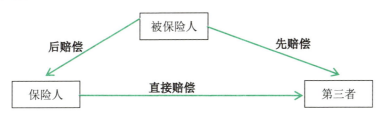

1. **概念**：责任保险是指以被保险人对第三者依法应负的赔偿责任为保险标的的保险。它是财产保险的一种。

2. **赔偿范围**：一是被保险人对第三者依法应负的赔偿责任，二是被保险人支付的仲裁或者诉讼费用以及其他必要的、合理的费用（合同另有约定的除外）。

3. **赔偿方式**：一是被保险人可以请求保险人直接向第三者赔偿保险金，条件是下列情形之一：（1）被保险人对第三者所负的赔偿责任经人民法院生效裁判、仲裁裁决确认；（2）被保险人对第三者所负的赔偿责任经被保险人与第三者协商一致；（3）被保险人对第三者应负的赔偿责任能够确定的其他情形。二是被保险人向第三者赔偿之后由保险人向被保险人赔偿。被保险人向保险人请求赔偿保险金的诉讼时效期间，自被保险人对第三者应负的赔偿责任确定之日起计算。

4. **第三者的请求权**：责任保险的被保险人给第三者造成损害，被保险人对第三者应负的赔偿责任确定的，根据被保险人的请求，保险人应当直接向该第三者赔偿保险金。被保险人怠于请求的，第三者有权就其应获赔偿部分直接向保险人请求赔偿保险金。第三者请求保险人直接赔偿保险金的诉讼时效期间，自知道或者应当知道其向保险人的保险金赔偿请求权行使条件成就之日起计算。"被保险人怠于请求"是指，被保险人对第三者应负的赔偿责任确定后，被保险人不履行赔偿责任，且第三者提起诉讼时，被保险人尚未向保险人提出直接向第三者赔偿保险金的请求的情形。

5. **被保险人共同侵权的处理**。责任保险的被保险人因共同侵权依法承担连带责任，保险人不得以该连带责任超出被保险人应承担的责任份额为由拒绝赔付保险金。保险人承担保险责任后，可以就超出被保险人责任份额的部分向其他连带责任人追偿。

（三）其他规则

1. 保险标的转让

（1）自动承继原则。①保险标的的受让人承继被保险人的权利和义务。②被保险人死亡，继承保险标的的当事人有权主张承继被保险人的权利和义务。③保险标的已交付受让人，但尚未依法办理所有权变更登记，承担保险标的的毁损灭失风险的受让人有权主张行使被保险人权利。

（2）说明义务不必重复履行。保险人已向投保人履行了《保险法》规定的提示和明确说明义务，保险标的的受让人以保险标的转让后保险人未向其提示或者明确说明为由，主张免除保险人责任的条款不成为合同内容的，人民法院不予支持。

（3）被保险人、受让人的通知义务。被保险人或者受让人应当及时通知保险人，但货物运输保险合同和另有约定的除外。被保险人、受让人未履行通知义务的，因转让导致保险标的的危险程度显著增加而发生的保险事故，保险人不承担赔偿保险金的责任。被保险人、受让人依法及时向保险人发出保险标的的转让通知后，保险人作出答复前，发生保险事故，被保险人或者受让人主张保险人按照保险合同承担赔偿保险金的责任的，人民法院应予支持。

（4）公平原则。因保险标的转让导致危险程度显著增加的，保险人自收到通知之日起30日内，可以按照合同约定增加保险费或者解除合同。

2. **超额保险与不足额保险**

超额保险的，超过的部分无效；不足额保险的，按比例赔偿。

3. **部分损失和保险标的的权利转让**

（1）部分损失的，双方均可解除合同。

（2）全部损失的，保险人已支付了全部保险金额，并且保险金额等于保险价值的，受损保险标的的全部权利归于保险人；保险金额低于保险价值的，保险人按照保险金额与保险价值的比例取得受损保险标的的部分权利。

4. **保险费问题**

（1）当事人在财产保险合同中约定以投保人支付保险费作为合同生效条件，但对该生效条件是否为全额支付保险费约定不明，已经支付了部分保险费的投保人主张保险合同已经生效的，依法予以支持。

（2）财产保险合同未约定以投保人交付保险费作为合同生效条件，而投保人未按约定交付保险费，保险人有权以保险目的无法实现为由依法主张解除合同。在保险合同解除前发生保险事故的，保险人不应仅以投保人拖欠保险费为由主张免除保险责任，但有权在应向被保险人支付的保险金中扣减投保人欠交的保险费。

【实战演练】

潘某请好友刘某观赏自己收藏的一件古玩，不料刘某一时大意致其落地摔毁。后得知，潘某已在甲保险公司就该古玩投保了不足额财产险。关于本案，下列哪些表述是正确的？①

A. 潘某可请求甲公司赔偿全部损失

B. 若刘某已对潘某进行全部赔偿，则甲公司可拒绝向潘某支付保险赔偿金

C. 甲公司对潘某赔偿保险金后，在向刘某行使保险代位求偿权时，既可以自己的名义，也可以潘某的名义

D. 若甲公司支付的保险金不足以弥补潘某的全部损失，则就未取得赔偿的部分，潘某对刘某仍有赔偿请求权

---

① BD。不足额保险，保险公司按照保险价值和保险金额的比例赔偿。保险公司应以自己的名义行使代位权。

码上揭秘

第七章　其他法律

【本章概览】

地位	预计平均分值，客观题 2 分，主观题一般不涉及。
内容	个人独资企业的基本法律规则，外商投资基本法律规则，船舶物权等。
法条	《中华人民共和国个人独资企业法》 《中华人民共和国外商投资法》 《中华人民共和国海商法》

一、个人独资企业法

【知识框架】

（一）基本原理

	一人有限公司	个人独资企业
法人资格	有	无
投资人	一个自然人或一个法人	一个自然人
财产	公司所有	投资人所有，可转让、继承
责任	股东有限责任	投资人无限责任
税负	缴纳企业所得税	不缴纳企业所得税

【难点展开】个人独资企业的债务

投资人以其个人财产对企业债务承担无限责任。个人独资企业在申请企业设立登记时明确以其家庭共有财产作为个人出资的，应当依法以家庭共有财产对企业债务承担无限责任。当然，这种责任并非永久存续。个人独资企业解散后，原投资人对个人独资企业存续期间的债务仍应承担偿还责任，但债权人在 5 年内未向债务人提出偿债请求的，该责任消灭。

所谓投资人以其个人财产对企业债务承担无限责任，包括三层意思：一是企业的债务全部由投资人承担；二是投资人承担企业债务的责任范围不限于出资，其责任财产包括独资企业中的全部财产和其他个人财产；三是投资人对企业的债权人直接负责。换言之，无论是企业经营期间还是企业因各种原因而解散时，对经营中所产生的债务如不能以企业财产清偿，则投资人须以其个人所有的其他财产清偿。

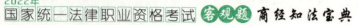

（二）基本规则

设立条件	①个人独资企业的投资人为一个自然人。 ②有合法的企业名称。 ③有投资人申报的出资。 ④有固定的生产经营场所和必要的生产经营条件。 ⑤有必要的从业人员，个人独资企业可以依法招用职工。		
设立程序	个人独资企业投资人或其委托的代理人申请，工商机关登记并发给营业执照。 个人独资企业营业执照的签发日期为独资企业的成立日期。		
分支机构	①个人独资企业设立分支机构，应当由投资人或其委托的代理人向分支机构所在地的登记机关申请登记，领取营业执照。 ②分支机构的民事责任由设立该分支机构的个人独资企业承担。		
经营管理	①个人独资企业投资人可以自行管理企业事务，也可以委托或聘用其他具有民事行为能力的人负责企业的事务管理。 ②投资人委托或聘用他人管理个人独资企业事务，应当与受托人或被聘用的人签订书面合同，明确委托的具体内容和授予的权利范围。 ③受托人或被聘用的人员应当履行诚信、勤勉义务，按照与投资人签订的合同负责个人独资企业的事务管理。 ④投资人对受托人或被聘用的人员职权的限制，不得对抗善意第三人。		
解散清算	解散事由	①投资人决定解散； ②投资人死亡或者被宣告死亡，无继承人或继承人决定放弃继承； ③依法被吊销营业执照。	
	清算	投资人可以自行清算或由债权人申请人民法院指定清算人进行清算。	
	债权申报	债权人应当在接到通知之日起30日内，未接到通知的债权人应当在公告之日起60日内，向投资人申报债权。	
	债务清偿	①清偿顺序：所欠职工工资和社会保险费用→所欠税款→其他债务。 ②无限责任：个人独资企业财产不足以清偿债务的，投资人应当以其个人的其他财产予以清偿。个人独资企业解散后，原投资人对个人独资企业存续期间的债务仍应承担偿还责任，但债权人在5年内未向债务人提出偿债请求的，该责任消灭。	

二、外商投资法

【知识框架】

适用范围	外商投资包括下列情形：（1）外国投资者单独或者与其他投资者共同在中国境内设立外商投资企业；（2）外国投资者取得中国境内企业的股份、股权、财产份额或者其他类似权益；（3）外国投资者单独或者与其他投资者共同在中国境内投资新建项目；（4）法律、行政法规或者国务院规定的其他方式的投资。	外商投资企业，是指全部或部分由外国投资者投资，依照中国法律在中国境内经登记注册设立的企业。

续表

管理制度	准入前国民待遇：是指在投资准入阶段给予外国投资者及其投资不低于本国投资者及其投资的待遇
	负面清单：是指国家规定在特定领域对外商投资实施的准入特别管理措施。国家对负面清单之外的外商投资，给予国民待遇。负面清单由国务院发布或者批准发布。外商投资准入负面清单规定禁止投资的领域，外国投资者不得投资。外商投资准入负面清单规定限制投资的领域，外国投资者进行投资应当符合负面清单规定的条件。外商投资准入负面清单以外的领域，按照内外资一致的原则实施管理。
投资促进	透明度：制定与外商投资有关的法律、法规、规章，应当采取适当方式征求外商投资企业的意见和建议。与外商投资有关的规范性文件、裁判文书等，应当依法及时公布。
	政府采购：国家保障外商投资企业依法通过公平竞争参与政府采购活动。政府采购依法对外商投资企业在中国境内生产的产品、提供的服务平等对待。
投资保护	征收：国家对外国投资者的投资不实行征收。在特殊情况下，国家为了公共利益的需要，可以依照法律规定对外国投资者的投资实行征收或者征用。征收、征用应当依照法定程序进行，并及时给予公平、合理的补偿。
	外汇：外国投资者在中国境内的出资、利润、资本收益、资产处置所得、知识产权许可使用费、依法获得的补偿或者赔偿、清算所得等，可以依法以人民币或者外汇自由汇入、汇出。外商投资企业的注册资本可以用人民币表示，也可以用可自由兑换货币表示。
	知识产权保护：国家保护外国投资者和外商投资企业的知识产权，保护知识产权权利人和相关权利人的合法权益；对知识产权侵权行为，严格依法追究法律责任。国家鼓励在外商投资过程中基于自愿原则和商业规则开展技术合作。技术合作的条件由投资各方遵循公平原则平等协商确定。行政机关及其工作人员不得利用行政手段强制转让技术。
法律适用	外商投资企业的组织形式、组织机构及其活动准则，适用《公司法》、《合伙企业法》等法律的规定。境外投资者不得作为个体工商户、个人独资企业投资人以及农民专业合作社成员。

【难点展开】外商投资合同效力

1. 负面清单外

外商投资准入负面清单之外的领域形成的投资合同，当事人以合同未经有关行政主管部门批准、登记为由主张合同无效或者未生效的，人民法院不予支持。

2. 负面清单内

外国投资者投资外商投资准入负面清单规定禁止投资的领域，当事人主张投资合同无效的，人民法院应予支持。外国投资者投资外商投资准入负面清单规定限制投资的领域，当事人以违反限制性准入特别管理措施为由，主张投资合同无效的，人民法院应予支持。人民法院作出生效裁判前，当事人采取必要措施满足准入特别管理措施的要求，当事人主张前款规定的投资合同有效的，应予支持。

3. 从新兼有利

在生效裁判作出前，因外商投资准入负面清单调整，外国投资者投资不再属于禁止或者限制投资的领域，当事人主张投资合同有效的，人民法院应予支持。

三、海商法

【知识框架】

（一）海商法的适用范围

适用船舶	海船和其他海上移动装置，但用于军事的、政府公务的船舶和 20 总吨以下的小型船舶除外。
适用水域	海洋或与海相通的可航水域，亦即包括海江之间、江海之间的直达运输，但不适用于我国港口之间的海上货物运输（我国港口之间的旅客运输则适用）。
适用事项	船舶、运输合同等事项，以及船舶碰撞、海难救助、共同海损等海上事故。

（二）船舶优先权和其他船舶物权

1. 船舶优先权概念和特点

船舶优先权，是指海事请求人依照海商法规定，向船舶所有人、光船承租人、船舶经营人提出海事请求，对产生该海事请求的船舶具有优先受偿的权利。船舶优先权具有法定性、秘密性和随附性的特点。

2. 受船舶优先权担保的海事请求及其受偿顺序

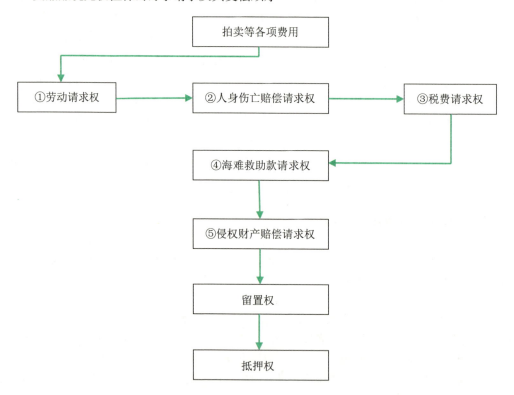

（1）劳动请求权：船长、船员和在船上工作的其他在编人员的工资、其他劳动报酬、船员遣返费用和社会保险费用的给付请求。

（2）人身伤亡赔偿请求权：在船舶营运中发生的人身伤亡的赔偿请求。

（3）税费请求权：船舶吨税、引航费、港务费和其他港口规费的缴付请求。

（4）海难救助款请求权：海难救助的救助款项的给付请求。

（5）侵权财产赔偿请求权：船舶在营运中因侵权行为产生的财产赔偿请求。

以上海事请求应优先于其他请求受偿。同属具有船舶优先权的请求权中，受偿顺序按上列（1）至（5）的顺序排列。同一优先项目中，如有两个请求，应不分先后，同时受偿。受偿不足的，按比例受偿。但是第（4）项关于救助款项的请求例外。救助款项中有两个以上优先请求权的，后发生的先受偿。同时，如果第（4）项海事请求后于第（1）至（3）项海事请求发生的，第（4）项也应优先于第（1）至（3）项受偿。

因行使船舶优先权产生的诉讼费用，保存、拍卖船舶和分配船舶价款产生的费用，以及为海事请求人的共同利益而支付的其他费用，应当从船舶拍卖所得价款中先行拨付。

3. 船舶优先权的消灭

船舶优先权消灭的原因主要有：（1）船舶灭失；（2）殆于行使权利：具有船舶优先权的海事请求，自优先权产生之日起满1年不行使而消灭。（3）司法拍卖：船舶经法院强制出售后，本来附着在船上的船舶优先权消灭。（4）船舶转让时，船舶优先权自法院应受让人申请予以公告之日起满60天不行使而消灭。

4. 与船舶抵押权的异同

（1）船舶优先权是法定的，而船舶抵押权的设定应当签订书面合同。船舶共有人就共有船舶设定抵押权，应当取得持有2/3以上份额的共有人的同意，共有人之间另有约定的除外。

（2）船舶优先权是秘密的，而船舶抵押权实行登记对抗主义。同一船舶上设定两个以上抵押权，其顺序以登记的先后为准。

（3）建造中的船舶可以设定船舶抵押权，同样实行登记对抗主义。

（4）除合同另有约定外，抵押人应当对被抵押船舶进行保险；未保险的，抵押权人有权对该船舶进行保险，保险费由抵押人负担。

5. 船舶所有权

（1）船舶所有权的转让应当签订书面合同。

（2）船舶所有权变动实行登记对抗主义。

（3）船舶共有实行登记对抗主义。

（三）船舶碰撞

构成要件	船舶碰撞必须发生在船舶之间，而且其中必须有一方是海商法规定的船舶，而其他方可以是除军事或执行政府公务的船艇以外的任何船艇。
	船舶之间发生了实际接触。
	船舶碰撞必须造成船舶、财产的损失或人员的伤害。
	船舶碰撞发生在海上或与海相通的可航水域。
过错责任	各方无过失的碰撞：碰撞各方互相不负赔偿责任，损失由受害方自行承担。
	单方过失的碰撞：由有过失的一方承担自己损失，并赔偿对方损失。
	互有过失的碰撞：由各船根据过失程度的比例分别承担赔偿责任。如果过失程度相当或无法判定其比例，则由各方平均负赔偿责任。但互有过失的碰撞造成第三方人身伤亡的，由过失方承担连带责任。
诉讼时效	时效期间为2年，自碰撞事故发生之日起计算。

（四）共同海损

构成要件	必须有共同的、真实的危险。
	必须是有意地采取了合理的、有效的措施。
	损失必须是直接的、特殊的。
具体范围	共同海损牺牲：船舶的牺牲，货物的牺牲，运费的牺牲。
	共同海损费用：避难港费用，救助费用，代替费用，其他费用。
分摊规则	由受益方按照各自的分摊价值的比例分摊，相互不承担连带责任。
诉讼时效	有关共同海损分摊的请求权，时效期间为一年，自理算结束之日起计算。

【实战演练】

南岳公司委托江北造船公司建造船舶一艘。船舶交付使用时南岳公司尚欠江北公司费用200万元。南岳公司以该船舶抵押向银行贷款500万元。后该船舶不慎触礁，需修理费50万元，有多名船员受伤，需医药费等40万元。如以该船舶的价值清偿上述债务，下列哪些表述是正确的?①

A. 修船厂的留置权优先于银行的抵押权

B. 船员的赔偿请求权优先于修船厂的留置权

C. 造船公司的造船费用请求权优先于银行的抵押权

D. 银行的抵押权优先于修船厂的留置权

---

① AB。优先权先于留置权，留置权先于抵押权。

第二部分 经济法

第一章 竞争法

码上揭秘

【本章概览】

地位	预计平均分值，客观题约 3 分。
内容	4 种垄断行为（垄断协议、经营者集中、滥用市场支配地位、行政垄断）的认定和法律责任。反垄断执法机构的执法权限和调查程序。 7 种不正当竞争行为（混淆行为、商业贿赂行为、虚假宣传行为、侵犯商业秘密行为、不正当有奖销售行为、诋毁商誉行为、互联网不正当竞争行为）的认定和法律责任。
法条	《中华人民共和国反垄断法》 《中华人民共和国反不正当竞争法》

一、垄断协议

【知识框架】

	横向垄断协议	纵向垄断协议
主体	经营者与竞争对手（自发或在行业协会组织下实施）。	经营者与交易相对人（无竞争关系）。
行为	（1）固定或变更商品价格；（2）限制商品的生产数量或销售数量；（3）分割销售市场或原材料采购市场；（4）限制购买新技术、新设备或限制开发新技术、新产品；（5）联合抵制交易。	（1）固定向第三人转售商品的价格；（2）限定向第三人转售商品的最低价格。
豁免	经营者能够证明下列情形之一的，不属于《反垄断法》禁止的垄断协议：（1）为改进技术、研究开发新产品的；（2）为提高产品质量、降低成本、增进效率，统一产品规格、标准或实行专业化分工的；（3）为提高中小经营者经营效率，增强中小经营者竞争力的；（4）为实现节约能源、保护环境、救灾救助等社会公共利益的；（5）因经济不景气，为缓解销售量严重下降或生产明显过剩的；（6）为保障对外贸易和对外经济合作中的正当利益。对于其中的前 5 种情形，经营者还应当证明所达成的协议不会严重限制相关市场的竞争，并能够使消费者分享由此产生的利益。	
民事责任	（1）垄断协议无效或部分无效。 （2）给他人造成损失的，依法承担民事责任。	
行政责任	（1）经营者达成并实施垄断协议的，责令停止违法行为，没收违法所得，并处罚款；达成但尚未实施的，可以处罚款。（2）对行业协会，可以处罚款；情节严重的，由社会团体登记管理部门撤销登记。（3）经营者主动向反垄断执法机构报告达成垄断协议的有关情况并提供重要证据的，反垄断执法机构可以酌情减轻或免除对该经营者的处罚。	

【案例分析】

1. 上海黄金饰品行业协会及部分金店横向垄断协议案。该协会于2007年至2011年间多次组织具有竞争关系的会员单位商议制定《上海黄金饰品行业黄金、铂金饰品价格自律实施细则》，约定了黄、铂金饰品零售价格的测算方式、测算公式和定价浮动幅度，而老凤祥银楼、老庙、亚一、城隍珠宝、天宝龙凤五家金店黄、铂金饰品零售牌价全部落在测算公式规定的浮动范围内，并且调价时间、调价幅度以及牌价高度一致。上海市物价局对上海黄金饰品行业协会及五家金店的垄断行为做出了罚款总金额1059.37万元的处罚决定。

2. 茅台公司纵向垄断协议案。贵州省物价局称，2012年以来，茅台酒销售有限公司通过合同约定，对经销商向第三人销售茅台酒的最低价格进行限定，对低价销售茅台酒的行为给予处罚，达成并实施了限制茅台酒销售价格的纵向垄断协议，违反了《反垄断法》第14条规定，排除和限制了市场竞争，损害了消费者的利益。茅台酒公司的上述行为受到调查后，该公司积极配合调查，主动退还违法扣减的保证金，按照法律要求及时进行了深入整改。鉴于以上事实，对该公司依法处以2.47亿元的罚款。

二、滥用市场支配地位

【知识框架】

认定标准	认定经营者具有市场支配地位，应当首先界定其所在的相关市场（包括商品范围和地域范围），然后依据下列因素：（1）该经营者在相关市场的市场份额，以及相关市场的竞争状况；（2）该经营者控制销售市场或原材料采购市场的能力；（3）该经营者的财力和技术条件；（4）其他经营者对该经营者在交易上的依赖程度；（5）其他经营者进入相关市场的难易程度；（6）与认定该经营者市场支配地位有关的其他因素。
推定标准	有下列情形之一的，可以推定经营者具有市场支配地位：（1）一个经营者在相关市场的市场份额达到1/2的；（2）两个经营者在相关市场的市场份额合计达到2/3的；（3）三个经营者在相关市场的市场份额合计达到3/4的。 其中有的经营者市场份额不足1/10的，不应当推定具有市场支配地位。被推定具有市场支配地位的经营者，有证据证明不具有市场支配地位的，不应当认定其具有市场支配地位。
滥用行为	市场支配地位本身不为法律所禁止，但是，法律禁止具有市场支配地位的经营者从事下列滥用市场支配地位的行为：（1）以不公平的高价销售商品或以不公平的低价购买商品；（2）没有正当理由，以低于成本的价格销售商品；（3）没有正当理由，拒绝与交易相对人进行交易；（4）没有正当理由，限定交易相对人只能与其进行交易或只能与其指定的经营者进行交易；（5）没有正当理由搭售商品，或在交易时附加其他不合理的交易条件；（6）没有正当理由，对条件相同的交易相对人在交易价格等交易条件上实行差别待遇；（7）国务院反垄断执法机构认定的其他滥用市场支配地位行为。
法律后果	经营者违反本法规定，滥用市场支配地位的，由反垄断执法机构责令停止违法行为，没收违法所得，并处罚款。给他人造成损失的，依法承担民事责任。

【案例分析】 高通公司滥用市场支配地位案

2013年11月，国家发改委根据举报启动了对高通公司的反垄断调查。经调查取证和分析论证，高通公司在CDMA、WCDMA、LTE无线通信标准必要专利许可市场和基带芯片市场具有市场支配地位，实施了以下滥用市场支配地位的行为：一是收取不公平的高价专利许可费。

二是没有正当理由搭售非无线通信标准必要专利许可。三是在基带芯片销售中附加不合理条件。高通公司的上述行为，排除、限制了市场竞争，阻碍和抑制了技术创新和发展，损害了消费者利益，违反了我国《反垄断法》的规定。2015 年 2 月，国家发改委责令高通公司停止相关违法行为，处 2013 年度我国市场销售额 8% 的罚款，计 60.88 亿元。

【实战演练】

某燃气公司在办理燃气入户前，要求用户缴纳一笔"预付气费款"，否则不予供气。待不再用气时，用户可申请返还该款项。经查，该款项在用户日常购气中不能冲抵燃气费。根据《反垄断法》的规定，下列哪一说法是正确的?①

A. 反垄断机构执法时应界定该公司所涉相关市场

B. 只要该公司在当地独家经营，就能认定其具有市场支配地位

C. 如该公司的上游气源企业向其收取预付款，该公司就可向客户收取"预付气费款"

D. 县政府规定了"一个地域只能有一家燃气供应企业"，故该公司行为不构成垄断

三、经营者集中

【知识框架】

包括	(1) 经营者合并；(2) 经营者通过取得股权或资产的方式取得对其他经营者的控制权；(3) 经营者通过合同等方式取得对其他经营者的控制权或能够对其他经营者施加决定性影响。	
申报与审查程序	申报	经营者集中达到国务院规定的申报标准的，经营者应当事先向国务院反垄断执法机构申报，未申报的不得实施集中。
		下列情形不必申报：(1) 参与集中的一个经营者拥有其他每个经营者 50% 以上有表决权的股份或资产的；(2) 参与集中的每个经营者 50% 以上有表决权的股份或资产被同一个未参与集中的经营者拥有的。
	审查	初步审查 → 进一步审查 → 决定 对外资并购境内企业或其他方式参与经营者集中，涉及国家安全的，还应进行国家安全审查。
	因素	审查时，应当综合考虑下列因素：(1) 参与集中的经营者在相关市场的市场份额及其对市场的控制力；(2) 相关市场的市场集中度；(3) 经营者集中对市场进入、技术进步的影响；(4) 经营者集中对消费者和其他有关经营者的影响；(5) 经营者集中对国民经济发展的影响。
决定	(1) 经营者能够证明该集中对竞争产生的有利影响明显大于不利影响，或者符合社会公共利益的，国务院反垄断执法机构可以作出对经营者集中不予禁止的决定。 (2) 对不予禁止的经营者集中，国务院反垄断执法机构可以决定附加减少集中对竞争产生不利影响的限制性条件。 (3) 经营者集中具有或可能具有排除、限制竞争效果的，国务院反垄断执法机构应当作出禁止经营者集中的决定。 上述 (2) 和 (3) 的决定，应当及时向社会公开。	

---

① 　A。在认定市场支配地位时，首先应当界定经营者所涉相关市场，然后认定其支配地位，最后判断其行为。

续表

后果	（1）经营者违反本法规定实施集中的，由国务院反垄断执法机构责令停止实施集中、限期处分股份或资产、限期转让营业以及采取其他必要措施恢复到集中前的状态，可以处罚款。 （2）对审查决定不服的，复议前置。

【案例分析】可口可乐收购汇源果汁案

《反垄断法》施行后第一起遭到驳回的企业并购案是可口可乐并购汇源果汁案。国务院反垄断执法机构认为，集中完成后，可口可乐公司有能力将其在碳酸饮料市场上的支配地位传导到果汁饮料市场，进而损害消费者的利益，使潜在的竞争对手进入果汁饮料市场的障碍明显提高，挤压国内中小企业生存空间，不利于中国果汁行业持续健康稳定发展。可口可乐公司并未采取任何救济措施。

【实战演练】

根据《反垄断法》规定，关于经营者集中的说法，下列哪些选项是正确的？①

A. 经营者集中就是指企业合并

B. 经营者集中实行事前申报制，但允许在实施集中后补充申报

C. 审查经营者集中时，参与集中者的市场份额及其市场控制力是一个重要的考虑因素

D. 经营者集中如被确定为可能具有限制竞争的效果，将会被禁止

四、行政垄断

【知识框架】

主体	行政机关以及法律、法规授权的具有管理公共事务职能的组织。
行为	强制交易：限定或变相限定单位或个人经营、购买、使用其指定的经营者提供的商品。
	地区封锁：（1）妨碍商品在地区之间自由流通；常见手段有：对外地商品设定歧视性收费项目、实行歧视性收费标准，或规定歧视性价格；对外地商品规定与本地同类商品不同的技术要求、检验标准，或对外地商品采取重复检验、重复认证等歧视性技术措施，限制外地商品进入本地市场；采取专门针对外地商品的行政许可，限制外地商品进入本地市场；设置关卡或采取其他手段，阻碍外地商品进入或本地商品运出。（2）排斥或者限制外地经营者参加本地的招投标活动；（3）排斥或者限制外地经营者在本地投资或设立分支机构。
	强制经营者实施垄断行为。
	制定含有排除、限制竞争内容的规定。
后果	（1）由上级机关责令改正；对直接负责的主管人员和其他直接责任人员依法给予处分。 （2）国务院反垄断执法机构可以向有关上级机关提出依法处理的建议。

【案例分析】

1. 通行费减半征收案。2013年10月，河北省交通运输厅、物价局和财政厅联合下发通知，确定自2013年12月1日起，调整全省收费公路车辆通行费车型分类，并对本省客运班车实行通行费优惠政策。国家发改委经调查认为，河北省有关部门的上述做法，损害了河北省客运班车经营者与外省同一线路经营者之间的公平竞争，属于《反垄断法》第33条第1项所列

---

① CD。企业合并只是经营者集中的情形之一。我国实行事前申报审查制。

"对外地商品设定歧视性收费项目、实行歧视性收费标准，或者规定歧视性价格"行为。国家发改委依据《反垄断法》相关规定，向河北省人民政府办公厅发出执法建议函，建议其责令交通运输厅等有关部门改正相关行为，对在本省内定点定线运行的所有客运企业，在通行费上给予公平待遇。2014年9月，河北省交通运输厅、物价局、财政厅日前联合发文表示，经河北省政府同意，自10月1日起，其他省份客运班车将和河北省内客运班车享受同样的通行费优惠政策。

2. 斯维尔公司诉广东省教育厅、广联达公司侵犯公平竞争权案。2014年3月，被告广东省教育厅在组织职业技能比赛过程中，以《赛事通知》和《竞赛规程》指定参赛者使用第三人广联达公司开发的软件。原告斯维尔公司也是相关软件经营者，曾就指定软件一事向被告提出异议但未果。原告提起行政诉讼。法院认为，行政垄断应具备三个要件，一是主体为行政机关和法律、法规授权的具有管理公共事务职能的组织；二是行政机关及相关组织有限定或者变相限定单位或者个人经营、购买、使用其指定的经营者提供商品的行为；三是行政机关及相关组织在实施上述行为过程中滥用行政权力。本案中，作为行政机关的被告在涉案的赛项技术规范和竞赛规程中明确指定涉案的赛项独家使用第三人的相关软件，该行政行为已符合上述法律规定的行政机关排除、限制竞争行为的前两个要件。被告应对上述行政行为的合法性负举证责任，但被告提供的证据不能证明其在涉案的赛项中指定独家使用第三人的相关软件经正当程序，系合理使用行政权力，应承担举证不能的责任。所以被诉的行政行为符合上述法律关于行政机关滥用行政权力排除、限制竞争行为的规定。鉴于涉案的赛项已经结束，被告指定在涉案的赛项中独家使用第三人相关软件的行为已不具有可撤销的内容，故判决确认违法。

【实战演练】

某市公安局出台文件，指定当地印章协会统一负责全市新型防伪印章系统的开发建设，强令全市公安机关和刻章企业卸载正在使用的、经公安部检测通过的软件系统，统一安装印章协会开发的软件系统，并要求刻章企业向印章协会购买刻章设备和章料。根据《反垄断法》的相关规定，反垄断执法机构拟采取下列哪一措施是正确的？①

A. 撤销该协会的社团资格　　　　B. 责令该市公安局改正
C. 对该市公安局罚款　　　　D. 建议市人民政府责令该市公安局改正

五、反垄断调查机制

【知识框架】

机构职权	国务院反垄断委员会负责组织、协调、指导反垄断工作，但不参与具体执法。现任国务院反垄断委员会主任为国务委员王勇。
	国务院反垄断执法机构享有执法权，根据需要可以授权省级政府相应机构负责有关反垄断执法工作。目前，国务院反垄断执法机构是指国家市场监督管理总局（由其下设的反垄断局具体负责），各省、自治区、直辖市市场监管部门根据授权负责本行政区域内有关反垄断执法工作。
调查措施	(1) 进入场所；(2) 询问有关人员；(3) 查阅、复制有关资料；(4) 查封、扣押相关证据；(5) 查询经营者的银行账户。

---

① D。对于行政垄断，反垄断执法机构只有建议权，没有处理权。

续表

调查的中止、终止和恢复	（1）被调查的经营者承诺在反垄断执法机构认可的期限内采取具体措施消除该行为后果的，可以决定中止调查（决定应当载明承诺的具体内容）。 （2）反垄断执法机构决定中止调查的，应当对经营者履行承诺的情况进行监督。经营者履行承诺的，反垄断执法机构可以决定终止调查。 （3）有下列情形之一的，反垄断执法机构应当恢复调查：经营者未履行承诺的；作出中止调查决定所依据的事实发生重大变化的；中止调查的决定是基于经营者提供的不完整或不真实的信息作出的。
救济	（1）对反垄断执法机构作出的关于经营者集中的决定不服的，复议前置。 （2）对反垄断执法机构作出的其他决定不服的，可以依法申请行政复议或提起行政诉讼。
适用范围	农业生产者及农村经济组织在农产品生产、加工、销售、运输、储存等经营活动中实施的联合或协同行为，不适用《反垄断法》。
	经营者依照有关知识产权的法律、行政法规规定行使知识产权的行为，不适用《反垄断法》；但是，经营者滥用知识产权，排除、限制竞争的行为，适用《反垄断法》。

【案例分析】中止调查案

2014年3月18日，中央电视台《焦点访谈》栏目报道称，北京盛开体育发展有限公司作为2014年巴西世界杯门票的大中华区独家代理商，在门票销售过程中搭售酒店、参观景点等旅游产品。3月19日，国家工商总局依法立案调查。5月28日，当事人向国家工商总局提交了《关于要求中止调查的申请书》，并附有整改措施。6月3日，国家工商总局发布公告，对本案作出中止调查决定，并授权天津市工商行政管理局对当事人履行承诺的情况进行监督。6月20日和7月13日，当事人分别向国家工商总局和天津市工商行政管理局提交了履行承诺的书面报告，并申请终止调查。12月24日，国家工商总局决定对当事人涉嫌违反《反垄断法》的搭售行为终止调查。

【实战演练】

某省L市旅游协会为防止零团费等恶性竞争，召集当地旅行社商定对游客统一报价，并根据各旅行社所占市场份额，统一分配景点返佣、古城维护费返佣等收入。此计划实施前，甲旅行社主动向反垄断执法机构报告了这一情况并提供了相关证据。关于本案，下列哪些判断是错误的？①

A. 旅游协会的行为属于正当的行业自律行为

B. 由于尚未实施，旅游协会的行为不构成垄断行为

C. 如构成垄断行为，L市有关部门可对其处以50万元以下的罚款

D. 如构成垄断行为，对甲旅行社可酌情减轻或免除处罚

六、不正当竞争行为的概念

【知识框架】

《反不正当竞争法》第2条规定，不正当竞争行为，是指经营者在生产经营活动中，违反本法规定，扰乱市场竞争秩序，损害其他经营者或者消费者的合法权益的行为。其构成要件有：

---

① ABC。根据"鼓励告密"规则，对甲旅行社可以酌情减轻或者免除处罚。

1. 主体为经营者。经营者，是指从事商品生产、经营或者提供服务（以下所称商品包括服务）的自然人、法人和非法人组织。这一概念与《反垄断法》一致，使得整个竞争法适用范围统一。

2. 客观上，经营者实施了违反法律和商业道德，扰乱市场竞争秩序，损害其他经营者或者消费者的合法权益的行为。

【难点展开】本条的兜底性作用

现实生活中，不正当竞争行为五花八门，任何一个国家的法律都不可能列举穷尽。所以，各国法律往往首先对不正当竞争行为的概念作出规定，然后列举典型的、突出的、严重的、普遍的不正当竞争行为，明文加以禁止。同时，法律关于不正当竞争行为的概念性规定，可以满足应对未来可能出现的不正当竞争行为的需要，行政执法机关和人民法院可以适用该规定，查处新型不正当竞争行为、解决相关的纠纷。

【案例分析】湖南王跃文诉河北王跃文等侵犯著作权、不正当竞争纠纷案

原告湖南王跃文系国家一级作家，擅长撰写官场小说，在全国范围内享有较高知名度，其1999年创作的小说《国画》，被"中华读书网"称为十大经典反腐小说的代表作。被告河北王跃文原名王某某，2004年改名为王跃文。在《国风》一书出版前，未发表过任何文字作品。河北省遵化市公安局曾依照法律规定对被告河北王跃文出租、出借、转让居民身份证的问题给予罚款200元的决定。

2004年6月，原告湖南王跃文在被告叶某某经营的叶洋书社购买了长篇小说《国风》。该书定价25元，由被告华龄出版社出版，被告中元公司负责发行。该书封面标注的作者署名为"王跃文"，封三下方以小号字刊登的作者简介为："王跃文，男，38岁，河北遵化人氏，职业作家，发表作品近百万字，小说因触及敏感问题在全国引起较大争议"。发行商中元公司给书商配发的该书大幅广告宣传彩页上，以黑色字体标注着"王跃文最新长篇小说"、"《国画》之后看《国风》"、"华龄出版社隆重推出"、"风行全国的第一畅销小说"等内容。湖南王跃文为调查《国风》一书作者以及出版、发行情况，制止该书发行，共支付合理费用20055元。

法院认为，四被告叶某某、河北王跃文、中元公司、华龄出版社违背诚实信用原则，实施不正当竞争，应承担相应的民事责任。

七、典型不正当竞争行为

【知识框架】

行为	行政责任	民事责任	特殊情况
混淆行为	责令停止违法行为、没收违法商品，罚款，情节严重的吊销营业执照。经营者登记的企业名称违反本法第6条规定的，应当及时办理名称变更登记；名称变更前，由原企业登记机关以统一社会信用代码代替其名称。	（1）赔偿数额，按照其因被侵权所受到的实际损失确定，难以计算的按侵权人因侵权所获得的利益确定。经营者恶意实施侵犯商业秘密行为，情节严重的，可以在按照上述方法确定数额的1~5倍确定赔偿数额。赔偿数额还应当包括经营者为制止侵权行为所支付的合理开支。（2）对于混淆行为和侵犯商业秘密行为，实际损失、侵权获利难以确定的，由法院根据侵权行为的情节判决给予权利人500万元以下的赔偿。	（1）有主动消除或者减轻违法行为危害后果等法定情形的，依法从轻或者减轻行政处罚；违法行为轻微并及时纠正，没有造成危害后果的，不予行政处罚。（2）受到行政处罚的，由监督检查部门记入信用记录，并依法公示。
商业贿赂行为	没收违法所得，罚款。情节严重的吊销营业执照。		
虚假宣传行为	责令停止违法行为，罚款；情节严重的可以吊销营业执照。属于发布虚假广告的，依照《广告法》的规定处罚。		
侵犯商业秘密行为	责令停止违法行为，罚款。		
不正当有奖销售行为	责令停止违法行为，罚款。		
诋毁商誉行为	责令停止违法行为、消除影响，罚款。		
互联网不正当竞争行为	责令停止违法行为，罚款。		

【难点展开】 典型不正当竞争行为的认定

1. 混淆行为

经营者不得实施下列混淆行为，引人误认为是他人商品或者与他人存在特定联系：（1）擅自使用与他人有一定影响的商品名称、包装、装潢等相同或者近似的标识；（2）擅自使用他人有一定影响的企业名称（包括简称、字号等）、社会组织名称（包括简称等）、姓名（包括笔名、艺名、译名等）；（3）擅自使用他人有一定影响的域名主体部分、网站名称、网页等；（4）其他足以引人误认为是他人商品或者与他人存在特定联系的混淆行为。

2. 商业贿赂行为

经营者不得采用财物或者其他手段贿赂下列单位或者个人，以谋取交易机会或者竞争优势：（1）交易相对方的工作人员；（2）受交易相对方委托办理相关事务的单位或者个人；（3）利用职权或者影响力影响交易的单位或者个人。

经营者在交易活动中，可以以明示方式向交易相对方支付折扣，或者向中间人支付佣金。经营者向交易相对方支付折扣、向中间人支付佣金的，应当如实入账。接受折扣、佣金的经营者也应当如实入账。

经营者的工作人员进行贿赂的，应当认定为经营者的行为；但是，经营者有证据证明该工作人员的行为与为经营者谋取交易机会或者竞争优势无关的除外。

3. 虚假宣传行为

第一种是自我虚假宣传，即经营者不得对其商品的性能、功能、质量、销售状况、用户评价、曾获荣誉等作虚假或者引人误解的商业宣传，欺骗、误导消费者。

第二种是帮助其他经营者虚假宣传，即经营者不得通过组织虚假交易等方式，帮助其他经营者进行虚假或者引人误解的商业宣传。

4. 侵犯商业秘密行为

商业秘密，是指不为公众所知悉、具有商业价值并经权利人采取相应保密措施的技术信息、经营信息等商业信息。商业秘密和专利权的区别主要在于，商业秘密是一种秘密的、无期限的、非独占的权利，而专利权则是一种公开的、有期限的、独占的权利。

侵犯商业秘密的行为包括：（1）以盗窃、贿赂、欺诈、胁迫、电子侵入或者其他不正当手段获取权利人的商业秘密；（2）披露、使用或者允许他人使用以前项手段获取的权利人的商业秘密；（3）违反保密义务或者违反权利人有关保守商业秘密的要求，披露、使用或者允许他人使用其所掌握的商业秘密；（4）教唆、引诱、帮助他人违反保密义务或者违反权利人有关保守商业秘密的要求，获取、披露、使用或者允许他人使用权利人的商业秘密；（5）第三人明知或者应知商业秘密权利人的员工、前员工或者其他单位、个人实施上述违法行为，仍获取、披露、使用或者允许他人使用该商业秘密的，视为侵犯商业秘密。

注意：（1）侵犯商业秘密的主体不限于经营者。经营者以外的其他自然人、法人和非法人组织实施前款所列违法行为的，视为侵犯商业秘密。（2）通过自行开发研制或者反向工程方式获取商业秘密以及披露、使用、允许他人使用该商业秘密的，不属于侵犯商业秘密行为。反向工程是指通过技术手段对从公开渠道取得的产品进行拆卸、测绘、分析等而获得该产品的有关技术信息。但是，当事人以不正当手段知悉了他人的商业秘密之后，又以反向工程为由主张获取行为合法的，不予支持。

5. 不正当有奖销售行为

经营者进行有奖销售不得存在下列情形：（1）所设奖的种类、兑奖条件、奖金金额或者奖品等有奖销售信息不明确，影响兑奖；（2）采用谎称有奖或者故意让内定人员中奖的欺骗方式进行有奖销售；（3）抽奖式的有奖销售，最高奖的金额超过五万元。

6. 诋毁商誉行为

经营者不得编造、传播虚假信息或者误导性信息，损害竞争对手的商业信誉、商品声誉。

7. 互联网不正当竞争行为

经营者不得利用技术手段，通过影响用户选择或者其他方式，实施下列妨碍、破坏其他经营者合法提供的网络产品或者服务正常运行的行为：（1）未经其他经营者同意，在其合法提供的网络产品或者服务中，插入链接、强制进行目标跳转；（2）误导、欺骗、强迫用户修改、关闭、卸载其他经营者合法提供的网络产品或者服务；（3）恶意对其他经营者合法提供的网络产品或者服务实施不兼容；（4）其他妨碍、破坏其他经营者合法提供的网络产品或者服务正常运行的行为。

【案例分析】

1. 天津中国青年旅行社诉天津国青国际旅行社擅自使用他人企业名称纠纷案。原告天津中国青年旅行社于 1986 年成立，是从事国内及出入境旅游业务的国有企业，"天津青旅"是天津中国青年旅行社的企业简称，在商业广告和经营活动中广泛使用。被告天津国青国际旅行社有限公司于 2010 年成立，是从事国内旅游及入境旅游接待等业务的有限责任公司。被告将"天津中国青年旅行社"和"天津青旅"作为互联网搜索引擎中的关键词使用，在谷歌或百度网站搜索时，均显示被告的网页或经营信息。法院认为，对于企业长期、广泛对外使用，具有一定市场知名度、为相关公众所知悉，已实际具有商号作用的企业名称简称，也应当视为企业名称予以保护；经营者擅自将他人的企业名称或简称作为互联网竞价排名关键词，使公众产生混淆误认，利用他人的知名度和商誉，达到宣传推广自己的目的的，属于不正当竞争行为。法院判决被告停止使用、赔礼道歉并赔偿损失。①（案例来源：最高人民法院指导案例第29号）

2. 北京百度网讯科技有限公司诉青岛奥商网络技术有限公司等不正当竞争纠纷案。该案判决认为，从事互联网服务的经营者，在其他经营者网站的搜索结果页面强行弹出广告的行为，违反诚实信用原则和公认商业道德，妨碍其他经营者正当经营并损害其合法权益，可以依照《反不正当竞争法》第2条的原则性规定认定为不正当竞争。②（案例来源：最高人民法院指导案例第45号）

3. 侵犯商业秘密行政处罚案。北京东灵通知识产权服务有限公司南京分公司成立于2009年，经营一直比较顺利，每年利润有近500万元。小树苗公司2017年12月1日成立，日常经营主要在邵某、朱某、张某等人的管理下进行。该公司40名左右的员工，包括邵某、张某等人几乎全为原东灵通公司的成员。东灵通公司与邵某、朱某、张某等人签有保密协议，公司本身也制定了完善的保密规定和措施，包括离职时文件、资料交接等。执法人员在小树苗公司的多台员工电脑及工作QQ群中，发现了《南京客户档案客服》文件，内容显示是经过整理的客户资料，包括合同号、客户联系人、联系方式、东灵通公司对接员工名单等内容，其他公司和个人无法从公开渠道获得上述整体信息。另查明，小树苗公司从成立至今年1月7日，在国家市场监管总局商标局网站上显示的商标注册信息有1506条。其中，有456条商标注册信息涉及的118个客户是东灵通公司的原有客户。

南京市市场监管局认定，小树苗公司的行为违反了《反不正当竞争法》第9条第3款规定："第三人明知或者应知商业秘密权利人的员工、前员工或者其他单位、个人实施本条第一款所列违法行为，仍获取、披露、使用或者允许他人使用该商业秘密的，视为侵犯商业秘密。"该局依法责令小树苗公司停止违法行为，并罚款50万元。

【实战演练】

甲公司系一家互联网信息公司，未经搜房网运营方同意，劫持搜房网数据，在搜房网页面主页右上角设置弹窗，在用户访问搜房网时，甲公司所投放的广告将自动弹出。对于甲公司的行为，下列说法正确的是哪一项？③

A. 构成互联网不正当竞争

B. 构成网络避风港原则，不承担责任

C. 构成诋毁商誉

D. 甲公司应为其投放的虚假广告导致的消费者损失承担连带责任

---

① 本案判决适用修订前的《反不正当竞争法》，当时法律和司法解释均未规定对"简称"加以保护，所以生效判决采用法律解释方法将"简称"纳入反不正当竞争法保护范围，这正是该指导案例的价值之所在。在《反不正当竞争法》修订后，法院可以直接根据第6条第（二）项"擅自使用他人有一定影响的企业名称（包括简称、字号等）、社会组织名称（包括简称等）、姓名（包括笔名、艺名、译名等）"进行裁判。

② 本案判决适用修订前的《反不正当竞争法》，当时并未明确规定这种行为构成不正当竞争，法院只能援引第2条关于不正当竞争行为的定义来裁判。在《反不正当竞争法》修订后，法院可以直接根据第12条第（一）项"未经其他经营者同意，在其合法提供的网络产品或者服务中，插入链接、强制进行目标跳转"进行裁判。

③ A。本案与"百度诉奥商"案如出一辙，是典型的互联网不正当竞争行为。

第二章　消费者法

码上揭秘

【本章概览】

地位	预计平均分值，客观题约3分。
内容	消费者的权利和经营者的义务，争议解决规则，法律责任。 产品质量监督，产品质量责任和产品责任，生产者和销售者的产品质量义务。 食品安全风险监测和评估，食品安全标准，食品生产经营，食品检验，食品进出口，食品安全事故处置，监督管理，法律责任。
法条	《中华人民共和国消费者权益保护法》 《中华人民共和国产品质量法》 《中华人民共和国食品安全法》 《最高人民法院关于审理食品药品纠纷案件适用法律若干问题的规定》

一、消费者权利和经营者的义务

【知识框架】

消费者的权利	经营者的义务
安全保障权（人身安全和财产安全）	安全保障义务
知情权（有关商品和服务的信息）	提供真实信息的义务
公平交易权	保证质量义务
受尊重权	尊重消费者的义务
个人信息权	保护消费者个人信息的义务
监督批评权	接受监督的义务
获得相关知识权	履行法定及约定义务
获得赔偿权	标明真实名称和标记的义务
结社权	出具凭证单据义务
自主选择权	退货、更换、修理义务
	不得单方作出不利规定义务

【难点展开】

1. 《消费者权益保护法》的适用对象。消费者为生活消费需要购买、使用商品或者接受服务，适用消法。这里的消费者，是指为个人生活消费需要购买、使用商品和接受服务的自然人。其判断标准有两个：一是生活消费需要，二是个人。此外，农民购买、使用直接用于农业生产的生产资料，参照消法执行。

2. 消费者的安全保障权与经营者的安全保障义务。经营者的安全保障义务包括两个层次：一是保证其提供的商品或者服务符合保障人身、财产安全的要求；二是宾馆、商场、餐馆、银行、机场、车站、港口、影剧院等经营场所的经营者，应当对消费者尽到更高的安全保障义务。经营者对消费者未尽到安全保障义务，造成消费者损害的，应当承担侵权责任。另外，根据《民法典》第1198条，宾馆、商场、银行、车站、机场、体育场馆、娱乐场所等经营场所、公共场所的经营者、管理者或者群众性活动的组织者，未尽到安全保障义务，造成他人损害的，应当承担侵权责任。因第三人的行为造成他人损害的，由第三人承担侵权责任；经营者、管理者或者组织者未尽到安全保障义务的，承担相应的补充责任。经营者、管理者或者组织者承担补充责任后，可以向第三人追偿。

3. 消费者的结社权。消费者享有依法成立维护自身合法权益的社会团体的权利，包括消费者协会和其他消费者组织。消费者组织在性质上属于社会团体，不得从事商品经营和营利性服务，不得以收取费用或者其他牟取利益的方式向消费者推荐商品和服务。其中，消费者协会是消法明文规定的一种消费者组织，履行下列公益性职责：（1）向消费者提供消费信息和咨询服务，提高消费者维护自身合法权益的能力，引导文明、健康、节约资源和保护环境的消费方式；（2）参与制定有关消费者权益的法律、法规、规章和强制性标准；（3）参与有关行政部门对商品和服务的监督、检查；（4）就有关消费者合法权益的问题，向有关部门反映、查询，提出建议；（5）受理消费者的投诉，并对投诉事项进行调查、调解；（6）投诉事项涉及商品和服务质量问题的，可以委托具备资格的鉴定人鉴定，鉴定人应当告知鉴定意见；（7）就损害消费者合法权益的行为，支持受损害的消费者提起诉讼或者依照本法提起诉讼；（8）对损害消费者合法权益的行为，通过大众传播媒介予以揭露、批评。各级人民政府对消费者协会履行职责应当予以必要的经费等支持。

4. 经营者的退货义务。经营者的退货义务，分三种情况处理，如下表所示。

	退货条件	退货时间和方式	费用负担	相互关系
一般情况	不符合质量要求	规定或约定→七日内退货	经营者	若同时符合，消费者有权选择。
网购等	无需说明理由	七日内退货	消费者	
不合格商品	行政部门认定不合格	无限制	经营者	

关于网购无理由退货，需要注意：（1）消费者定作的，鲜活易腐的，在线下载或者消费者拆封的音像制品、计算机软件等数字化商品，交付的报纸、期刊，其他根据商品性质并经消费者在购买时确认不宜退货的商品，不适用网购无理由退货规则。（2）消费者退货的商品应当完好。这里的完好，指商品本身的完好，不包括包装的完好，也就是说，通常情况下拆封的商品也可以无理由退货。（3）经营者应当自收到退回商品之日起七日内返还消费者支付的商品价款。

5. 消费者个人信息保护规则。《消费者权益保护法》对消费者个人信息的收集使用、保密和商业性信息的发送，都有明确规定：（1）关于收集和使用。经营者收集、使用消费者个人信息，应当遵循合法、正当、必要的原则，明示收集、使用信息的目的、方式和范围，并经消费者同意。经营者收集、使用消费者个人信息，应当公开其收集、使用规则，不得违反法律、法规的规定和双方的约定收集、使用信息。（2）关于保密义务。经营者及其工作人员对收集的消费者个人信息必须严格保密，不得泄露、出售或者非法向他人提供。经营者应当采取技术措施和其他必要措施，确保信息安全，防止消费者个人信息泄露、丢失。在发生或者可能发生信息泄露、丢失的情况时，应当立即采取补救措施。（3）关于商业信息发送。经营者未经消费者同意或者请求，或者消费者明确表示拒绝的，不得向其发送商业性信息。

【案例分析】

1. 刘某捷诉中国移动通信集团江苏有限公司徐州分公司电信服务合同纠纷案。原告是被告的移动通信"神州行标准卡"用户。2010年7月5日，原告在中国移动官方网站网上营业厅通过银联卡网上充值50元。2010年11月7日，原告在使用该手机号码时发现该手机号码已被停机，原告到被告的营业厅查询，得知被告于2010年10月23日因话费有效期到期而暂停移动通信服务，此时账户余额为11.70元。原告认为被告单方终止服务构成合同违约，遂诉至法院。法院生效裁判认为：经营者在格式合同中未明确规定对某项商品或服务的限制条件，且未能证明在订立合同时已将该限制条件明确告知消费者并获得消费者同意的，该限制条件对消费者不产生效力。电信服务企业在订立合同时未向消费者告知某项服务设定了有效期限限制，在合同履行中又以该项服务超过有效期限为由限制或停止对消费者服务的，构成违约，应当承担违约责任。法院据此判决被告于本判决生效之日起十日内取消对原告刘某捷的手机号码为1590520xxxx的话费有效期的限制，恢复该号码的移动通信服务。（**案例来源：最高人民法院指导案例第64号**）

2. 上海中原物业顾问有限公司诉陶某某居间合同纠纷案。2008年下半年，原产权人李某某到多家房屋中介公司挂牌销售涉案房屋。2008年11月27日，上海中原物业顾问有限公司带陶某某看了该房屋，并于同日与陶某某签订了《房地产求购确认书》。该《确认书》第2.4条约定，陶某某在验看过该房地产后六个月内，利用中原公司提供的信息、机会等条件但未通过中原公司而与第三方达成买卖交易的，陶某某应按照与出卖方就该房地产买卖达成的实际成交价的1%，向中原公司支付违约金。该条款的性质和效力如何？法院认为，中原公司与陶某某签订的《房地产求购确认书》属于居间合同性质，其中第2.4条的约定，属于房屋买卖居间合同中常有的禁止"跳单"格式条款，其本意是为防止买方利用中介公司提供的房源信息却"跳"过中介公司购买房屋，从而使中介公司无法得到应得的佣金，该约定并不存在免除一方责任、加重对方责任、排除对方主要权利的情形，应认定有效。从《消费者权益保护法》的角度看，该条款没有侵害或者限制消费者的自主选择权和公平交易权，也不违反"不得单方作出不利于消费者的规定"的义务。（**案例来源：最高人民法院指导案例第1号**）

3. 王某胜诉中国银行股份有限公司南京河西支行储蓄存款合同纠纷案。汤某等犯罪分子通过在自助银行网点门口刷卡处安装的读卡器、在柜机上部安装具有摄像功能的MP4，窃取了王某胜借记卡的卡号、密码等信息，复制了假的银行卡，并从王某胜借记卡账户内支取、消费42万余元。后汤某被法院判处有期徒刑10年半。王某胜起诉银行，要求赔偿损失。法院认为，王某胜在银行办理了无存折借记卡，即与银行建立了储蓄合同关系。为存款人保密，保障存款人的合法权益不受任何单位和个人侵犯，系商业银行法定义务。对自助银行柜员机进行日常维护、管理，为在自助银行柜员机办理交易的储户提供必要的安全、保密环境，亦系银行安全、保密义务的一项重要内容，该项义务应由设置自助银行柜员机的银行承担。本案中，银行未尽到相应的义务，给储户造成安全隐患，为犯罪分子留下可乘之机，应赔偿王某胜被窃取的全部款项。

【实战演练】

张某从某网店购买一套汽车坐垫。货到拆封后，张某因不喜欢其花色款式，多次与网店交涉要求退货。网店的下列哪些回答是违法的？①

　　A. 客户下单时网店曾提示"一经拆封，概不退货"，故对已拆封商品不予退货

　　B. 该商品无质量问题，花色款式也是客户自选，故退货理由不成立，不予退货

　　C. 如网店同意退货，客户应承担退货的运费

　　D. 如网店同意退货，货款只能在一个月后退还

二、争议解决途径和规则

【知识框架】

解决途径	与经营者协商和解、请求消费者协会或者依法成立的其他调解组织调解、向有关行政部门投诉、根据与经营者达成的仲裁协议提请仲裁机构仲裁、向人民法院提起诉讼。
公益诉讼	对侵害众多消费者合法权益的行为，中国消费者协会和在省、自治区、直辖市设立的消费者协会，以及法律规定或全国人大及其常委会授权的机关和社会组织，可以提起公益诉讼。
生产者和销售者责任分配	（1）一般情况，只能向销售者要求赔偿。销售者可依法向生产者或者其他销售者追偿。 （2）消费者或其他受害人因商品缺陷造成人身、财产损害的，可向销售者要求赔偿，也可向生产者要求赔偿，生产者和销售者应承担连带责任。生产者和销售者可依法相互追偿。
使用他人执照	使用他人营业执照的违法经营者提供商品或者服务，损害消费者合法权益的，消费者可以向其要求赔偿，也可以向营业执照的持有人要求赔偿。
展销会、租赁柜台	消费者在展销会、租赁柜台购买商品或者接受服务，其合法权益受到损害的，可以向销售者或者服务者要求赔偿。展销会结束或柜台租赁期满后，也可以向展销会的举办者、柜台的出租者要求赔偿。展销会的举办者、柜台的出租者赔偿后，有权向销售者或者服务者追偿。
网络交易平台提供者	消费者通过网络交易平台购买商品或者接受服务，其合法权益受到损害的，可以向销售者或者服务者要求赔偿。网络交易平台一般无须承担责任，但是：（1）网络交易平台提供者不能提供销售者或者服务者的真实名称、地址和有效联系方式的，消费者也可以向网络交易平台提供者要求赔偿；网络交易平台提供者作出更有利于消费者的承诺的，应当履行承诺。网络交易平台提供者赔偿后，有权向销售者或者服务者追偿。（2）网络交易平台提供者明知或者应知销售者或者服务者利用其平台侵害消费者合法权益，未采取必要措施的，依法与该销售者或者服务者承担连带责任。
虚假广告	消费者因经营者利用虚假广告或者其他虚假宣传方式提供商品或者服务，其合法权益受到损害的，可以向经营者要求赔偿。广告业者一般无须承担责任，但是：（1）广告经营者、发布者不能提供经营者的真实名称、地址和有效联系方式的，应当承担赔偿责任。（2）广告经营者、发布者设计、制作、发布关系消费者生命健康商品或者服务的虚假广告，造成消费者损害的，应当与提供该商品或者服务的经营者承担连带责任。（3）社会团体或者其他组织、个人在关系消费者生命健康商品或者服务的虚假广告或者其他虚假宣传中向消费者推荐商品或者服务，造成消费者损害的，应当与提供该商品或者服务的经营者承担连带责任。
举证责任	正常情况下，由消费者对瑕疵承担举证责任。但是，经营者提供的机动车、计算机、电视机、电冰箱、空调器、洗衣机等耐用商品或者装饰装修等服务，消费者自接受商品或者服务之日起6个月内发现瑕疵，发生争议的，由经营者承担有关瑕疵的举证责任。

---

　　①　ABD。网购的"无理由退货"，消费者无须说明理由，但要承担运费。

【难点展开】

1. 生产者和销售者的责任分配。这是一个很容易混淆的问题，也是考试的重点之一。首先，销售者负有"先行赔付义务"。消费者在购买、使用商品时，其合法权益受到损害的，可以向销售者要求赔偿。销售者赔偿后，属于生产者的责任或者属于向销售者提供商品的其他销售者的责任的，销售者有权向生产者或者其他销售者追偿。需要注意的是，这种责任在性质上属于违约责任，依据合同相对性原理，消费者无权直接向生产者或者其他销售者要求赔偿。其次，消费者或者其他受害人因商品缺陷造成人身、财产损害的，可以向销售者要求赔偿，也可以向生产者要求赔偿。此时，销售者与生产者被看做一个整体，对消费者承担连带责任。这种责任在性质上属于侵权责任，不受合同相对性限制。当然，属于生产者责任的，销售者赔偿后，有权向生产者追偿。属于销售者责任的，生产者赔偿后，有权向销售者追偿。

2. 公益诉讼的适用范围。经营者提供的商品或者服务具有下列情形之一的，属于"侵害众多消费者合法权益的行为"，适用消费民事公益诉讼：（1）提供的商品或者服务存在缺陷，侵害众多不特定消费者合法权益的；（2）提供的商品或者服务可能危及消费者人身、财产安全，未作出真实的说明和明确的警示，未标明正确使用商品或者接受服务的方法以及防止危害发生方法的；对提供的商品或者服务质量、性能、用途、有效期限等信息作虚假或引人误解宣传的；（3）宾馆、商场、餐馆、银行、机场、车站、港口、影剧院、景区、娱乐场所等经营场所存在危及消费者人身、财产安全危险的；（4）以格式条款、通知、声明、店堂告示等方式，作出排除或者限制消费者权利、减轻或者免除经营者责任、加重消费者责任等对消费者不公平、不合理规定的；（5）其他侵害众多不特定消费者合法权益或者具有危及消费者人身、财产安全危险等损害社会公共利益的行为。

【案例分析】江苏首例消费民事公益诉讼

2016年9月12日，江苏省消费者协会就南京水务集团供用水格式合同规定违约金过高问题，提起消费民事公益诉讼。9月19日，南京市中级人民法院正式受理此案。南京水务集团合同中规定了用水人逾期不缴纳水费，除应补足应缴纳的水费外，还应该支付从逾期之日起每日按应缴纳水费数额的0.5%违约金。双方诉讼的焦点就是，江苏省消协认为，0.5%的违约金过高了，不合理地加重了消费者的责任。根据相关法律，违约金应该与用户协商，如果没有约定，可参照中国人民银行规定的金融机构计收逾期利息的标准，计算逾期付款违约金。该标准是指，同期贷款利率的1.3倍到1.5倍，不超过1.5倍。这么算下来，目前0.5%的违约金高出了约25倍。立案后，南京水务集团通过与江苏省消协沟通协商，对供用水格式合同规定违约金过高问题进行了整改，并提交了书面承诺。书面承诺书中，0.5%违约金最终修改为"每逾期一日还应支付欠缴水费金额同期同档贷款利率1.3倍的违约金"。因为相关不合理条款已整改至法律规定范围内，停止了侵犯消费者合法权益的行为，江苏省消协提起消费民事公益诉讼的目的已经达到，10月28日，江苏省消协依法向南京市中级人民法院提交了《撤诉申请书》。南京市中级人民法院裁定，准予撤诉。

【实战演练】

甲公司租赁乙公司大楼举办展销会，向众商户出租展台，消费者李某在其中丙公司的展台购买了一台丁公司生产的家用电暖器，使用中出现质量问题并造成伤害。现展销会已经结束，李某索赔时遇上述公司互相推诿。下列哪一说法是错误的?①

A. 李某有权直接要求甲公司赔偿
B. 李某有权直接要求乙公司赔偿
C. 李某有权直接要求丙公司赔偿
D. 李某有权直接要求丁公司赔偿

三、法律责任

【知识框架】

人身伤害	赔偿医疗费、护理费、交通费等为治疗和康复支出的合理费用,以及因误工减少的收入。造成残疾的,还应当赔偿残疾生活辅助具费和残疾赔偿金。造成死亡的,还应当赔偿丧葬费和死亡赔偿金。
人格尊严 人身自由 个人信息	停止侵害、恢复名誉、消除影响、赔礼道歉,并赔偿损失。
精神损害	经营者有侮辱诽谤、搜查身体、侵犯人身自由等侵害消费者或者其他受害人人身权益的行为,造成严重精神损害的,受害人可以要求精神损害赔偿。
财产损失	经营者提供商品或者服务,造成消费者财产损害的,应当依照法律规定或者当事人约定承担修理、重作、更换、退货、补足商品数量、退还货款和服务费用或者赔偿损失等民事责任。
惩罚性 赔偿	(1)经营者提供商品或者服务有欺诈行为的,应当按照消费者的要求增加赔偿其受到的损失,增加赔偿的金额为消费者购买商品的价款或者接受服务的费用的3倍;增加赔偿的金额不足500元的,为500元。法律另有规定的,依照其规定。 (2)经营者明知商品或者服务存在缺陷,仍然向消费者提供,造成消费者或者其他受害人死亡或者健康严重损害的,受害人有权要求经营者赔偿损失,并有权要求所受损失2倍以下的惩罚性赔偿。

【难点展开】

1. 违约责任意义上的惩罚性赔偿,要点包括:(1)争议发生在经营者与消费者之间。这是适用惩罚性赔偿的前提,如果仅为一般当事人之间的合同纠纷,例如两个单位之间的买卖合同纠纷,则不适用惩罚性赔偿;(2)经营者有欺诈行为。这里的欺诈行为,是指经营者故意在提供的商品或服务中,以虚假陈述或者其他不正当手段欺骗、误导消费者,致使消费者合法权益受到损害的行为。关于知假买假问题,理论上和实务中争议与分歧很大。根据《最高人民法院办公厅对十二届全国人大五次会议第5990号建议的答复意见》(法办函〔2017〕181号)精神,除购买食品、药品的情形之外,应当逐步限制职业打假人的牟利性打假行为。其理由有:第一,保护知假买假的法律依据不足。惩罚性赔偿的前提是欺诈,而根据民法判断标准,知假买假不存在欺诈;第二,保护知假买假并不利于实现惩罚性赔偿制度的目的。从实践来看,知假买假主要针对整体上比较规范的大型超市和企业,主要集中在产品标识、说明等方面,对真正危害市场的假冒伪劣产品和不规范的小规模经营主体打击效果不明显;第三,知假买假者的动机不正当。目前,知假买假行为有形成商业化的趋势,出现了越来越多的职业打假

---

① B。本题李某因产品缺陷遭受损害,有权向销售者丙公司、生产者丁公司要求赔偿。甲公司为展销会举办者,一般无须直接向消费者承担责任,但在展销会结束后,消费者李某也可以要求甲公司赔偿,甲公司赔偿后可以向丙公司追偿。乙公司为房屋所有权人,不必向消费者承担责任。

人，其动机并非净化市场，而是牟利甚至敲诈勒索。（3）惩罚性赔偿的数额为消费者购买商品的价款或者接受服务的费用的3倍，500元保底。在惩罚性赔偿之外，消费者仍可主张赔偿实际损失，如撤销合同、返还价款、赔偿各种费用等等。也就是说，总赔偿数额＝实际损失＋3倍价款（或500元）。当然，消费者可以放弃其中的一部分权利，例如仅主张惩罚性赔偿而不要求赔偿实际损失。

2. 侵权责任意义上的惩罚性赔偿，要点包括：（1）经营者存在主观恶意，即经营者明知商品或者服务存在缺陷，仍然向消费者提供；（2）后果严重，即造成消费者或者其他受害人死亡或者健康严重损害；（3）数额较高，为所受损失2倍以下。需要注意的是，这里作为计算惩罚性赔偿依据的损失，既包括一般人身损害赔偿，也包括精神损害赔偿。例如，某消费者发生各种治疗费用3万元，残疾赔偿金10万元，精神损害赔偿7万元，则其可以主张赔偿20万元损失以及不超过40万元的惩罚性赔偿。

【案例分析】

张某诉北京合力华通汽车服务有限公司买卖合同纠纷案。该案确认：（1）为家庭生活消费需要购买汽车，发生欺诈纠纷的，可以按照《消费者权益保护法》处理。（2）汽车销售者承诺向消费者出售没有使用或维修过的新车，消费者购买后发现系使用或维修过的汽车，销售者不能证明已履行告知义务且得到消费者认可的，构成销售欺诈，消费者要求销售者按照《消费者权益保护法》赔偿损失（惩罚性赔偿）的，人民法院应予支持。（3）因该案发生在《消费者权益保护法》修订之前，故惩罚性赔偿的数额为汽车价款的1倍。（**案例来源：最高人民法院指导案例第17号**）

【实战演练】

某商场使用了由东方电梯厂生产、亚林公司销售的自动扶梯。某日营业时间，自动扶梯突然逆向运行，造成顾客王某、栗某和商场职工薛某受伤，其中栗某受重伤，经治疗半身瘫痪，数次自杀未遂。现查明，该型号自动扶梯在全国已多次发生相同问题，但电梯厂均通过更换零部件、维修进行处理，并未停止生产和销售。关于顾客王某与栗某可主张的赔偿费用，下列选项正确的有哪些？①

A. 均可主张为治疗支出的合理费用
B. 均可主张因误工减少的收入
C. 栗某可主张精神损害赔偿
D. 栗某可主张所受损失2倍以下的惩罚性赔偿

四、产品质量法基础知识

【知识框架】

适用范围	（1）境内从事产品生产销售活动，适用本法。产品是指经过加工、制作，用于销售的产品。 （2）建设工程不适用本法；但是建设工程使用的建筑材料、建筑构配件和设备适用本法。 （3）军工产品不适用本法；但是军工企业生产的民用产品适用本法。

---

① ABCD。本题同时符合精神损害赔偿和惩罚性赔偿的适用条件。

续表

产品质量监督	抽查制度：（1）抽查的样品应当在市场上或者企业成品仓库内的待销产品中随机抽取。（2）国家监督抽查的产品，地方不得另行重复抽查；上级监督抽查的产品，下级不得另行重复抽查。（3）根据监督抽查的需要，可以对产品进行检验。检验抽取样品的数量不得超过检验的合理需要，并不得向被检查人收取检验费用。（4）对抽查检验的结果有异议的，可以向实施监督抽查的市场监督管理部门或者其上级市场监督管理部门申请复检。
	质量状况信息发布制度：国务院和省、自治区、直辖市人民政府的市场监督管理部门应当定期发布其监督抽查的产品的质量状况公告。
生产者义务	产品质量符合下列要求：（1）不存在危及人身、财产安全的不合理的危险，有保障人体健康和人身、财产安全的国家标准、行业标准的，应当符合该标准；（2）具备产品应当具备的使用性能，但是，对产品存在使用性能的瑕疵作出说明的除外；（3）符合在产品或者其包装上注明采用的产品标准，符合以产品说明、实物样品等方式表明的质量状况。
	包装及标识符合下列要求：（1）有产品质量检验合格证明；（2）有中文标明的产品名称、生产厂厂名和厂址；（3）根据产品的特点和使用要求，需要标明产品规格、等级、所含主要成份的名称和含量的，用中文相应予以标明；需要事先让消费者知晓的，应当在外包装上标明，或者预先向消费者提供有关资料；（4）限期使用的产品，应当在显著位置清晰地标明生产日期和安全使用期或者失效日期；（5）使用不当，容易造成产品本身损坏或者可能危及人身、财产安全的产品，应当有警示标志或者中文警示说明；（6）裸装的食品和其他根据产品的特点难以附加标识的裸装产品，可以不附加产品标识；（7）易碎、易燃、易爆、有毒、有腐蚀性、有放射性等危险物品以及储运中不能倒置和其他有特殊要求的产品，其包装质量必须符合相应要求，依照国家有关规定作出警示标志或者中文警示说明，标明储运注意事项。
	不作为义务：（1）不得生产国家明令淘汰的产品；（2）不得伪造产地，不得伪造或者冒用他人的厂名、厂址；（3）不得伪造或者冒用认证标志等质量标志；（4）不得掺杂、掺假，不得以假充真、以次充好，不得以不合格产品冒充合格产品。
销售者义务	（1）进货验收义务；（2）保持产品质量的义务；（3）有关产品标识的义务（同生产者）；（4）不得违反禁止性规范（同生产者）。
检验机构认证机构法律责任	（1）产品质量检验机构、认证机构伪造检验结果或者出具虚假证明的，责令改正，对单位处罚款，对直接负责的主管人员和其他直接责任人员处罚款；有违法所得的，并处没收违法所得；情节严重的，取消其检验资格、认证资格；构成犯罪的，依法追究刑事责任。
	（2）产品质量检验机构、认证机构出具的检验结果或者证明不实，造成损失的，应当承担相应的赔偿责任；造成重大损失的，撤销其检验资格、认证资格。
	（3）产品质量认证机构对不符合认证标准而使用认证标志的产品，未依法要求其改正或者取消其使用认证标志资格的，对因产品不符合认证标准给消费者造成的损失，与产品的生产者、销售者承担连带责任；情节严重的，撤销其认证资格。
社会团体中介机构法律责任	社会团体、社会中介机构对产品质量作出承诺、保证，而该产品又不符合其承诺、保证的质量要求，给消费者造成损失的，与产品的生产者、销售者承担连带责任。

【实战演练】

某家具店出售的衣柜，如未被恰当地固定到墙上，可能发生因柜子倾倒致人伤亡的危险。关于此事，下列哪些说法是正确的?①

A. 该柜质量应符合产品安全性的要求

B. 该柜本身或其包装上应有警示标志或者中文警示说明

C. 有关部门对这种柜子进行抽查，可向该店收取检验费

D. 如该柜被召回，该店应承担购买者因召回支出的全部费用

五、产品责任

【知识框架】

构成要件	性质上属于侵权责任。 要件：（1）产品存在缺陷；（2）造成他人损害；（3）缺陷与损害之间存在因果关系。
归责原则	生产者承担无过错责任，但生产者能够证明有下列情形之一的，不承担赔偿责任：（1）未将产品投入流通的；（2）产品投入流通时，引起损害的缺陷尚不存在的；（3）将产品投入流通时的科学技术水平尚不能发现缺陷的存在的。
	销售者承担过错责任，因销售者的过错使产品存在缺陷，造成他人损害的，销售者应当承担责任。
赔偿范围	依民法确定。
	可能会有精神损害赔偿。
	可能会有惩罚性赔偿：明知产品存在缺陷仍然生产、销售，造成他人死亡或者健康严重损害的，被侵权人有权请求相应的惩罚性赔偿。
原告被告	原告可以是缺陷产品的购买者、使用者，也可以是第三人，不要求与被告存在合同关系。
	原告可以选择生产者和/或销售者作为被告，生产者、销售者承担连带责任。产品缺陷由生产者造成的，销售者赔偿后，有权向生产者追偿。因销售者的过错使产品存在缺陷的，生产者赔偿后，有权向销售者追偿。
	原告不可以选择运输者、仓储者为被告，因运输者、仓储者等第三人的过错使产品存在缺陷，造成他人损害的，产品的生产者、销售者赔偿后，有权向第三人追偿。
权利期间	因产品存在缺陷造成损害要求赔偿的请求权，在造成损害的缺陷产品交付最初消费者满10年丧失；但是，尚未超过明示的安全使用期的除外。

【难点展开】

1. 产品缺陷的概念。缺陷是指产品存在危及人身、他人财产安全的不合理的危险；产品有保障人体健康和人身、财产安全的国家标准、行业标准的，是指不符合该标准。通说认为，产品缺陷包括设计缺陷、制造缺陷、警示说明缺陷和跟踪观察缺陷。

2. 归责原则与求偿对象的关系。这个问题常常困扰考生。归责原则分两个层次：一是最终责任归责原则，生产者承担无过错责任，销售者承担过错责任。二是中间责任归责原则，生产者和销售者都承担无过错责任。最终责任归责原则与选择求偿对象无关，也就是说，原告不

---

① AB。检验不得向被检查人收取检验费用。召回者应当承担消除缺陷的费用和必要的运输费。

需要考虑产品缺陷是由生产者还是销售者造成的，也不需要考虑最终应当由哪一方承担责任，而是可以任意选择生产者、销售者中的一个或者二个起诉。中间责任归责原则与选择求偿对象有关，在具备构成要件的前提下，无论原告选择生产者还是销售者为被告起诉，被告都应先行赔付，然后依最终责任归责原则进行追偿，而不能以缺陷并非自己造成为由对抗原告；如果原告选择生产者和销售者为共同被告，法院可以判决应当承担最终责任的一方赔偿，另一方承担连带责任。

【案例分析】

1. 马某等68人诉合肥丰乐种业股份有限公司、王某产品责任案。马某等68原告系农户，自被告王某处购买了被告合肥丰乐种业公司生产的"丰两优晚三"稻种，根据包装袋说明作为早熟中稻种植，生长过程中出现大面积倒伏，造成水稻减产及收割成本增加损失。法院认为，被告合肥丰乐种业公司违反安徽省农业委员会要求告知使用者适宜的栽培技术的要求，"丰两优晚三"品种，经和县种子站鉴定作直播稻有易倒伏缺陷，不适宜直播稻栽培。因此，原告诉求两被告连带赔偿水稻减产损失及增加收割成本，应予以支持。判决被告合肥丰乐种业股份有限公司赔偿各项损失70余万元，被告王某承担连带责任。

【实战演练】

张三在寝室复习法考考试，隔壁寝室的学生李四、王五到张三寝室强烈要求张三打开电视观看世界杯，张三照办。由于质量问题，电视机突然爆炸，张三、李四和王五三人均受重伤。关于三人遭受的损害，下列哪一选项是正确的？①

A. 张三可要求电视机的销售者承担赔偿责任

B. 张三可要求李四、王五承担损害赔偿责任

C. 张三、李四无权要求电视机的销售者承担赔偿责任

D. 张三、李四有权要求王五承担损害赔偿责任

六、食品安全宏观制度

【知识框架】

（一）适用范围

适用范围	（1）食品、食品相关产品、食品添加剂的生产经营和安全管理；（2）食品的贮存和运输；（3）食品生产经营者使用食品添加剂、食品相关产品；（4）食用农产品（供食用的源于农业的初级产品）的质量安全管理，遵守农产品质量安全法的规定。但是，食用农产品的市场销售、有关质量安全标准的制定、有关安全信息的公布和本法对农业投入品作出规定的，应当遵守本法。

（二）食品安全风险监测

监测对象	食源性疾病、食品污染以及食品中的有害因素。
监测计划	国务院卫生部门会同国务院食品安全监督管理等部门，制定、实施国家食品安全风险监测计划。国务院卫生部门认为必要的，及时调整国家食品安全风险监测计划。
监测方案	省、自治区、直辖市政府卫生部门会同同级食品安全监督管理等部门，制定、调整本行政区域的食品安全风险监测方案，报国务院卫生部门备案并实施。

---

① A。张三、李四、王五是产品责任的被侵权人，电视机的销售者、生产者均为责任主体。

续表

监测实施	食品安全风险监测工作人员有权进入相关食用农产品种植养殖、食品生产经营场所采集样品、收集相关数据。采集样品应当按照市场价格支付费用。
监测结果	食品安全风险监测结果表明可能存在食品安全隐患的，县级以上卫生部门应当及时将相关信息通报同级食品安全监督管理等部门，并报告本级政府和上级卫生部门。食品安全监督管理等部门应当组织开展进一步调查。

（三）食品安全风险评估

评估对象	食品、食品添加剂、食品相关产品中生物性、化学性和物理性危害因素。
评估主体	国务院卫生部门负责组织食品安全风险评估工作，公布评估结果。
评估条件	有下列情形之一的，应当进行食品安全风险评估：（1）通过食品安全风险监测或者接到举报发现食品、食品添加剂、食品相关产品可能存在安全隐患的；（2）为制定或者修订食品安全国家标准提供科学依据需要进行风险评估的；（3）为确定监督管理的重点领域、重点品种需要进行风险评估的；（4）发现新的可能危害食品安全因素的；（5）需要判断某一因素是否构成食品安全隐患的；（6）国务院卫生部门认为需要进行风险评估的其他情形。
评估结果	食品安全风险评估结果是制定、修订食品安全标准和实施食品安全监督管理的科学依据。
	经食品安全风险评估，得出食品、食品添加剂、食品相关产品不安全结论的，国务院食品安全监督管理等部门应当依据各自职责立即向社会公告，告知消费者停止食用或者使用，并采取相应措施，确保该食品、食品添加剂、食品相关产品停止生产经营；需要制定、修订相关食品安全国家标准的，国务院卫生部门应当会同国务院食品安全监督管理部门立即制定、修订。

（四）食品安全标准

唯一性	食品安全标准是强制执行的标准。除食品安全标准外，不得制定其他食品强制性标准。
内容	食品安全标准应当包括下列内容：（1）食品、食品添加剂、食品相关产品中的致病性微生物，农药残留、兽药残留、生物毒素、重金属等污染物质以及其他危害人体健康物质的限量规定；（2）食品添加剂的品种、使用范围、用量；（3）专供婴幼儿和其他特定人群的主辅食品的营养成分要求；（4）对与卫生、营养等食品安全要求有关的标签、标志、说明书的要求；（5）食品生产经营过程的卫生要求；（6）与食品安全有关的质量要求；（7）与食品安全有关的食品检验方法与规程；（8）其他需要制定为食品安全标准的内容。
级别	食品安全国家标准由国务院卫生部门会同国务院食品安全监督管理部门制定、公布，国务院标准化行政部门提供国家标准编号，经食品安全国家标准审评委员会审查通过。制定食品安全国家标准，应当依据食品安全风险评估结果并充分考虑食用农产品安全风险评估结果，参照相关的国际标准和国际食品安全风险评估结果，并将食品安全国家标准草案向社会公布，广泛听取食品生产经营者、消费者、有关部门等方面的意见。
	对地方特色食品，没有食品安全国家标准的，省、自治区、直辖市卫生部门可以制定并公布食品安全地方标准，报国务院卫生部门备案。食品安全国家标准制定后，该地方标准即行废止。
	国家鼓励食品生产企业制定严于食品安全国家标准或者地方标准的企业标准，在本企业适用，并报省、自治区、直辖市卫生部门备案。

续表

实施	省级以上卫生部门应当会同同级有关部门,分别对食品安全国家标准和地方标准的执行情况进行跟踪评价,并根据评价结果及时修订食品安全标准。
	省级以上政府食品安全监督管理、农业等部门应当对食品安全标准执行中存在的问题进行收集、汇总,并及时向同级卫生部门通报。
	食品生产经营者、食品行业协会发现食品安全标准在执行中存在问题的,应当立即向卫生部门报告。
公开	省级以上卫生部门应当在其网站上公布制定和备案的食品安全国家标准、地方标准和企业标准,供公众免费查阅、下载。

【案例分析】有关食品安全标准的行政诉讼案

2012年2月21日,被告东台工商局行政执法人员在检查时,发现原告奥康公司经营的金龙鱼牌橄榄原香食用调和油未标示橄榄油的添加量。上述金龙鱼牌橄榄原香食用调和油名称为"橄榄原香食用调和油",其标签上有"橄榄"二字,配有橄榄图形,标签侧面标示"配料:菜籽油、大豆油、橄榄油"等内容,吊牌上写明:"金龙鱼橄榄原香食用调和油,添加了来自意大利的100%特级初榨橄榄油,洋溢着淡淡的橄榄果清香。除富含多种维生素、单不饱和脂肪酸等健康物质外,其橄榄原生精华含有多本酚等天然抗氧化成分,满足自然健康的高品质生活追求。"被告于2012年5月15日向原告送达行政处罚决定书,认定原告商品标签不符合《食品安全法》规定的食品安全标准,作出相应的行政处罚。原告以东台工商局为被告提起诉讼,请求法院判决撤销被告对其作出的涉案行政处罚决定书。

法院生效裁判认为:《食品安全法》第26条第4项规定,食品安全标准应当包括对与食品卫生、营养等食品安全要求有关的标签、标识、说明书的要求。本案中,奥康公司未标示橄榄油的添加量,属于违反食品安全标准的行为。东台工商局所作行政处罚决定具有事实和法律依据,应予维持,判决维持东台工商局2012年5月15日作出的东工商案字〔2012〕第00298号《行政处罚决定书》。(**案例来源:最高人民法院指导案例第60号**)

【实战演练】

李某花2000元购得某省M公司生产的苦茶一批,发现其备案标准并非苦茶的标准,且保质期仅为9个月,但产品包装上显示为18个月,遂要求该公司支付2万元的赔偿金。对此,下列哪些说法是正确的?①

A. 李某的索赔请求于法有据

B. 茶叶的食品安全国家标准由国家卫计委制定、公布并提供标准编号

C. 没有苦茶的食品安全国家标准时,该省卫计委可制定地方标准,待国家标准制定后,酌情存废

D. 国家鼓励该公司就苦茶制定严于食品安全国家标准或地方标准的企业标准,在该公司适用,并报该省卫计委备案

---

① AD。国标由国务院卫生行政部门会同国务院食品药品监督管理部门制定、公布,国务院标准化行政部门提供国家标准编号。国标与地标不能并存,国标效力高于地标。

七、食品安全微观制度

【知识框架】

（一）食品生产经营管理

新品许可	利用新的食品原料生产食品，或者生产食品添加剂新品种、食品相关产品新品种，应当向国务院卫生部门提交相关产品的安全性评估材料。国务院卫生部门应当组织审查；对符合食品安全要求的，准予许可并公布；对不符合食品安全要求的，不予许可并书面说明理由。
分类许可	从事食品生产、食品销售、餐饮服务，应当依法取得许可。销售食用农产品，不需要取得许可。
	国家对食品添加剂生产实行许可制度。食品添加剂应当在技术上确有必要且经过风险评估证明安全可靠，方可列入允许使用的范围。
	生产食品相关产品应当符合法律、法规和食品安全国家标准。对直接接触食品的包装材料等具有较高风险的食品相关产品，按照国家有关工业产品生产许可证管理的规定实施生产许可。
召回制度	召回条件：食品不符合食品安全标准或者有证据证明可能危害人体健康的
	召回主体：生产者应当召回；由于食品经营者原因造成的，食品经营者应当召回。食品生产经营者未依照本条规定召回或者停止经营的，县级以上食品安全监督管理部门可以责令其召回或停止经营。
	召回措施：停止生产经营，召回已经上市销售的食品，通知相关生产经营者和消费者，并记录召回和通知情况。采取无害化处理、销毁等措施，防止其再次流入市场；但是，对因标签、标志或者说明书不符合食品安全标准而被召回的食品，食品生产者在采取补救措施且能保证食品安全的情况下可以继续销售；销售时应当向消费者明示补救措施。将食品召回和处理情况向所在地县级食品安全监督管理部门报告
食品广告	食品广告的内容应当真实合法，不得含有虚假内容，不得涉及疾病预防、治疗功能。食品生产经营者对食品广告内容的真实性、合法性负责。县级以上食品安全监督管理部门和其他有关部门以及食品检验机构、食品行业协会不得以广告或者其他形式向消费者推荐食品。消费者组织不得以收取费用或者其他牟取利益的方式向消费者推荐食品。生产经营转基因食品应当按照规定显著标示。

（二）特殊食品

保健食品	保健食品原料目录和允许保健食品声称的保健功能目录，由国务院食品安全监督管理部门会同国务院卫生部门、国家中医药管理部门制定、调整并公布。列入保健食品原料目录的原料只能用于保健食品生产，不得用于其他食品生产。
	注册备案：使用保健食品原料目录以外原料的保健食品和首次进口的保健食品应当经国务院食品安全监督管理部门注册。但是，首次进口的保健食品中属于补充维生素、矿物质等营养物质的，应当报国务院食品安全监督管理部门备案。其他保健食品应当报省、自治区、直辖市食品安全监督管理部门备案。

续表

	标签和说明书：不得涉及疾病预防、治疗功能，内容应当真实，与注册或者备案的内容相一致，载明适宜人群、不适宜人群、功效成分或者标志性成分及其含量等，并声明"本品不能代替药物"。
	广告：保健食品广告应当声明"本品不能代替药物"；其内容应当经生产企业所在地省、自治区、直辖市食品安全监督管理部门审查批准，取得保健食品广告批准文件。省、自治区、直辖市食品安全监督管理部门应当公布并及时更新已经批准的保健食品广告目录以及批准的广告内容。
婴幼儿配方食品	质量控制：婴幼儿配方食品生产企业应当实施从原料进厂到成品出厂的全过程质量控制，对出厂的婴幼儿配方食品实施逐批检验，保证食品安全。
	备案制：婴幼儿配方食品生产企业应当将食品原料、食品添加剂、产品配方及标签等事项向省、自治区、直辖市食品安全监督管理部门备案。
	奶粉：婴幼儿配方乳粉的产品配方应当经国务院食品安全监督管理部门注册。不得以分装方式生产婴幼儿配方乳粉，同一企业不得用同一配方生产不同品牌的婴幼儿配方乳粉。
医用食品	特殊医学用途配方食品应当经国务院食品安全监督管理部门注册。特殊医学用途配方食品广告适用《广告法》和其他法律、行政法规关于药品广告管理的规定。

（三）食品检验

检验依据	食品检验机构的资质认定条件和检验规范，由国务院食品安全监督管理部门规定。食品添加剂的检验，适用本法有关食品检验的规定。
双重负责	食品检验由食品检验机构指定的检验人独立进行。食品检验报告应当加盖食品检验机构公章，并有检验人的签名或者盖章。食品检验机构和检验人对出具的食品检验报告负责。
抽样检验	县级以上食品安全监督管理部门应当对食品进行定期或者不定期的抽样检验，并依据有关规定公布检验结果，不得免检。进行抽样检验，应当购买抽取的样品，委托符合本法规定的食品检验机构进行检验，并支付相关费用；不得向食品生产经营者收取检验费和其他费用。
异议程序	对依照本法规定实施的检验结论有异议的，食品生产经营者可以自收到检验结论之日起7个工作日内向实施抽样检验的食品安全监督管理部门或者其上一级食品安全监督管理部门提出复检申请，由受理复检申请的食品安全监督管理部门在公布的复检机构名录中随机确定复检机构进行复检。复检机构出具的复检结论为最终检验结论。复检机构与初检机构不得为同一机构。 采用国家规定的快速检测方法对食用农产品进行抽查检测，被抽查人对检测结果有异议的，可以自收到检测结果时起4小时内申请复检。复检不得采用快速检测方法。

（四）食品进出口

进口食品适用标准	（1）进口的食品、食品添加剂、食品相关产品应当符合我国食品安全国家标准。 （2）进口尚无食品安全国家标准的食品，由境外出口商、境外生产企业或者其委托的进口商向国务院卫生部门提交所执行的相关国家（地区）标准或者国际标准。国务院卫生部门对相关标准进行审查，认为符合食品安全要求的，决定暂予适用，并及时制定相应的食品安全国家标准。 （3）进口利用新的食品原料生产的食品或者进口食品添加剂新品种、食品相关产品新品种，应当向国务院卫生部门提交相关产品的安全性评估材料。国务院卫生部门应当组织审查；对符合食品安全要求的，准予许可并公布；对不符合食品安全要求的，不予许可并书面说明理由。
审核制度	进口商应当建立境外出口商、境外生产企业审核制度；审核不合格的，不得进口。
召回制度	发现进口食品不符合我国食品安全国家标准或者有证据证明可能危害人体健康的，进口商应当立即停止进口并召回。
注册备案	向我国境内出口食品的境外出口商或者代理商、进口食品的进口商应当向国家出入境检验检疫部门备案。向我国境内出口食品的境外食品生产企业应当经国家出入境检验检疫部门注册。
信用管理	国家出入境检验检疫部门应当对进出口食品的进口商、出口商和出口食品生产企业实施信用管理，建立信用记录，并依法向社会公布。对有不良记录的进口商、出口商和出口食品生产企业，应当加强对其进出口食品的检验检疫。

（五）食品安全事故

应急预案	国务院组织制定国家食品安全事故应急预案。县级以上地方政府制定本行政区域的食品安全事故应急预案，并报上一级政府备案。
报告制度	事故单位和接收病人进行治疗的单位应当及时向事故发生地县级食品安全监督管理、卫生部门报告。接到报告的县级食品安全监督管理部门应当向本级政府和上级食品安全监督管理部门报告。县级政府和上级食品安全监督管理部门应当按照应急预案的规定上报。
	医疗机构发现其接收的病人属于食源性疾病病人或者疑似病人的，应当向所在地县级卫生部门报告。县级卫生行政部门应当及时通报同级食品安全监督管理部门。
	县级以上卫生部门在调查处理传染病或者其他突发公共卫生事件中发现与食品安全相关的信息，应当及时通报同级食品安全监督管理部门。
调查处理	县级以上食品安全监督管理部门接到食品安全事故的报告后，应当立即会同同级卫生政、农业等部门进行调查处理。
	需要启动应急预案的，县级以上政府应当立即成立事故处置指挥机构，启动应急预案。
	县级以上疾病预防控制机构应当对事故现场进行卫生处理，并对与事故有关的因素开展流行病学调查，向同级食品安全监督管理、卫生部门提交流行病学调查报告。
责任调查	发生食品安全事故，设区的市级以上食品安全监督管理部门应当立即会同有关部门进行事故责任调查，督促有关部门履行职责，向本级政府和上一级食品安全监督管理部门提出事故责任调查处理报告。涉及两个以上省、自治区、直辖市的重大食品安全事故由国务院食品安全监督管理部门组织事故责任调查。

（六）法律责任

民事责任	生产经营者的首负责任制：消费者因不符合食品安全标准的食品受到损害的，可以向经营者要求赔偿损失，也可以向生产者要求赔偿损失。接到消费者赔偿要求的生产经营者，应当实行首负责任制，先行赔付，不得推诿；属于生产者责任的，经营者赔偿后有权向生产者追偿；属于经营者责任的，生产者赔偿后有权向经营者追偿。
	惩罚性赔偿：生产不符合食品安全标准的食品或者经营明知是不符合食品安全标准的食品，消费者除要求赔偿损失外，还可以向生产者或者经营者要求支付价款 10 倍或者损失 3 倍的赔偿金；增加赔偿的金额不足 1000 的，为 1000 元。但是，食品的标签、说明书存在不影响食品安全且不会对消费者造成误导的瑕疵的除外。食品符合食品安全标准但未达到生产经营者承诺的质量标准，消费者依照《民法典》、《消费者权益保护法》等法律规定主张生产经营者承担责任的，法院应予支持，但消费者主张生产经营者承担上述惩罚性赔偿责任的，法院不予支持。
	诉讼规则：（1）消费者可以分别起诉或者同时起诉销售者和生产者。消费者仅起诉销售者或者生产者的，必要时法院可以追加相关当事人参加诉讼。（2）生产者、销售者以购买者明知食品、药品存在质量问题而仍然购买为由进行抗辩的；以消费者未对赠品支付对价为由进行免责抗辩的；虽在销售前取得检验合格证明，且食用或者使用时尚在保质期内，但经检验确认产品不合格，生产者或者销售者以该食品、药品具有检验合格证明为由进行抗辩的，法院不予支持。
行政处罚	责令停止违法行为，没收违法的食品、工具、设备、原料，没收违法所得，罚款，责令停产、停业，吊销许可证，拘留
刑事责任	构成犯罪的，依法追究刑事责任。

【案例分析】孙某诉南京欧尚超市有限公司江宁店买卖合同纠纷案

2012 年 5 月 1 日，原告孙某在被告欧尚超市江宁店购买"玉兔牌"香肠 15 包，其中价值 558.6 元的 14 包香肠已过保质期。孙某到收银台结账后，即径直到服务台索赔，后因协商未果诉至法院，要求欧尚超市江宁店支付 14 包香肠售价十倍的赔偿金 5586 元。法院判决被告欧尚超市江宁店于判决发生法律效力之日起 10 日内赔偿原告孙某 5586 元。（**案例来源：最高人民法院指导案例第 23 号**）

【实战演练】

消费者曹某从某土特产超市购买了野生菇一包（售价 50 元），食用后因食物中毒口吐白沫、倒地不起，被紧急送往医院抢救，花费医疗费 5000 元。事后查明，该野生菇由当地企业蘑菇世家生产，因不符合食品安全标准，已多次发生消费者食物中毒事件。关于本案的责任承担，下列哪些说法是正确的？①

A. 土特产超市发现食品安全事故后，可以立即停止销售，召回已经销售野生菇的食品

B. 如果曹某要求土特产超市赔偿，该超市有权以无过错为由拒绝赔偿

C. 曹某有权获得最高 1.5 万元的惩罚性赔偿金

D. 若生产企业财产不足以同时支付行政罚款和民事赔偿，应当先行支付民事赔偿

---

① CD。销售者应停止销售，但是召回是生产者的义务。食品生产经营者实行首负责任制。

第三章 银行业法

码上揭秘

【本章概览】

地位	预计平均分值，客观题约3分。
内容	商业银行的业务，商业银行的组织和管理机制，违反《商业银行法》的法律责任。 监督管理机构和对象，监督管理职责，监督管理措施，违反《银行业监督管理法》的法律责任。
法条	《中华人民共和国商业银行法》 《中华人民共和国银行业监督管理法》

一、商业银行的业务

【知识框架】

业务范围	可以经营的业务：（1）吸收公众存款；（2）发放短期、中期和长期贷款；（3）办理国内外结算；（4）办理票据承兑与贴现；（5）发行金融债券；（6）代理发行、代理兑付、承销政府债券；（7）买卖政府债券、金融债券；（8）从事同业拆借；（9）买卖、代理买卖外汇；（10）从事银行卡业务；（11）提供信用证服务及担保；（12）代理收付款项及代理保险业务；（13）提供保管箱服务；（14）经国务院银行业监督管理机构批准的其他业务。此外，商业银行经中国人民银行批准，可以经营结汇、售汇业务。
	经营范围由商业银行章程规定，报国务院银行业监督管理机构批准。银行业金融机构业务范围内的业务品种，应当按照规定经国务院银行业监督管理机构审查批准或者备案。
	不得从事信托投资和证券经营业务，不得向非自用不动产投资或者向非银行金融机构和企业投资，但国家另有规定的除外。商业银行因行使抵押权、质权而取得的不动产或股权，应当自取得之日起2年内予以处分。
贷款业务	审批：商业银行贷款，应当与借款人订立书面合同，对借款人的借款用途、偿还能力、还款方式等情况进行严格审查，实行审贷分离、分级审批的制度。任何单位和个人不得强令商业银行发放贷款或者提供担保。
	种类：担保贷款和信用贷款。担保贷款是原则，信用贷款是例外。
	比例：（1）资本充足率不得低于8%；（2）流动性资产余额与流动性负债余额的比例不得低于25%；（3）对同一借款人的贷款余额与商业银行资本余额的比例不得超过10%。
	关系人贷款：关系人是指商业银行的董事、监事、管理人员、信贷业务人员及其近亲属；上述人员投资或者担任高级管理职务的公司、企业和其他经济组织。商业银行不得向关系人发放信用贷款；向关系人发放担保贷款的条件不得优于其他借款人同类贷款的条件。

续表

存款业务	保密：对个人储蓄存款，商业银行有权拒绝任何单位或者个人查询、冻结、扣划，但法律另有规定的除外。对单位存款，商业银行有权拒绝任何单位或者个人查询，但法律、行政法规另有规定的除外；有权拒绝任何单位或者个人冻结、扣划，但法律另有规定的除外。
	公款：企业事业单位可以自主选择一家商业银行的营业场所开立一个办理日常转账结算和现金收付的基本账户，不得开立两个以上基本账户。任何单位和个人不得将单位的资金以个人名义开立账户存储。
同业拆借	禁止利用拆入资金发放固定资产贷款或者用于投资。拆出资金限于交足存款准备金、留足备付金和归还中国人民银行到期贷款之后的闲置资金。拆入资金用于弥补票据结算、联行汇差头寸的不足和解决临时性周转资金的需要。
经营原则	商业银行以安全性、流动性、效益性为经营原则。但是，这三个原则之间是有一定冲突的。通常，安全性与效益性是冲突（成反比）的，比如，购买国债非常安全，但是收益较低；投资股市风险很大，但是可能有高收益。安全性与流动性是统一（成正比）的，资产流动性越强，其安全性越高，比如活期存款的流动性很强，也非常安全。

【实战演练】

某商业银行推出"校园贷"业务，旨在向在校大学生提供额度不等的消费贷款。对此，下列哪些说法是错误的？①

A. 银行向在校大学生提供"校园贷"业务，须经国务院银监机构审批或备案

B. 在校大学生向银行申请"校园贷"业务，无论资信如何，都必须提供担保

C. 银行应对借款大学生的学习、恋爱经历、父母工作等情况进行严格审查

D. 银行为提高"校园贷"业务发放效率，审查人员和放贷人员可同为一人

二、商业银行的组织和管理机制

【知识框架】

组织形式	有限公司或股份公司。《商业银行法》没有规定的，适用《公司法》。	
设立	须经国务院银行业监督管理机构批准。经批准设立的商业银行，由国务院银行业监督管理机构颁发经营许可证，并凭该许可证向工商部门办理登记，领取营业执照。	批准设立的商业银行及其分支机构，由国务院银行业监督管理机构予以公告。商业银行及其分支机构自取得营业执照之日起无正当理由超过6个月未开业的，或者开业后自行停业连续6个月以上的，由国务院银行业监督管理机构吊销其经营许可证，并予以公告。
	法律规定了最低注册资本限额，并允许国务院银行业监督管理机构调高该限额。注册资本为实缴资本。	
分支机构	不具有法人资格，在总行授权范围内依法开展业务，其民事责任由总行承担。	
	设立分支机构必须经国务院银行业监督管理机构审查批准。在境内的分支机构，不按行政区划设立。经批准设立的商业银行分支机构，由国务院银行业监督管理机构颁发经营许可证，并凭该许可证向工商部门办理登记，领取营业执照。拨付分支机构的资金不得超过总行资本金的60%。	

---

① BCD。银行业金融机构业务范围内的业务品种，应当按照规定经国务院银行业监督管理机构审查批准或者备案。

续表

接管	条件：商业银行已经或者可能发生信用危机，严重影响存款人的利益。
	实施：接管由国务院银行业监督管理机构决定，并组织实施。根据《中国人民银行法》的规定，实务中由国务院银行业监督管理机构和中国人民银行共同决定并组织实施。
	后果：被接管的商业银行，正常营业，债权债务关系不变。但是，自接管开始之日起，由接管组织行使商业银行的经营管理权力。
	期限：接管期限由国务院银行业监督管理机构可以决定，可延期，但最长不得超过2年。
	有下列情形之一的，接管终止：（1）接管决定规定的期限届满或者国务院银行业监督管理机构决定的接管延期届满；（2）接管期限届满前，该商业银行已恢复正常经营能力；（3）接管期限届满前，该商业银行被合并或者被依法宣告破产。
终止	解散：商业银行因分立、合并或者出现公司章程规定的解散事由需要解散的，应当向国务院银行业监督管理机构提出申请，并附解散的理由和支付存款的本金和利息等债务清偿计划，经批准后解散。国务院银行业监督管理机构监督清算过程。
	撤销：商业银行因吊销经营许可证被撤销的，国务院银行业监督管理机构应当依法及时组织成立清算组，进行清算，按照清偿计划及时偿还存款本金和利息等债务。
	破产：商业银行不能支付到期债务，经国务院银行业监督管理机构同意，由法院依法宣告其破产。商业银行被宣告破产的，由法院组织国务院银行业监督管理机构等有关部门和有关人员成立清算组，进行清算。商业银行破产清算时，在支付清算费用、所欠职工工资和劳动保险费用后，应当优先支付个人储蓄存款的本金和利息。

【案例分析】包商银行接管案

中国人民银行、中国银行保险监督管理委员会2019年5月24日发布公告，鉴于包商银行股份有限公司（以下简称包商银行）出现严重信用风险，为保护存款人和其他客户合法权益，依照《中华人民共和国中国人民银行法》《中华人民共和国银行业监督管理法》和《中华人民共和国商业银行法》有关规定，中国银行保险监督管理委员会决定自2019年5月24日起对包商银行实行接管，接管期限一年。现将有关事项公告如下：

一、接管期限：自2019年5月24日起至2020年5月23日止。

二、接管组织：接管组由中国人民银行、中国银行保险监督管理委员会会同有关方面组建。接管组组长：周学东；接管组副组长：李国荣。

三、接管内容：自接管开始之日起，接管组全面行使包商银行的经营管理权，并委托中国建设银行股份有限公司（以下简称建设银行）托管包商银行业务。建设银行组建托管工作组，在接管组指导下，按照托管协议开展工作。接管后，包商银行正常经营，客户业务照常办理，依法保障银行存款人和其他客户合法权益。

三、法律责任

【知识框架】

侵犯客户利益	商业银行有下列情形之一，对存款人或者其他客户造成财产损害的，应当承担支付迟延履行的利息以及其他民事责任，由国务院银行业监督管理机构责令改正，没收违法所得，并处罚款：（1）无故拖延、拒绝支付存款本金和利息的；（2）违反票据承兑等结算业务规定，不予兑现，不予收付入账，压单、压票或者违反规定退票的；（3）非法查询、冻结、扣划个人储蓄存款或者单位存款的；（4）违反本法规定对存款人或者其他客户造成损害的其他行为。
银保监会	商业银行有下列情形之一，由国务院银行业监督管理机构责令改正，没收违法所得，并处罚款；情节特别严重或者逾期不改正的，可以责令停业整顿或者吊销其经营许可证；构成犯罪的，依法追究刑事责任：（1）未经批准设立分支机构的；（2）未经批准分立、合并或者违反规定对变更事项不报批的；（3）违反规定提高或者降低利率以及采用其他不正当手段，吸收存款，发放贷款的；（4）出租、出借经营许可证的；（5）未经批准买卖、代理买卖外汇的；（6）未经批准买卖政府债券或者发行、买卖金融债券的；（7）违反国家规定从事信托投资和证券经营业务、向非自用不动产投资或者向非银行金融机构和企业投资的；（8）向关系人发放信用贷款或者发放担保贷款的条件优于其他借款人同类贷款的条件的；（9）拒绝或者阻碍国务院银行业监督管理机构检查监督的；（10）提供虚假的或者隐瞒重要事实的财务会计报告、报表和统计报表的；（11）未遵守资本充足率、资产流动性比例、同一借款人贷款比例和国务院银行业监督管理机构有关资产负债比例管理的其他规定的。
央行	商业银行有下列情形之一，由中国人民银行责令改正，没收违法所得，并处罚款；情节特别严重或者逾期不改正的，中国人民银行可以建议国务院银行业监督管理机构责令停业整顿或者吊销其经营许可证；构成犯罪的，依法追究刑事责任：（1）未经批准办理结汇、售汇的；（2）未经批准在银行间债券市场发行、买卖金融债券或者到境外借款的；（3）违反规定同业拆借的；（4）拒绝或者阻碍中国人民银行检查监督的；（5）提供虚假的或者隐瞒重要事实的财务会计报告、报表和统计报表的；（6）未按照中国人民银行规定的比例交存存款准备金的。

个人责任：（1）商业银行违反本法规定的，国务院银行业监督管理机构可以区别不同情形，取消其直接负责的董事、高级管理人员一定期限直至终身的任职资格，禁止直接负责的董事、高级管理人员和其他直接责任人员一定期限直至终身从事银行业工作。商业银行的行为尚不构成犯罪的，对直接负责的董事、高级管理人员和其他直接责任人员，给予警告，处罚款。（2）商业银行工作人员索贿受贿发放贷款或者提供担保，违反规定徇私向亲属、朋友发放贷款或者提供担保，强令商业银行发放贷款或者提供担保，对单位或者个人强令其发放贷款或者提供担保未予拒绝，造成损失的，应当承担全部或者部分赔偿责任。（3）构成犯罪的，追究刑事责任。

四、银行业监管机构、对象和职责

【知识框架】

监管机构	国务院银行业监督管理机构及其派出机构。国务院银行业监督管理机构应当和中国人民银行、国务院其他金融监督管理机构建立监督管理信息共享机制。

续表

监管对象	银行业金融机构：境内设立的商业银行、城市信用合作社、农村信用合作社等吸收公众存款的金融机构以及政策性银行。
	其他金融机构：境内设立的金融资产管理公司、信托投资公司、财务公司、金融租赁公司以及经国务院银行业监督管理机构批准设立的其他金融机构。
	经国务院银行业监督管理机构批准在境外设立的金融机构。
监管职责	发布对银行业金融机构及其业务活动监督管理的规章、规则。
	审查批准银行业金融机构的设立、变更、终止以及业务范围。
	对银行业金融机构股东的资金来源、财务状况、资本补充能力和诚信状况进行审查。
	审查批准或者备案银行业金融机构的业务品种。
	对银行业金融机构的董事和高级管理人员实行任职资格管理（任职资格规定比公司法更加严格，实行"一次是贼，终身是贼"的原则）。
	未经国务院银行业监督管理机构批准，任何单位或者个人不得设立银行业金融机构或者从事银行业金融机构的业务活动。
	制定银行业金融机构的审慎经营规则（可以由法律、行政法规规定，也可以由银保监会制定）。
	国务院银行业监督管理机构应当建立银行业金融机构监督管理评级体系和风险预警机制，根据银行业金融机构的评级情况和风险状况，确定对其现场检查的频率、范围和需要采取的其他措施。
	国务院银行业监督管理机构应当建立银行业突发事件的发现、报告岗位责任制度。银行业监督管理机构发现可能引发系统性银行业风险、严重影响社会稳定的突发事件的，应当立即向国务院银行业监督管理机构负责人报告；国务院银行业监督管理机构负责人认为需要向国务院报告的，应当立即向国务院报告，并告知中国人民银行、国务院财政部门等有关部门。
	国务院银行业监督管理机构应当会同中国人民银行、国务院财政部门等有关部门建立银行业突发事件处置制度，制定银行业突发事件处置预案，明确处置机构和人员及其职责、处置措施和处置程序，及时、有效地处置银行业突发事件。
	国务院银行业监督管理机构负责统一编制全国银行业金融机构的统计数据、报表，并按照国家有关规定予以公布。

五、监管措施

【知识框架】

获取资料	有权要求银行业金融机构按照规定报送资产负债表、利润表和其他财务会计、统计报表、经营管理资料以及注册会计师出具的审计报告。

续表

现场检查	检查措施：（1）进入银行业金融机构进行检查；（2）询问银行业金融机构的工作人员，要求其对有关检查事项作出说明；（3）查阅、复制银行业金融机构与检查事项有关的文件、资料，对可能被转移、隐匿或者毁损的文件、资料予以封存；（4）检查银行业金融机构运用电子计算机管理业务数据的系统。 进行现场检查，应当经银行业监督管理机构负责人批准，检查人员不得少于2人，并应当出示合法证件和检查通知书.
询问人员	要求银行业金融机构董事、高级管理人员就重大事项作出说明。
披露信息	责令银行业金融机构按照规定，如实向社会公众披露财务会计报告、风险管理状况、董事和高级管理人员变更以及其他重大事项等信息。
强制整改	银行业金融机构违反审慎经营规则的，国务院银行业监督管理机构或者其省一级派出机构应当责令限期改正；逾期未改正的，或者其行为严重危及该银行业金融机构的稳健运行、损害存款人和其他客户合法权益的，经国务院银行业监督管理机构或者其省一级派出机构负责人批准，可以区别情形，采取下列措施：（1）责令暂停部分业务、停止批准开办新业务；（2）限制分配红利和其他收入；（3）限制资产转让；（4）责令控股股东转让股权或者限制有关股东的权利；（5）责令调整董事、高级管理人员或者限制其权利；（6）停止批准增设分支机构。 银行业金融机构整改后，应当向国务院银行业监督管理机构或者其省一级派出机构提交报告。国务院银行业监督管理机构或者其省一级派出机构经验收，符合有关审慎经营规则的，应当自验收完毕之日起3日内解除对其采取的前款规定的有关措施。

接管重组	银行业金融机构已经或者可能发生信用危机，严重影响存款人和其他客户合法权益的，国务院银行业监督管理机构可以依法对该银行业金融机构实行接管或者促成机构重组。	银行业金融机构被接管、重组或者被撤销的，国务院银行业监督管理机构有权要求该银行业金融机构的董事、高级管理人员和其他工作人员，按照国务院银行业监督管理机构的要求履行职责。在接管、机构重组或者撤销清算期间，经国务院银行业监督管理机构负责人批准，对直接负责的董事、高级管理人员和其他直接责任人员，可以采取下列措施：（1）直接负责的董事、高级管理人员和其他直接责任人员出境将对国家利益造成重大损失的，通知出境管理机关依法阻止其出境；（2）申请司法机关禁止其转移、转让财产或者对其财产设定其他权利。
撤销	银行业金融机构有违法经营、经营管理不善等情形，不予撤销将严重危害金融秩序、损害公众利益的，国务院银行业监督管理机构有权予以撤销。	

银行账户	经国务院银行业监督管理机构或者其省一级派出机构负责人批准，银行业监督管理机构有权查询涉嫌金融违法的银行业金融机构及其工作人员以及关联行为人的账户；对涉嫌转移或者隐匿违法资金的，经银行业监督管理机构负责人批准，可以申请司法机关予以冻结。
行政处罚	对机构：视情节由国务院银行业监督管理机构责令改正，并处罚款，责令停业整顿或者吊销其经营许可证，依法追究刑事责任。 对直接负责的董事、高级管理人员和其他直接责任人员：（1）责令银行业金融机构对其给予纪律处分；（2）警告，罚款；（3）取消一定期限直至终身的任职资格，禁止一定期限直至终身从事银行业工作。

【实战演练】

某商业银行违反审慎经营规则,造成资本和资产状况恶化,严重危及稳健运行,损害存款人和其他客户合法权益。对此,银行业监督管理机构对该银行依法可采取下列哪些措施?①

A. 限制分配红利和其他收入   B. 限制工资总额

C. 责令调整高级管理人员   D. 责令减员增效

---

① AC。强制整改措施是法定的,不得随意增删、变更。

码上揭秘

第四章　财税法

【本章概览】

地位	预计平均分值，客观题约3分。
内容	税法原理。 增值税、消费税、车船税的基本内容，企业所得税和个人所得税的详细内容。 《税收征收管理法》的具体内容（税收征收管理法的宗旨和适用范围，纳税人权利，税务管理，税款征收，税务检查，法律责任）。 《审计法》调整范围，《审计法》原则，审计工作领导体制，审计机关的职责和权限，违反《审计法》的责任。
法条	《中华人民共和国个人所得税法》 《中华人民共和国企业所得税法》 《中华人民共和国车船税法》 《中华人民共和国税收征收管理法》 《中华人民共和国税收征收管理法实施细则》 《中华人民共和国审计法》

一、税法原理

【知识框架】

税收特征	法定性，强制性，无偿性。
	税收法定原则：税收的开征、停征以及减税、免税、退税、补税，依照法律的规定执行；法律授权国务院规定的，依照国务院制定的行政法规的规定执行。但是，依《立法法》，税种的设立、税率的确定和税收征收管理等税收基本制度，只能制定法律。若税法存在漏洞，也不允许以类推适用方法来弥补税法漏洞。
税收分类	商品税，如增值税、消费税、关税和烟叶税。
	所得税，如企业所得税和个人所得税。
	财产税，如资源税、房产税、土地增值税、土地使用税、契税、车船税。
	行为税，如印花税。

续表

构成要素	税收主体：征税主体包括国家和征税机关，纳税主体包括纳税人和扣缴义务人。税务机关是指各级税务局、税务分局、税务所和按照国务院规定设立的并向社会公告的税务机构（指省以下税务局的稽查局，稽查局专司偷税、逃避追缴欠税、骗税、抗税案件的查处）。
	征税对象：税法规定的征税客体，一般包括商品、所得、财产等。
	税目：税法规定的征税的具体品目，是对征税对象的分类和细化。例如消费税税目分为14类，每一类又细分为若干小类。
	税基：又称计税依据，是税法规定的计算应纳税额的依据。
	税率：税法规定的计算应纳税额的比率，包括定额税率、比例税率和累进税率三种。

二、个人所得税

（一）纳税人

纳税人	区分标准	税收负担
居民个人	在中国境内有住所，或者 无住所而一个纳税年度内在中国境内居住累计满183天	就境内外所得缴税
非居民个人	在中国境内无住所又不居住，或者 无住所而一个纳税年度内在中国境内居住累计不满183天	就境内所得缴税

（二）税款计算

个人所得		收入额	应纳税所得额	税率
综合所得	工资薪金	全额	居民个人按年合并计征，每年收入额减除6万元以及专项扣除、专项附加扣除和其他扣除。 非居民个人的工资、薪金所得，每月减5000元；其他综合所得以每次收入额为应纳税所得额。	3%~45%的7级超额累进税率
	劳务报酬	减20%		
	稿酬	减20%再乘70%		
	特许权使用费	减20%		
经营所得			年收入总额减除成本、费用以及损失后	5%~35%，5级
利息股息红利			全额	20%比例税率
财产租赁所得			每次收入不超过4000元的，减除费用800元；4000元以上的，减除20%的费用	
财产转让所得			收入额减除财产原值和合理费用	
偶然所得			全额	

【难点展开】

1. 综合与分类相结合的个人所得税制。修订之前，个人所得税法采用分类征税方式，将应税所得分为11类，实行不同征税办法，这带来了税负不公平的问题。按照"逐步建立综合与分类相结合的个人所得税制"的要求，结合当前征管能力和配套条件等实际情况，修订后的个人所得税法将工资、薪金所得，劳务报酬所得，稿酬所得，特许权使用费所得等4项劳动性所得（以下称综合所得）纳入综合征税范围，适用统一的超额累进税率，居民个人按年合并计算个人所得税，非居民个人按月或者按次分项计算个人所得税。

2. 各种所得的具体范围。（1）工资、薪金所得，是指个人因任职或者受雇取得的工资、薪金、奖金、年终加薪、劳动分红、津贴、补贴以及与任职或者受雇有关的其他所得。（2）劳务报酬所得，是指个人从事劳务取得的所得，包括从事设计、装潢、安装、制图、化验、测试、医疗、法律、会计、咨询、讲学、翻译、审稿、书画、雕刻、影视、录音、录像、演出、表演、广告、展览、技术服务、介绍服务、经纪服务、代办服务以及其他劳务取得的所得。（3）稿酬所得，是指个人因其作品以图书、报刊等形式出版、发表而取得的所得。（4）特许权使用费所得，是指个人提供专利权、商标权、著作权、非专利技术以及其他特许权的使用权取得的所得；提供著作权的使用权取得的所得，不包括稿酬所得。（5）经营所得，是指：①个体工商户从事生产、经营活动取得的所得，个人独资企业投资人、合伙企业的个人合伙人来源于境内注册的个人独资企业、合伙企业生产、经营的所得；②个人依法从事办学、医疗、咨询以及其他有偿服务活动取得的所得；③个人对企业、事业单位承包经营、承租经营以及转包、转租取得的所得；④个人从事其他生产、经营活动取得的所得。（6）利息、股息、红利所得，是指个人拥有债权、股权等而取得的利息、股息、红利所得。（7）财产租赁所得，是指个人出租不动产、机器设备、车船以及其他财产取得的所得。（8）财产转让所得，是指个人转让有价证券、股权、合伙企业中的财产份额、不动产、机器设备、车船以及其他财产取得的所得。（9）偶然所得，是指个人得奖、中奖、中彩以及其他偶然性质的所得。个人取得的所得，难以界定应纳税所得项目的，由国务院税务主管部门确定。

3. 专项扣除。包括居民个人按照国家规定的范围和标准缴纳的基本养老保险、基本医疗保险、失业保险等社会保险费和住房公积金等。由于工伤保险和生育保险，个人不必缴费，所以没有纳入专项扣除。

4. 专项附加扣除。包括子女教育、继续教育、大病医疗、住房贷款利息或者住房租金、赡养老人等支出，具体范围、标准和实施步骤由国务院确定，并报全国人民代表大会常务委员会备案。

5. 鼓励捐赠。个人将其所得对教育、扶贫、济困等公益慈善事业进行捐赠，捐赠额未超过纳税人申报的应纳税所得额30%的部分，可以从其应纳税所得额中扣除。

（三）税收减免

免征	（1）省级人民政府、国务院部委和中国人民解放军军以上单位，以及外国组织、国际组织颁发的科学、教育、技术、文化、卫生、体育、环境保护等方面的奖金；（2）国债和国家发行的金融债券利息；（3）按照国家统一规定发给的补贴、津贴；（4）福利费、抚恤金、救济金；（5）保险赔款；（6）军人的转业费、复员费、退役金；（7）按照国家统一规定发给干部、职工的安家费、退职费、基本养老金或者退休费、离休费、离休生活补助费；（8）依照有关法律规定应予免税的各国驻华使馆、领事馆的外交代表、领事官员和其他人员的所得；（9）中国政府参加的国际公约、签订的协议中规定免税的所得；(10) 国务院规定的其他免税所得（国务院报全国人民代表大会常务委员会备案）。
减征	有下列情形之一的，可以减征个人所得税，具体幅度和期限，由省级政府规定，并报同级人大常委会备案：（1）残疾、孤老人员和烈属的所得；（2）因自然灾害遭受重大损失的。国务院可以规定其他减税情形，报全国人大常委会备案。

第二部分 经济法 | 155

（四）征收管理

1. 源泉扣缴与汇算清缴

个人所得税以所得人为纳税人，以支付所得的单位或者个人为扣缴义务人。对扣缴义务人按照所扣缴的税款，付给 2% 的手续费。以中国公民身份号码为纳税人识别号；纳税人没有中国公民身份号码的，由税务机关赋予其纳税人识别号。

（1）居民个人取得综合所得，按年计算个人所得税；有扣缴义务人的，由扣缴义务人按月或者按次预扣预缴税款；需要办理汇算清缴的，应当在取得所得的次年 3 月 1 日至 6 月 30 日内办理汇算清缴。

取得综合所得需要办理汇算清缴的情形包括：①从两处以上取得综合所得，且综合所得年收入额减除专项扣除的余额超过 6 万元；②取得劳务报酬所得、稿酬所得、特许权使用费所得中一项或者多项所得，且综合所得年收入额减除专项扣除的余额超过 6 万元；③纳税年度内预缴税额低于应纳税额；④纳税人申请退税。

（2）纳税人取得经营所得，按年计算个人所得税，由纳税人在月度或者季度终了后 15 日内向税务机关报送纳税申报表，并预缴税款；在取得所得的次年 3 月 31 日前办理汇算清缴。

（3）纳税人取得利息、股息、红利所得，财产租赁所得，财产转让所得和偶然所得，按月或者按次计算个人所得税，有扣缴义务人的，由扣缴义务人按月或者按次代扣代缴税款。

2. 纳税申报

有下列情形之一的，纳税人应当依法办理纳税申报：（1）取得综合所得需要办理汇算清缴；（2）取得应税所得没有扣缴义务人（在取得所得的次月 15 日内向税务机关报送纳税申报表，并缴纳税款）；（3）取得应税所得，扣缴义务人未扣缴税款（在取得所得的次年 6 月 30 日前，缴纳税款；税务机关通知限期缴纳的，纳税人应当按照期限缴纳税款）；（4）取得境外所得（在取得所得的次年 3 月 1 日至 6 月 30 日内申报纳税）；（5）因移居境外注销中国户籍（在注销中国户籍前办理税款清算）；（6）非居民个人在中国境内从两处以上取得工资、薪金所得（在取得所得的次月 15 日内申报纳税）；（7）国务院规定的其他情形。

扣缴义务人应当按照国家规定办理全员全额扣缴申报，并向纳税人提供其个人所得和已扣缴税款等信息。

3. 反避税措施

有下列情形之一的，税务机关有权按照合理方法进行纳税调整：（1）个人与其关联方之间的业务往来不符合独立交易原则而减少本人或者其关联方应纳税额，且无正当理由；（2）居民个人控制的，或者居民个人和居民企业共同控制的设立在实际税负明显偏低的国家（地区）的企业，无合理经营需要，对应当归属于居民个人的利润不作分配或者减少分配；（3）个人实施其他不具有合理商业目的的安排而获取不当税收利益。税务机关依照前款规定作出纳税调整，需要补征税款的，应当补征税款，并依法加收利息。

【实战演练】

根据《个人所得税法》，关于个人所得税的征缴，下列哪些说法是正确的？[①]

A. 自然人买彩票多倍投注，所获一次性奖金特别高的，可实行加成征收

B. 对扣缴义务人按照所扣缴的税款，付给 2% 的手续费

C. 在中国境内无住所的个人，仅须就其来源于中国境内的所得缴纳个人所得税

---

① BD。《个人所得税法》修订后，删除了"加成征收"的做法。居民个人与非居民个人的区分，主要看在中国的居住时间。

D. 各项保险赔款均为免税所得

三、企业所得税

【知识框架】

纳税人	境内的企业和其他取得收入的组织，但不包括个人独资企业和合伙企业。
	居民企业和非居民企业的区分，以实际管理机构为标准。居民企业是指依法在境内成立，或依照外国（地区）法律成立但实际管理机构在境内的企业。非居民企业是指依照外国（地区）法律成立且实际管理机构不在境内，但在境内设立机构、场所的，或者在境内未设立机构、场所，但有来源于境内所得的企业。
税率	通常为25%，内资企业、外商投资企业统一。部分非居民企业为20%。
	符合条件的小型微利企业，减按20%的税率征收企业所得税。
	国家需要重点扶持的高新技术企业，减按15%的税率征收企业所得税。
计税依据（应纳税所得额）	应纳税所得额＝收入总额－不征税收入－免税收入－各项扣除－补亏
	收入总额：（1）销售货物收入；（2）提供劳务收入；（3）转让财产收入；（4）股息、红利等权益性投资收益；（5）利息收入；（6）租金收入；（7）特许权使用费收入；（8）接受捐赠收入；（9）其他收入。
	不征税收入：（1）财政拨款；（2）依法收取并纳入财政管理的行政事业性收费、政府性基金；（3）国务院规定的其他不征税收入。
	免税收入：（1）国债利息收入；（2）符合条件的居民企业之间的股息、红利等权益性投资收益；（3）在中国境内设立机构、场所的非居民企业从居民企业取得与该机构、场所有实际联系的股息、红利等权益性投资收益；（4）符合条件的非营利组织的收入。
	各项扣除：企业实际发生的与取得收入有关的、合理的支出，包括成本、费用、税金、损失和其他支出。企业发生的公益性捐赠支出，在年度利润总额12%以内的部分，准予在计算应纳税所得额时扣除；超过年度利润总额12%的部分，准予结转以后三年内在计算应纳税所得额时扣除。但是下列支出不得扣除：（1）向投资者支付的股息、红利等权益性投资收益款项；（2）企业所得税税款；（3）税收滞纳金；（4）罚金、罚款和被没收财物的损失；（5）超标捐赠支出；（6）赞助支出；（7）未经核定的准备金支出；（8）与取得收入无关的其他支出。下列支出可以加计扣除：（1）开发新技术、新产品、新工艺发生的研究开发费用；（2）安置残疾人员及国家鼓励安置的其他就业人员所支付的工资。
	补亏：企业纳税年度发生的亏损，可用以后年度的所得弥补，但结转年限最长5年。
税收优惠	国家对重点扶持和鼓励发展的产业和项目，给予企业所得税优惠。下列所得，可以免征、减征企业所得税：（1）从事农、林、牧、渔业项目的所得；（2）从事国家重点扶持的公共基础设施项目投资经营的所得；（3）从事符合条件的环境保护、节能节水项目的所得；（4）符合条件的技术转让所得；（5）非居民企业在中国境内未设立机构、场所的，或者虽设立机构、场所但取得的所得与其所设机构、场所没有实际联系的，其来源于中国境内的所得。

【实战演练】

根据《企业所得税法》规定，下列哪些表述是正确的？①

A. 国家对鼓励发展的产业和项目给予企业所得税优惠

B. 国家对需要重点扶持的高新技术企业可以适当提高其企业所得税税率

C. 企业从事农、林、牧、渔业项目的所得可以免征、减征企业所得税

D. 企业安置残疾人员所支付的工资可以在计算应纳税所得额时加计扣除

四、其他税种

【知识框架】

（一）车船税

纳税人	中国境内车船的所有人或者管理人。
当然免税	（1）捕捞、养殖渔船；（2）军队、武装警察部队专用的车船；（3）警用车船；（4）悬挂应急救援专用号牌的国家综合性消防救援车辆和国家综合性消防救援专用船舶；（5）依法应当予以免税的外国驻华使领馆、国际组织驻华代表机构及其有关人员的车船。
可以减免	节约能源、使用新能源的车船；受严重自然灾害影响纳税困难以及有其他特殊原因确需减税、免税的。具体办法由国务院规定，并报全国人民代表大会常务委员会备案。
	省级政府根据当地实际情况，可以对公共交通车船，农村居民拥有并主要在农村地区使用的摩托车、三轮汽车和低速载货汽车定期减征或者免征车船税。
征收管理	车船税为定额税、财产税。车船税纳税义务发生时间为取得车船所有权或者管理权的当月，但是按年申报缴纳，由交强险公司代扣代缴。

（二）增值税

纳税人	我国全面完成营改增，营业税废止。在境内销售货物或者加工、修理修配劳务，销售服务、无形资产、不动产以及进口货物的单位和个人，为增值税的纳税人。
税率	法定税率分为17%、11%、6%和0四个档次。小规模纳税人增值税征收率为3%，国务院另有规定的除外。现实中，根据国务院规定，2019年4月1日起，17%的税率降为13%，11%的税率降为9%。
免税	下列项目免征增值税：（1）农业生产者销售的自产农产品；（2）避孕药品和用具；（3）古旧图书；（4）直接用于科学研究、科学试验和教学的进口仪器、设备；（5）外国政府、国际组织无偿援助的进口物资和设备；（6）由残疾人的组织直接进口供残疾人专用的物品；（7）销售的自己使用过的物品。除此以外，增值税的免税、减税项目由国务院规定。任何地区、部门均不得规定免税、减税项目。
	纳税人销售额未达到国务院财政、税务主管部门规定的增值税起征点的，免征增值税。

（三）消费税

纳税人	境内生产、委托加工和进口应税消费品的单位和个人，以及国务院确定的销售应税消费品的其他单位和个人

---

① ACD。本题是记忆型题目，在财税法这一章，常常会出现。

续表

征税对象	应税消费品，共分为14类，如烟、酒、化妆品、鞭炮焰火、金银首饰、高档手表、成品油、小汽车、游艇、实木地板、木制一次性筷子等。以销售额为税基从价定率征收，或者以销售数量为依据从量定额征收。
减免	对纳税人出口应税消费品，免征消费税；国务院另有规定的除外。

【实战演练】

某教师在税务师培训班上就我国财税法制有下列说法，其中哪些是正确的?①

A. 当税法有漏洞时，依据税收法定原则，不允许以类推适用方法来弥补税法漏洞

B. 增值税的小规模纳税人的征收率为3%，国务院另有规定的除外

C. 消费税的征税对象为应税消费品，包括一次性竹制筷子和复合地板等

D. 车船税纳税义务发生时间为取得车船使用权或管理权的当年，并按年申报缴纳

五、税收征收管理

【知识框架】

（一）纳税人、扣缴义务人权利

信息权	有权向税务机关了解国家税收法律、行政法规的规定以及与纳税程序有关的情况。
秘密权	有权要求税务机关为纳税人、扣缴义务人的商业秘密和个人隐私保密。但是，纳税人、扣缴义务人的税收违法行为不属于保密范围。
请求回避权	与纳税人、扣缴义务人或者其法定代表人、直接责任人有下列关系之一的，应当回避：（1）夫妻关系；（2）直系血亲关系；（3）三代以内旁系血亲关系；（4）近姻亲关系；（5）可能影响公正执法的其他利害关系。
救济权	纳税人、扣缴义务人、纳税担保人同税务机关在纳税上发生争议时，必须先依照税务机关的纳税决定缴纳或者解缴税款及滞纳金或者提供相应的担保，然后可以依法申请行政复议；对行政复议决定不服的，可以依法向人民法院起诉。
	当事人对税务机关的处罚决定、强制执行措施或税收保全措施不服的，可以依法申请行政复议，也可以依法起诉。当事人对税务机关的处罚决定逾期不申请行政复议也不起诉、又不履行的，作出处罚决定的税务机关可以采取强制执行措施，或者申请法院强制执行。
其他权利	申请减、免、退税的权利；陈述权、申辩权；控告和检举权；奖励权；请求国家赔偿权。

---

① AB。本题考查得比较细致，例如，"木制一次性筷子"和"一次性竹制筷子"、"实木地板"和"复合地板"，要求考生精确记忆。

（二）税务管理

税务登记	**开业登记**：从事生产、经营的纳税人自领取营业执照之日起 30 日内，向生产、经营地或纳税义务发生地的税务机关申办税务登记。税务机关当日办理登记并发给税务登记证件。
	变更登记：税务登记内容发生变化的，自工商机关办理变更登记之日起 30 日内，向税务机关申报办理变更税务登记。不需要到工商机关或者其他机关办理变更登记的，应当自发生变化之日起 30 日内，向原税务登记机关申报办理变更税务登记。
	注销登记：先注销税务登记再注销工商登记。纳税人在办理注销税务登记前，应当向税务机关结清应纳税款、滞纳金、罚款，缴销发票、税务登记证件和其他税务证件。
	外出经营：到外县市临时从事生产、经营活动的，应当向营业地税务机关报验登记，接受税务管理。外出经营在同一地累计超过 180 天的，应当在营业地办理税务登记手续。
	扣缴登记：扣缴义务人应当自扣缴义务发生之日起 30 日内，向所在地的主管税务机关申报办理扣缴税款登记，领取扣缴税款登记证件；税务机关对已办理税务登记的扣缴义务人，可以只在其税务登记证件上登记扣缴税款事项，不再发给扣缴税款登记证件。
账簿凭证管理	**设置账簿**：（1）从事生产、经营的纳税人应当自领取营业执照或者发生纳税义务之日起 15 日内，按照国家有关规定设置账簿。（2）生产、经营规模小又确无建账能力的纳税人，可以聘请经批准从事会计代理记账业务的专业机构或者财会人员代为建账和办理账务。（3）扣缴义务人应当自税收法律、行政法规规定的扣缴义务发生之日起 10 日内，按照所代扣、代收的税种，分别设置代扣代缴、代收代缴税款账簿。（4）纳税人、扣缴义务人会计制度健全，能够通过计算机正确、完整计算其收入和所得或者代扣代缴、代收代缴税款情况的，其计算机输出的完整的书面会计记录，可视同会计账簿；否则，应当建立总账及与纳税或者代扣代缴、代收代缴税款有关的其他账簿。
	备案制度：从事生产、经营的纳税人的财务、会计制度或者财务、会计处理办法和会计核算软件，应当报送税务机关备案。使用计算机记账的，应当在使用前将会计电算化系统的会计核算软件、使用说明书及有关资料报送主管税务机关备案。
	文字管理：账簿、会计凭证和报表，应当使用中文。民族自治地方可以同时使用当地通用的一种民族文字。外商投资企业和外国企业可以同时使用一种外国文字。
	资料保管：账簿、记账凭证、报表、完税凭证、发票、出口凭证以及其他有关涉税资料应当保存 10 年；但是，法律、行政法规另有规定的除外。
	税控装置：纳税人应当按照税务机关的要求安装、使用税控装置，并按照税务机关的规定报送有关数据和资料。
纳税申报	**申报义务人**：纳税人必须按照规定如实办理纳税申报，报送纳税申报表、财务会计报表以及其他纳税资料。扣缴义务人必须按照规定如实报送代扣代缴、代收代缴税款报告表以及其他有关资料。
	申报方式：直接到税务机关办理或按照规定采取邮寄、数据电文或者其他方式办理。
	延期申报：确有困难，需要延期的，应当在规定的期限内向税务机关提出书面延期申请，经税务机关核准，在核准的期限内办理。但是，应当在纳税期内按照上期实际缴纳的税额或者税务机关核定的税额预缴税款，并在核准的延期内办理税款结算。

（三）税款征收

扣缴义务人	（1）扣缴义务人依照法律、行政法规的规定履行代扣、代收税款的义务。（2）对法律、行政法规没有规定负有代扣、代收税款义务的单位和个人，税务机关不得要求其履行代扣、代收税款义务。（3）扣缴义务人依法履行代扣、代收税款义务时，纳税人不得拒绝。纳税人拒绝的，扣缴义务人应当及时报告税务机关处理。（4）税务机关按照规定付给扣缴义务人代扣、代收手续费。
征纳期限	延期纳税：纳税人因有特殊困难，不能按期缴纳税款的，经省、自治区、直辖市、计划单列市国家税务局、地方税务局批准，可以延期缴纳税款，但是最长不得超过3个月。特殊困难是指：（1）因不可抗力，导致纳税人发生较大损失，正常生产经营活动受到较大影响的；（2）当期货币资金在扣除应付职工工资、社会保险费后，不足以缴纳税款的。
	滞纳金：纳税人未按照规定期限缴纳税款的，扣缴义务人未按照规定期限解缴税款的，税务机关除责令限期缴纳外，从滞纳税款之日起，按日加收滞纳税款万分之五的滞纳金。
	少缴税款：（1）因税务机关的责任，致使纳税人、扣缴义务人未缴或者少缴税款的，税务机关在3年内可以要求纳税人、扣缴义务人补缴税款，但是不得加收滞纳金。（2）因纳税人、扣缴义务人计算错误等失误，未缴或者少缴税款的，税务机关在3年内可以追征税款、滞纳金；累计数额在10万元以上的，追征期可以延长到5年。（3）对偷税、抗税、骗税的，税务机关追征其未缴或者少缴的税款、滞纳金或者所骗取的税款，不受期限的限制。
	多缴税款：税务机关发现后应当立即退还；纳税人自结算缴纳税款之日起3年内发现的，可以向税务机关要求退还多缴的税款并加算银行同期存款利息。
核定应纳税额	纳税人有下列情形之一的，税务机关有权核定其应纳税额：（1）依照法律、行政法规的规定可以不设置账簿的；（2）依照法律、行政法规的规定应当设置账簿但未设置的；（3）擅自销毁账簿或者拒不提供纳税资料的；（4）虽设置账簿，但账目混乱或者成本资料、收入凭证、费用凭证残缺不全，难以查账的；（5）发生纳税义务，未按照规定的期限办理纳税申报，经税务机关责令限期申报，逾期仍不申报的；（6）纳税人申报的计税依据明显偏低，又无正当理由的。
	对未按照规定办理税务登记的从事生产、经营的纳税人以及临时从事经营的纳税人，由税务机关核定其应纳税额，责令缴纳；不缴纳的，税务机关可以扣押其价值相当于应纳税款的商品、货物。扣押后缴纳应纳税款的，税务机关必须立即解除扣押，并归还所扣押的商品、货物；扣押后仍不缴纳应纳税款的，经县以上税务局（分局）局长批准，依法拍卖或者变卖所扣押的商品、货物，以拍卖或者变卖所得抵缴税款。
	核定方法为下列任何一种方法或同时采用两种以上方法核定其应纳税额：（1）参照当地同类行业或者类似行业中经营规模和收入水平相近的纳税人的税负水平核定；（2）按照营业收入或者成本加合理的费用和利润的方法核定；（3）按照耗用的原材料、燃料、动力等推算或者测算核定；（4）按照其他合理方法核定。纳税人有异议的，应当提供相关证据，经税务机关认定后，调整应纳税额。

续表

税收优先权	税收优先于无担保债权，法律另有规定的除外。	
	纳税人欠缴的税款发生在纳税人以其财产设定抵押、质押或者纳税人的财产被留置之前的，税收应当先于抵押权、质权、留置权执行。	
	税收优先于罚款、没收违法所得。	
税收代位权撤销权	欠缴税款的纳税人因怠于行使到期债权，或者放弃到期债权，或者无偿转让财产，或者以明显不合理的低价转让财产而受让人知道该情形，对国家税收造成损害的，税务机关可以依照民法的规定行使代位权、撤销权。	
税收担保	税务机关有根据认为从事生产、经营的纳税人有逃避纳税义务行为的，可以在规定的纳税期之前，责令限期缴纳应纳税款；在限期内发现纳税人有明显的转移、隐匿其应纳税的商品、货物以及其他财产或者应纳税的收入的迹象的，可以责成纳税人提供纳税担保。	
阻止出境	欠缴税款的纳税人或者他的法定代表人需要出境的，应当在出境前向税务机关结清应纳税款、滞纳金或者提供担保。未结清税款、滞纳金，又不提供担保的，税务机关可以通知出境管理机关阻止其出境。	

（四）税收保全与强制执行

	税收保全	强制执行
适用对象	从事生产、经营的纳税人。	从事生产经营的纳税人、扣缴义务人、纳税担保人。
适用条件	不能提供纳税担保。	未按期缴税，经责令限期缴纳，逾期仍未缴纳。
具体措施	书面通知纳税人开户银行或者其他金融机构冻结纳税人的金额相当于应纳税款的存款；扣押、查封纳税人的价值相当于应纳税款的商品、货物或者其他财产。仍不缴纳的，可以采取强制执行措施。	书面通知其开户银行或者其他金融机构从其存款中扣缴税款；扣押、查封、依法拍卖或者变卖其价值相当于应纳税款的商品、货物或者其他财产，以拍卖或者变卖所得抵缴税款。
批准程序	经县以上税务局（分局）局长批准。	
标的有限	个人及其所扶养家属维持生活必需的住房和用品，不在税收保全和执行措施的范围之内。	

（五）法律责任

纳税人伪造、变造、隐匿、擅自销毁账簿、记账凭证，或者在账簿上多列支出或者不列、少列收入，或者经税务机关通知申报而拒不申报或者进行虚假的纳税申报，不缴或者少缴应纳税款的，是偷税。对纳税人偷税的，由税务机关追缴其不缴或者少缴的税款、滞纳金，并处不缴或者少缴的税款百分之五十以上五倍以下的罚款；构成犯罪的，依法追究刑事责任。

纳税人有逃避缴纳税款行为的，经税务机关依法下达追缴通知后，补缴应纳税款，缴纳滞纳金，已受到行政处罚的，不予追究刑事责任；但是，五年内因逃避缴纳税款受过刑事处罚或者被税务机关给予二次以上行政处罚的除外。

【实战演练】

某企业流动资金匮乏，一直拖欠缴纳税款。为恢复生产，该企业将办公楼抵押给某银行获得贷款。此后，该企业因排污超标被生态环境主管部门罚款。现银行、税务部门和生态环境主管部门均要求拍卖该办公楼以偿还欠款。关于拍卖办公楼所得价款的清偿顺序，下列哪一选项是正确的？①

A. 银行贷款优先于税款
B. 税款优先于银行贷款
C. 罚款优先于税款
D. 三种欠款同等受偿，拍卖所得不足时按比例清偿

六、审计法

【知识框架】

审计范围	国务院各部门和地方各级政府及其各部门的财政收支，国有的金融机构和企业事业组织的财务收支，以及其他依法应当接受审计的财政收支、财务收支。
领导体制	国务院和各级地方政府（乡镇除外）设立审计机关，根据需要可以设立派出机构。
	地方审计机关实行双重领导体制，对本级政府和上一级审计机关负责并报告工作，审计业务以上级审计机关领导为主。地方各级审计机关负责人的任免，应当事先征求上一级审计机关的意见。
审计职责	审计署在国务院总理领导下，对中央预算执行情况和其他财政收支情况进行审计监督，向国务院总理提出审计结果报告。审计署对中央银行的财务收支，进行审计监督。
	地方各级审计机关分别在本级行政首长和上一级审计机关的领导下，对本级预算执行情况和其他财政收支情况进行审计监督，向本级政府和上一级审计机关提出审计结果报告。
	其他审计监督对象：（1）本级各部门（含直属单位）和下级政府预算的执行情况和决算以及其他财政收支情况；（2）国有金融机构和国有企业的资产、负债、损益；（3）政府投资和以政府投资为主的建设项目的预算执行情况和决算；（4）国家的事业组织和使用财政资金的其他事业组织的财务收支；（5）政府部门管理的和其他单位受政府委托管理的社会保障基金、社会捐赠资金以及其他有关基金、资金的财务收支；（6）国际组织和外国政府援助、贷款项目的财务收支。
	经济责任审计：审计机关按照国家有关规定，对国家机关和依法属于审计机关审计监督对象的其他单位的主要负责人，在任职期间对本地区、本部门或者本单位的财政收支、财务收支以及有关经济活动应负经济责任的履行情况，进行审计监督。
	专项审计调查：审计机关有权对与国家财政收支有关的特定事项，向有关地方、部门、单位进行专项审计调查，并向本级政府和上一级审计机关报告审计调查结果。

① B。税收优先于无担保债权，也优先于设定在后的担保物权，还优先于罚款和没收违法所得。

续表

审计权限	（1）获取资料：有权要求被审计单位提供与财政收支或者财务收支有关的资料；（2）检查资料：有权检查被审计单位与财政收支、财务收支有关的资料和资产；（3）调查证证：有权就审计事项的有关问题向有关单位和个人进行调查，并取得有关证明材料；（4）查询账户：经县级以上审计机关负责人批准，有权查询被审计单位在金融机构的账户；审计机关有证据证明被审计单位以个人名义存储公款的，经县级以上审计机关主要负责人批准，有权查询被审计单位以个人名义在金融机构的存款；（5）制止违法行为：制止违法行为，制止无效的，经县级以上审计机关负责人批准，通知财政部门和有关主管部门暂停拨付与违反国家规定的财政收支、财务收支行为直接有关的款项，已经拨付的，暂停使用；（6）冻结存款：经县级以上审计机关负责人批准，有权封存有关资料和违反国家规定取得的资产，对其中在金融机构的有关存款需要予以冻结的，应当向法院提出申请；（7）建议处理：建议有关主管部门纠正被审计单位的违法行为，有关主管部门不予纠正的，审计机关应当提请有权处理的机关依法处理；（8）公开审计结果：审计机关可以向政府有关部门通报或者向社会公布审计结果；（9）提请协助：提请公安、监察、财政、税务、海关、价格、工商行政管理等机关予以协助。
审计程序	（1）审计准备：审计机关根据审计项目计划确定的审计事项组成审计组，并应当在实施审计三日前，向被审计单位送达审计通知书；遇有特殊情况，经本级人民政府批准，审计机关可以直接持审计通知书实施审计。
	（2）审计实施：审计人员通过审查会计凭证、会计账簿、财务会计报告，查阅与审计事项有关的文件、资料，检查现金、实物、有价证券，向有关单位和个人调查等方式进行审计，并取得证明材料。审计人员向有关单位和个人进行调查时，应当出示审计人员的工作证件和审计通知书副本。
	（3）审计报告：审计组对审计事项实施审计后，应当向审计机关提出审计组的审计报告。审计组的审计报告报送审计机关前，应当征求被审计对象的意见。被审计对象应当自接到审计组的审计报告之日起十日内，将其书面意见送交审计组。审计组应当将被审计对象的书面意见一并报送审计机关。
	（4）审计决定：审计机关按照审计署规定的程序对审计组的审计报告进行审议，并对被审计对象对审计组的审计报告提出的意见一并研究后，提出审计机关的审计报告；对违反国家规定的财政收支、财务收支行为，依法应当给予处理、处罚的，在法定职权范围内作出审计决定或者向有关主管机关提出处理、处罚的意见。审计机关应当将审计机关的审计报告和审计决定送达被审计单位和有关主管机关、单位。审计决定自送达之日起生效。上级审计机关认为下级审计机关作出的审计决定违反国家有关规定的，可以责成下级审计机关予以变更或者撤销，必要时也可以直接作出变更或者撤销的决定。

【实战演练】

某县开展扶贫资金专项调查，对申请财政贴息贷款的企业进行核查。审计中发现某企业申请了数百万元贴息贷款，但其生产规模并不需要这么多，遂要求当地农业银行、扶贫办和该企业提供贷款记录。对此，下列哪一说法是正确的？①

---

① C。"负责人"包括正职和副职。"主要负责人"一般仅指正职或者主持工作的副职。

A. 只有审计署才能对当地农业银行的财政收支情况进行审计监督

B. 只有经银监机构同意，该县审计局才能对当地农业银行的财务收支进行审计监督

C. 该县审计局经上一级审计局副职领导批准，有权查询当地扶贫办在银行的账户

D. 申请财政贴息的该企业并非国有企业，故该县审计局无权对其进行审计调查

第五章 土地法和房地产法

【本章概览】

地位	预计平均分值，客观题约3分。
内容	土地所有权，土地使用权，建设用地管理，土地法律责任与纠纷处理。 房地产开发与交易制度，物业服务制度。 城乡规划的制定、实施、修改，违反城乡规划法的法律责任。 不动产登记的对象、种类和机构，不动产登记簿，登记程序，登记信息共享与保护，法律责任。
法条	《中华人民共和国土地管理法》 《中华人民共和国城市房地产管理法》 《中华人民共和国城乡规划法》 《中华人民共和国不动产登记暂行条例》

一、土地所有权

【知识框架】

公有制	城市市区的土地属于国家所有。农村和城市郊区的土地，除由法律规定属于国家所有的以外，属于农民集体所有；宅基地和自留地、自留山，属于农民集体所有。
集体土地	农民集体所有的土地依法属于村农民集体所有的，由村集体经济组织或者村民委员会经营、管理；已经分别属于村内两个以上农村集体经济组织的农民集体所有的，由村内各该农村集体经济组织或者村民小组经营、管理；已经属于乡（镇）农民集体所有的，由乡（镇）农村集体经济组织经营、管理。
土地用途	用途划分：国家编制土地利用总体规划，规定土地用途，将土地分为农用地、建设用地和未利用地。
	多划合一：经依法批准的国土空间规划是各类开发建设活动的基本依据，已经编制国土空间规划的，不再编制土地利用总体规划和城市总体规划。
	农用地转用审批：永久基本农田转为建设用地的，由国务院批准。在土地利用总体规划确定的建设用地规模范围外，将永久基本农田以外的农用地转为建设用地的，由国务院或其授权的省级政府批准。在土地利用总体规划确定的建设用地规模范围内，将永久基本农田以外的农用地转为建设用地的，按土地利用年度计划分批次由原批准土地利用总体规划的机关或者其授权的机关批准。在已批准的农用地转用范围内，具体建设项目用地可以由市、县政府批准。
	临时建设用地：建设项目施工和地质勘查需要临时使用国有土地或者农民集体所有的土地的，由县级以上政府自然资源主管部门批准。其中，在城市规划区内的临时用地，在报批前，应当先经有关城市规划行政主管部门同意。土地使用者应当根据土地权属，与有关自然资源主管部门或者农村集体经济组织、村民委员会签订临时使用土地合同，并按照合同的约定支付临时使用土地补偿费。临时使用土地的使用者应当按照临时使用土地合同约定的用途使用土地，并不得修建永久性建筑物。临时使用土地期限一般不超过二年。

耕地保护	占用补偿：严格控制耕地转为非耕地。国家实行占用耕地补偿制度。非农业建设经批准占用耕地的，按照"占多少，垦多少"的原则，由占用者负责开垦；没有条件开垦或者开垦的耕地不符合要求的，应当缴纳耕地开垦费，专款用于开垦新的耕地。省级政府应确保本行政区域内耕地总量不减少、质量不降低，否则应复垦或整治。个别地区新开垦耕地的数量不足以补偿所占耕地的数量的，必须报经国务院批准减免本行政区域内开垦耕地的数量，易地开垦。
	禁止闲置：禁止任何单位和个人闲置、荒芜耕地。已经办理审批手续的非农业建设占用耕地，一年内不用而又可以耕种并收获的，应当由原耕种该幅耕地的集体或者个人恢复耕种，也可以由用地单位组织耕种；一年以上未动工建设的，应当按省、自治区、直辖市的规定缴纳闲置费；连续二年未使用的，经原批准机关批准，由县级以上人民政府无偿收回用地单位的土地使用权；该幅土地原为农民集体所有的，应当交由原农村集体经济组织恢复耕种。
	永久基本农田：根据土地利用总体规划、以乡（镇）为单位划定，由县级自然资源主管部门会同同级农业农村主管部门组织实施。乡（镇）政府应当将永久基本农田的位置、范围向社会公告，并设立保护标志。任何单位和个人不得擅自占用或者改变其用途。重点建设项目选址确实难以避让永久基本农田，涉及农用地转用或者土地征收的，必须经国务院批准。
土地权属争议	土地所有权和使用权争议，由当事人协商解决；协商不成的，由政府处理。单位之间的争议，由县级以上政府处理；个人之间、个人与单位之间的争议，由乡级政府或者县级以上政府处理。当事人对有关政府的处理决定不服的，可以自接到处理决定通知之日起三十日内，向法院起诉。在土地所有权和使用权争议解决前，任何一方不得改变土地利用现状。

【难点展开】集体土地征收制度

1. 公共利益。为了公共利益的需要，有下列情形之一，确需征收农民集体所有的土地的，可以依法实施征收：（1）军事和外交需要用地的；（2）由政府组织实施的能源、交通、水利、通信、邮政等基础设施建设需要用地的；（3）由政府组织实施的科技、教育、文化、卫生、体育、生态环境和资源保护、防灾减灾、文物保护、社区综合服务、社会福利、市政公用、优抚安置、英烈保护等公共事业需要用地的；（4）由政府组织实施的扶贫搬迁、保障性安居工程建设需要用地的；（5）在土地利用总体规划确定的城镇建设用地范围内，经省级以上政府批准由县级以上地方政府组织实施的成片开发建设需要用地的；（6）法律规定为公共利益需要可以征收农民集体所有的土地的其他情形。

上述建设活动，应当符合国民经济和社会发展规划、土地利用总体规划、城乡规划和专项规划；第（4）项、第（5）项规定的建设活动，还应当纳入国民经济和社会发展年度计划；第（5）项规定的成片开发并应当符合国务院自然资源主管部门规定的标准。

2. 法定程序。征收下列土地的，由国务院批准：（1）永久基本农田；（2）永久基本农田以外的耕地超过35公顷的；（3）其他土地超过70公顷的。征收其他土地的，由省级政府批准。征收农用地的，应当依法先行办理农用地转用审批。其中，经国务院批准农用地转用的，同时办理征地审批手续，不再另行办理征地审批；经省级政府在征地批准权限内批准农用地转用的，同时办理征地审批手续，不再另行办理征地审批，超过征地批准权限的，应当另行办理征地审批。

国家征收土地的，依照法定程序批准后，由县级以上地方政府予以公告并组织实施。县级以上地方政府拟申请征收土地的，应当开展拟征收土地现状调查和社会稳定风险评估，并将征收范围、土地现状、征收目的、补偿标准、安置方式和社会保障等在拟征收土地所在的乡（镇）和村、村民小组范围内公告至少30日，听取被征地的农村集体经济组织及其成员、村民委员会和其他利害关系人的意见。多数被征地的农村集体经济组织成员认为征地补偿安置方案不符合法律、法规规定的，县级以上地方政府应当组织召开听证会，并根据法律、法规的规定和听证会情况修改方案。拟征收土地的所有权人、使用权人应当在公告规定期限内，持不动产权属证明材料办理补偿登记。县级以上地方人民政府应当组织有关部门测算并落实有关费用，保证足额到位，与拟征收土地的所有权人、使用权人就补偿、安置等签订协议；个别确实难以达成协议的，应当在申请征收土地时如实说明。相关前期工作完成后，县级以上地方政府方可申请征收土地。

3. 合理补偿。征收土地应当给予公平、合理的补偿，保障被征地农民原有生活水平不降低、长远生计有保障。征收土地应当依法及时足额支付土地补偿费、安置补助费以及农村村民住宅、其他地上附着物和青苗等的补偿费用，并安排被征地农民的社会保障费用。征收农用地的土地补偿费、安置补助费标准由省、自治区、直辖市通过制定公布区片综合地价确定。制定区片综合地价应当综合考虑土地原用途、土地资源条件、土地产值、土地区位、土地供求关系、人口以及经济社会发展水平等因素，并至少每三年调整或者重新公布一次。征收农用地以外的其他土地、地上附着物和青苗等的补偿标准，由省、自治区、直辖市制定。对其中的农村村民住宅，应当按照先补偿后搬迁、居住条件有改善的原则，尊重农村村民意愿，采取重新安排宅基地建房、提供安置房或者货币补偿等方式给予公平、合理的补偿，并对因征收造成的搬迁、临时安置等费用予以补偿，保障农村村民居住的权利和合法的住房财产权益。县级以上地方人民政府应当将被征地农民纳入相应的养老等社会保障体系。被征地农民的社会保障费用主要用于符合条件的被征地农民的养老保险等社会保险缴费补贴。被征地农民社会保障费用的筹集、管理和使用办法，由省、自治区、直辖市制定。被征地的农村集体经济组织应当将征收土地的补偿费用的收支状况向本集体经济组织的成员公布，接受监督。禁止侵占、挪用被征收土地单位的征地补偿费用和其他有关费用。

二、国有土地使用权

【知识框架】

特征	（1）主体广泛，境内外法人、非法人组织及自然人均可依法取得；（2）取得方式多样，可以通过出让、划拨、租赁等方式原始取得，也可以继受取得；（3）内容差异性，不同取得方式，导致土地使用权的内容具有实质差异。
出让	出让程序：必须符合土地利用总体规划、城市规划和年度建设用地计划。经市、县政府批准，由市、县土地管理部门（出让方）与土地使用者签订书面出让合同。签合同后支付出让金，领取土地使用权证，取得土地使用权。在付清全部出让金之前，只能领取临时土地使用权证。
	使用年限：居住用地70年；工业用地50年；教育、科技、文化、卫生、体育用地50年；商业、旅游、娱乐用地40年；综合或其他用地50年。出让方和受让方可以在上述年限内约定实际出让年限。
	续期：住宅建设用地使用权期满的，自动续期。非住宅建设用地使用权期满的，应当至迟于期满1年前申请续期。批准续期的，重新签订出让合同，缴纳出让金。

续表

划拨	划拨程序：经县以上政府依法批准，在缴纳补偿、安置等费用后取得或者无偿取得。
	适用范围：(1) 国家机关用地和军事用地；(2) 城市基础设施用地和公益事业用地；(3) 国家重点扶持的能源、交通、水利等基础设施用地；(4) 法律、行政法规规定的其他用地。
	使用年限：没有使用期限的限制。
	权利限制：不得擅自改变土地用途，转让、出租和抵押受到严格限制。
用途	建设单位使用国有土地的，应当按照土地使用权出让等有偿使用合同的约定或者土地使用权划拨批准文件的规定使用土地；确需改变该幅土地建设用途的，应当经有关政府自然资源主管部门同意，报原批准用地的人民政府批准。其中，在城市规划区内改变土地用途的，在报批前，应当先经有关城市规划行政主管部门同意。改变出让土地使用权用途的，还应当签订土地使用权出让合同变更协议或者重新签订土地使用权出让合同，相应调整土地使用权出让金。
收回	有下列情形之一的，由有关人民政府自然资源主管部门报经原批准用地的政府或者有批准权的政府批准，可以收回国有土地使用权：(1) 为实施城市规划进行旧城区改建以及其他公共利益需要，确需使用土地的；(2) 土地出让等有偿使用合同约定的使用期限届满，土地使用者未申请续期或者申请续期未获批准的；(3) 因单位撤销、迁移等原因，停止使用原划拨的国有土地的；(4) 公路、铁路、机场、矿场等经核准报废的。第 (1) 项对土地使用权人应当给予适当补偿。

【难点展开】 出让和划拨的区别

出让和划拨是国有土地使用权的原始取得方式，所取得的权利都属于物权性质的权利，但是二者存在明显区别。(1) 原则和例外。出让是取得国有土地使用权的主要方式，划拨是例外。(2) 有偿和无偿。出让是有偿的，土地使用人需要交付出让金；而划拨土地原则上是无偿取得的，土地使用人不需要交付出让金，如果划拨土地系征收、征用而来，土地使用人需要承担补偿、安置等费用。(3) 有期和无期。出让土地使用权有最高使用年限的限制，而划拨土地使用权原则上没有期限限制。(4) 适用范围不同。出让一般没有范围的限制，而划拨只能适用于限定的具有公益色彩的用途。(5) 权利内容不同。出让土地使用权原则上自由流转，而划拨土地使用权在转让、出租和抵押方面都受到严格的限制。

【案例分析】 宣某等诉浙江省衢州市国土局收回国有土地使用权案

原告宣某等18人系浙江省衢州市柯城区卫宁巷1号衢州府山中学教工宿舍楼的住户。2002年12月25日，被告衢州市国土局请示收回衢州府山中学教工宿舍楼住户的国有土地使用权187.6平方米，报衢州市人民政府审批同意。同月31日，衢州市国土局作出衢市国土 (2002) 37号《收回国有土地使用权通知》，并告知宣某等18人其正在使用的国有土地使用权将被收回及诉权等内容。该《通知》说明了行政决定所依据的法律名称，但没有对所依据的具体法律条款予以说明。原告不服，提起行政诉讼。法院认为，行政机关作出具体行政行为时未引用具体法律条款，且在诉讼中不能证明该具体行政行为符合法律的具体规定，应当视为该具体行政行为没有法律依据，适用法律错误，判决撤销该《通知》。(**案例来源：最高人民法院指导案例第41号**)

三、集体土地使用权

【知识框架】

土地承包经营权	家庭承包	农民集体所有和国家所有依法由农民集体使用的耕地、林地、草地，以及其他依法用于农业的土地，采取农村集体经济组织内部的家庭承包方式承包。家庭承包的耕地的承包期为三十年，草地的承包期为三十年至五十年，林地的承包期为三十年至七十年；耕地承包期届满后再延长三十年，草地、林地承包期届满后依法相应延长。家庭承包方式的农村土地承包经营权属于农户家庭，而不属于某一个家庭成员，因此不可以继承，但林地除外。
	对外承包	不宜采取家庭承包方式的荒山、荒沟、荒丘、荒滩等，可以采取招标、拍卖、公开协商等方式承包，从事种植业、林业、畜牧业、渔业生产。
宅基地使用权	保障性	一户一宅，面积有上限。困难地区县级政府保障村民户有所居的权利。农村村民出卖、出租、赠与住宅后，再申请宅基地的，不予批准。
	限制性	村民建住宅，应当符合乡（镇）土地利用总体规划、村庄规划，不得占用永久基本农田，并尽量使用原有的宅基地和村内空闲地。
	程序性	村民住宅用地，由乡（镇）政府审核批准；其中，涉及占用农用地的应依法办理审批手续。
	退出性	国家允许进城落户的农村村民依法自愿有偿退出宅基地。
集体经营性建设用地	入市条件	土地利用总体规划、城乡规划确定为工业、商业等经营性用途，并经依法登记的集体经营性建设用地，经本集体经济组织成员的村民会议 2/3 以上成员或者 2/3 以上村民代表的同意，土地所有权人可以通过出让、出租等方式交由单位或者个人使用，并应当签订书面合同。
	流转规则	通过出让等方式取得的集体经营性建设用地使用权可以转让、互换、出资、赠与或者抵押，但法律、行政法规另有规定或者土地所有权人、土地使用权人签订的书面合同另有约定的除外。
	管理措施	集体建设用地的使用者应当严格按照土地利用总体规划、城乡规划确定的用途使用土地。在土地利用总体规划制定前已建的不符合土地利用总体规划确定的用途的建筑物、构筑物，不得重建、扩建。
乡村建设用地	兴办企业	农村集体经济组织使用乡（镇）土地利用总体规划确定的建设用地兴办企业或者与其他单位、个人以土地使用权入股、联营等形式共同举办企业的，应当持有关批准文件，向县级以上地方政府自然资源主管部门提出申请，由县级以上地方政府批准；其中，涉及占用农用地的，依法办理审批手续。
	公共设施公益事业	乡（镇）村公共设施、公益事业建设，需要使用土地的，经乡（镇）政府审核，向县级以上地方政府自然资源主管部门提出申请，由县级以上地方政府批准；其中，涉及占用农用地的，依法办理审批手续。

【案例分析】

土地承包经营权继承纠纷。农村土地家庭承包的，承包方是本集体经济组织的农户，其本质特征是以本集体经济组织内部的农户家庭为单位实行农村土地承包经营。家庭承包方式的农村土地承包经营权属于农户家庭，而不属于某一个家庭成员。根据《民法典》继承编的规定，遗产是公民死亡时遗留的个人合法财产。农村土地承包经营权不属于个人财产，故不发生继承问题。除林地外的家庭承包，当承包农地的农户家庭中的一人或几人死亡，承包经营仍然是以户为单位，承包地仍由该农户的其他家庭成员继续承包经营；当承包经营农户家庭的成员全部死亡，由于承包经营权的取得是以集体成员权为基础，该土地承包经营权归于消灭，不能由该农户家庭成员的继承人继续承包经营，更不能作为该农户家庭成员的遗产处理。

【实战演练】

农户甲外出打工，将自己房屋及宅基地使用权一并转让给同村农户乙，5年后甲返回该村。关于甲返村后的住宅问题，下列哪些说法是错误的？①

A. 由于甲无一技之长，在外找不到工作，只能返乡务农。政府应再批给甲一处宅基地建房

B. 根据"一户一宅"的原则，甲作为本村村民应拥有自己的住房。政府应再批给甲一处宅基地建房

C. 由于农村土地具有保障功能，宅基地不得买卖，甲乙之间的转让合同无效。乙应返还房屋及宅基地使用权

D. 由于与乙的转让合同未经有关政府批准，转让合同无效。乙应返还房屋及宅基地使用权

四、房地产开发

【知识框架】

规划要求	对房地产开发项目产生直接法律约束力的是城市规划中的详细规划。
期限要求	超过出让合同约定的动工开发日期满1年未动工开发的，可以征收相当于土地使用权出让金20%以下的土地闲置费；满2年未动工开发的，可以无偿收回土地使用权；但是，因不可抗力或者政府、政府有关部门的行为或者动工开发必需的前期工作造成动工开发迟延的除外。
安全要求	房地产开发项目竣工，经验收合格后，方可交付使用。
开发企业	专营企业、兼营企业、项目公司。取得营业执照后，还应取得相应资质。
合作开发合同	开发资质：合作开发房地产合同的当事人一方具备房地产开发经营资质的，应当认定合同有效。当事人双方均不具备房地产开发经营资质的，应当认定合同无效。但起诉前当事人一方已经取得房地产开发经营资质或者已依法合作成立具有房地产开发经营资质的房地产开发企业的，应当认定合同有效。
	合同性质：（1）合作开发房地产合同约定提供土地使用权的当事人不承担经营风险，只收取固定利益的，应当认定为土地使用权转让合同。（2）合作开发房地产合同约定提供资金的当事人不承担经营风险，只分配固定数量房屋的，应当认定为房屋买卖合同。（3）合作开发房地产合同约定提供资金的当事人不承担经营风险，只收取固定数额货币的，应当认定为借款合同。（4）合作开发房地产合同约定提供资金的当事人不承担经营风险，只以租赁或者其他形式使用房屋的，应当认定为房屋租赁合同。

① ABCD。一户一宅原则不能无限制地扩大。另外，宅基地使用权在本集体经济组织内部流转是合法的。

五、房地产交易

【知识框架】

		出让土地	划拨土地
转让	原理	买卖、赠与或者其他合法方式将其房地产转移给他人；房屋所有权与土地使用权一并转让。	
	条件	（1）按照出让合同约定已经支付全部土地使用权出让金，并取得土地使用权证书；（2）按照出让合同约定进行投资开发，属于房屋建设工程的，完成开发投资总额的25%以上，属于成片开发土地的，形成工业用地或者其他建设用地条件。	应报政府审批，并由受让方办理土地使用权出让手续、缴纳土地使用权出让金。政府也可以决定不办理土地使用权出让手续，将该划拨土地使用权直接划拨给受让方使用，由转让方将所获收益中的土地收益上缴国家或者作其他处理。
	年限	受让方土地使用权的使用年限为剩余年限。	办理出让手续的，由出让合同约定使用年限。 不办出让手续的，无使用年限限制。
抵押	原理	房屋所有权与土地使用权一并抵押；房地产抵押合同签订后，土地上新增的房屋不属于抵押财产。	
	范围	以出让方式取得的无地上建筑物的土地使用权，可以设定抵押权。	以划拨方式取得的无地上建筑物的土地使用权，不得设定抵押权。
	条件	不必经政府批准。	必须经政府批准。
	效力	抵押权人可就房屋和土地使用权价值优先受偿。	应当从拍卖所得的价款中缴纳相当于土地使用权出让金的款额后，抵押权人方可优先受偿。
租赁		无特别限制。	以营利为目的，将划拨土地上建成的房屋出租的，应当将租金中所含土地收益上缴国家。
商品房预售		应当符合下列条件：（1）已交付全部土地使用权出让金，取得土地使用权证书；（2）持有建设工程规划许可证；（3）按提供预售的商品房计算，投入开发建设的资金达到工程建设总投资的25%以上，并已经确定施工进度和竣工交付日期；（4）向房产管理部门办理预售登记，取得商品房预售许可证明。无证预售的，预售合同无效，但起诉前取得预售许可证的，可以认定有效。	
		商品房预售人应当将预售合同报房产管理部门和土地管理部门登记备案。未备案不影响合同效力。	

【实战演练】

甲企业将其厂房及所占划拨土地一并转让给乙企业，乙企业依法签订了出让合同，土地用途为工业用地。5年后，乙企业将其转让给丙企业，丙企业欲将用途改为商业开发。关于该不动产权利的转让，下列哪些说法是正确的？①

---

① ABC。出让土地使用权转让时，受让方取得的是剩余年限。

A. 甲向乙转让时应报经有批准权的政府审批

B. 乙向丙转让时，应已支付全部土地使用权出让金，并取得国有土地使用权证书

C. 丙受让时改变土地用途，须取得有关国土部门和规划部门的同意

D. 丙取得该土地及房屋时，其土地使用年限应重新计算

六、城乡规划及其制定

【知识框架】

城镇体系规划

城市规划
镇 规 划 { 总体规划
详细规划 { 控制性详细规划
修建性详细规划 }

乡 规 划

村庄规划

规划类别		制定	批准和备案
体系规划	全国城镇体系规划	国务院规划部门会同有关部门组织编制	国务院审批
	省域城镇体系规划	省、自治区政府组织编制，经本级人大常委会审议后报批	国务院审批
总体规划	城市总体规划	城市政府组织编制，经本级人大常委会审议后报批	直辖市的由国务院审批，省会市和较大市经省级政府审查同意报国务院审批，其他市报省级政府审批
	镇总体规划	县政府组织编制县政府所在地镇的总体规划，经本级人大常委会审议后报批；其他镇的总体规划由镇政府组织编制，经镇人民代表大会审议后报批	报上一级政府审批
控制性详细规划	城市	规划主管部门组织编制	本级政府批准，本级人大常委会和上一级政府备案
	镇	县政府所在地镇，县规划部门组织编制 其他镇，镇政府组织编制	县政府所在地镇，县政府批准，本级人大常委会和上一级政府备案；其他镇，报上一级政府审批
修建性详细规划		城市、县规划部门和镇政府组织编制	
乡规划 村庄规划		乡、镇政府组织编制	上一级政府审批。村庄规划应当经村民会议或者村民代表会议讨论同意。
其他要求		（1）组织编制机关应当委托具有相应资质等级的单位承担城乡规划的具体编制工作；（2）城乡规划报送审批前，组织编制机关应当依法将城乡规划草案予以公告，征求专家和公众的意见；（3）省域城镇体系规划、城市总体规划、镇总体规划批准前，审批机关应当组织专家和有关部门进行审查。		

七、城乡规划的实施

【知识框架】

近期建设规划	（1）城市、县、镇政府应当根据城市总体规划、镇总体规划、土地利用总体规划和年度计划以及国民经济和社会发展规划，制定近期建设规划，报总体规划审批机关备案；（2）近期建设规划应当以重要基础设施、公共服务设施和中低收入居民住房建设以及生态环境保护为重点内容；（3）近期建设规划的规划期限为5年。
建设用地规划许可	划拨地：①选址意见书：按照国家规定需要有关部门批准或者核准的建设项目，以划拨方式提供国有土地使用权的，建设单位在报送有关部门批准或者核准前，应当向城乡规划主管部门申请核发选址意见书。其他的建设项目不需要申请选址意见书。②建设用地规划许可：在城市、镇规划区内以划拨方式提供国有土地使用权的建设项目，经有关部门批准、核准、备案后，建设单位应当向城市、县人民政府城乡规划主管部门提出建设用地规划许可申请，由城市、县人民政府城乡规划主管部门依据控制性详细规划核定建设用地的位置、面积、允许建设的范围，核发建设用地规划许可证。③划拨土地：建设单位在取得建设用地规划许可证后，方可向县级以上地方人民政府土地主管部门申请用地，经县级以上人民政府审批后，由土地主管部门划拨土地。
	出让地：①确定规划条件：在国有土地使用权出让前，规划部门应当依据控制性详细规划，提出出让地块的规划条件，作为国有土地使用权出让合同的组成部分。未确定规划条件的地块，不得出让国有土地使用权。规划条件未纳入国有土地使用权出让合同的，该国有土地使用权出让合同无效。②建设用地规划许可：建设单位在取得建设项目的批准、核准、备案文件和签订国有土地使用权出让合同后，向规划部门领取建设用地规划许可证。规划部门不得在建设用地规划许可证中，擅自改变作为国有土地使用权出让合同组成部分的规划条件。
建设工程规划许可	在城市、镇规划区内进行工程建设的，建设单位或者个人应当向城市、县规划部门或者省级政府确定的镇政府申请办理建设工程规划许可证。
	违法行为，由城乡规划主管部门责令停止建设；尚可采取改正措施消除对规划实施的影响的，限期改正，处罚款；无法采取改正措施消除影响的，限期拆除，不能拆除的，没收实物或者违法收入，可以并处罚款。
乡村建设规划许可	在乡、村庄规划区内进行乡镇企业、乡村公共设施和公益事业建设的，建设单位或者个人应当向乡、镇政府提出申请，由乡、镇政府报城市、县规划部门核发乡村建设规划许可证。乡村建设规划违法行为，也主要由乡、镇政府处理。
	确需占用农用地的，先行办理农用地转用手续，后由城市、县规划部门核发乡村建设规划许可证。
	建设单位或者个人在取得乡村建设规划许可证后，方可办理用地审批手续。
建设规划变更	城乡规划主管部门不得在城乡规划确定的建设用地范围以外作出规划许可。（1）建设单位应当按照规划条件进行建设；确需变更的，必须向城市、县乡规划部门提出申请。（2）变更内容不符合控制性详细规划的，规划部门不得批准。（3）城市、县规划部门应当及时将依法变更后的规划条件通报同级土地部门并公示。建设单位应当及时将依法变更后的规划条件报有关土地部门备案。

续表

临时建设规划管理	（1）在城市、镇规划区内进行临时建设的，应当经城市、县规划部门批准。（2）临时建设影响近期建设规划或者控制性详细规划的实施以及交通、市容、安全等的，不得批准。（3）临时建设应当在批准的使用期限内自行拆除。（4）临时建设规划违法，城乡规划主管部门责令限期拆除，可以并处罚款。
核实	规划部门对建设工程是否符合规划条件予以核实。未经核实或者经核实不符合规划条件的，建设单位不得组织竣工验收。建设单位应当在竣工验收后6个月内向规划部门报送有关竣工验收资料。

【实战演练】

某乡镇企业拟在甲县乙乡规划区内建设厂房，需要占用农用地。关于其规划和用地审批手续，哪一说法是错误的？①

A. 该企业应当向乙乡政府提出申请，乙乡政府报呈甲县规划部门核发乡村建设规划许可证

B. 取得乡村建设规划许可证后，该企业应当及时申请办理农用地转用审批手续

C. 在取得乡村建设规划许可证后，方可办理用地审批手续

D. 该企业不必办理建设工程规划许可证

八、不动产登记程序

【知识框架】

申请	因买卖、设定抵押权等申请不动产登记的，应当由当事人双方共同申请。
	属于下列情形之一的，可以由当事人单方申请：（1）尚未登记的不动产首次申请登记的；（2）继承、接受遗赠取得不动产权利的；（3）法院、仲裁委员会生效的法律文书或者政府生效的决定等设立、变更、转让、消灭不动产权利的；（4）权利人姓名、名称或者自然状况发生变化，申请变更登记的；（5）不动产灭失或者权利人放弃不动产权利，申请注销登记的；（6）申请更正登记或者异议登记的；（7）其他。
受理	不动产登记机构收到不动产登记申请材料，应当分别按照下列情况办理：（1）属于登记职责范围，申请材料齐全、符合法定形式，或者申请人按要求提交全部补正申请材料的，应当受理并书面告知申请人；（2）申请材料存在可以当场更正的错误的，应当告知申请人当场更正，申请人当场更正后，应当受理并书面告知申请人；（3）申请材料不齐全或者不符合法定形式的，应当当场书面告知申请人不予受理并一次性告知需要补正的全部内容；（4）申请登记的不动产不属于本机构登记范围的，应当当场书面告知申请人不予受理并告知申请人向有登记权的机构申请；（5）不动产登记机构未当场书面告知申请人不予受理的，视为受理。
查验	不动产登记机构受理不动产登记申请的，应当按照下列要求进行查验：（1）不动产界址、空间界限、面积等材料与申请登记的不动产状况是否一致；（2）有关证明材料、文件与申请登记的内容是否一致；（3）登记申请是否违反法律、行政法规规定。

---

① B。确需占用农用地的，先行办理农用地转用手续，后由城市、县规划部门核发乡村建设规划许可证。

续表

实地查看调查	属于下列情形之一的，不动产登记机构可以对申请登记的不动产进行实地查看：（1）房屋等建筑物、构筑物所有权首次登记；（2）在建建筑物抵押权登记；（3）因不动产灭失导致的注销登记；（4）其他。
	对可能存在权属争议，或者可能涉及他人利害关系的登记申请，不动产登记机构可以向申请人、利害关系人或者有关单位进行调查。
登记	登记事项自记载于不动产登记簿时完成登记。不动产登记机构完成登记，应当依法向申请人核发不动产权属证书或者登记证明。
	登记申请有下列情形之一的，不动产登记机构应当不予登记，并书面告知申请人：（1）违反法律、行政法规规定的；（2）存在尚未解决的权属争议的；（3）申请登记的不动产权利超过规定期限的；（4）法律、行政法规规定不予登记的其他情形。

九、不动产登记的其他问题

【知识框架】

对象	下列不动产权利，依照条例的规定办理登记：（1）集体土地所有权；（2）房屋等建筑物、构筑物所有权；（3）森林、林木所有权；（4）耕地、林地、草地等土地承包经营权；（5）建设用地使用权；（6）宅基地使用权；（7）海域使用权；（8）地役权；（9）抵押权；（10）法律规定的其他不动产权利。
种类	首次登记、变更登记、转移登记、注销登记、更正登记、异议登记、预告登记、查封登记。
机构	唯一性：县级以上地方政府应当确定一个部门为本行政区域的不动产登记机构。
	管辖：（1）不动产登记由不动产所在地的县级政府不动产登记机构办理；（2）直辖市、设区的市政府可以确定本级不动产登记机构统一办理所属各区的不动产登记；（3）跨县级行政区域的不动产登记，由所跨县级行政区域的不动产登记机构分别办理。不能分别办理的，由所跨县级行政区域的不动产登记机构协商办理；协商不成的，由共同的上一级政府不动产登记主管部门指定办理。
登记簿	内容：不动产的坐落、界址、空间界限、面积、用途等自然状况；不动产权利的主体、类型、内容、来源、期限、权利变化等权属状况；涉及不动产权利限制、提示的事项；其他相关事项。
	介质：不动产登记簿应当采用电子介质，暂不具备条件的，可以采用纸质介质。不动产登记机构应当明确不动产登记簿唯一、合法的介质形式。
	保存：不动产登记簿由不动产登记机构永久保存。不动产登记簿损毁、灭失的，不动产登记机构应当依据原有登记资料予以重建。

信息共享保护	纵向实时共享：各级不动产登记机构登记的信息应当纳入统一的不动产登记信息管理基础平台，确保国家、省、市、县四级登记信息的实时共享。
	横向实时共享：不动产登记有关信息与住房城乡建设、农业、林业、海洋等部门审批信息、交易信息等应当实时互通共享。不动产登记机构能够通过实时互通共享取得的信息，不得要求不动产登记申请人重复提交。
	保密：不动产登记机构、不动产登记信息共享单位及其工作人员应当对不动产登记信息保密；涉及国家秘密的不动产登记信息，应当依法采取必要的安全保密措施。
	查询：权利人、利害关系人可以依法查询、复制不动产登记资料，不动产登记机构应当提供。有关国家机关可以依照法律、行政法规的规定查询、复制与调查处理事项有关的不动产登记资料。
	查询不动产登记资料的单位、个人应当向不动产登记机构说明查询目的，不得将查询获得的不动产登记资料用于其他目的；未经权利人同意，不得泄露查询获得的不动产登记资料。
法律责任	不动产登记机构登记错误给他人造成损害，或者当事人提供虚假材料申请登记给他人造成损害的，依照民法的规定承担赔偿责任。
	其他违法行为，承担民事责任、行政责任或刑事责任。

第三部分　劳动与社会保障法

第一章　劳动法

码上揭秘

【本章概览】

地位	预计平均分值，客观题约6分。
内容	劳动法基本原理。 劳动合同制度，包括劳动合同的种类、订立、效力、内容、履行、变更、解除和终止；集体合同，劳务派遣，非全日制用工；违反劳动合同法的责任。 劳动基准，包括劳动时间、休息休假，工资，职业安全卫生。 劳动争议，包括劳动争议的认定，争议解决机构，争议解决程序。 社会保障，包括社会保险（养老、医疗、失业、工伤、生育）和军人保险制度。
法条	《中华人民共和国劳动法》 《中华人民共和国劳动合同法》 《中华人民共和国劳动合同法实施条例》 《中华人民共和国劳动争议调解仲裁法》 《中华人民共和国社会保险法》 《中华人民共和国军人保险法》

一、劳动法原理

【知识框架】

调整对象	劳动关系和与劳动关系有密切联系的其他社会关系，如劳动行政管理、人力资源配置服务、社会保险、工会、劳动争议解决、劳动监督检查方面的社会关系。
劳动关系	劳动者与用人单位之间在实现劳动过程中发生的社会关系，其特点：（1）当事人一方是劳动者，另一方是用人单位；（2）发生在实现劳动过程中；（3）具有人身、财产关系的属性；（4）具有平等、从属关系的属性。

续表

劳动者	年满 16 周岁、未达退休年龄、有劳动能力的自然人，具有劳动权利能力和劳动行为能力。
	童工：禁止招用未满 16 周岁的未成年人。文艺、体育和特种工艺单位招用未满 16 周岁的未成年人，必须遵守国家有关规定，并保障其接受义务教育的权利。非法招用未满 16 周岁的未成年人的，由劳动行政部门责令改正，处以罚款；情节严重的，由工商部门吊销营业执照。
	未成年工：年满 16 周岁、不满 18 周岁。
	劳动者的权利：平等就业和选择职业的权利、取得劳动报酬的权利、休息休假的权利、获得劳动安全卫生保护的权利、接受职业技能培训的权利、享受社会保险和福利的权利、提请劳动争议处理的权利以及法律规定的其他劳动权利。
不适用劳动法	公务员和纳入公务员编制或参照公务员管理的工作人员，不适用劳动法。
	实行聘用制的事业单位与其工作人员的关系，法律、行政法规或国务院另有规定的，不适用劳动法；如果没有特别规定，适用劳动法。
	从事农业劳动的农村劳动者、现役军人和军队文职人员、家庭雇佣人员、实习大学生，不适用劳动法。
	用人单位与其招用的已经依法享受养老保险待遇或领取退休金的人员发生用工争议，向法院起诉的，法院应当按劳务关系处理。

【案例分析】实习大学生与实习单位之间法律关系的认定

王某诉江苏强维橡塑科技有限公司、徐州工业职业技术学院人身损害赔偿纠纷案。原告王某系被告职业学院大专 071 班的学生。2009 年 12 月 1 日，被告职业学院按教育部文件统一安排毕业生实习，原告进入被告强维科技顶岗实习，约定第一个月工资 1000 元，从第二个月开始每月工资 1500 元。2009 年 12 月 30 日下午 3 时许，原告等人在强维科技安排下，给其公司新厂房门刷漆，因厂房门比较高，原告站在三角架上刷门，在推动三角架从一侧向另一侧时不料三角架倾倒，导致站在三角架上的原告从 2 米多高的三角架上坠落受伤。法院认为，学生在校外企业实习期间进行与其所学知识内容相关的实际操作，不应认定学生与企业之间存在劳动关系。学生在实习过程中受到的伤害，应按一般民事侵权纠纷处理，根据有关侵权的法律规定，由学生、学校、企业按过错程度承担相应的责任。

二、劳动合同的种类、订立、效力

【知识框架】

种类	固定期限：期满时，若双方无续订的意思表示，劳动合同即终止；协商订立。
	以完成一定工作任务为期限：该项工作任务完成后，劳动合同即终止；协商订立。
	无固定期限：若未出现法定或约定的解除、终止情形，劳动合同持续至劳动者达法定退休年龄，不会因为期满而终止。

续表

书面形式	建立劳动关系，应当同时或者自用工之日起1个月内订立书面劳动合同。
	劳动者不愿订立书面合同：自用工之日起1个月内，经用人单位书面通知后，劳动者不订立书面劳动合同的，用人单位应当书面通知劳动者终止劳动关系，无需向劳动者支付经济补偿，但是应当依法向劳动者支付其实际工作时间的劳动报酬；超过1个月，劳动者不与用人单位订立书面劳动合同的，用人单位应当书面通知劳动者终止劳动关系，并依法支付经济补偿。
	用人单位不愿订立书面合同：用人单位自用工之日起超过1个月不满1年未与劳动者订立书面劳动合同的，应当自满1个月的次日起至订立书面劳动合同前1日向劳动者每月支付2倍的工资，并补订书面劳动合同；自用工之日起满1年不与劳动者订立书面劳动合同的，视为已订立无固定期限劳动合同。
	劳动关系自用工之日起建立。
规章制度	用人单位的内部规章制度与集体合同或劳动合同不一致的，劳动者有权要求优先适用合同约定。
	用人单位在制定、修改或者决定直接涉及劳动者切身利益的规章制度或者重大事项时，应当经职工代表大会或者全体职工讨论，提出方案和意见，与工会或者职工代表平等协商确定。用人单位应当将直接涉及劳动者切身利益的规章制度和重大事项决定公示，或者告知劳动者。
	在规章制度和重大事项决定实施过程中，工会或者职工认为不适当的，有权向用人单位提出，通过协商予以修改完善。
	用人单位直接涉及劳动者切身利益的规章制度违反法律、法规规定的，由劳动行政部门责令改正，给予警告；给劳动者造成损害的，应当承担赔偿责任。
效力	生效：劳动合同由用人单位与劳动者协商一致，并经双方在劳动合同文本上签字或者盖章生效。
	无效：以欺诈、胁迫的手段或者乘人之危，使对方在违背真实意思的情况下订立或者变更劳动合同的；用人单位免除自己的法定责任、排除劳动者权利的；违反法律、行政法规强制性规定的。
	无效后果：（1）停止履行；（2）支付劳动报酬。劳动合同被确认无效，劳动者已付出劳动的，用人单位应当向劳动者支付劳动报酬。劳动报酬的数额，参照本单位相同或者相近岗位劳动者的劳动报酬确定；（3）部分无效的，不影响其他部分的效力；（4）赔偿损失。劳动合同依法被确认无效，给对方造成损害的，有过错的一方应当承担赔偿责任；（5）对劳动合同的无效或者部分无效有争议的，由劳动争议仲裁机构或法院确认。

【难点展开】无固定期限合同的订立

1. 用人单位与劳动者协商一致可以订立。

2. 有下列情形之一，劳动者提出或者同意续订、订立劳动合同的，除劳动者提出订立固定期限劳动合同外，应当订立无固定期限劳动合同：

（1）劳动者在该用人单位连续工作满10年的；

（2）用人单位初次实行劳动合同制度或者国有企业改制重新订立劳动合同时，劳动者在该用人单位连续工作满 10 年且距法定退休年龄不足 10 年的；

（3）连续订立 2 次固定期限劳动合同，且劳动者没有劳动合同法第 39 条规定的过错性辞退和第 40 条第 1、2 项规定的非过错性辞退情形，续订劳动合同的；

3. 用人单位自用工之日起满 1 年不与劳动者订立书面劳动合同的，视为用人单位与劳动者已订立无固定期限劳动合同。

用人单位违反规定不与劳动者订立无固定期限劳动合同的，自应当订立无固定期限劳动合同之日起向劳动者每月支付 2 倍的工资。

【案例分析】曾某诉东莞市协顺公司劳动合同纠纷案

曾某于 2018 年 12 月 8 日入职协顺公司工作，担任供应链主管。双方没有签订书面劳动合同。2019 年 4 月 14 日，经曾某提出、协顺公司同意，双方解除劳动关系，曾某同日结清工资并办理离职手续。后曾某申请劳动仲裁，要求协顺公司支付曾某 2019 年 1 月 8 日至 2019 年 4 月 14 日未签订书面劳动合同的双倍工资差额 11 013.7 元。另查明，曾某为应聘协顺公司供应链主管职位而提交给该公司的学历证明存在造假行为，在协顺公司职位申请表上填写的工作履历不真实。最终裁决为：（1）劳动合同无效。曾某对其学历和工作履历造假的行为应认定为以欺诈手段使对方在违背真实意思的情况下订立合同，应属无效。（2）曾某可以获得劳动报酬，但不能获得双倍工资。

【实战演练】

2015 年 7 月 1 日起，王某上班，不久即与同事李某确立恋爱关系。9 月，由经理办公会讨论决定并征得工会主席同意，公司公布施行《工作纪律规定》，要求同事不得有恋爱或婚姻关系，否则一方必须离开公司。公司据此解除王某的劳动合同。关于该《工作纪律规定》，下列说法正确的有哪些?①

A. 制定程序违法

B. 有关婚恋的规定违法

C. 依据该规定解除王某的劳动合同违法

D. 该公司执行该规定给王某造成损害的，应承担赔偿责任

三、劳动合同的内容

【知识框架】

必备条款	用人单位的名称、住所和法定代表人或者主要负责人；劳动者的姓名、住址和居民身份证或者其他有效身份证件号码；劳动合同期限；工作内容和工作地点；工作时间和休息休假；劳动报酬；社会保险；劳动保护、劳动条件和职业危害防护；法律、法规规定应当纳入劳动合同的其他事项。
	必备条款不完善的，劳动合同不能成立。
	用人单位提供的劳动合同文本未载明本法规定的劳动合同必备条款或者用人单位未将劳动合同文本交付劳动者的，由劳动行政部门责令改正；给劳动者造成损害的，应当承担赔偿责任。

① ABCD。规章制度是很容易忽略的考点，法律对其程序和内容均有所规制，以避免损害劳动者合法权益。

试用期	期限限制：（1）非全日制用工、以完成一定工作任务为期限的劳动合同、劳动合同期限不满 3 个月的，不得约定试用期；（2）1 年 > 劳动合同期限 ≥ 3 个月，试用期不得超过 1 个月；3 年 > 劳动合同期限 ≥ 1 年，试用期不得超过 2 个月；劳动合同期限 ≥ 3 年，或无固定期限合同，试用期不得超过 6 个月；（3）同一用人单位与同一劳动者只能约定一次试用期。试用期包含在劳动合同期限内。劳动合同仅约定试用期的，试用期不成立，该期限为劳动合同期限。
	报酬保护：劳动者在试用期的工资不得低于本单位相同岗位最低档工资的 80% 或者不得低于劳动合同约定工资的 80%，并不得低于用人单位所在地的最低工资标准。
	解雇权限制：在试用期中，除劳动者有劳动合同法第 39 条规定的过错性辞退和第 40 条第 1、2 项规定的非过错性辞退情形外，用人单位不得解除劳动合同。
	法律责任：用人单位违反本法规定与劳动者约定试用期的，由劳动行政部门责令改正；违法约定的试用期已经履行的，由用人单位以劳动者试用期满月工资为标准，按已经履行的超过法定试用期的期间向劳动者支付赔偿金。
违约金	除劳动者违反服务期约定和竞业限制条款外，劳动合同不得约定由劳动者承担违约金。
服务期	与劳动合同期限的关系：劳动合同期限长的，顺其自然。劳动合同短的，除另有约定外，自动顺延至服务期满。
	约定服务期的条件：用人单位为劳动者提供专项培训费用，对其进行专业技术培训的，可以与该劳动者订立协议，约定服务期。
	违反服务期的认定：由于劳动者的过错导致用人单位在服务期内提前解除劳动合同，或者劳动者无条件解除劳动合同的，属于劳动者违反服务期约定，应当按照约定向用人单位支付违约金。如果由于用人单位违法、违约行为迫使劳动者提前辞职的，或者由于客观原因、经济性裁员，用人单位解除合同的，则不属于违反服务期，劳动者无须支付违约金。
	违约金的数额：约定的违约金数额不得超过用人单位提供的培训费用，用人单位要求劳动者支付的违约金数额不得超过服务期尚未履行部分所应分摊的培训费用。 培训费用，包括用人单位为了对劳动者进行专业技术培训而支付的有凭证的培训费用、培训期间的差旅费用以及因培训产生的用于该劳动者的其他直接费用。
竞业限制	适用对象：用人单位的高级管理人员、高级技术人员和其他负有保密义务的人员。
	期限：最长为劳动合同解除或者终止后 2 年。
	内容：竞业限制期内，劳动者不得到与本单位生产或者经营同类产品、从事同类业务的有竞争关系的其他用人单位，也不得自己开业生产或者经营同类产品、从事同类业务；用人单位应当按照约定在竞业限制期限内按月给予劳动者经济补偿，如果未约定经济补偿，劳动者履行了竞业限制义务，有权要求用人单位按照劳动者在劳动合同解除或者终止前 12 个月平均工资的 30% 按月支付经济补偿。
	后果：劳动者违反竞业限制约定的，应当按照约定向用人单位支付违约金。约定的违约金过分高于或者低于实际损失的，当事人可以请求调整违约金数额（也就是说，违约金和赔偿损失有可能并用）。
	形式：用人单位可以在劳动合同或者保密协议中与劳动者约定竞业限制条款。

【难点展开】

　　《劳动法》上的竞业限制条款、《公司法》上的竞业禁止义务和《反不正当竞争法》上的商业秘密保护规则，目的都是为了保护商业秘密，但是在具体内容上存在明显区别，如下表所示：

	竞业限制条款	竞业禁止义务	不得侵犯商业秘密
性质	约定义务	法定义务	法定义务
对象	高管、高技和其他负有保密义务的人员	董事、高级管理人员	任何人
期限	劳动关系期内以及解除或终止后2年内	任职期间	任何时候
后果	违约金	归入权，赔偿损失	停止侵害，赔偿损失
解决途径	劳动争议	民事诉讼	民事诉讼

有的时候，它们也会发生竞合。例如，甲公司的高级技术人员在竞业限制期内应聘至同行业的乙公司工作，并且违反保密义务提供了其所掌握的甲公司的商业秘密。此种情形下，该高级技术人员既违反了约定的竞业限制义务，又侵犯了甲公司的商业秘密。甲公司可以选择其中一种规则来维护自己的合法权益。

【实战演练】

甲厂与工程师江某签订了保密协议。江某在劳动合同终止后应聘至同行业的乙厂，并且帮助乙厂生产出与甲厂相同技术的发动机。甲厂认为保密义务理应包括竞业限制义务，江某不得到乙厂工作，乙厂和江某共同侵犯其商业秘密。关于此案，下列哪些选项是正确的?①

A. 如保密协议只约定保密义务，未约定支付保密费，则保密义务无约束力

B. 如双方未明确约定江某负有竞业限制义务，则江某有权到乙厂工作

C. 如江某违反保密协议的要求，向乙厂披露甲厂的保密技术，则构成侵犯商业秘密

D. 如乙厂能证明其未利诱江某披露甲厂的保密技术，则不构成侵犯商业秘密

四、劳动合同的解除、终止和经济补偿

【知识框架】

	条件	程序	是否有经济补偿	解除限制
协商解除	无条件	协商	单位提出解除√ 劳动者提出解除×	无"特别限制"
劳动者单方解除	无条件	提前30日书面通知 试用期内提前3天通知	×	
	单位过错	通知解除或立即解除	√	
用人单位单方解除	劳动者在试用期被证明不符合录用条件	事先通知工会，通知解除	×	
	劳动者过错			
	客观原因	事先通知工会，并且提前30天书面通知劳动者或额外支付1个月工资	√	有"特别限制"
	经济性裁员	提前30天向工会或全体职工说明情况，听取意见，并报劳动部门备案		

---

① BC。保密义务是法定的无偿的义务，竞业限制义务是约定的有偿的义务，法律对二者的保护手段也不相同。

	条件	程序	是否有经济补偿	解除限制
合同终止	劳动合同期满		用人单位维持或者提高条件续订劳动合同，劳动者不同意续订的×，否则√	终止时遇有"特别限制"情形，劳动合同延续至"特别限制"消失时终止，但发生工伤的按照工伤保险规定处理。
	劳动者开始依法享受基本养老保险待遇或者达到法定退休年龄；劳动者死亡，或者被人民法院宣告死亡或者宣告失踪		×	
	用人单位被依法宣告破产、吊销营业执照、责令关闭、撤销或者用人单位决定提前解散		√	

【难点展开】

1. 导致劳动者有权单方解除劳动合同的"单位过错"包括：（1）未按照劳动合同约定提供劳动保护或者劳动条件的；（2）未及时足额支付劳动报酬的；（3）未依法为劳动者缴纳社会保险费的；（4）用人单位的规章制度违反法律、法规的规定，损害劳动者权益的；（5）以欺诈、胁迫的手段或者乘人之危，使对方在违背真实意思的情况下订立或者变更劳动合同的；（6）法律、行政法规规定劳动者可以解除劳动合同的其他情形。此外，用人单位以暴力、威胁或者非法限制人身自由的手段强迫劳动者劳动的，或者用人单位违章指挥、强令冒险作业危及劳动者人身安全的，劳动者可以立即解除劳动合同，不需事先告知用人单位。

2. 导致用人单位有权单方解除劳动合同的"劳动者过错"包括：（1）严重违反用人单位的规章制度的；（2）严重失职，营私舞弊，给用人单位造成重大损害的；（3）劳动者同时与其他用人单位建立劳动关系，对完成本单位的工作任务造成严重影响，或者经用人单位提出，拒不改正的；（4）以欺诈、胁迫的手段或者乘人之危，使对方在违背真实意思的情况下订立或者变更劳动合同的；（5）被依法追究刑事责任的。

3. 导致用人单位有权单方解除劳动合同的"客观原因"包括：（1）劳动者患病或者非因工负伤，在规定的医疗期满后不能从事原工作，也不能从事由用人单位另行安排的工作的；（2）劳动者不能胜任工作，经过培训或者调整工作岗位，仍不能胜任工作的；（3）劳动合同订立时所依据的客观情况发生重大变化，致使劳动合同无法履行，经用人单位与劳动者协商，未能就变更劳动合同内容达成协议的。

4. 关于经济性裁员。首先，经济性裁员不是一对一的解除劳动合同，而是成规模的解除劳动合同，即裁减人员20人以上或者裁减不足20人但占企业职工总数10%以上。其次，经济性裁员的原因包括：（1）依照企业破产法规定进行重整的；（2）生产经营发生严重困难的；（3）企业转产、重大技术革新或者经营方式调整，经变更劳动合同后，仍需裁减人员的；（4）其他因劳动合同订立时所依据的客观经济情况发生重大变化，致使劳动合同无法履行的。再次，裁减人员时，应当优先留用下列人员：（1）与本单位订立较长期限的固定期限劳动合同的；（2）与本单位订立无固定期限劳动合同的；（3）家庭无其他就业人员，有需要扶养的老人或者未成年人的。最后，用人单位裁减人员，在6个月内重新招用人员的，应当通知被裁减的人员，并在同等条件下优先招用被裁减的人员。

5. "特别限制"包括：（1）从事接触职业病危害作业的劳动者未进行离岗前职业健康检查，或者疑似职业病病人在诊断或者医学观察期间的；（2）在本单位患职业病或者因工负伤并被确认丧失或者部分丧失劳动能力的；（3）患病或者非因工负伤，在规定的医疗期内的；（4）女职工在孕期、产期、哺乳期的；（5）在本单位连续工作满15年，且距法定退休年龄不足5年的；（6）法律、行政法规规定的其他情形。需要注意的是，除上表中注明的以外，劳动合同的解除或者终止不适用"特别限制"。例如，如果劳动者严重违反规章制度，即使在规定的医疗期内，用人单位依然有权解除合同。

6. 违法解除合同的后果。（1）用人单位违法解除或者终止劳动合同，劳动者要求继续履行劳动合同的，用人单位应当继续履行；劳动者不要求继续履行劳动合同或者劳动合同已经不能继续履行的，用人单位应当依照经济补偿标准的2倍向劳动者支付赔偿金，但不再支付补偿金。用人单位单方解除劳动合同，未事先通知工会，劳动者以用人单位违法解除劳动合同为由请求用人单位支付赔偿金的，人民法院应予支持，但起诉前用人单位已经补正有关程序的除外。（2）劳动者违反本法规定解除劳动合同，或者违反劳动合同中约定的保密义务或者竞业限制，给用人单位造成损失的，应当承担赔偿责任。（3）用人单位招用与其他用人单位尚未解除或者终止劳动合同的劳动者，给其他用人单位造成损失的，应当承担连带赔偿责任。

7. 后合同义务。（1）用人单位应当在解除或者终止劳动合同时出具解除或者终止劳动合同的证明，并在15日内为劳动者办理档案和社会保险关系转移手续。用人单位违反本法规定未向劳动者出具解除或者终止劳动合同的书面证明，由劳动行政部门责令改正；给劳动者造成损害的，应当承担赔偿责任。劳动者依法解除或者终止劳动合同，用人单位扣押劳动者档案或者其他物品的，由劳动行政部门责令限期退还劳动者本人，并处以罚款；给劳动者造成损害的，应当承担赔偿责任。（2）劳动者应当按照双方约定，办理工作交接。用人单位依照本法有关规定应当向劳动者支付经济补偿的，在办结工作交接时支付。用人单位对已经解除或者终止的劳动合同的文本，至少保存2年备查。

8. 经济补偿。（1）经济补偿的适用范围已如上表所示，概括起来说，若非因劳动者的原因造成劳动合同解除或终止，用人单位需要支付经济补偿。（2）经济补偿按劳动者在本单位工作的年限（劳动者非因本人原因从原用人单位被安排到新用人单位工作，原用人单位未支付经济补偿的，劳动者在原用人单位的工作年限合并计算为新用人单位的工作年限），每满1年支付1个月工资的标准向劳动者支付。6个月以上不满1年的，按1年计算；不满6个月的，向劳动者支付半个月工资的经济补偿。月工资是指劳动者在劳动合同解除或者终止前12个月的平均工资，包括计时工资或者计件工资以及奖金、津贴和补贴等货币性收入，且最低按当地最低工资标准计算。劳动者月工资高于用人单位所在地区上年度职工月平均工资3倍的，向其支付经济补偿的标准按职工月平均工资3倍的数额支付，向其支付经济补偿的年限最高不超过12年。（3）在办理工作交接时一次性支付。

【案例分析】

1. 中兴通讯（杭州）有限责任公司诉王某劳动合同纠纷案。原告中兴通讯以被告王某不胜任工作，经转岗后仍不胜任工作为由，解除劳动合同，对此应负举证责任。根据《员工绩效管理办法》的规定，"C（C1、C2）考核等级的比例为10%"，虽然王某曾经考核结果为C2，但是C2等级并不完全等同于"不能胜任工作"，中兴通讯仅凭该限定考核等级比例的考核结果，不能证明劳动者不能胜任工作，不符合据此单方解除劳动合同的法定条件。虽然2009年1月王某从分销科转岗，但是转岗前后均从事销售工作，并存在分销科解散导致王某转岗这一根本原因，故不能证明王某系因不能胜任工作而转岗。因此，中兴通讯主张王某不胜任工作，经转岗后仍然不胜任工作的依据不足，存在违法解除劳动合同的情形，应当依法向王某支付经济补偿标准2倍的赔偿金。**（案例来源：最高人民法院指导案例第18号）**

2. 张某明诉京隆科技（苏州）公司支付赔偿金纠纷案。原告系被告的员工。被告京隆公司于 2008 年 9 月 8 日召开职工代表大会，通过"不允许乘坐黑车，违者以开除论处"的决议。2009 年 4 月 13 日上午 10 点左右，原告张某明乘坐牌照为苏 E＊＊＊＊＊的车辆前往京隆公司宿舍区。2009 年 4 月 20 日，京隆公司向张某明发出离职通知单，以张某明乘坐非法营运车辆为由与之解除劳动合同。法院认为，规章制度既要符合法律、法规的规定，也要合理。被告京隆公司有权通过制定规章制度进行正常生产经营活动的管理，但劳动者在劳动过程以及劳动管理范畴以外的行为，用人单位适宜进行倡导性规定，对遵守规定的员工可给予奖励，但不宜进行禁止性规定，更不能对违反此规定的员工进行惩罚。如果用人单位的规章制度超越合理权限对劳动者设定义务，并据此解除劳动合同，属于违法解除，损害劳动者的合法权益，用人单位应当依法支付赔偿金。判决被告支付赔偿金。

【实战演练】

某市混凝土公司新建临时搅拌站，在试运行期间通过暗管将污水直接排放到周边，严重破坏当地环境。公司经理还指派员工潜入当地环境监测站内，用棉纱堵塞空气采集器，造成自动监测数据多次出现异常。有关部门对其处罚后，公司生产经营发生严重困难，拟裁员 20 人以上。当该公司裁员时，下列说法正确的有哪些？①

A. 无须向劳动者支付经济补偿金
B. 应优先留用与本公司订立无固定期限劳动合同的职工
C. 不得裁减在该公司连续工作满 15 年的女职工
D. 不得裁减非因公负伤且在规定医疗期内的劳动者

五、特殊劳动合同

【知识框架】

（一）劳务派遣

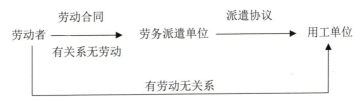

适用范围	劳务派遣用工是补充形式，只能在临时性、辅助性或者替代性的工作岗位上实施。临时性工作岗位是指存续时间不超过 6 个月的岗位；辅助性工作岗位是指为主营业务岗位提供服务的非主营业务岗位；替代性工作岗位是指用工单位的劳动者因脱产学习、休假等原因无法工作的一定期间内，可以由其他劳动者替代工作的岗位。用工单位应当严格控制劳务派遣用工数量，不得超过其用工总量的一定比例。

---

① BD。裁员对象受到限制，裁员应付补偿。

续表

派遣单位	性质：是用人单位，与劳动者之间建立劳动关系，应当履行用人单位对劳动者的义务。如发生工伤，劳务派遣单位承担工伤保险责任，但可以与用工单位约定补偿办法。
	对劳动者的义务：（1）应当与被派遣劳动者订立2年以上的固定期限劳动合同（还应当载明被派遣劳动者的用工单位以及派遣期限、工作岗位等情况），按月支付劳动报酬；（2）在被派遣劳动者无工作期间，应当按照所在地最低工资标准向其按月支付报酬；（3）不得克扣用工单位按照劳务派遣协议支付给被派遣劳动者的劳动报酬；（4）不得以非全日制用工形式招用被派遣劳动者；（5）应当将劳务派遣协议的内容告知被派遣劳动者。
	与用工单位：应当与用工单位订立劳务派遣协议，劳务派遣协议应当约定派遣岗位和人员数量、派遣期限、劳动报酬和社会保险费的数额与支付方式以及违反协议的责任。
	禁止用人单位或其所属单位出资或者合伙设立的劳务派遣单位，向本单位或者所属单位派遣劳动者。
用工单位	不是用人单位，与劳动者之间不存在劳动关系。
	用工单位应当履行下列义务：（1）执行国家劳动标准，提供相应的劳动条件和劳动保护；（2）告知被派遣劳动者的工作要求和劳动报酬；（3）支付加班费、绩效奖金，提供与工作岗位相关的福利待遇；（4）对在岗被派遣劳动者进行工作岗位所必需的培训；（5）连续用工的，实行正常的工资调整机制；（6）用工单位不得将被派遣劳动者再派遣到其他用人单位；（7）用工单位应当根据工作岗位的实际需要与劳务派遣单位确定派遣期限，不得将连续用工期限分割订立数个短期劳务派遣协议；（8）用工单位应当按照同工同酬原则，对被派遣劳动者与本单位同类岗位的劳动者实行相同的劳动报酬分配办法。用工单位无同类岗位劳动者的，参照用工单位所在地相同或者相近岗位劳动者的劳动报酬确定。
	被派遣劳动者享有的劳动报酬和劳动条件，按照用工单位所在地的标准执行。
共同义务	劳务派遣单位和用工单位不得向被派遣劳动者收取费用。
	被派遣劳动者有权在劳务派遣单位或者用工单位依法参加或者组织工会，维护自身的合法权益。
	劳务派遣单位、用工单位违反本法有关劳务派遣规定的，由劳动行政部门责令限期改正；逾期不改正的，处以罚款，对劳务派遣单位，吊销其劳务派遣业务经营许可证。
	用工单位给被派遣劳动者造成损害的，劳务派遣单位与用工单位承担连带赔偿责任。注：根据《民法典》第1191条第二款，劳务派遣期间，被派遣的工作人员因执行工作任务造成他人损害的，由接受劳务派遣的用工单位承担侵权责任；劳务派遣单位有过错的，承担相应的责任。不要混淆。

续表

解除合同	劳动者：（1）可与劳务派遣单位协商一致解除劳动合同；（2）提前30天书面通知劳务派遣单位或者试用期内提前3天通知劳务派遣单位，劳动者可以单方解除劳动合同；（3）用人单位有过错的，劳动者可以单方解除劳动合同。
	被派遣劳动者有下列情形的，用工单位可以将劳动者退回劳务派遣单位，劳务派遣单位可以依法与劳动者解除劳动合同：（1）在试用期被证明不符合录用条件的；（2）有过错的；（3）患病或者非因工负伤，在规定的医疗期满后不能从事原工作，也不能从事另行安排的工作的；（4）不能胜任工作，经过培训或者调整工作岗位，仍不能胜任工作的。
	被派遣劳动者有下列情形的，用工单位可以将劳动者退回劳务派遣单位，但是劳务派遣单位不得解除劳动合同。被派遣劳动者退回后在无工作期间，劳务派遣单位应当按照不低于所在地最低工资标准，向其按月支付报酬：（1）劳动合同订立时所依据的客观情况发生重大变化，致使劳动合同无法履行，经用工单位与劳动者协商，未能就变更劳动合同内容达成协议的；（2）用工单位符合经济性裁员条件的；（3）用工单位被依法宣告破产、吊销营业执照、责令关闭、撤销、决定提前解散或者经营期限届满不再继续经营的；（4）劳务派遣协议期满终止的。
	经济补偿规则，以及劳务派遣单位违法解除劳动合同的法律后果，与一般劳动合同相同。

（二）集体合同

订立	集体合同草案应当提交职工代表大会或者全体职工讨论通过。
	集体合同由工会代表企业职工一方与用人单位订立；尚未建立工会的用人单位，由上级工会指导劳动者推举的代表与用人单位订立。
	集体合同订立后，应当报送劳动部门；劳动部门自收到集体合同文本之日起15日内未提出异议的，集体合同即行生效。
效力	效力范围：依法订立的集体合同对用人单位和劳动者具有约束力，行业性、区域性集体合同对当地本行业、本区域的用人单位和劳动者具有约束力。
	底线：集体合同中劳动报酬和劳动条件等标准不得低于当地政府规定的最低标准；用人单位与劳动者订立的劳动合同中劳动报酬和劳动条件等标准不得低于集体合同规定的标准。
	补充：（1）劳动合同约定不明时，适用集体合同；（2）未订立书面劳动的，适用集体合同。
争议解决	用人单位违反集体合同，侵犯职工劳动权益的，工会可以依法要求用人单位承担责任；因履行集体合同发生争议，经协商解决不成的，工会可以依法申请仲裁、提起诉讼。

（三）非全日制用工

适用范围	以小时计酬为主，劳动者在同一单位平均每日工作不超过4小时，每周累计不超过24小时。
合同形式	可以订立口头协议
多重关系	劳动者可以与一个以上用人单位订立劳动合同；但是后订立的不得影响先订立的劳动合同的履行。
试用期	非全日制用工双方当事人不得约定试用期。

续表

终止用工	非全日制用工双方当事人任何一方都可以随时通知对方终止用工。 终止用工，用人单位不向劳动者支付经济补偿。
劳动报酬	非全日制用工小时计酬标准不得低于用人单位所在地政府规定的最低小时工资标准。 非全日制用工劳动报酬结算支付周期最长不得超过 15 日。

【实战演练】

2017 年 1 月，甲公司因扩大规模，急需客服人员，遂委托乙劳务派遣公司派遣 5 名员工。随后，乙劳务派遣公司将已签订劳动合同的张某等 5 人派遣至甲公司。对此，下列说法错误的有哪些?①

A. 甲公司应当为张某缴纳工伤保险

B. 乙公司应当为张某缴纳工伤保险

C. 张某与甲公司形成劳动关系

D. 如果张某在工作中造成他人受伤，应当由甲公司和乙公司承担连带责任

六、劳动基准

【知识框架】

相对强制性	劳动基准是劳动条件的最低标准，劳动合同或集体合同约定的标准只能等于或优于劳动基准。
工作时间	标准工时：$8 \times 5 = 40$ 小时。
	缩短工时：每日少于 8 小时，主要用于特殊作业、夜班作业和哺乳期的女职工。
	不定时工作制和综合计算工时制：应根据规定，与工会和劳动者协商，履行审批手续。
	不能实行标准工时制的，用人单位应当保证劳动者每周至少休息 1 日。
加班加点	加点时间限制：用人单位由于生产经营需要，经与工会和劳动者协商后可以延长工作时间，一般每日不得超过 1 小时；因特殊原因需要延长工作时间的，每日不得超过 3 小时，但是每月不得超过 36 小时。有下列情形之一的，延长工作时间不受限制：（1）发生自然灾害、事故或者因其他原因，威胁劳动者生命健康和财产安全，需要紧急处理的；（2）生产设备、交通运输线路、公共设施发生故障，影响生产和公众利益，必须及时抢修的；（3）法律、行政法规规定的其他情形。
	加班加点工资标准：（1）安排劳动者延长工作时间的，支付不低于工资的 150% 的工资报酬；（2）休息日安排劳动者工作又不能安排补休的，支付不低于工资的 200% 的工资报酬；（3）法定休假日安排劳动者工作的，支付不低于工资的 300% 的工资报酬。
	法律后果：未与工会或劳动者协商强迫劳动者加班的，或者每日延长工作时间超过 3 小时或每月超过 36 小时的，劳动部门责令改正，警告并可处以罚款。

---

① **ACD**。本题的关键在于识别劳务派遣中的关系机构，即"有关系无劳动，有劳动无关系"。

续表

工资制度	工资支付：必须以货币支付；至少每月支付1次；劳动者依法享受年休假、探亲假、婚丧假以及依法参加社会活动期间，单位应按照劳动合同规定的标准支付工资。
	代扣工资：代扣代缴个人所得税；代扣代缴应由劳动者负担的社会保险费；执行判决、裁定。
	扣除工资：（1）因劳动者本人原因给用人单位造成经济损失的，用人单位可以按照劳动合同的约定要求劳动者赔偿其经济损失。经济损失的赔偿，可从劳动者本人的工资中扣除，但每月扣除金额不得超过劳动者月工资的20%，且扣除后不得低于最低工资标准；（2）用人单位对劳动者违纪罚款，一般不得超过本人月工资标准的20%。
	最低工资：（1）劳动者提供了正常劳动的条件下，用人单位支付的劳动报酬不得低于当地最低工资标准；（2）最低工资适用于试用期、见习期；（3）最低工资标准由省级政府规定，报国务院备案；（4）最低工资不包括加班工资；中班、夜班、高温、低温、井下、有毒有害等特殊工作环境条件下的津贴；国家法律、行政法规和政策规定的劳动者保险、福利待遇；用人单位通过贴补伙食、住房等支付给劳动者的非货币收入。
职业安全卫生	一般要求：（1）用人单位必须建立、健全劳动安全卫生制度，严格执行国家劳动安全卫生规程和标准，对劳动者进行劳动安全卫生教育，防止劳动过程中的事故，减少职业危害；（2）劳动安全卫生设施必须符合国家规定的标准。新建、改建、扩建工程的劳动安全卫生设施必须与主体工程同时设计、同时施工、同时投入生产和使用；（3）用人单位必须为劳动者提供符合国家规定的劳动安全卫生条件和必要的劳动防护用品，对从事有职业危害作业的劳动者应当定期进行健康检查；（4）从事特种作业的劳动者必须经过专门培训并取得特种作业资格。
	女职工保护：（1）禁止安排女职工从事矿山井下、国家规定的第四级体力劳动强度的劳动和其他禁忌从事的劳动；（2）不得安排女职工在经期从事高处、低温、冷水作业和国家规定的第三级体力劳动强度的劳动；（3）不得安排女职工在怀孕期间从事国家规定的第三级体力劳动强度的劳动和孕期禁忌从事的活动。对怀孕7个月以上的女职工，不得安排其延长工作时间和夜班劳动；（4）不得安排女职工在哺乳未满一周岁的婴儿期间从事国家规定的第三级体力劳动强度的劳动和哺乳期禁忌从事的其他劳动，不得安排其延长工作时间和夜班劳动；（5）女职工生育享受不少于90天的产假。
	未成年工保护：（1）不得安排未成年工从事矿山井下、有毒有害、国家规定的第四级体力劳动强度的劳动和其他禁忌从事的劳动；（2）用人单位应当对未成年工定期进行健康检查。

【实战演练】

关于女工王某的权益，根据《劳动法》，下列说法正确的是哪一项？①

A. 公司应定期安排王某进行健康检查

B. 公司不能安排王某在经期从事高处作业

C. 若王某怀孕6个月以上，公司不得安排夜班劳动

D. 若王某在哺乳婴儿期间，公司不得安排夜班劳动

---

① B。女职工在生理期受到特殊保护。此外，本题考查得比较细致，要求考试精确记忆。

七、劳动争议

【知识框架】

适用范围	劳动争议包括：（1）因确认劳动关系发生的争议；（2）因订立、履行、变更、解除和终止劳动合同发生的争议；（3）因除名、辞退和辞职、离职发生的争议；（4）因工作时间、休息休假、社会保险、福利、培训以及劳动保护发生的争议；（5）因劳动报酬、工伤医疗费、经济补偿或者赔偿金等发生的争议；（6）法律、法规规定的其他劳动争议。
	下列纠纷不属于劳动争议：（1）劳动者请求社会保险经办机构发放社会保险金的纠纷；（2）劳动者与用人单位因住房制度改革产生的公有住房转让纠纷；（3）劳动者对劳动能力鉴定委员会的伤残等级鉴定结论或者对职业病诊断鉴定委员会的职业病诊断鉴定结论的异议纠纷；（4）家庭或者个人与家政服务人员之间的纠纷；（5）个体工匠与帮工、学徒之间的纠纷；（6）农村承包经营户与受雇人之间的纠纷。
劳动争议解决方式及其关系	协商—调解—仲裁—诉讼
	协商和调解均非必经程序，亦非终局程序。
	申请仲裁是起诉的必经程序，仲裁裁决原则上是非终局的，但有例外。
调解程序	调解组织：企业劳动争议调解委员会（由职工代表和企业代表组成。职工代表由工会成员担任或者由全体职工推举产生，企业代表由企业负责人指定。企业劳动争议调解委员会主任由工会成员或者双方推举的人员担任）；依法设立的基层人民调解组织；在乡镇、街道设立的具有劳动争议调解职能的组织。
	申请：当事人申请劳动争议调解可以书面申请，也可以口头申请。
	调解协议：经调解达成协议的，应当制作调解协议书。调解协议书由双方当事人签名或者盖章，经调解员签名并加盖调解组织印章后生效，对双方当事人具有约束力，当事人应当履行。一方当事人在协议约定期限内不履行调解协议的，另一方当事人可以依法申请仲裁。因支付拖欠劳动报酬、工伤医疗费、经济补偿或者赔偿金事项达成调解协议，用人单位在协议约定期限内不履行的，劳动者可以持调解协议书依法向人民法院申请支付令。
仲裁程序	仲裁机构：劳动争议仲裁委员会不按行政区划层层设立，由劳动行政部门代表、工会代表和企业方面代表组成，人数为单数。依法履行下列职责：聘任、解聘专职或者兼职仲裁员；受理劳动争议案件；讨论重大或者疑难的劳动争议案件；对仲裁活动进行监督。
	管辖：劳动争议由劳动合同履行地或者用人单位所在地的劳动争议仲裁委员会管辖。双方当事人分别向劳动合同履行地和用人单位所在地的劳动争议仲裁委员会申请仲裁的，由劳动合同履行地的劳动争议仲裁委员会管辖。
	当事人：发生劳动争议的劳动者和用人单位为劳动争议仲裁案件的双方当事人。劳务派遣单位或者用工单位与劳动者发生劳动争议的，劳务派遣单位和用工单位为共同当事人。劳动者一方在10人以上，并有共同请求的，可以推举代表参加调解、仲裁或者诉讼活动。
	时效：1年，从当事人知道或者应当知道其权利被侵害之日起计算，可以中止、中断。劳动关系存续期间因拖欠劳动报酬发生争议的，不受上述时效期间的限制；但是，劳动关系终止的，应当自劳动关系终止之日起1年内提出。
	申请：申请人申请仲裁应当提交书面仲裁申请，并按照被申请人人数提交副本。书写仲裁申请确有困难的，可以口头申请，由劳动争议仲裁委员会记入笔录，并告知对方当事人。

续表

	缺席：申请人收到书面通知，无正当理由拒不到庭或未经仲裁庭同意中途退庭的，可以视为撤回仲裁申请。被申请人收到书面通知，无正当理由拒不到庭或未经仲裁庭同意中途退庭的，可以缺席裁决。
	和解：当事人申请劳动争议仲裁后，可以自行和解。达成和解协议的，可以撤回仲裁申请。
	调解：仲裁庭在作出裁决前，应当先行调解。调解达成协议的，仲裁庭应当制作调解书。调解书由仲裁员签名，加盖劳动争议仲裁委员会印章，送达双方当事人。调解书经双方当事人签收后，发生法律效力。
	先予执行：（1）仲裁庭对追索劳动报酬、工伤医疗费、经济补偿或者赔偿金的案件，根据当事人的申请，可以裁决先予执行，移送人民法院执行；（2）仲裁庭裁决先予执行的，应当符合下列条件：当事人之间权利义务关系明确，不先予执行将严重影响申请人的生活；（3）劳动者申请先予执行的，可以不提供担保。
	举证责任：发生劳动争议，当事人对自己提出的主张，有责任提供证据。与争议事项有关的证据属于用人单位掌握管理的，用人单位应当提供；用人单位不提供的，应当承担不利后果。因用人单位做出的开除、除名、辞退、解除劳动合同、减少劳动报酬、计算劳动者工作年限等决定而发生的劳动争议，用人单位负举证责任。
	裁决：（1）仲裁庭由三名仲裁员组成，设首席仲裁员，简单劳动争议案件可以由一名仲裁员独任仲裁。（2）裁决应当按照多数仲裁员的意见作出，不能形成多数意见时，裁决应当按照首席仲裁员的意见作出。（3）裁决书由仲裁员签名，加盖劳动争议仲裁委员会印章。对裁决持不同意见的仲裁员，可以签名，也可以不签名。
仲裁与诉讼的关系	下列情况可以起诉：（1）劳动争议仲裁委员会不予受理或者逾期未作出决定的劳动争议事项；（2）劳动争议仲裁委员会逾期未作出仲裁裁决劳动争议；（3）对仲裁裁决不服的，可以自收到仲裁裁决书之日起 15 日内向人民法院提起诉讼，但是"相对一裁终局"案件除外。
	"相对一裁终局"案件：（1）包括：①劳动者追索劳动报酬、工伤医疗费、经济补偿或者赔偿金，不超过当地月最低工资标准 12 个月金额的争议；②因执行国家的劳动标准在工作时间、休息休假、社会保险等方面发生的争议。（2）劳动者对该仲裁裁决不服的，可以自收到仲裁裁决书之日起 15 日内向人民法院提起诉讼。（3）用人单位对该裁决不服的，不得直接起诉。但是有证据证明该仲裁裁决有下列情形之一，可以自收到仲裁裁决书之日起 30 日内向劳动争议仲裁委员会所在地的中级人民法院申请撤销裁决：适用法律、法规确有错误的；劳动争议仲裁委员会无管辖权的；违反法定程序的；裁决所根据的证据是伪造的；对方当事人隐瞒了足以影响公正裁决的证据；仲裁员在仲裁该案时有索贿受贿、徇私舞弊、枉法裁决行为的。仲裁裁决被人民法院裁定撤销的，当事人可以自收到裁定书之日起 15 日内就该劳动争议事项向人民法院提起诉讼。

【实战演练】

王某，女，1990 年出生，于 2012 年 2 月 1 日入职某公司，从事后勤工作，双方口头约定每月工资为人民币 3000 元，试用期 1 个月。2012 年 6 月 30 日，王某因无法胜任经常性的夜间高处作业而提出离职，经公司同意，双方办理了工资结算手续，并于同日解除了劳动关系。同年 8 月，王某以双方未签书面劳动合同为由，向当地劳动争议仲裁委申请仲裁，要求公司再支付工资 12000 元。如当地月最低工资标准为 1500 元，关于该仲裁，下列说法正确的是有哪些?①

    A. 王某可直接向劳动争议仲裁委申请仲裁

    B. 如王某对该仲裁裁决不服，可向法院起诉

    C. 如公司对该仲裁裁决不服，可向法院起诉

    D. 如公司有相关证据证明仲裁裁决程序违法时，可向有关法院申请撤销裁决

---

    ① ABD。本题考查"相对一裁终局"案件。

第二章　社会保障法

码上揭秘

一、社会保险法

【知识框架】

（一）工伤保险

参保	职工应当参加工伤保险，由用人单位缴纳工伤保险费，职工不缴纳工伤保险费。
工伤认定	职工在工作时间和工作场所内，因工作原因受到事故伤害，应当认定为工伤。但是故意犯罪、醉酒或者吸毒、自残或者自杀以及法律、行政法规规定的其他情形，不认定为工伤。
	职工因工伤或者患职业病，且经工伤认定的，享受工伤保险待遇；其中，经劳动能力鉴定丧失劳动能力的，享受伤残待遇。
工伤保险基金负担的费用	因工伤发生的下列费用，按照国家规定从工伤保险基金中支付：（1）治疗工伤的医疗费用和康复费用；（2）住院伙食补助费；（3）到统筹地区以外就医的交通食宿费；（4）安装配置伤残辅助器具所需费用；（5）生活不能自理的，经劳动能力鉴定委员会确认的生活护理费；（6）一次性伤残补助金和一至四级伤残职工按月领取的伤残津贴；（7）终止或者解除劳动合同时，应当享受的一次性医疗补助金；（8）因工死亡的，其遗属领取的丧葬补助金、供养亲属抚恤金和因工死亡补助金；（9）劳动能力鉴定费。
用人单位负担的费用	因工伤发生的下列费用，按照国家规定由用人单位支付：（1）治疗工伤期间的工资福利；（2）五级、六级伤残职工按月领取的伤残津贴；（3）终止或者解除劳动合同时，应当享受的一次性伤残就业补助金。
特殊情况	单位未缴费：发生工伤事故的，由用人单位支付工伤保险待遇。用人单位不支付的，从工伤保险基金中先行支付。社会保险经办机构可以向用人单位追偿。用人单位未依法缴纳工伤保险费，劳动者因第三人侵权造成人身损害并构成工伤，侵权人已经赔偿的，劳动者有权请求用人单位支付除医疗费之外的工伤保险待遇。用人单位先行支付工伤保险待遇的，可以就医疗费用在第三人应承担的赔偿责任范围内向其追偿。
	与养老保险的衔接：工伤职工符合领取基本养老金条件的，停发伤残津贴，享受基本养老保险待遇。基本养老保险待遇低于伤残津贴的，从工伤保险基金中补足差额。
	第三人造成工伤：第三人的原因造成工伤，第三人不支付工伤医疗费用或者无法确定第三人的，由工伤保险基金先行支付。工伤保险基金先行支付后，有权向第三人追偿。第三人的侵权责任不因受害人获得社会保险而减轻或者免除，也就是说，受害人原则上可以获得双重赔偿，但是工伤医疗费用除外（第三人支付的医疗费用，工伤保险基金不再支付；工伤保险基金支付的医疗费用，可以在第三人应承担的范围内向第三人追偿）。
停止享受工伤待遇	工伤职工有下列情形之一的，停止享受工伤保险待遇：（1）丧失享受待遇条件的；（2）拒不接受劳动能力鉴定的；（3）拒绝治疗的。

（二）基本养老保险

参保	职工应当参加基本养老保险，由用人单位和职工共同缴纳基本养老保险费。
	无雇工的个体工商户、未在用人单位参加基本养老保险的非全日制从业人员以及其他灵活就业人员可以参加基本养老保险，由个人缴纳基本养老保险费。
基本养老保险基金	用人单位缴纳基本养老保险费，记入基本养老保险统筹基金。
	职工缴纳基本养老保险费，记入个人账户。个人账户不得提前支取，记账利率不得低于银行定期存款利率，免征利息税。个人死亡的，个人账户余额可以继承。
	灵活就业人员缴纳基本养老保险费，分别记入基本养老保险统筹基金和个人账户。
养老保险待遇	基本养老金：参加基本养老保险的个人，达到法定退休年龄时累计缴费满15年的，按月领取基本养老金。达到法定退休年龄时累计缴费不足15年的，可以缴费至满15年，按月领取基本养老金；也可以转入新型农村社会养老保险或者城镇居民社会养老保险，享受相应待遇。
	其他待遇：参加基本养老保险的个人，因病或者非因工死亡的，其遗属可以领取丧葬补助金和抚恤金；在未达到法定退休年龄时因病或者非因工致残完全丧失劳动能力的，可以领取病残津贴。所需资金从基本养老保险基金中支付。
异地结转	个人跨统筹地区就业的，其基本养老保险关系随本人转移，缴费年限累计计算。个人达到法定退休年龄时，基本养老金分段计算、统一支付。具体办法由国务院规定。

（三）失业保险

参保	职工应当参加失业保险，由用人单位和职工按照国家规定共同缴纳失业保险费。
领取失业保险金条件	失业人员符合下列条件的，从失业保险基金中领取失业保险金：（1）失业前用人单位和本人已经缴纳失业保险费满1年的；（2）非因本人意愿中断就业的；（3）已经进行失业登记，并有求职要求的。
领取失业保险金年限	累计缴费满1年不足5年的，领取失业保险金的期限最长为12个月。
	累计缴费满5年不足10年的，领取失业保险金的期限最长为18个月。
	累计缴费10年以上的，领取失业保险金的期限最长为24个月。
	重新就业后，再次失业的，缴费时间重新计算，领取失业保险金的期限与前次失业应当领取而尚未领取的失业保险金的期限合并计算，最长不超过24个月。
失业人员医疗保险	失业人员在领取失业保险金期间，参加职工基本医疗保险，享受基本医疗保险待遇。失业人员应当缴纳的基本医疗保险费从失业保险基金中支付，个人不缴纳基本医疗保险费。
失业人员死亡	失业人员在领取失业保险金期间死亡的，向其遗属发给一次性丧葬补助金和抚恤金。所需资金从失业保险基金中支付。个人死亡同时符合领取基本养老保险丧葬补助金、工伤保险丧葬补助金和失业保险丧葬补助金条件的，其遗属只能选择领取其中的一项。
异地就业	职工跨统筹地区就业的，其失业保险关系随本人转移，缴费年限累计计算。
停止待遇	重新就业的；应征服兵役的；移居境外的；享受基本养老保险待遇的；无正当理由，拒不接受当地人民政府指定部门或者机构介绍的适当工作或者提供的培训的。

（四）其他问题

社保基金	社会保险基金包括基本养老保险基金、基本医疗保险基金、工伤保险基金、失业保险基金和生育保险基金。社会保险基金专款专用，任何组织和个人不得侵占或者挪用。除基本医疗保险基金与生育保险基金合并建账及核算外，其他各项社会保险基金按照社会保险险种分别建账，分账核算。
	社会统筹：基本养老保险基金逐步实行全国统筹，其他社会保险基金逐步实行省级统筹。
	县级以上政府在社会保险基金出现支付不足时，给予补贴。
基本医疗保险	参保：职工应当参加职工基本医疗保险，由用人单位和职工共同缴纳基本医疗保险费。灵活就业人员可以参加职工基本医疗保险，由个人按照国家规定缴纳基本医疗保险费。
	待遇：符合基本医疗保险药品目录、诊疗项目、医疗服务设施标准以及急诊、抢救的医疗费用，按照国家规定从基本医疗保险基金中支付。
	特殊情况：（1）下列医疗费用不纳入基本医疗保险基金支付范围：应当从工伤保险基金中支付的；应当由第三人负担的；应当由公共卫生负担的；在境外就医的。（2）医疗费用依法应当由第三人负担，第三人不支付或者无法确定第三人的，由基本医疗保险基金先行支付。基本医疗保险基金先行支付后，有权向第三人追偿。
生育保险	参保：职工应当参加生育保险，由用人单位缴纳生育保险费，职工不缴纳生育保险费。
	待遇：用人单位已经缴纳生育保险费的，其职工享受生育医疗费用和生育津贴；职工未就业配偶按照国家规定享受生育医疗费用。所需资金从生育保险基金中支付。
	生育医疗费用：包括生育的医疗费用；计划生育的医疗费用；其他项目费用。

【案例分析】孙某诉天津新技术产业园区劳动人事局工伤认定案

孙某系中力公司员工，2003 年 6 月 10 日上午受中力公司负责人指派去北京机场接人。其从中力公司所在地天津市南开区华苑产业园区国际商业中心（以下简称商业中心）八楼下楼，欲到商业中心院内停放的红旗轿车处去开车，当行至一楼门口台阶处时，孙某脚下一滑，从四层台阶处摔倒在地面上，造成四肢不能活动。经医院诊断为颈髓过伸位损伤合并颈部神经根牵拉伤、上唇挫裂伤、左手臂擦伤、左腿皮擦伤。孙某向园区劳动局提出工伤认定申请，园区劳动局决定不认定孙某摔伤事故为工伤事故。孙某不服园区劳动局《工伤认定决定书》，向天津市第一中级人民法院提起行政诉讼。法院认为：（1）"工作场所"，是指与职工工作职责相关的场所，在有多个工作场所的情形下，还应包括职工来往于多个工作场所之间的合理区域。（2）"工作原因"，指职工受伤与其从事本职工作之间存在关联关系，即职工受伤与其从事本职工作存在一定关联。（3）职工的过失不影响工伤认定。法院判决撤销园区劳动局的《工伤认定决定书》，限园区劳动局在判决生效后 60 日内重新作出具体行政行为。（**案例来源：最高人民法院指导案例第 40 号**）

【实战演练】

某商场使用了由东方电梯厂生产、亚林公司销售的自动扶梯。某日营业时间，自动扶梯突然逆向运行，造成商场职工薛某受伤。后来，薛某被认定为工伤且被鉴定为六级伤残。关于其工伤保险待遇，下列选项正确的有哪些?①

　　A. 如商场未参加工伤保险，薛某可主张商场支付工伤保险待遇或者承担民事人身损害赔偿责任

　　B. 如商场未参加工伤保险也不支付工伤保险待遇，薛某可主张工伤保险基金先行支付

　　C. 如商场参加了工伤保险，主要由工伤保险基金支付工伤保险待遇，但按月领取的伤残津贴仍由商场支付

　　D. 如电梯厂已支付工伤医疗费，薛某仍有权获得工伤保险基金支付的工伤医疗费

二、军人保险法

宏观制度	全军的军人保险工作依法应由中国人民解放军军人保险主管部门负责。
	军人保险基金包括军人伤亡保险基金、军人退役养老保险基金、军人退役医疗保险基金和随军未就业的军人配偶保险基金。保险基金按照军人保险险种分别建账、分账核算，执行军队的会计制度。军人保险基金由个人缴费、中央财政负担的军人保险资金以及利息收入等资金构成。军人和随军未就业的军人配偶缴纳保险费，由军人所在单位代扣代缴。
军人伤亡保险	保费来源：国家负担，个人不缴。
	保险待遇：军人因战、因公死亡的，按照认定的死亡性质和相应的保险金标准，给付军人死亡保险金。军人因战、因公、因病致残的，按照评定的残疾等级和相应的保险金标准，给付军人残疾保险金。已经评定残疾等级的因战、因公致残的军人退出现役参加工作后旧伤复发的，依法享受相应的工伤待遇。
	除外条款：军人因下列情形之一死亡或者致残的，不享受军人伤亡保险待遇：故意犯罪的；醉酒或者吸毒的；自残或自杀的。
退役养老保险	军人退出现役参加基本养老保险的，国家给予退役养老保险补助。
	军地衔接：军人入伍前或退役后参加基本养老保险的，办理接续手续。军人服现役年限与入伍前和退出现役后参加职工基本养老保险的缴费年限合并计算。
退役医疗保险	参加军人退役医疗保险的军官、文职干部和士官应当缴纳军人退役医疗保险费，国家按照个人缴纳的军人退役医疗保险费的同等数额给予补助。义务兵和供给制学员不缴纳军人退役医疗保险费，国家按照规定的标准给予军人退役医疗保险补助。
	军人入伍前或者退役后参加基本医疗保险的，办理接续手续。军人服现役年限视同职工基本医疗保险缴费年限，与入伍前和退出现役后参加职工基本医疗保险的缴费年限合并计算。
军人配偶保险	国家为随军未就业的军人配偶建立养老保险、医疗保险等。随军未就业的军人配偶参加保险，应当缴纳养老保险费和医疗保险费，国家给予相应的补助。随军未就业的军人配偶无正当理由拒不接受当地人民政府就业安置，或者无正当理由拒不接受当地人民政府指定部门、机构介绍的适当工作、提供的就业培训的，停止给予保险缴费补助。
	军人配偶在随军未就业期间的养老保险、医疗保险缴费年限与其在地方参加职工基本养老保险、职工基本医疗保险的缴费年限合并计算，办理接续手续。

---

① BC。五级、六级伤残职工按月领取的伤残津贴由单位负担，一至四级伤残职工按月领取的伤残津贴由工伤保险基金负担。

【实战演练】

老铁曾经是一名解放军战士，因某次战斗负伤致残，后被评定残疾等级。退役后，老铁在金盾安保公司从事押运安保工作，工作中因意外发生交通事故，经工伤鉴定为六级伤残。由于金盾公司一直未给老铁缴纳工伤保险费，现因交通事故导致旧伤复发更是雪上加霜。关于本案，下列哪些说法是正确的？①

A. 对于老铁的工伤保险待遇，其可请求从军人保险基金中支付

B. 对于老铁的伤残津贴，其有权从金盾公司按月领取

C. 关于工伤保险待遇与军人伤亡保险待遇，老铁可同时享有

D. 由于金盾公司未给老铁缴纳工伤保险费，其有义务向老铁支付工伤保险待遇

---

① BD。本题从军人保险与社会保险的衔接角度考查，有一定难度。

第四部分　环境与自然资源法

【本章概览】

地位	预计平均分值，客观题约4分。
内容	环境保护基本制度（环境规划制度，清洁生产制度，环境影响评价制度，三同时制度，排污收费制度，总量控制制度，环境保护许可制度，环境标准制度，环境监测制度，信息公开与公众参与制度，跨行政区域污染防治制度，农村环境综合治理制度，生态保护制度，政府监管责任制度）。 环境法律责任（民事责任，行政责任，刑事责任）。 自然资源制度（森林资源制度，矿产资源制度）。
法条	《中华人民共和国环境保护法》 《中华人民共和国环境影响评价法》 《中华人民共和国森林法》 《中华人民共和国矿产资源法》

第一章　环境保护法

码上揭秘

一、环境影响评价制度

【知识框架】

适用范围	规划（含总体规划和专项规划），建设项目。
总体规划	总体规划，应当在规划编制过程中组织进行环境影响评价，编写该规划有关环境影响的篇章或者说明，作为规划草案的组成部分一并报送规划审批机关。未编写有关环境影响的篇章或者说明的规划草案，审批机关不予审批。
	专项规划中的指导性规划，适用总体规划环评规则。
专项规划	专项规划，应当在该专项规划草案上报审批前，组织进行环境影响评价，并向审批该专项规划的机关提出环境影响报告书，与专项规划一并附送审批机关审查；未附送环境影响报告书的，审批机关不予审批。
	专项规划的编制机关对可能造成不良环境影响并直接涉及公众环境权益的规划，应当在该规划草案报送审批前，征求有关单位、专家和公众对环境影响报告书草案的意见。但是，国家规定需要保密的情形除外。编制机关应当认真考虑有关单位、专家和公众对环境影响报告书草案的意见，并应当在报送审查的环境影响报告书中附具对意见采纳或者不采纳的说明。
	在审批专项规划草案前，应当先由政府指定的生态环境主管部门或者其他部门召集有关部门代表和专家组成审查小组，对环境影响报告书进行审查。审查小组应当提出书面审查意见。
	审查小组提出审查意见的处理情形及规划实施后编制相关跟踪诉讼的内容

续表

建设项目	分类管理：（1）可能造成重大环境影响的，应当编制环境影响报告书进行全面评价；（2）可能造成轻度环境影响的，应当编制环境影响报告表进行分析或者专项评价；（3）对环境影响很小、不需要进行环境影响评价的，应当填报环境影响登记表。
	环境影响报告书应当包括：（1）建设项目概况；（2）建设项目周围环境现状；（3）建设项目对环境可能造成影响的分析、预测和评估；（4）建设项目环境保护措施及其技术、经济论证；（5）建设项目对环境影响的经济损益分析；（6）对建设项目实施环境监测的建议；（7）环境影响评价的结论。
	编制：建设单位可以委托技术单位也可以自行对其建设项目开展环境影响评价，编制建设项目环境影响报告书、环境影响报告表。取消了对技术单位的资质要求。接受委托的技术单位，不得与负责审批建设项目环境影响报告书、环境影响报告表的生态环境主管部门或者其他有关审批部门存在任何利益关系。
	审批与备案：报告书、报告表实行审批制，国务院生态环境主管部门负责审批核设施、绝密工程等特殊性质的建设项目，跨省级行政区域的建设项目以及由国务院审批的或者由国务院授权有关部门审批的建设项目的环评文件。其他项目的审批权限，由省级政府规定。建设项目可能造成跨行政区域的不良环境影响，有关生态环境主管部门对该项目的环境影响评价结论有争议的，其环境影响评价文件由共同的上一级生态环境主管部门审批。登记表实行备案制。
	重新报批：建设项目的环境影响评价文件经批准后，建设项目的性质、规模、地点、采用的生产工艺或者防治污染、防止生态破坏的措施发生重大变动的，建设单位应当重新报批建设项目的环境影响评价文件。
	重新审核：建设项目的环境影响评价文件自批准之日起超过5年，方决定该项目开工建设的，其环境影响评价文件应当报原审批部门重新审核。
	后评价：在项目建设、运行过程中产生不符合经审批的环境影响评价文件的情形的，建设单位应当组织环境影响的后评价，采取改进措施，并报原环境影响评价文件审批部门和建设项目审批部门备案；原环境影响评价文件审批部门也可以责成建设单位进行环境影响的后评价，采取改进措施。
规划与建设项目环评的关系	建设项目的环境影响评价，应当避免与规划的环境影响评价相重复。
	作为一项整体建设项目的规划，按建设项目进行环评，不进行规划的环评。
	已经进行了环境影响评价的规划包含具体建设项目的，规划的环境影响评价结论应当作为建设项目环境影响评价的重要依据，建设项目环境影响评价的内容应当根据规划的环境影响评价审查意见予以简化。

【实战演练】

某采石场扩建项目的环境影响报告书获批后，采用的爆破技术发生重大变动，其所生粉尘将导致周边居民的农作物受损。关于此事，下列哪一说法是正确的？①

A. 建设单位应重新报批该采石场的环境影响报告书

---

① A。重大变动的，重新报批。

B. 建设单位应组织环境影响的后评价，并报原审批部门批准

C. 该采石场的环境影响评价，应当与规划的环境影响评价完全相同

D. 居民将来主张该采石场承担停止侵害的侵权责任，受 3 年诉讼时效的限制

二、信息公开和公众参与制度

【知识框架】

信息发布	生态环境部统一发布国家环境质量、重点污染源监测信息及其他重大环境信息。省级以上生态环境主管部门定期发布环境状况公报。
	县级以上地方生态环境主管部门和其他负有环境保护监督管理职责的部门，应当将企业事业单位和其他生产经营者的环境违法信息记入社会诚信档案，及时向社会公布违法者名单。
	重点排污单位应当如实向社会公开其主要污染物的名称、排放方式、排放浓度和总量、超标排放情况，以及防治污染设施的建设和运行情况，接受社会监督。重点排污单位不公开或不如实公开环境信息的，由生态环境主管部门责令公开，处以罚款，并予以公告。
环评信息公开	对依法应当编制环境影响报告书的建设项目，建设单位应当在编制时向可能受影响的公众说明情况，充分征求意见。
	负责审批建设项目环境影响评价文件的部门在收到建设项目环境影响报告书后，除涉及国家秘密和商业秘密的事项外，应当全文公开；发现建设项目未充分征求公众意见的，应当责成建设单位征求公众意见。
举报	公民、法人和非法人组织发现任何单位和个人有污染环境和破坏生态行为的，有权向生态环境主管部门或者其他负有环境保护监督管理职责的部门举报。接受举报的机关应当对举报人的相关信息予以保密，保护举报人的合法权益。
公益诉讼	对污染环境、破坏生态，损害社会公共利益的行为，符合下列条件的社会组织可以向法院提起诉讼：（1）依法在设区的市级以上政府民政部门登记；（2）专门从事环境保护公益活动连续 5 年以上且无违法记录。提起诉讼的社会组织不得通过诉讼牟取经济利益。

【案例分析】

中华环保联合会诉无锡市蠡湖惠山景区管理委员会环境污染责任纠纷案。被告于 2009 年 10 月至 2010 年 7 月间建设了无锡市动植物园、欢乐园，在该项目建设过程中，景区管委会未经批准改变部分林地用途，其中 3677 平方米被建设成为观光电梯和消防水池。原告中华环保联合会系合法设立的民间环保组织，其在无锡设有工作点。原告提起诉讼，要求被告对生态破坏的行为进行补偿、弥补生态环境损害并支付原告为该诉讼支出的全部费用。法院认为，中华环保联合会是适格原告，建设工程未经批准占用并改变林地用途对生态环境造成损害的，建设单位应当承担相应的民事责任。因无法量化评估由于树木面积减少导致的生态损害赔偿数额，而原地恢复原状可能会造成较大社会财富浪费，故判决建设单位通过异地补植的方式来恢复生态容量，并判决被告承担原告为诉讼支出的交通费、住宿费、调查取证费等合理费用。

【实战演练】

某省天洋市滨海区一石油企业位于海边的油库爆炸，泄漏的石油严重污染了近海生态环境。下列哪一主体有权提起公益诉讼（其中所列组织均专门从事环境保护公益活动连续 5 年以

上且无违法记录)？①

 A. 受损海产养殖户推选的代表赵某

 B. 依法在滨海区民政局登记的"海蓝志愿者"组织

 C. 依法在邻省的省民政厅登记的环境保护基金会

 D. 在国外设立但未在我国民政部门登记的"海洋之友"团体

三、保护生态环境

【知识框架】

清洁生产制度	国家促进清洁生产和资源循环利用。国务院有关部门和地方各级政府应当采取措施，推广清洁能源的生产和使用。企业应当优先使用清洁能源，采用资源利用率高、污染物排放量少的工艺、设备以及废弃物综合利用技术和污染物无害化处理技术，减少污染物的产生。
三同时制度	建设项目中防治污染的设施，应当与主体工程同时设计、同时施工、同时投产使用。防治污染的设施应当符合经批准的环境影响评价文件的要求，不得擅自拆除或者闲置。
总量控制制度	国家实行重点污染物排放总量控制制度。重点污染物排放总量控制指标由国务院下达，省、自治区、直辖市政府分解落实。企业事业单位在执行国家和地方污染物排放标准的同时，应当遵守分解落实到本单位的重点污染物排放总量控制指标。
	对超过国家重点污染物排放总量控制指标或者未完成国家确定的环境质量目标的地区，省级以上政府生态环境主管部门应当暂停审批其新增重点污染物排放总量的建设项目环境影响评价文件。
排污许可制度	国家依照法律规定实行排污许可管理制度。实行排污许可管理的企业事业单位和其他生产经营者应当按照排污许可证的要求排放污染物；未取得排污许可证的，不得排放污染物。
生态保护制度	生态保护红线：国家在重点生态功能区、生态环境敏感区和脆弱区等划定生态保护红线。
	生物多样性：开发利用自然资源，应当合理开发，保护生物多样性，保障生态安全，依法制定有关生态保护和恢复治理方案并予以实施。引进外来物种以及研究、开发和利用生物技术，应当采取措施，防止对生物多样性的破坏。
	生态保护补偿：国家加大对生态保护地区的财政转移支付力度。有关地方政府应当落实生态保护补偿资金，确保其用于生态保护补偿。国家指导受益地区和生态保护地区政府通过协商或者按照市场规则进行生态保护补偿。
农村环境综合治理	各级政府应当加强对农业环境的保护，促进农业环境保护新技术的使用，加强对农业污染源的监测预警，统筹有关部门采取措施，防治土壤污染和土地沙化、盐渍化、贫瘠化、石漠化、地面沉降以及防治植被破坏、水土流失、水体富营养化、水源枯竭、种源灭绝等生态失调现象，推广植物病虫害的综合防治。
	各级政府应当在财政预算中安排资金，支持农村饮用水水源地保护、生活污水和其他废弃物处理、畜禽养殖和屠宰污染防治、土壤污染防治和农村工矿污染治理等环境保护工作。

【实战演练】

某市政府接到省环境保护主管部门的通知：暂停审批该市新增重点污染物排放总量的建设

---

① C。对环境公益诉讼的原告，有严格的条件限制。社会组织作为原告，必须同时符合两个条件。

项目环境影响评价文件。下列哪些情况可导致此次暂停审批?①

    A. 未完成国家确定的环境质量目标

    B. 超过国家重点污染物排放总量控制指标

    C. 当地环境保护主管部门对重点污染物监管不力

    D. 当地重点排污单位未按照国家有关规定和监测规范安装使用监测设备

四、环境监督管理

【知识框架】

环境规划制度	生态环境部会同有关部门,根据国民经济和社会发展规划编制国家环境保护规划,报国务院批准并公布实施。县级以上地方生态环境主管部门会同有关部门,根据国家环境保护规划的要求,编制本行政区域的环境保护规划,报同级政府批准并公布实施。
	环境保护规划的内容应当包括生态保护和污染防治的目标、任务、保障措施等,并与主体功能区规划、土地利用总体规划和城乡规划等相衔接。
环境标准制度	环境质量标准:国务院生态环境部门制定国家环境质量标准。省级政府对国家环境质量标准中未作规定的项目,可以制定地方环境质量标准;对国家环境质量标准中已作规定的项目,可以制定严于国家环境质量标准的地方环境质量标准,报国务院生态环境部门备案。
	污染物排放标准:国务院生态环境部门根据国家环境质量标准和国家经济、技术条件,制定国家污染物排放标准。省级政府对国家污染物排放标准中未作规定的项目,可以制定地方污染物排放标准;对国家污染物排放标准中已作规定的项目,可以制定严于国家污染物排放标准的地方污染物排放标准,报国务院生态环境部门备案。
环境监测制度	生态环境部制定监测规范,会同有关部门组织监测网络,统一规划国家环境质量监测站(点)的设置,建立监测数据共享机制,加强对环境监测的管理。监测机构应当使用符合国家标准的监测设备,遵守监测规范。监测机构及其负责人对监测数据的真实性和准确性负责。
跨行政区域污染防治制度	国家建立跨行政区域的重点区域、流域环境污染和生态破坏联合防治协调机制,实行统一规划、统一标准、统一监测、统一的防治措施。
	其他跨行政区域的环境污染和生态破坏的防治,由上级政府协调解决,或者由有关地方政府协商解决。
政府监管责任制度	一般规则:地方各级政府应当对本行政区域的环境质量负责。各级生态环境主管部门对环境保护工作实施统一监督管理。
	现场检查:生态环境主管部门及其委托的环境监察机构和其他负有环境保护监督管理职责的部门,有权对排放污染物的企业事业单位和其他生产经营者进行现场检查。被检查者应当如实反映情况,提供必要的资料。实施现场检查的部门、机构及其工作人员应当为被检查者保守商业秘密。
	查封扣押:企业事业单位和其他生产经营者违反法律法规规定排放污染物,造成或者可能造成严重污染的,生态环境主管部门和其他负有环境保护监督管理职责的部门,可以查封、扣押造成污染物排放的设施、设备。

---

    ① **AB**。本题考查区域限批制度,适用对象是超过国家重点污染物排放总量控制指标或者未完成国家确定的环境质量目标的地区。

续表

目标考核：县级以上政府应当将环境保护目标完成情况纳入对本级政府负有环境保护监督管理职责的部门及其负责人和下级政府及其负责人的考核内容，作为对其考核评价的重要依据。考核结果应当向社会公开。		
人大监督：县级以上政府应当每年向本级人大或常委会报告环境状况和环境保护目标完成情况，对发生的重大环境事件应当及时向本级人大常委会报告，依法接受监督。		

【实战演练】

国务院环保检查组至某市巡查时，发现该市频发重大环境污染案件，对此责任主体是哪一项？①

A. 该市政府　　　　　　　　　　B. 该市生态环境局

C. 该市市长　　　　　　　　　　D. 该市生态环境局局长

五、环境保护税制度

征收对象	在中国领域和中国管辖的其他海域，直接向环境排放应税污染物的企业事业单位和其他生产经营者为环境保护税的纳税人。应税污染物是指大气污染物、水污染物、固体废物和噪声。	下列情形不缴：（1）向依法设立的污水集中处理、生活垃圾集中处理场所排放应税污染物的；（2）在符合国家和地方环境保护标准的设施、场所贮存或者处置固体废物的。但是，依法设立的城乡污水集中处理、生活垃圾集中处理场所超过国家和地方规定的排放标准向环境排放应税污染物的，以及企业事业单位和其他生产经营者贮存或者处置固体废物不符合国家和地方环境保护标准的，应当缴纳环境保护税。
计税依据	（1）应税大气污染物按照污染物排放量折合的污染当量数确定；（2）应税水污染物按照污染物排放量折合的污染当量数确定；（3）应税固体废物按照固体废物的排放量确定；（4）应税噪声按照超过国家规定标准的分贝数确定。	
税收优惠	下列情形，暂予免征环境保护税：（1）农业生产（不包括规模化养殖）排放应税污染物的；（2）机动车、铁路机车、非道路移动机械、船舶和航空器等流动污染源排放应税污染物的；（3）依法设立的城乡污水集中处理、生活垃圾集中处理场所排放相应应税污染物，不超过国家和地方规定的排放标准的；（4）纳税人综合利用的固体废物，符合国家和地方环境保护标准的；（5）国务院批准免税的其他情形（由国务院报全国人民代表大会常务委员会备案）。	
征收管理	税务部门负责。环保部门对污染物进行监测管理。	
	环境保护税按月计算，按季申报缴纳。不能按固定期限计算缴纳的，可以按次申报缴纳。	

---

① A。地方各级政府对本区域的环境质量负责。

六、环境法律责任

【知识框架】

民事责任	适用《民法典》：(1) 无过错责任。(2) 举证责任倒置：因污染环境、破坏生态发生纠纷，行为人应当就法律规定的不承担责任或者减轻责任的情形及其行为与损害之间不存在因果关系承担举证责任。(3) 责任主体：两个以上侵权人污染环境、破坏生态的，承担责任的大小，根据污染物的种类、浓度、排放量，破坏生态的方式、范围、程度，以及行为对损害后果所起的作用等因素确定。因第三人的过错污染环境、破坏生态的，被侵权人可以向侵权人请求赔偿，也可以向第三人请求赔偿。侵权人赔偿后，有权向第三人追偿。(4) 惩罚性赔偿：侵权人违反法律规定故意污染环境、破坏生态造成严重后果的，被侵权人有权请求相应的惩罚性赔偿。
	适用《环境保护法》连带责任：环境影响评价机构、环境监测机构以及从事环境监测设备和防治污染设施维护、运营的机构，在有关环境服务活动中弄虚作假，对造成的环境污染和生态破坏负有责任的，除予以处罚外，还应当与造成环境污染和生态破坏的其他责任者承担连带责任。
	时效：环境损害赔偿诉讼时效期间为3年，从当事人知道或应当知道其受到损害时起计算。
行政责任	按日连续处罚：违法排放污染物，受到罚款处罚，被责令改正，拒不改正的，依法作出处罚决定的行政机关可以自责令改正之日的次日起，按照原处罚数额按日连续处罚。地方性法规可以根据环境保护的实际需要，增加按日连续处罚的违法行为的种类。
	超标排污：企业事业单位和其他生产经营者超过污染物排放标准或者超过重点污染物排放总量控制指标排放污染物的，县级以上生态环境主管部门可以责令其采取限制生产、停产整治等措施；情节严重的，报经有批准权的政府批准，责令停业、关闭。
	行政拘留：企业事业单位和其他生产经营者有下列行为之一，尚不构成犯罪的，除依照有关法律法规规定予以处罚外，移送公安机关，对其直接负责的主管人员和其他直接责任人员处以拘留：(1) 建设项目未依法进行环境影响评价，被责令停止建设，拒不执行的；(2) 违反法律规定，未取得排污许可证排放污染物，被责令停止排污，拒不执行的；(3) 通过暗管、渗井、渗坑、灌注或者篡改、伪造监测数据，或者不正常运行防治污染设施等逃避监管的方式违法排放污染物的；(4) 生产、使用国家明令禁止生产、使用的农药，被责令改正，拒不改正的。
刑事责任	违反本法规定，构成犯罪的，依法追究刑事责任。

【实战演练】

某化工厂排放的污水会影响鱼类生长，但其串通某环境影响评价机构获得虚假环评文件从而得以建设。该厂后来又串通某污水处理设施维护机构，使其污水处理设施虚假显示从而逃避监管。该厂长期排污致使周边水域的养殖鱼类大量死亡。面对养殖户的投诉，当地环境保护主管部门一直未采取任何查处措施。对于养殖户的赔偿请求，下列哪些单位应承担连带责任?①

A. 化工厂
B. 环境影响评价机构
C. 污水处理设施维护机构
D. 当地环境保护主管部门

---

① ABC。中介机构，弄虚作假，连带责任。

第二章　自然资源法

码上揭秘

一、森林权属

国有	国家所有的林地和林地上的森林、林木可以依法确定给林业经营者使用。林业经营者依法取得的国有林地和林地上的森林、林木的使用权，经批准可以转让、出租、作价出资等。
集体	承包经营：集体林地实行承包经营的，承包方享有林地承包经营权和承包林地上的林木所有权，合同另有约定的从其约定。承包方可以依法采取出租（转包）、入股、转让等方式流转林地经营权、林木所有权和使用权。
	集体经营：未实行承包经营的集体林地以及林地上的林木，由农村集体经济组织统一经营。经本集体经济组织成员的村民会议三分之二以上成员或者三分之二以上村民代表同意并公示，可以通过招标、拍卖、公开协商等方式依法流转林地经营权、林木所有权和使用权。
争议解决	单位之间发生的林木、林地所有权和使用权争议，由县级以上政府依法处理。个人之间、个人与单位之间发生的林木所有权和林地使用权争议，由乡镇政府或县级以上政府依法处理。当事人对有关政府的处理决定不服的，可以自接到处理决定通知之日起 30 日内向法院起诉。
	在争议解决前，除因森林防火、林业有害生物防治、国家重大基础设施建设等需要外，当事人任何一方不得砍伐有争议的林木或改变林地现状。
生态效益补偿	国家建立森林生态效益补偿制度，加大公益林保护支持力度，完善重点生态功能区转移支付政策，指导受益地区和森林生态保护地区政府通过协商等方式进行生态效益补偿。
林地占用	基本原则：国家保护林地，严格控制林地转为非林地，实行占用林地总量控制，确保林地保有量不减少。各类建设项目占用林地不得超过本行政区域的占用林地总量控制指标。
	具体规则：确需占用林地的，应当经县级以上政府林业主管部门审核同意，依法办理建设用地审批手续。占用林地的单位应当缴纳森林植被恢复费。
	临时用地：需要临时使用林地的，应当经县级以上政府林业主管部门批准；临时使用林地的期限一般不超过 2 年，并不得在临时使用的林地上修建永久性建筑物。临时使用林地期满后 1 年内，用地者应当恢复植被和林业生产条件。

二、公益林和商品林

划分标准	国家根据生态保护的需要，将森林生态区位重要或生态状况脆弱，以发挥生态效益为主要目的的林地和林地上的森林划定为公益林。未划定为公益林的林地和林地上的森林属于商品林。

续表

公益林	划定权限：公益林由国务院和省、自治区、直辖市政府划定并公布。公益林进行调整的，应当经原划定机关同意，并予以公布。
	范围：①重要江河源头汇水区域；②重要江河干流及支流两岸、饮用水水源地保护区；③重要湿地和重要水库周围；④森林和陆生野生动物类型的自然保护区；⑤荒漠化和水土流失严重地区的防风固沙林基干林带；⑥沿海防护林基干林带；⑦未开发利用的原始林地区；⑧需要划定的其他区域。
	补偿：公益林划定涉及非国有林地的，应当与权利人签订书面协议，并给予合理补偿。
	保护：①采取林分改造、森林抚育等措施，提高公益林的质量和生态保护功能。②在符合公益林生态区位保护要求和不影响公益林生态功能的前提下，经科学论证，可以合理利用公益林林地资源和森林景观资源，适度开展林下经济、森林旅游等。
商品林	范围：①以生产木材为主要目的的森林；②以生产果品、油料、饮料、调料、工业原料和药材等林产品为主要目的的森林；③以生产燃料和其他生物质能源为主要目的的森林；④其他以发挥经济效益为主要目的的森林。
	利用：商品林由林业经营者依法自主经营。在不破坏生态的前提下，可以采取集约化经营措施，合理利用森林、林木、林地，提高商品林经济效益。

三、林木采伐

采伐限额	国家严格控制森林年采伐量。省级政府林业主管部门根据消耗量低于生长量和森林分类经营管理的原则，编制本行政区域的年采伐限额，经征求国务院林业主管部门意见，报本级政府批准后公布实施，并报国务院备案。重点林区的年采伐限额，由国务院林业主管部门编制，报国务院批准后公布实施。
采伐作业	①公益林只能进行抚育、更新和低质低效林改造性质的采伐。但是，因科研或者实验、防治林业有害生物、建设护林防火设施、营造生物防火隔离带、遭受自然灾害等需要采伐的除外。②商品林应当根据不同情况，采取不同采伐方式，严格控制皆伐面积，伐育同步规划实施。③自然保护区的林木，禁止采伐。但是，因防治林业有害生物、森林防火、维护主要保护对象生存环境、遭受自然灾害等特殊情况必须采伐的和实验区的竹林除外。
采伐许可	采伐林地上的林木应当申请采伐许可证，并按照采伐许可证的规定进行采伐。采挖移植林木按照采伐林木管理。
	采伐自然保护区以外的竹林，不需要申请采伐许可证，但应当符合林木采伐技术规程。农村居民采伐自留地和房前屋后个人所有的零星林木，不需要申请采伐许可证。非林地上的农田防护林、防风固沙林、护路林、护岸护堤林和城镇林木等的更新采伐，由有关主管部门按照有关规定管理。
	有下列情形之一的，不得核发采伐许可证：①采伐封山育林期、封山育林区内的林木；②上年度采伐后未按照规定完成更新造林任务；③上年度发生重大滥伐案件、森林火灾或者林业有害生物灾害，未采取预防和改进措施；④法律法规和国务院林业主管部门规定的禁止采伐的其他情形。

续表

更新造林	采伐林木的组织和个人应当按照有关规定完成更新造林。更新造林的面积不得少于采伐的面积，更新造林应当达到相关技术规程规定的标准。

四、矿产资源权属制度

国家所有	我国领域及管辖海域的矿产资源属于国家所有，由国务院行使国家对矿产资源的所有权。地表或者地下的矿产资源的国家所有权，不因其所依附的土地的所有权或者使用权的不同而改变。	
矿业权的取得	勘查、开采矿产资源，必须依法分别申请、经批准取得探矿权、采矿权，并办理登记；但是，已经依法申请取得采矿权的矿山企业在划定的矿区范围内为本企业的生产而进行的勘查除外。	
	国家实行探矿权、采矿权有偿取得的制度；但是，国家对探矿权、采矿权有偿取得的费用，可以根据不同情况规定予以减缴、免缴。具体办法和实施步骤由国务院规定。开采矿产资源，必须按照国家有关规定缴纳资源税和资源补偿费。	
矿业权的转让	符合下列规定的，矿业权可以转让：（1）探矿权人在完成规定的最低勘查投入后，经依法批准，可以将探矿权转让他人。（2）已取得采矿权的矿山企业，因企业合并、分立，与他人合资、合作经营，或者因企业资产出售以及有其他变更企业资产产权的情形而需要变更采矿权主体的，经依法批准可以将采矿权转让他人采矿。禁止将探矿权、采矿权倒卖牟利。	
探矿权人	权利：（1）按照勘查许可证规定进行勘查；（2）在勘查作业区及相邻区域架设供电、供水、通讯管线，但是不得影响或者损害原有的供电、供水设施和通讯管线；（3）在勘查作业区及相邻区域通行；（4）根据工程需要临时使用土地；（5）优先取得勘查作业区内新发现矿种的探矿权；（6）优先取得勘查作业区内矿产资源的采矿权；（7）自行销售勘查中按照批准的工程设计施工回收的矿产品，但是国务院规定由指定单位统一收购的矿产品除外。	义务：（1）在规定的期限内开始施工，并在勘查许可证规定的期限内完成勘查工作；（2）向勘查登记管理机关报告开工等情况；（3）按照探矿工程设计施工，不得擅自进行采矿活动；（4）在查明主要矿种的同时，对共生、伴生矿产资源进行综合勘查、综合评价；（5）编写矿产资源勘查报告，提交有关部门审批；（6）按照国务院有关规定汇交矿产资源勘查成果档案资料。（7）遵守有关法律、法规关于劳动安全、土地复垦和环境保护的规定；（8）勘查作业完毕，及时封、填探矿作业遗留的井、硐或者采取其他措施，消除安全隐患。
采矿权人	权利：（1）按照采矿许可证规定从事开采活动；（2）自行销售矿产品，但是国务院规定由指定的单位统一收购的矿产品除外；（3）在矿区范围内建设采矿所需的生产和生活设施；（4）根据生产建设的需要依法取得土地使用权；（5）法律、法规规定的其他权利。	义务：（1）在批准的期限内进行矿山建设或者开采；（2）有效保护、合理开采、综合利用矿产资源；（3）依法缴纳资源税和矿产资源补偿费；（4）遵守国家有关劳动安全、水土保持、土地复垦和环境保护的法律、法规；（5）接受地质矿产主管部门和有关主管部门的监督管理按照规定填报矿产储量表和矿产资源开发利用情况统计报告。

五、矿产资源勘查开发管理

基本原则	国家对矿产资源的勘查、开发实行统一规划、合理布局、综合勘查、合理开采和综合利用的方针。
管理部门	国务院和省级政府地质矿产主管部门。
矿山企业	设立矿山企业，必须符合国家规定的资质条件，并依照法律和国家有关规定，由审批机关对其矿区范围、矿山设计或者开采方案、生产技术条件、安全措施和环境保护措施等进行审查；审查合格的，方予批准。
开采审批	开采下列矿产资源的，由国务院地质矿产主管部门审批，并颁发采矿许可证：（1）国家规划矿区和对国民经济具有重要价值的矿区内的矿产资源；（2）前项规定区域以外可供开采的矿产储量规模在大型以上的矿产资源；（3）国家规定实行保护性开采的特定矿种；（4）领海及中国管辖的其他海域的矿产资源；（5）国务院规定的其他矿产资源。开采石油、天然气、放射性矿产等特定矿种的，可以由国务院授权的有关主管部门审批，并颁发采矿许可证。　　开采以上第（1）、（2）项规定以外的矿产资源，其可供开采的矿产的储量规模为中型的，由省级人民政府地质矿产主管部门审批和颁发采矿许可证。开采小型和非特定的矿产许可证应当汇总向国务院地质矿产主管部门备案。
禁止开矿	非经国务院授权的有关主管部门同意，不得在下列地区开采矿产资源：（1）港口、机场、国防工程设施圈定地区以内；（2）重要工业区、大型水利工程设施、城镇市政工程设施附近一定距离以内；（3）铁路、重要公路两侧一定距离以内；（4）重要河流、堤坝两侧一定距离以内；（5）国家划定的自然保护区、重要风景区，国家重点保护的不能移动的历史文物和名胜古迹所在地；（6）国家规定不得开采矿产资源的其他地区。
集体个人	国家对集体矿山企业和个体采矿实行积极扶持、合理规划、正确引导、加强管理的方针，鼓励集体矿山企业开采国家指定范围内的矿产资源，允许个人采挖零星分散资源和只能用作普通建筑材料的砂、石、粘土以及为生活自用采挖少量矿产。
	矿产储量规模适宜由矿山企业开采的矿产资源、国家规定实行保护性开采的特定矿种和国家规定禁止个人开采的其他矿产资源，个人不得开采。
矿区争议	矿山企业之间的矿区范围的争议，由当事人协商解决，协商不成的，由有关县级以上地方人民政府根据依法核定的矿区范围处理；跨省、自治区、直辖市的矿区范围的争议，由有关省级政府协商解决，协商不成的，由国务院处理。
责任处理	对无证采矿、超范围采矿和非法转让矿产资源的行政处罚，由县级以上政府负责地质矿产管理工作的部门按照国务院地质矿产主管部门规定的权限决定。对非法收购矿产品的行政处罚，由县级以上政府市场监督管理部门决定。对破坏性开采的行政处罚，由省级政府地质矿产主管部门决定。给予吊销勘查许可证或者采矿许可证处罚的，须由原发证机关决定。

第五部分　知识产权法

知识产权概述

码上揭秘

一、知识产权的概念和特征

知识产权是指民事主体对特定智力劳动成果依法享有的专有权利，属于民事权利的一种。知识产权有如下四个特征：

- 无形性
- 专有性
- 地域性
- 期限性

（一）无形性。知识产权的客体是不具有物质形态的智力成果，是人们通过智力劳动创造的精神财富或精神产品。

（二）专有性。从本质上讲，知识产权是一种垄断权，具有激励功能，促使人们不断开发和创造新的智力成果，推动技术的进步和社会的发展。当然，知识产权也会受到一定的限制，以平衡创作者、发明创造者、传播者和社会公众的利益冲突。

（三）地域性。知识产权只在特定国家或地区的地域范围内有效，不具有域外效力。这使得知识产权的国际保护成为必要。

（四）期限性。知识产权一般只在规定的期限内有效，超过期限之后，该智力成果进入公有领域，人们可以自由使用。例如专利权和著作财产权都有确定的保护期限，而商标权虽有保护期限，但是该期限可以无限次续展。

二、知识产权的范围

- 著作权和邻接权
- 专利权
- 商标权
- 其他知识产权（如商业秘密权、植物新品种权、集成电路布图设计权、商号权等）

三、知识产权的国际保护

- 国民待遇原则
- 最惠国待遇原则
- 独立保护原则
- 自动保护原则（仅适用于著作权）
- 优先权原则（适用于专利权和商标权）

国民待遇原则解决的是外国人与本国人的平等保护问题，最惠国待遇原则解决的是外国人

之间的平等保护问题，其共同点是禁止在知识产权保护方面实行差别待遇。独立保护原则是指某成员国民就同一智力成果在其他缔约国（地区）所获得的法律保护是相互独立的，在某成员国（地区）产生、被宣告无效或者终止，并不必然在其他成员国（地区）产生相同的效力。自动保护原则是指著作权的产生不需要履行任何手续。优先权原则是指可以把某成员国（地区）的第一次申请的日期，视为向其他成员国（地区）申请的日期，以提高获得授权的可能性。

四、知识产权民事保护共同规则

（一）诉讼时效

侵犯知识产权的诉讼时效为三年，自专利权人或者利害关系人知道或者应当知道侵权行为以及侵权人之日起计算。超过三年起诉的，如果侵权行为在起诉时仍在继续，在该项权利保护期内，法院应当判决被告停止侵权行为，侵权损害赔偿数额应当自权利人向法院起诉之日起向前推算三年计算。

（二）被许可人的诉讼地位

许可类型	许可人	被许可人	备注
独占许可	有诉权	有诉权	另有约定的除外
排他许可	有诉权	在许可人不起诉时有诉权	另有约定的除外
普通许可	有诉权	无诉权	另有约定或授权时可单独起诉

（三）民事赔偿数额

1. 一般按照"实际损失或者违法所得—参照权利使用费的倍数"的顺序确定。

2. 对故意侵犯知识产权，情节严重的，可以在按照上述方法确定数额的1倍以上5倍以下给予赔偿。

3. 仍然难以确定的，由法院根据侵权行为的情节，判决给予500万元以下的赔偿。

4. 赔偿数额还应当包括权利人为制止侵权行为所支付的合理开支。

第一章　著作权法

码上揭秘

【本章概览】

地位	预计平均分值约为，客观题 4 分。
内容	著作权的客体，著作权的归属，著作权的内容，著作权的限制，邻接权，著作权的保护，计算机软件著作权。
法条	《中华人民共和国著作权法》 《中华人民共和国著作权法实施条例》 《中华人民共和国计算机软件保护条例》 《中华人民共和国信息网络传播权保护条例》 《最高人民法院关于审理著作权民事纠纷案件适用法律若干问题的解释》 《最高人民法院关于审理侵害信息网络传播权民事纠纷案件适用法律若干问题的规定》

一、著作权的客体

（一）作品的概念

著作权的客体即作品，是指文学、艺术和科学领域内具有独创性并能以一定形式表现的智力成果。作品必须具备两个要件：

1. 独创性。作品是独立创作完成的，而非剽窃、抄袭他人作品。独创性是作品的核心构成要件，需要注意两点：第一，作品的价值、用途和社会评价无关紧要。经典作品可以具有独创性，垃圾作品也可以具有独创性。第二，独创性存在于作品的表达之中，不要求作品包含的思想具有独创性。著作权法保护作品的表达，不保护作品所包含的思想。所以仅仅借鉴他人的思想，然后用自己的方式表达出来，仍然具备独创性要件。

2. 可感知性。作品必须能以一定形式表现从而被他人感知，所以，想法、创意、灵感、思想的火花等都不会是作品。需要注意的是，2020 年修订后的《著作权法》不再要求作品具有"可复制性"，例如口述作品就不一定需要以有形形式复制。

（二）作品的种类

作品种类	（1）文字作品是指小说、诗词、散文、论文等以文字形式表现的作品。
	（2）口述作品是指即兴的演说、授课、法庭辩论等以口头语言形式表现的作品。
	（3）音乐作品是指歌曲、交响乐等能够演唱或者演奏的带词或者不带词的作品。
	（4）戏剧作品是指话剧、歌剧、地方戏等供舞台演出的作品。
	（5）曲艺作品是指相声、快书、大鼓、评书等以说唱为主要形式表演的作品。
	（6）舞蹈作品是指通过连续的动作、姿势、表情等表现思想情感的作品。
	（7）杂技艺术作品是指杂技、魔术、马戏等通过形体动作和技巧表现的作品。

续表

（8）美术作品是指绘画、书法、雕塑等以线条、色彩或者其他方式构成的有审美意义的平面或者立体的造型艺术作品。	
（9）建筑作品是指以建筑物或者构筑物形式表现的有审美意义的作品。	
（10）摄影作品是指借助器械在感光材料或者其他介质上记录客观物体形象的艺术作品。	
（11）视听作品是指摄制在一定介质上，由一系列有伴音或者无伴音的画面组成，并且借助适当装置放映或者以其他方式传播的作品。	
（12）图形作品，是指为施工、生产绘制的工程设计图、产品设计图，以及反映地理现象、说明事物原理或者结构的地图、示意图等作品。（工业品，而非美术作品那样的艺术品）	
（13）模型作品，是指为展示、试验或者观测等用途，根据物体的形状和结构，按照一定比例制成的立体作品。（工业品，而非雕塑那样的艺术品）	
（14）计算机软件。	
（15）民间文学艺术作品的著作权保护办法由国务院另行规定。	

（三）著作权法不予保护的对象

官方文件	法律、法规，国家机关的决议、决定、命令和其他具有立法、行政、司法性质的文件，及其官方正式译文（不包括私人译本）。
单纯事实消息	通过报纸、期刊、广播电台、电视台等媒体报道的单纯事实消息（凡包含了著作权人独创性劳动的消息、通讯、特写、报道等作品均不属于单纯事实消息）。
公共知识	历法、通用数表、通用表格和公式。

【案例分析】家谱案

南宋名臣陆秀夫的后人陆道龙及其父陆明向射阳县档案馆捐赠《陆氏宗谱》9册。后陆道龙在老谱基础上编纂了《中华陆氏历代年谱〈陆氏宗谱〉》12册，并于2013年1月取得了著作权登记证书。被告陆逵等11人自2006年年底开始编纂《中华陆氏通鉴》5册，并于2009年印刷。陆道龙以陆逵等编纂的《中华陆氏通鉴》第3、4、5册中剽窃了《中华陆氏历代年谱〈陆氏宗谱〉》第1、2册中《宋丞相长子綦叙世谱原》、《奉天承运》等内容；《盐城陆秀夫世家谱》剽窃了《中华陆氏历代年谱〈陆氏宗谱〉》第7、8册中"忠烈堂"字样为由，诉请法院判决被告陆逵等停止侵权、赔偿损失76万元。法院认为，家谱主要是记载一个姓氏家族或某一分支的宗族氏系和历代祖先的名号谱籍，其关于素材或公有领域的信息，不具有独创性，不应当受著作权法保护，故判决驳回原告陆道龙的诉讼请求。

二、著作权的归属

（一）一般规则

内国作者	自动保护原则：著作权产生于创作完成之时，与是否发表无关。
	除著作权法另有规定外，著作权属于作者。
	创作作品的自然人是作者。法人或者非法人组织主持，代表法人或者非法人组织意志创作，并由法人或者非法人组织承担责任的作品，法人或者非法人组织视为作者。在作品上署名的自然人、法人或者非法人组织为作者，且该作品上存在相应权利，但有相反证明的除外。

续表

| 外国作者 | 协议/条约保护 | 根据其作者所属国或者经常居住地国同中国签订的协议或者共同参加的国际条约享有的著作权，受本法保护。 |
| | 出版地保护 | （1）作品首先在中国境内出版的，依照本法享有著作权。在中国境外首先出版后，30日内在中国境内出版的，视为该作品同时在中国境内出版。
（2）未与中国签订协议或者共同参加国际条约的国家的作者以及无国籍人的作品首次在中国参加的国际条约的成员国出版的，或者在成员国和非成员国同时出版的，受本法保护。 |

【难点展开】

1. 根据《伯尔尼公约》规定的自动保护原则，作者在享有及行使该成员国国民所享有的著作权时，不需要履行任何手续，注册登记、交纳样本及作版权标记等手续均不能作为著作权产生的条件。

2. 创作是指直接产生文学、艺术和科学作品的智力活动。为他人创作进行组织工作，提供咨询意见、物质条件，或者进行其他辅助工作，均不视为创作。创作行为是一种事实行为，对其主体的行为能力没有要求，所以无行为能力人创作作品，依然可以享有著作权。创作行为本身也可能是一种侵权行为，但是创作者依然有可能享有著作权，例如，未经许可改编他人作品属于侵权行为，但是改编者享有演绎作品著作权。

（二）特殊规则

演绎作品	改编、翻译、注释、整理已有作品而产生的作品为演绎作品，其著作权归属于演绎人，但是，演绎人行使著作权时不得侵犯原作品的著作权，无权阻止第三人对原作品再度演绎。	使用演绎作品、汇编作品作品进行出版、演出和制作录音录像制品，应当取得该作品的著作权人和原作品的著作权人许可，并支付报酬。
汇编作品	汇编若干作品、作品的片段或者不构成作品的数据或者其他材料，对其内容的选择或者编排体现独创性的作品，为汇编作品，其著作权由汇编人享有，但行使著作权时，不得侵犯原作品的著作权，无权阻止第三人对原作品再度汇编。	
视听作品	电影作品、电视剧作品的著作权由制作者享有，但编剧、导演、摄影、作词、作曲等作者享有署名权，并有权按照与制作者签订的合同获得报酬。	
	其他视听作品（如符合条件的短视频）的著作权归属由当事人约定；没有约定或者约定不明确的，由制作者享有，但作者享有署名权和获得报酬的权利。	
	视听作品中的剧本、音乐等可以单独使用的作品的作者有权单独行使其著作权。	
合作作品	著作权由合作作者共同享有。没有参加创作的人，不能成为合作作者。	
	合作作品不可以分割使用的，其著作权由合作作者通过协商一致行使；不能协商一致，又无正当理由的，任何一方不得阻止他方行使除转让、许可他人专有使用、出质以外的其他权利，但是所得收益应当合理分配给所有合作作者。	
	合作作品可以分割使用的，作者对各自创作的部分可以单独享有著作权，但行使著作权时不得侵犯合作作品整体的著作权。	
	合作作者之一死亡后，其对合作作品享有的著作财产权无人继承又无人受遗赠的，由其他合作作者享有。	

委托作品	受委托创作的作品，著作权属于受托人，但双方另有约定的除外。
	委托作品著作权属于受托人的，委托人在约定的使用范围内享有使用作品的权利；双方没有约定使用作品范围的，委托人可以在委托创作的特定目的范围内免费使用该作品。
	由他人执笔，本人审阅定稿并以本人名义发表的报告、讲话等作品，著作权归报告人或者讲话人享有。著作权人可以支付执笔人适当的报酬。
	当事人合意以特定人物经历为题材完成的自传体作品，当事人对著作权权属有约定的，依其约定；没有约定的，著作权归该特定人物享有，执笔人或整理人对作品完成付出劳动的，著作权人可以向其支付适当的报酬。
职务作品	自然人为完成法人或非法人组织工作任务所创作的作品是职务作品。
	一般职务作品：著作权由作者享有，但法人或者非法人组织有权在其业务范围内优先使用。作品完成两年内，未经单位同意，作者不得许可第三人以与单位使用的相同方式使用该作品。职务作品完成两年内，经单位同意，作者许可第三人以与单位使用的相同方式使用作品所获报酬，由作者与单位按约定的比例分配。作品完成两年的期限，自作者向单位交付作品之日起计算。
	特殊职务作品：主要是利用单位物质技术条件创作，并由单位承担责任的工程设计图、产品设计图、地图、示意图、计算机软件等职务作品；报社、期刊社、通讯社、广播电台、电视台的工作人员创作的职务作品；以及法律、行政法规规定或者合同约定著作权由单位享有的职务作品，作者享有署名权，著作权的其他权利由单位享有，单位可以给予作者奖励。
其他规则	作品原件所有权的转移，不改变作品著作权的归属，但美术、摄影作品原件的展览权由原件所有人享有。作者将未发表的美术、摄影作品的原件所有权转让给他人，受让人展览该原件不构成对作者发表权的侵犯。
	作者身份不明的作品，由作品原件的所有人行使除署名权以外的著作权。作者身份确定后，由作者或者其继承人行使著作权。
	著作财产权可以继承。著作人身权中的署名权、修改权和保护作品完整权由继承人或受遗赠人保护。发表权，如果作者未明确表示不发表，作者死亡后50年内，其发表权可由继承人或者受遗赠人行使；没有继承人又无人受遗赠的，由作品原件的所有人行使。

【难点展开】

1. 单位视为作者、职务作品和委托作品

它们是三个存在一定联系、又有明显区别的概念，应当准确区分。（1）由单位主持，代表单位意志创作，并由单位承担责任的作品，单位视为作者。此时，单位并非因为法律的特别规定取得他人的著作权，而是基于自己的创作行为享有完整的著作权。那些实际创作作品的自然人在创作过程中没有表达自己的意志，也不必为作品承担责任，故不能享有任何著作权法上的权利。（2）职务作品是指自然人为完成单位工作任务所创作的作品。这里的"工作任务"，是指自然人基于劳动关系或者其他法律关系而在单位中负有的职责。自然人为了履行该职责而创作的作品，方属于职务作品。一般职务作品的著作权由作者享有，单位享有优先使用权，但是如果双方约定了不同的权利归属，亦无不可。特殊职务作品的著作权主要由单位享有，作者只享有署名权，其原因在于，对于此类作品的产生，人的创造性并非决定性因素。（3）委托作品也是为他人创作的作品，但是受托人和委托人之间不存在劳动关系，也不存在任何法定的职责，他们之间的关系由委托合同调整。因此，委托作品的著作权归属可以通过约定来解决。如果没有约定，则著作权应当归属于创造性劳动的付出者即受托人。

2. 著作权集体管理组织

（1）性质和职权

著作权人和与著作权有关的权利人可以授权著作权集体管理组织行使著作权或者与著作权有关的权利。依法设立的著作权集体管理组织是非营利法人，被授权后可以以自己的名义为著作权人和与著作权有关的权利人主张权利，并可以作为当事人进行涉及著作权或者与著作权有关的权利的诉讼、仲裁、调解活动。

目前主要的著作权集体管理组织包括中国文字著作权协会、中国音乐著作权协会、中国音像集体管理协会、中国摄影著作权协会、中国电影著作权协会等。

（2）使用费的收取和转付

著作权集体管理组织根据授权向使用者收取使用费。使用费的收取标准由著作权集体管理组织和使用者代表协商确定，协商不成的，可以向国家著作权主管部门申请裁决，对裁决不服的，可以向人民法院提起诉讼；当事人也可以直接向人民法院提起诉讼。

著作权集体管理组织应当将使用费的收取和转付、管理费的提取和使用、使用费的未分配部分等总体情况定期向社会公布，并应当建立权利信息查询系统，供权利人和使用者查询。国家著作权主管部门应当依法对著作权集体管理组织进行监督、管理。

3. 权利管理信息

权利管理信息是标明权利人、声明权利以及公示作品的使用条件的信息。未经权利人许可，不得进行下列行为：（1）故意删除或者改变作品、版式设计、表演、录音录像制品或者广播、电视上的权利管理信息，但由于技术上的原因无法避免的除外；（2）知道或者应当知道作品、版式设计、表演、录音录像制品或者广播、电视上的权利管理信息未经许可被删除或者改变，仍然向公众提供。

【案例分析】钱钟书书信著作权及隐私权侵权案

2013年5月，中贸圣佳公司发布已故著名学者钱钟书书信手稿拍卖公告。钱钟书遗孀杨季康遂向法院提起侵害著作权及隐私权诉讼，认为李某强作为涉案书信的收信人将涉案书信手稿交给第三方的行为以及中贸圣佳公司在诉前禁令作出前为拍卖而举行的准备活动，已经构成对对杨季康等著作权和隐私权的侵犯，故请求法院判令中贸圣佳公司和李某强：1. 停止涉案侵犯杨季康等隐私权和著作权的行为；2. 在新华网等媒体及中贸圣佳公司网站上向杨季康公开赔礼道歉；3. 赔偿因侵害著作权造成的经济损失50万元，并支付精神损害抚慰金15万元以及杨季康为制止侵权所支出的合理费用5000元。

法院经审理认为，杨季康作为钱钟书的遗孀、钱瑗的母亲，是其二人的近亲属，在钱钟书、钱瑗去世后，有权就涉案侵权行为请求侵权人承担侵权责任，并有权依法继承钱钟书、钱瑗著作权中的财产权，依法保护其二人著作权中的署名权、修改权、保护作品完整权，依法行使其二人著作权中的发表权。中贸圣佳公司作为拍卖人未能举证证明其履行了《拍卖法》规定的与委托人签订委托拍卖合同、审查委托人的身份证明、要求委托人提供与著作权、隐私权相关的其他资料等法定义务，主观上存在过错，对因拍卖涉案标的侵害他人著作权、隐私权的行为应承担相应的侵权责任。中贸圣佳公司召开研讨会、向鉴定专家提供涉案书信，且未与专家就不得对外提供涉案书信等事项进行约定，也未对专家作出此类明示，导致涉案书信在提供给专家后实际处于一种可能被公之于众的状态。同时，中贸圣佳公司在本院诉讼中表示不排除包括专家在内的案外人向媒体公开、提供涉案书信。因此，中贸圣佳公司的上述行为与涉案书信被未经权利人同意而发表，进而导致杨季康等隐私权遭受侵害之后果间存在因果关系。此外，中贸圣佳公司在其网站上大量转载媒体文章的行为还构成通过信息网络传播涉案书信。综上所述，中贸圣佳公司侵犯了杨季康等人对涉案书信享有的发表权、复制权、发行权、信息网络传播权、获酬权及杨季康等的隐私权。据此，法院判决：中贸圣佳公司和李某强停止侵权、赔偿杨季康经济损失及精神损害抚慰金10万元并赔礼道歉。

【实战演练】

甲作曲、乙填词，合作创作了歌曲《春风来》。甲拟将该歌曲授权歌星丙演唱，乙坚决反对。甲不顾反对，重新填词并改名为《秋风起》，仍与丙签订许可使用合同，并获报酬10万元。对此，下列哪些选项是正确的？①

A. 《春风来》的著作权由甲、乙共同享有

B. 甲侵害了《春风来》歌曲的整体著作权

C. 甲、丙签订的许可使用合同有效

D. 甲获得的10万元报酬应合理分配给乙

三、著作权的内容

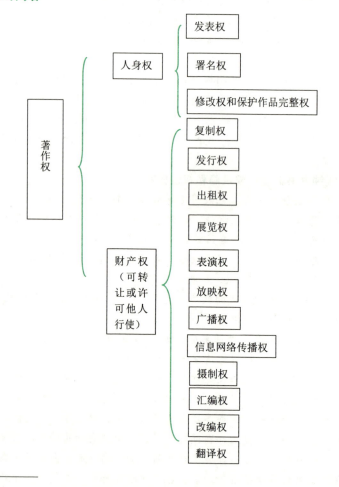

---

① AC。歌曲《春风来》属于甲乙合作完成的作品，著作权由甲、乙共同享有，但可以分割使用。

（一）著作人身权

以人格利益为内容，一般不能继承、转让、强制执行，无期限限制。

著作人身权	（1）发表权，即决定作品是否公之于众的权利。
	（2）署名权，即表明作者身份，在作品上署名的权利。包括决定是否署名、署名的方式（真名或笔名等）、署名顺序、禁止未参加创作的人在作品上署名、禁止他人假冒署名。
	（3）修改权，即指作者对其作品进行修改或者授权他人进行修改的权利。
	（4）保护作品完整权，即保护作品不受歪曲、篡改的权利。

【难点展开】

1. 发表权。理解发表权，需要注意两点：（1）"公之于众"，是指著作权人自行或者经著作权人许可将作品向不特定的人公开，但不以公众知晓为构成条件。如果作者把自己的作品提供给家属、亲友，或向某些专家请教，则不属于"公之于众"。如果作者将作品向不特定对象公开，但是公众并不知晓，或者知晓的人数极为有限，仍然构成"公之于众"。（2）发表权与财产权的关系密切，可以通过出版、上网、朗诵等使用作品的方式实现。（3）发表权是一次性的权利，一旦发表就丧失。

2. 关于冒名是否构成侵犯著作权，一般认为不构成。例如，现在有很多冠以金庸之名发表的小说并非金庸所写，只能认定侵犯金庸的姓名权，而不能认定为侵犯著作权。但是我国《著作权法》第53条第8项规定，制作、出售假冒他人署名作品的行为是一种著作权侵权行为。司法实践中，1995年上海市高级法院判决的吴冠中诉上海朵云轩等拍卖假冒其署名的美术作品侵权案，法院认定构成著作权侵权。

3. 修改权。作品的修改之所以必要，一是因为要更好地反映作者的意志，二是随着客观事物的变化，人的思想、认识也在不断变化，作者也需要对某些作品作出符合实际的修改。作者不但享有作品产生的权益，也对作品产生的社会效果和责任负责。理解修改权，应当注意以下两点：（1）报社、期刊社可以对作品作文字性修改、删节，但对内容的修改应征得著作权人同意。图书出版者不享有此种文字性修改权。这一规定是考虑到报社、期刊社出版报纸、期刊的特殊的版面要求的需要，但从实质上讲，修改权仍然属于作者，因为他人只能在法定范围内作文字性修改、删节，不能改变作品的基本内容和形式。（2）修改作品，包括修改未发表的作品和修改已发表的作品。作者在创作过程中不可避免地要修改作品，在此阶段，一般来说作者可以任意修改作品。作品发表之后，作者也可以修改作品，但是，其修改权的行使不可避免地受到一定程度的限制，如对图书的修改，应当在图书再版时进行。

4. 保护作品完整权，即保护作品不受歪曲、篡改的权利。作者有权保护其作品不被他人丑化，不被他人作违背其思想的删除、增添或者其他损害性的变动。保护作品完整权比修改权更进一步，侧重保护作者的思想和观点与其作品所表达出来的思想和观点的同一性，作者将其思想和观点通过作品呈现在人们面前，他人不得进行歪曲和篡改从而导致公众对于作者的思想和观点产生误解。例如，为吸引儿童阅读，增添小说离奇色彩，作者特意将小说中的狗熊写成三只腿的动物。但是，出版社编辑在核稿和编辑过程中，将狗熊改写成四只腿的动物。这种改写虽然更符合逻辑和事实，但是使得作者的思想和观点被改变，所以侵犯了保护作品完整权。又由于出版社不享有文字性修改权，所以这种改写也侵犯了作者的修改权。就修改权和保护作品完整权的关系而言，凡是侵犯保护作品完整权的行为一定侵犯了修改权，反过来，侵犯修改权的行为却未必侵犯保护作品完整权。

（二）著作财产权

著作财产权	（1）复制权，即以印刷、复印、拓印、录音、录像、翻录、翻拍、数字化等方式将作品制作一份或者多份的权利；
	（2）发行权，即以出售或者赠与方式向公众提供作品的原件或者复制件的权利；
	（3）出租权，即有偿许可他人临时使用视听作品、计算机软件的原件或复制件的权利，计算机软件不是出租的主要标的的除外；
	（4）展览权，即公开陈列美术作品、摄影作品的原件或者复制件的权利；
	（5）表演权，即公开表演作品，以及用各种手段公开播送作品的表演的权利；
	（6）放映权，即通过放映机、幻灯机等技术设备公开再现美术、摄影、视听作品等的权利；
	（7）广播权，即以有线或者无线方式公开传播或者转播作品，以及通过扩音器或者其他传送符号、声音、图像的类似工具向公众传播广播的作品的权利，但不包括信息网络传播权；
	（8）信息网络传播权，即以有线或者无线方式向公众提供，使公众可以在其选定的时间和地点获得作品的权利；
	（9）摄制权，即以摄制视听作品的方法将作品固定在载体上的权利；
	（10）汇编权，即将作品或者作品的片段通过选择或者编排，汇集成新作品的权利；
	（11）改编权，即改变作品，创作出具有独创性的新作品的权利；
	（12）翻译权，即将作品从一种语言文字转换成另一种语言文字的权利；
	上述财产权的许可权、转让权和获得报酬权。

【难点展开】

1. 著作财产权利在理论上可以分为复制权、演绎权与传播权三大类。在上表所列各项著作财产权中，除第（1）项复制权和第（11）项改编权、第（12）项翻译权之外，其余均为传播权，而复制通常是传播的前提。由此可见，著作权法重点保护著作权人传播作品的权利。

2. 发行权。即以出售或者赠与方式向公众提供作品的原件或者复制件的权利。理解发行权，需要注意"发行权一次用尽"原则，有形载体再次被移转的，不侵犯发行权。例如，一本图书经新华书店发行后，发行权已经用尽，任何人从新华书店购买图书再次出售都不再侵犯发行权。

3. 表演权，即公开表演作品，以及用各种手段公开播送作品的表演的权利。公开表演被称为现场表演或者直接表演，如诗歌、戏剧、音乐、舞蹈、曲艺、杂技的表演等；利用各种手段公开播送作品的表演被称为机械表演或者间接表演，如酒店、影院、咖啡店等经营性单位未经许可播放背景音乐就侵犯了作者的机械表演权。

4. 信息网络传播权

该项权利的核心要件是"公众可以在其选定的时间和地点获得作品"，这也是该项权利与广播权的主要区别之所在。实践中，网络直播行为往往首先是一种行使广播权的行为，因为网络直播是在固定时间进行的，在直播开始之前，公众无法获得作品。网络直播结束之后，如果直播的内容可以随时通过网络获取，那么，也会涉及信息网络传播权。

侵害信息网络传播权的行为可以分为两类：（1）作品提供行为，承担直接侵权责任。网络用户、网络服务提供者未经许可，自行或以与他人分工合作，采用上传到网络服务器、设置共享文件或者利用文件分享软件等方式，通过信息网络提供权利人享有信息网络传播权的作品、表演、录音录像制品，除法律、行政法规另有规定外，其行为构成直接侵害信息网络传播权，应承担侵权责任。但是，网络服务提供者能够证明其仅提供自动接入、自动传输、信息存储空间、搜索、链接、文件分享技术等网络服务，不构成共同侵权行为。（2）网络服务提供行为，可能承担间接侵权责任。网络服务提供者在提供网络服务时教唆或者帮助网络用户实施侵害信息网络传播权行为的，需对网络用户的直接侵害信息网络传播权的行为承担侵权责任。具体而言，司法解释规定了两种间接侵权行为，其一是教唆侵权行为，即网络服务提供者以言语、推介技术支持、奖励积分等方式诱导、鼓励网络用户实施侵害信息网络传播权行为的，应当认定其构成教唆侵权行为；其二是帮助侵权行为，即网络服务提供者明知或者应知网络用户利用网络服务侵害信息网络传播权，未采取删除、屏蔽、断开链接等必要措施，或者提供技术支持等帮助行为的，应当认定其构成帮助侵权行为。

避风港原则。（1）网络服务提供者不负担主动审查义务，其未对网络用户侵害信息网络传播权的行为主动进行审查的不应据此认定其具有过错，也不承担侵权责任。网络服务提供者从网络用户提供的作品、表演、录音录像制品中直接获得经济利益的，应当认定其对该网络用户侵害信息网络传播权的行为负有较高的注意义务。（2）网络服务提供者应当遵循"通知＋立即删除"和"反通知＋立即恢复"规则。具体要点包括：①通知规则。对提供信息存储空间或者提供搜索、链接服务的网络服务提供者，权利人认为其服务所涉及的作品、表演、录音录像制品，侵犯自己的信息网络传播权或者被删除、改变了自己的权利管理电子信息的，可以向该网络服务提供者提交书面通知，要求网络服务提供者删除该作品、表演、录音录像制品，或者断开与该作品、表演、录音录像制品的链接。通知书应当包含权利人的姓名（名称）、联系方式和地址；要求删除或者断开链接的侵权作品、表演、录音录像制品的名称和网络地址；构成侵权的初步证明材料。②立即删除规则。网络服务提供者接到权利人的通知书后，应当立即删除涉嫌侵权的作品、表演、录音录像制品，或者断开与涉嫌侵权的作品、表演、录音录像制品的链接，并同时将通知书转送提供作品、表演、录音录像制品的服务对象；服务对象网络地址不明、无法转送的，应当将通知书的内容同时在信息网络上公告。③反通知规则。服务对象接到网络服务提供者转送的通知书后，认为其提供的作品、表演、录音录像制品未侵犯他人权利的，可以向网络服务提供者提交书面说明，要求恢复被删除的作品、表演、录音录像制品，或者恢复与被断开的作品、表演、录音录像制品的链接。书面说明应当包含服务对象的姓名（名称）、联系方式和地址；要求恢复的作品、表演、录音录像制品的名称和网络地址；不构成侵权的初步证明材料。④立即恢复规则。网络服务提供者接到服务对象的书面说明后，应当立即恢复被删除的作品、表演、录音录像制品，或者可以恢复与被断开的作品、表演、录音录像制品的链接，同时将服务对象的书面说明转送权利人。权利人不得再通知网络服务提供者删除该作品、表演、录音录像制品，或者断开与该作品、表演、录音录像制品的链接。

技术措施。技术措施，是指用于防止、限制未经权利人许可浏览、欣赏作品、表演、录音录像制品或者通过信息网络向公众提供作品、表演、录音录像制品的有效技术、装置或者部件。为保护著作权和与著作权有关的权利，权利人可以采取技术措施。未经权利人许可，任何组织或者个人不得故意避开或者破坏技术措施，不得以避开或者破坏技术措施为目的制造、进口或者向公众提供有关装置或者部件，不得故意为他人避开或者破坏技术措施提供技术服务。但是，法律、行政法规规定可以避开的情形除外。下列情形可以避开技术措施，但不得向他人提供避开技术措施的技术、装置或者部件，不得侵犯权利人依法享有的其他权利（也适用于邻接权）：（1）为学校课堂教学或者科学研究，提供少量已经发表的作品，供教学或者科研人员使用，而该作品无法通过正常途径获取；（2）不以营利为目的，以阅读障碍者能够感知的无障碍方式向其提供已经发表的作品，而该作品无法通过正常途径获取；（3）国家机关依照行政、监察、司法程序执行公务；（4）对计算机及其系统或者网络的安全性能进行测试；（5）进行加密研究或者计算机软件反向工程研究。

5. 修改作品与改编作品不同。修改是对作品内容作局部的变更以及不影响内容的文字、用语的修正。改编是指在不改变作品基本内容的情况下，将作品由一种类型改变成另一种类型（如将小说改编成电影剧本），或者不改变原作品类型而改变其体裁（如将科学专著改写成科普读物）。修改权是一种著作人身权，而改编权则是著作财产权之一。

6. 著作权的许可、转让和出质。（1）只有著作财产权可以许可或者转让，著作人身权不得许可或者转让。（2）可以许可或者转让著作财产权中的一项，也可以许可或者转让著作财产权中的多项甚至全部。（3）专有使用权的内容由合同约定，合同没有约定或者约定不明的，视为被许可人有权排除包括著作权人在内的任何人以同样的方式使用作品；除合同另有约定外，被许可人许可第三人行使同一权利，必须取得著作权人的许可。（4）著作权转让应当订立书面合同。著作权转让合同未采取书面形式的，依据《民法典》的规定判断合同是否成立。（5）订立专有许可使用合同、转让合同的，可以向著作权行政管理部门备案。以著作权出质的，由出质人和质权人依法办理出质登记。

【案例分析】

1. **有孔虫模型案**。郑某仪系中科院院士、海洋研究所研究员，凭借专业的科研手段和分类学专家的知识经验，雕琢了230多个有孔虫模型。2008年6月，郑某仪发现烟台滨海中路新落成的雕塑中有10个"有孔虫"雕塑，与刘某谦之前从郑某仪处借走的20余个有孔虫模型中的10个极为相似，同时几乎全部雕塑歪曲了有孔虫美学的天然性，特别是大部分有孔虫雕塑的所谓"学名"，乃是张冠李戴的错误引用，使有孔虫雕塑完全失去其科学意义。后经了解，上述10个有孔虫雕塑系刘某谦与万利达公司合作制造，由烟台环境办购买放置。于是，海洋研究所、郑某仪起诉刘某谦、万利达公司和烟台环境办侵犯著作权。法院判决烟台环境办在雕塑的显著位置署名并指明有孔虫的具体名称、向海洋研究所支付作品使用费5万元，刘某谦向海洋研究所和郑某仪公开赔礼道歉、赔偿海洋研究所6万元，万利达公司和烟台环境办向海洋研究所和郑某仪刊登声明消除影响。

2. **麦家诉苹果公司及第三人艾通思公司侵害信息网络传播权案**。《暗算》、《风声》、《解密》、《风语》是麦家创作的系列小说。打开苹果公司生产和销售的Ipodtouch，点击Appstore，经过搜索，可以发现与上述小说对应的应用程序"茅盾文学奖全集"、"最经典谍战小说合集"、"热播男人剧集"（分别由案外人appstudio2008、SheepHouse和appbox开发），在支付相应的费用后，可以获得上述作品的主要内容。麦家起诉苹果公司侵犯信息网络传播权（鉴于案涉应用程序已经删除，原告撤回了停止侵权的诉讼请求）。苹果公司辩称，涉案的应用程序商店（App Store）并非由其经营，而是由其关联公司即注册成立于卢森堡大公国的艾通思公司经营和管理，涉案被控侵权行为并非由其实施，也并不存在帮助侵权的情况，苹果公司不是本案的适格被告，麦家要求其承担侵权责任无事实和法律依据。艾通思公司辩称，鉴于涉案应用程序由开发商独立开发、自行上传，艾通思公司没有参与直接侵权行为，与开发商之间没有主观上的共同故意，也没有客观上的共同侵权行为，因此艾通思公司不应当承担直接侵权责任。艾通思公司虽然会对应用程序进行审查，但是该审核是对应用程序技术兼容性及是否存在淫秽内容等方面的审核。艾通思公司不知道也不可能知道涉案应用程序存在侵权内容，因此不应当承担共同侵权责任。法院判决苹果公司于本判决生效之日起10日内，赔偿麦家经济损失人民币20万元及因诉讼支出的合理费用人民币5千元。

【实战演练】

王琪琪在某网站中注册了昵称为"小玉儿"的博客，长期以"小玉儿"名义发博文。其中，署名"小玉儿"的《法内情》短文被该网站以写作水平不高为由删除；署名"小玉儿"的《法外情》短文被该网站添加了"作者：王琪琪"字样。关于该网站的行为，下列哪些表述是正确的？①

A. 删除《法内情》的行为没有侵犯王琪琪的发表权

B. 删除《法内情》的行为没有侵犯王琪琪的信息网络传播权

C. 添加字样的行为侵犯了王琪琪的署名权

D. 添加字样的行为侵犯了王琪琪的保护作品完整权

四、著作权的限制

（一）保护期

署名权、修改权、保护作品完整权	永久保护
发表权和财产权	（1）**自然人作品**：保护期为作者终生及其死亡后50年。截止于作者死亡后第50年的12月31日（合作作品截止于最后死亡的作者死亡后第50年的12月31日）。
	（2）**单位作品、特殊职务作品**：其发表权的保护期为50年，截止于作品创作完成后第50年的12月31日；著作财产权的保护期为50年，截止于作品首次发表后第50年的12月31日，但作品自创作完成后50年内未发表的，不再保护。
	（3）**视听作品**：保护期为50年，截止于作品首次发表后第50年的12月31日，但作品自创作完成后50年内未发表的不再保护。
	作者身份不明的作品：保护期截止于作品首次发表后第50年的12月31日。作者身份确定后，适用上述3项规定。
邻接权保护期	（1）**出版者的版式设计专有权**：保护期为10年，截止于使用该版式设计的图书、期刊首次出版后第10年的12月31日。
	（2）**表演者权**：表演者人身权永久保护，表演者财产权保护期为50年，截止于该表演发生后第50年的12月31日。
	（3）**录制者权**：保护期为50年，截止于该制品首次制作完成后第50年的12月31日。
	（4）**播放者权**：保护期为50年，截止于该广播、电视首次播放后第50年的12月31日。

注意：著作权法规定的著作权人和出版者、表演者、录音录像制作者、广播电台、电视台的权利，在著作权法施行之日（1991年6月1日）尚未超过著作权法规定的保护期的，依法予以保护。

---

① ABC。添加字样的行为，侵犯了署名权，但是没有侵犯保护作品完整权。

（二）合理使用

构成要件	（1）只针对已经发表的作品。适用于著作权，也适用于邻接权。
	（2）必须基于法律的明文规定。
	（3）不必征得许可，且不必支付费用。
	（4）应指明作者姓名或名称、作品名称，并且不得影响该作品的正常使用，也不得不合理地损害著作权人的合法权益。
具体情形	（1）为个人学习、研究或者欣赏，使用他人已经发表的作品。
	（2）为介绍、评论某一作品或者说明某一问题，在作品中适当引用他人已经发表的作品。
	（3）为报道新闻，在报纸、期刊、广播电台、电视台等媒体中不可避免地再现或者引用已经发表的作品。
	（4）报纸、期刊、广播电台、电视台等媒体刊登或者播放其他报纸、期刊、广播电台、电视台等媒体已经发表的关于政治、经济、宗教问题的时事性文章，但著作权人声明不许刊登、播放的除外。
	（5）报纸、期刊、广播电台、电视台等媒体刊登或者播放在公众集会上发表的讲话，但作者声明不许刊登、播放的除外。
	（6）为学校课堂教学或者科学研究，翻译、改编、汇编、播放或者少量复制已经发表的作品，供教学或者科研人员使用，但不得出版发行。
	（7）国家机关为执行公务在合理范围内使用已经发表的作品。
	（8）图书馆、档案馆、纪念馆、博物馆、美术馆、文化馆等为陈列或者保存版本的需要，复制本馆收藏的作品。
	（9）免费表演已经发表的作品，该表演未向公众收取费用，也未向表演者支付报酬且不以营利为目的。
	（10）对设置或者陈列在公共场所的艺术作品进行临摹、绘画、摄影、录像。
	（11）将中国公民、法人或者非法人组织已经发表的以国家通用语言文字创作的作品翻译成少数民族语言文字作品在国内出版发行。
	（12）以阅读障碍者能够感知的无障碍方式向其提供已经发表的作品。

【难点展开】

1. 合理使用的情形众多，很难概括，需要逐一理解和记忆。总体而言，合理使用主要适用于为个人消费或者公益性等目的而少量使用他人作品的行为。在上述 12 种具体情形中，第（1）项属于为个人消费目的的使用，其余 11 项为具有公益色彩的使用。但是，我们不能说公益性使用或者非营利使用都属于合理使用。

2. 合理使用是法律规定的对著作权的限制，因此，一般情况下，著作权人无权阻止他人的合理使用。但是，对于上述第（4）、（5）项合理使用，著作权人有权以声明不许刊登、播放的方式加以排除。

3. 具体适用情形中，有几个地方需要注意：第（1）项中的"为个人学习、研究或者欣赏"，可以扩大到家庭范围，其使用方式主要为复制，但又不限于复制，还包括朗诵、改编、翻译、表演等，若复制，数量应当以必要为限；第（6）项中的"学校课堂教学或者科学研究"不局限于义务教育阶段，只要是学校课堂或是科学研究的需要，就可以合理使用已经发表的作品，但带有营利性的培训班、函授、广播或电视教学不在此列；第（9）项中的"免费表演"是表演者不收取报酬，观看欣赏者也不用支付门票等对价，且不以营利为目的，免费表演需要区别于义演，义演不是免费，仅是因表演而获取的收入归于捐赠等第三方；第（10）项中的公共场所的艺术作品，是指设置或者陈列在室内外社会公众活动处所的雕塑、绘画、书法等艺术作品，临摹、绘画、摄影、录像人可以对其成果以合理的方式和范围再行使用，不构成侵权，但是不得影响该作品的正常使用，也不得不合理地损害著作权人的合法利益。

（三）法定许可

构成要件	（1）只针对已经发表的作品。
	（2）必须基于法律的明文规定。
	（3）不必征得许可，但应当支付费用。
	（4）应指明作者姓名或名称、作品名称，且不得侵犯著作权人依法享有的其他权利。
具体情形	（1）教科书汇编行为：为实施义务教育和国家教育规划而编写出版教科书，可以不经著作权人许可，在教科书中汇编已经发表的作品片段或者短小的文字作品、音乐作品或者单幅的美术作品、摄影作品、图形作品，但应当按照规定向著作权人支付报酬，指明作者姓名或者名称、作品名称，并且不得侵犯著作权人依照本法享有的其他权利。适用于邻接权。
	（2）报刊转载权：作品刊登后，除著作权人声明不得转载、摘编的外（应当在报纸、期刊刊登该作品时附带声明），其他报刊可以转载或者作为文摘、资料刊登，但应当按照规定向著作权人支付报酬。
	（3）音乐作品的再次录制：录音制作者使用他人已经合法录制为录音制品的音乐作品制作录音制品，应当按照规定支付报酬，但著作权人声明不许使用的除外（应当在该作品合法录制为录音制品时声明）。
	（4）广播电台、电视台播放他人已发表的作品，可以不经著作权人许可，但应当按照规定支付报酬。
	（5）将录音制品用于有线或者无线公开传播，或者通过传送声音的技术设备向公众公开播送，应当向录音制作者支付报酬。

【难点展开】

1. 合理使用与法定许可的主要区别在于：（1）合理使用无须向著作权人支付报酬，而法定许可则必须向著作权人支付报酬。（2）合理使用的范围较为广泛，我国著作权法规定了12种，而法定许可的范围较窄，仅有5种。（3）合理使用的使用人不受限制，但是法定许可的使用人主要是作品的传播者。

2. 合理使用与法定许可的共同点主要在于：（1）都是基于法律的明文规定。（2）都是针对已经发表的作品。（3）都不必征得著作权人的同意。（4）应指明作者姓名或名称、作品名称，且不得侵犯著作权人依法享有的其他权利。

3. 关于网络转载权问题。互联网媒体与报刊单位之间、互联网媒体之间能否相互转载已经发表的作品问题，在我国立法和司法实践中可谓一波三折。目前的规则是：（1）报刊单位之间相互转载已经刊登的作品，适用法定许可。（2）互联网媒体之间相互转载已经发表的作品，应当经过著作权人许可并支付报酬，不适用法定许可。（3）互联网媒体与报刊单位之间相互转载已经发表的作品，必须经过著作权人许可并支付报酬，不适用法定许可。

【实战演练】

甲创作的一篇杂文，发表后引起较大轰动。该杂文被多家报刊、网站无偿转载。乙将该杂文译成法文，丙将之译成维文，均在国内出版，未征得甲的同意，也未支付报酬。下列哪一观点是正确的？①

A. 报刊和网站转载该杂文的行为不构成侵权

B. 乙和丙的行为均不构成侵权

C. 乙不构成侵权，丙的行为构成侵权

D. 乙构成侵权，丙不构成侵权

五、邻接权

（一）出版者的权利

权利	专有出版权	（1）该权利依出版合同约定产生，并非法定权利，不属于邻接权范畴；（2）专有出版权受著作权法保护，出版他人享有专有出版权的图书，属于侵权行为。
	版式设计专有权	（1）版式为图书、报刊的版面和外观设计；（2）出版者有权许可或者禁止他人使用其出版的图书、报刊的版式设计。
义务	履行出版合同	（1）图书出版者应当按照合同约定的出版质量、期限出版图书，否则承担违约责任；（2）图书出版者重印、再版作品的，应当通知著作权人，并支付报酬。图书脱销后，图书出版者拒绝重印、再版的，著作权人有权终止合同。著作权人寄给图书出版者的两份订单在6个月内未能得到履行，视为图书脱销。
	征得许可并付费	（1）应当取得著作权人许可并支付报酬；（2）出版演绎作品、汇编作品的，应当取得演绎者、汇编者和原作品的著作权人许可并支付报酬。
	合理注意义务	（1）出版者对其出版行为的授权、稿件来源和署名、所编辑出版物的内容等未尽到合理审查义务的，承担赔偿责任。（2）出版者所尽合理注意义务情况，由出版者承担举证责任。

（二）表演者的权利

权利	人身权：（1）表明表演者身份；（2）保护表演形象不受歪曲。	职务表演：（1）演员为完成本演出单位的演出任务进行的表演为职务表演，演员享有表明身份和保护表演形象不受歪曲的权利，其他权利归属由当事人约定。当事人没有约定或者约定不明确的，职务表演的权利由演出单位享有。（2）职务表演的权利由演员享有的，演出单位可以在其业务范围内免费使用该表演。
	财产权：（1）许可他人从现场直播和公开传送其现场表演，并获得报酬；（2）许可他人录音录像，并获得报酬；（3）许可他人复制、发行、出租录有其表演的录音录像制品，并获得报酬；（4）许可他人通过信息网络向公众传播其表演，并获得报酬。	
义务	（1）使用他人作品演出，表演者应当取得著作权人许可，并支付报酬。（2）使用演绎作品进行演出，应当取得演绎人和原作品的著作权人许可，并支付报酬。	

---

① D。将汉语文字作品翻译为少数民族文字在国内出版发行属于合理使用，但翻译为外国文字不属于合理使用。

（三）录制者的权利

主体和客体	主体是录制者，包括录音制作者和录像制作者。
	客体录制品，包括录音制品和录像制品。录音制品是指任何声音的原始录制品；录像制品是指影视作品以外的任何有伴音或无伴音的连续相关形象的原始录制品，包括表演的原始录制品和非表演的原始录制品。
权利	许可他人复制、发行、出租、通过信息网络向公众传播并获得报酬的权利。被许可人复制、发行、通过信息网络向公众传播录音录像制品，应当同时取得著作权人、表演者许可，并支付报酬；被许可人出租录音录像制品，还应当取得表演者许可，并支付报酬。
	二次收费权：将录音制品用于有线或者无线公开传播，或者通过传送声音的技术设备向公众公开播送的，应当向录音制作者支付报酬。这段文字读起来稍显晦涩难懂，简单来说，广播电台、电视台和经营场所播放录音制品、在网络直播中使用录音制品要向录音制作者支付报酬。
义务	（1）使用他人作品的，应当经著作权人同意并支付报酬。 （2）使用演绎作品的，应当经演绎者和原著作权人同意并支付报酬。 （3）录制表演活动的，应当经表演者同意并支付报酬。 （4）如果不涉及作品和表演，则不适用上述规则。

（四）播放者的权利

主体和客体	主体是广播电视组织，包括广播电台和电视台。
	客体是播放的广播或电视而非广播、电视节目。广播、电视是指广播电台、电视台通过载有声音、图像的信号播放的集成品、制品或其他材料在一起的合成品。
播放者的权利	（1）禁止将其播放的广播、电视以有线或者无线方式转播； （2）禁止将其播放的广播、电视录制以及复制； （3）禁止将其播放的广播、电视通过信息网络向公众传播。
播放者的义务	（1）播放他人未发表的作品，应当取得著作权人许可，并支付报酬。 （2）播放他人已发表的作品，可以不经著作权人许可，但应当支付报酬。 （3）电视台播放他人的视听作品、录像制品，应当取得视听作品著作权人或者录像制作者许可，并支付报酬；播放他人的录像制品，还应当取得著作权人许可，并支付报酬。

【实战演练】

甲创作歌曲《法考之路》，乙在某商业场合对其进行了演唱，丙公司将乙的演唱制成唱片，丁酒店把该唱片买回后在酒店大厅作为背景音乐播放，戊广播电台在《法考倒计时》栏目中进行了播出，下列说法正确的是哪一项？①

A. 乙演唱该歌曲需要经过甲的同意并付费

B. 丙公司把乙的演唱制成唱片，不需要经过甲的同意并付费

C. 丁酒店在酒店大厅将该歌曲作为背景音乐播放，不需要经过甲的同意并付费

D. 戊广播电台的播放行为需要经过甲的同意并付费

---

① A。邻接权问题的思路是"确定身份—回忆权利—分析案情"。

六、著作权侵权行为

（一）著作权侵权行为的概念和种类

著作权侵权行为，是指未经著作权人同意，又无法律上的依据，使用他人作品或行使著作权人专有权的行为。这种侵权行为既可能对他人的著作人身权造成损害，也可能对他人的著作财产权造成损害，还可能同时损害他人的著作人身权和财产权。如非法复制他人作品可能只侵害了他人的著作财产权。关于著作权侵权行为是否以过错为构成要件的问题，理论上存在争议。一般认为，著作权侵权行为的成立不以过错为要件，但是行为人承担损害赔偿责任以过错为构成要件。

（二）承担民事责任的著作权侵权行为

行为	侵犯著作人身权行为	（1）侵犯发表权：未经著作权人许可，发表其作品的；未经合作作者许可，将与他人合作创作的作品当作自己单独创作的作品发表的。 （2）侵犯署名权：没有参加创作，为谋取个人名利，在他人作品上署名的。 （3）侵犯保护作品完整权：歪曲、篡改他人作品的。
	侵犯著作财产权行为	（4）侵犯展览权、摄制权、改编权、翻译权、注释权：未经著作权人许可，以展览、摄制的方法使用作品，或者以改编、翻译、注释等方式使用作品的，《著作权法》另有规定的除外； （5）侵犯获得报酬权：使用他人作品，应当支付报酬而未支付的； （6）侵犯出租权：未经视听作品、计算机软件、录音录像制品的著作权人、表演者或者录音录像制作者许可，出租其作品或者录音录像制品的原件或者复制件的，《著作权法》另有规定的除外；
	侵犯邻接权行为	（7）侵犯出版者版式设计专有权：未经出版者许可，使用其出版的图书、期刊的版式设计的； （8）侵犯表演者的现场直播权或录制权：未经表演者许可，从现场直播或者公开传送其现场表演，或者录制其表演的；
	综合性侵权行为	（9）剽窃他人作品的（可能涉及发表权、署名权、复制权、改编权）； （10）其他侵犯著作权以及与著作权有关的权利的行为。
责任	根据情况，承担停止侵害、消除影响、赔礼道歉、赔偿损失等民事责任。	

（三）承担综合法律责任的著作权侵权行为

行为	侵犯著作人身权	（1）制作、出售假冒他人署名的作品的。
	侵犯著作财产权	（2）未经著作权人许可，复制、发行、表演、放映、广播、汇编、通过信息网络向公众传播其作品的，《著作权法》另有规定的除外。
	侵犯邻接权	（3）出版他人享有专有出版权的图书的； （4）未经表演者许可，复制、发行录有其表演的录音录像制品，或者通过信息网络向公众传播其表演的，《著作权法》另有规定的除外； （5）未经录音录像制作者许可，复制、发行、通过信息网络向公众传播其制作的录音录像制品的，《著作权法》另有规定的除外； （6）未经许可，播放、复制或者通过信息网络向公众传播广播、电视的，《著作权法》另有规定的除外；

续表

技术性侵权	（7）未经著作权人或者与著作权有关的权利人许可，故意避开或者破坏技术措施的，故意制造、进口或者向他人提供主要用于避开、破坏技术措施的装置或者部件的，或者故意为他人避开或者破坏技术措施提供技术服务的，法律、行政法规另有规定的除外； （8）未经著作权人或者与著作权有关的权利人许可，故意删除或者改变作品、版式设计、表演、录音录像制品或者广播、电视上的权利管理信息的，知道或者应当知道作品、版式设计、表演、录音录像制品或者广播、电视上的权利管理信息未经许可被删除或者改变，仍然向公众提供的，法律、行政法规另有规定的除外；
责任	（1）根据情况，承担停止侵害、消除影响、赔礼道歉、赔偿损失等民事责任； （2）同时损害公共利益的，由主管著作权的部门责令停止侵权行为，予以警告，没收违法所得，没收、无害化销毁处理侵权复制品以及主要用于制作侵权复制品的材料、工具、设备等，违法经营额 5 万元以上的，可以并处违法经营额 1 倍以上 5 倍以下的罚款；没有违法经营额、违法经营额难以计算或者不足 5 万元的，可以并处 25 万元以下的罚款； （3）构成犯罪的，依法追究刑事责任； （4）销毁：人民法院审理著作权纠纷案件，应权利人请求，对侵权复制品，除特殊情况外，责令销毁；对主要用于制造侵权复制品的材料、工具、设备等，责令销毁，且不予补偿；或者在特殊情况下，责令禁止前述材料、工具、设备等进入商业渠道，且不予补偿。

（四）著作权侵权救济程序

原告资格	（1）著作权人、邻接权人或根据法律规定行使、保护著作权的人。 （2）依法成立的著作权集体管理组织，根据著作权人的授权，可以自己的名义提起诉讼。
赔偿标准	（1）实际损失或者违法所得—参照权利使用费。 （2）对故意侵犯著作权或者与著作权有关的权利，情节严重的，可以在按照上述方法确定数额的 1 倍以上 5 倍以下给予赔偿。 （3）权利人的实际损失、侵权人的违法所得、权利使用费难以计算的，由人民法院根据侵权行为的情节，判决给予 500 元以上 500 万元以下的赔偿。 （4）赔偿数额还应当包括权利人为制止侵权行为所支付的合理开支。 人民法院为确定赔偿数额，在权利人已经尽了必要举证责任，而与侵权行为相关的账簿、资料等主要由侵权人掌握的，可以责令侵权人提供与侵权行为相关的账簿、资料等；侵权人不提供，或者提供虚假的账簿、资料等的，人民法院可以参考权利人的主张和提供的证据确定赔偿数额。
举证责任	复制品的出版者、制作者不能证明其出版、制作有合法授权的，复制品的发行者或者视听作品、计算机软件、录音录像制品的复制品的出租者不能证明其发行、出租的复制品有合法来源的，应当承担法律责任。

【案例分析】

1. **著名表演艺术家高秀敏诉辽宁电视台等邻接权侵权纠纷案**。法院认为，表演者有权许可他人复制、发行录有其表演的录音录像制品，并获得报酬。本案中：（1）辽宁电视台是在原告许可的情况下录制的《四喜临门》等涉案12部小品，并已向原告支付了报酬，但其权利范围仅包括对上述小品进行现场直播和重播等。辽宁电视台未经表演者许可，将该12部小品的母版交由辽宁广播电视音像出版社制作成VCD盘，其行为构成对原告表演者权的侵犯，依法应当承担相应的责任。（2）辽宁广播电视音像出版社虽然取得了辽宁电视台的授权，但却未征得表演者高秀敏的许可，擅自将由高秀敏参与表演的涉案12部小品制作成VCD盘出版发行，且没有向高秀敏支付报酬，其行为侵犯了高秀敏享有的表演者权，依法应承担停止侵权、公开赔礼道歉、赔偿损失的民事责任。（3）鸿翔公司作为总经销商，虽然发行了涉案侵权的VCD盘，但其提供了合法来源，故不应承担侵权责任。但鸿翔公司应该停止销售涉案侵权VCD盘。（4）王府井书店作为销售商，没有向本院提交证据证明其销售的涉案VCD盘有合法来源，故应承担侵权责任，依法应向高秀敏赔偿其销售利润，具体数额由本院酌定。法院判决：一、辽宁电视台、辽宁广播电视音像出版社、广州市鸿翔音像制作有限公司于本判决生效之日起立即停止出版、发行侵犯高秀敏表演者权的《高秀敏小品专辑》（二）、（三）、（四）VCD盘；二、辽宁电视台和辽宁广播电视音像出版社于本判决生效之日起30日内分别在《法制日报》上公开向高秀敏赔礼道歉（内容须经本院核准），逾期不执行，本院将在该报上公布本判决内容，费用由辽宁电视台和辽宁广播电视音像出版社负担；三、辽宁电视台和辽宁广播电视音像出版社于本判决生效之日起10日内共同赔偿高秀敏损失人民币50000元；四、辽宁电视台和辽宁广播电视音像出版社于本判决生效之日起10日内共同赔偿高秀敏为诉讼支出的合理费用及律师费人民币2600元；五、北京市新华书店王府井书店于本判决生效之日起10日内赔偿高秀敏损失人民币300元。

七、计算机软件著作权

（一）客体和归属

客体	软件著作权的客体是指计算机软件，即计算机程序及其有关文档。但是，对软件著作权的保护，不延及开发软件所用的思想、处理过程、操作方法或者数学概念等。
归属	（1）软件著作权自软件开发完成之日起产生。如无相反证据，在软件上署名的自然人、法人或者非法人组织为开发者。 （2）委托开发、合作开发软件著作权的归属及行使原则与一般作品著作权归属及行使原则一样。 （3）职务软件的归属规则有所不同。自然人在法人或者非法人组织中任职期间所开发的软件有下列情形之一的，该软件著作权由该法人或者非法人组织享有，该法人或者非法人组织可以对开发软件的自然人进行奖励：针对本职工作中明确指定的开发目标所开发的软件；开发的软件是从事本职工作活动所预见的结果或者自然的结果；主要使用了法人或者非法人组织的资金、专用设备、未公开的专门信息等物质技术条件所开发并由法人或者非法人组织承担责任的软件。
登记	软件著作权人可以向国务院著作权行政管理部门认定的软件登记机构办理登记。软件登记机构发放的登记证明文件是登记事项的初步证明（未经登记的仍受法律保护）。

（二）软件著作权的内容

人身权	（1）发表权，即决定软件是否公之于众的权利； （2）署名权，即表明开发者身份，在软件上署名的权利； （3）修改权，即对软件进行增补、删节，或者改变指令、语句顺序的权利。

续表

财产权	专有使用权包括： （1）复制权，即将软件制作一份或者多份的权利； （2）发行权，即以出售或者赠与方式向公众提供软件的原件或者复制的权利； （3）出租权，即有偿许可他人临时使用软件的权利（但是软件不是出租的主要标的的除外）； （4）信息网络传播权，即以有线或者无线方式向公众提供软件，使公众可以在其个人选定的时间和地点获得软件的权利； （5）翻译权，即将原软件从一种自然语言文字转换成另一种自然语言文字的权利； （6）应当由软件著作权人享有的其他权利。
	许可使用权，即软件著作权人享有的许可他人行使其软件著作权并获得报酬的权利。
	转让权，即软件著作权人享有的全部或部分转让其软件著作权并获得报酬的权利。

（三）软件著作权的限制

保护期	（1）自然人的软件著作权，保护期为自然人终生及其死亡后50年，截止于自然人死亡后第50年的12月31日；软件是合作开发的，截止于最后死亡的自然人死亡后第50年的12月31日。 （2）法人或者非法人组织的软件著作权，保护期为50年，截止于软件首次发表后第50年的12月31日，但软件自开发完成之日起50年内未发表的，不再受保护。
合理使用	为了学习和研究软件内含的设计思想和原理，通过安装、显示、传输或者存储软件等方式使用软件的，可以不经软件著作权人许可，不向其支付报酬。
用户权利	软件的合法复制品所有人享有下列权利：（1）安装：根据使用的需要把该软件装入计算机等具有信息处理能力的装置内；（2）备份：为了防止复制品损坏而制作备份复制品。这些备份复制品不得通过任何方式提供给他人使用，并在所有人丧失该合法复制品的所有权时，负责将备份复制品销毁；（3）修改：为了把该软件用于实际的计算机应用环境或者改进其功能、性能而进行必要的修改；但是，除合同另有约定外，未经该软件著作权人许可，不得向任何第三方提供修改后的软件。
相似开发	软件开发者开发的软件，由于可供选用的表达方式有限而与已经存在的软件相似的，不构成对已经存在的软件的著作权的侵犯。

（四）侵犯软件著作权行为及法律责任

| 承担民事责任的侵权行为 | （1）未经软件著作权人许可，发表或者登记其软件的；（2）将他人软件作为自己的软件发表或者登记的；（3）未经合作者许可，将与他人合作开发的软件作为自己单独完成的软件发表或者登记的；（4）在他人软件上署名或者更改他人软件上的署名的；（5）未经软件著作权人许可，修改、翻译其软件的；（6）其他侵犯软件著作权的行为。 |
| 承担综合法律责任的侵权行为 | （1）复制或者部分复制著作权人的软件的；（2）向公众发行、出租、通过信息网络传播著作权人的软件的；（3）故意避开或者破坏著作权人为保护其软件著作权而采取的技术措施的；（4）故意删除或者改变软件权利管理电子信息的；（5）转让或者许可他人行使著作权人的软件著作权的。 |

续表

软件复制品有关主体的法律责任	(1) 软件复制品的出版者、制作者不能证明其出版、制作有合法授权的，或者软件复制品的发行者、出租者不能证明其发行、出租的复制品有合法来源的，应当承担法律责任。 (2) 软件的复制品持有人不知道也没有合理理由应当知道该软件是侵权复制品的，不承担赔偿责任；但是，应当停止使用、销毁该侵权复制品。如果停止使用并销毁该侵权复制品将给复制品使用人造成重大损失的，复制品使用人可以在向软件著作权人支付合理费用后继续使用。

第二章 专利法

码上揭秘

【本章概览】

地位	预计平均分值约为，客观题 3 分。
内容	专利权客体，专利权主体，专利权的授权条件和程序，专利权的内容和限制，专利权的保护
法条	《中华人民共和国专利法》 《中华人民共和国专利法实施细则》 《最高人民法院关于审理专利纠纷案件适用法律问题的若干规定》 《最高人民法院关于审理侵犯专利权纠纷案件应用法律若干问题的解释》 《最高人民法院关于审理侵犯专利权纠纷案件应用法律若干问题的解释（二）》

一、专利权的客体

【知识框架】

种类	发明	对产品、方法或其改进所提出的新的技术方案。
	实用新型	对产品的形状、构造或其结合所提出的适于实用的新的技术方案。实用新型专利只保护产品，不保护方法和自然物品。
	外观设计	外观设计，是指对产品的整体或者局部的形状、图案或者其结合以及色彩与形状、图案的结合所作出的富有美感并适于工业应用的新设计。
不授予专利权		①科学发现； ②智力活动的规则和方法； ③疾病的诊断和治疗方法； ④动物和植物品种； ⑤原子核变换方法以及用原子核变换方法获得的物质； ⑥对平面印刷品的图案、色彩或者二者的结合作出的主要起标识作用的设计； ⑦违反法律、社会公德或妨害公共利益的发明创造； ⑧对违反法律、行政法规的规定获取或利用遗传资源，并依赖该遗传资源完成的发明创造。
禁止重复授权		同样的发明创造只能授予一项专利权。但是，同一申请人同日对同样的发明创造既申请实用新型专利又申请发明专利，先获得的实用新型专利权尚未终止，且申请人声明放弃该实用新型专利权的，可以授予发明专利权。

【实战演练】

关于下列成果可否获得专利权的判断，哪一选项是正确的？①

A. 甲设计的新交通规则，能缓解道路拥堵，可获得方法发明专利权

---

① D。同一个发明创造，有可能同时符合两种专利权的授权条件。

B. 乙设计的新型医用心脏起搏器，能迅速使心脏重新跳动，该起搏器不能被授予专利权

C. 丙通过转基因方法合成一种新细菌，可过滤汽油的杂质，该细菌属动物新品种，不能被授予专利权

D. 丁设计的儿童水杯，其新颖而独特的造型既富美感，又能防止杯子滑落，该水杯既可申请实用新型专利权，也可申请外观设计专利权

二、专利权的主体

【知识框架】

（一）一般规则

发明人设计人	非职务发明创造，专利申请权和专利权归属于发明人或设计人，也就是对发明创造的实质性特点做了创造性贡献的人，不包括在完成发明创造过程中，只负责组织工作的人、为物质技术条件的利用提供方便的人或者从事其他辅助工作的人。
共有人	有约定的，从其约定。
	没有约定的，共有人可以单独实施或者以普通许可方式许可他人实施该专利；许可他人实施该专利的，收取的使用费应当在共有人之间分配。除此之外，行使共有的专利申请权或者专利权应当取得全体共有人的同意。
受让人	通过合同或继承而依法取得该专利权的单位或个人。
	合同转让：书面合同+登记并公告。合同成立时生效，专利申请权或专利权的转让自登记之日起生效。
外国人	中国有经常居所或营业所的外国个人或组织，与中国人同等权利。
	在中国无经常居所或营业所的外国个人或组织，依照其所属国同中国签订的协议或共同参加的国际条约，或依照互惠原则，依法办理，并应当委托依法设立的专利代理机构办理。

（二）职务发明创造

职务发明创造	执行本单位任务：在本职工作中；在履行其他工作任务中；离职后1年内作出的与上述工作有关的发明创造。	归单位。	该单位可以依法处置其职务发明创造申请专利的权利和专利权。单位给予发明人、设计人以奖励、报酬，方式多元化，如股权、期权、分红等。
	主要利用本单位物质技术条件：如资金、设备、零部件、原料、未公开的技术资料等。	归单位，可约定。	

【实战演练】

工程师王某在甲公司的职责是研发电脑鼠标。下列哪些说法是错误的？[①]

A. 王某利用业余时间研发的新鼠标的专利申请权属于甲公司

B. 如王某没有利用甲公司物质技术条件研发出新鼠标，其专利申请权属于王某

C. 王某主要利用了单位物质技术条件研发出新型手机，其专利申请权属于王某

D. 如王某辞职后到乙公司研发出新鼠标，其专利申请权均属于乙公司

---

① BCD。职务发明创造的判断，主要看其内容，而不是时间和地点。

三、授予专利权的条件

【知识框架】

专利类型	授权条件				
发明	新颖性	实用性	创造性（高度）		
实用新型	新颖性	实用性	创造性（一般）		
外观设计	新颖性	实用性		富有美感	不冲突

【难点展开】

（一）新颖性

新颖性是指不属于现有技术（或现有设计），也不存在抵触申请。

1. 现有技术（或现有设计）

申请日以前在国内外为公众所知的技术（或设计）。公开的方式包括出版物公开、使用公开和其他方式公开。

申请专利的发明创造在申请日以前六个月内，有下列情形之一的，不丧失新颖性：（1）在国家出现紧急状态或者非常情况时，为公共利益目的首次公开的；（2）在中国政府主办或者承认的国际展览会上首次展出的；（3）在规定的学术会议或者技术会议上首次发表的；（4）他人未经申请人同意而泄露其内容的。

2 抵触申请

任何单位或个人就同样的发明、实用新型或外观设计在申请日以前向国务院专利行政机关提出过申请，并记载在申请日以后公布的专利申请文件或公告的专利文件中。

（二）创造性和实用性

1. 创造性

同申请日以前已有的技术相比，该发明有突出的实质性特点和显著的进步，该实用新型有实质性特点和进步。

2. 实用性

实用性是指该发明或实用新型能够制造或使用，并且能够产生积极效果。并不要求已经制造或使用。

（三）外观设计专利的不冲突

授予专利权的外观设计不得与他人在外观设计的申请日或优先权日之前取得的合法权利相冲突。这里的"合法权利"，包括就作品、商标、地理标志、姓名、企业名称、肖像，以及有一定影响的商品名称、包装、装潢等享有的合法权利或者权益。但是，因为实用新型和外观设计专利授权程序比较简单，没有实质审查，很容易出现被授予专利权的外观设计与他人在先权利相冲突的情形，此时权利人或利害关系人可以申请宣告该外观设计专利无效，也可以主张专利权人构成侵权或者不正当竞争。

【实战演练】

甲厂将生产饮料的配方作为商业秘密予以保护。乙通过化验方法破解了该饮料的配方，并将该配方申请获得了专利。甲厂认为乙侵犯了其商业秘密，诉至法院。下列哪一选项是正确的?①

A. 乙侵犯了甲厂的商业秘密

B. 饮料配方不因甲厂的使用行为丧失新颖性

C. 乙可以就该饮料的配方申请专利,但应当给甲厂相应的补偿

D. 乙无权就该饮料的配方申请专利

四、授予专利权的程序

【知识框架】

(一) 专利申请的原则

单一性原则	一件发明或实用新型专利申请应当限于一项发明或实用新型。属于一个总的发明构思的两项以上的发明或实用新型,可以作为一件申请提出。	
	一件外观设计专利申请应当限于一项外观设计。同一产品两项以上的相似外观设计,或用于同一类别并且成套出售或者使用的产品的两项以上具有相同设计构思的外观设计,可以作为一件申请提出。	
先申请原则	两个以上的申请人分别就同样的发明创造申请专利的,授予最先申请的人。两个以上的申请人同日分别就同样的发明创造申请专利的,应当在收到国务院专利行政机关的通知后自行协商确定申请人。	
	申请日:专利行政机关收到专利申请文件之日为申请日。邮寄的,以寄出的邮戳日为申请日。邮戳日不清晰的,除当事人能够提出证明外,以专利行政机关收到日为申请日。有优先权的,以优先权日为申请日。	
优先权原则	国际优先权:申请人自发明或实用新型在外国第一次提出专利申请之日起 12 个月内,或自外观设计在外国第一次提出专利申请之日起 6 个月内,又在中国就相同主题提出专利申请的,可以享有优先权。	申请人要优先权的,应当在申请的时候提出书面声明,并且按期(外观设计在提出书面声明之日起 3 个月内,发明、实用新型在第一次提出申请之日起 16 个月内)提交第一次提出的专利申请文件的副本。
	国内优先权:申请人自发明或实用新型在中国第一次提出专利申请之日起 12 个月内,或自外观设计在中国第一次提出专利申请之日起 6 个月内,又向专利行政机关就相同主题提出专利申请的,可以享有优先权。	

(二) 发明专利申请的审批

初步审查	就发明专利申请的形式要求以及是否存在明显的实质性缺陷进行审查。但并不对其新颖性、创造性和实用性进行评价。
早期公开	经初步审查认为符合要求的,自申请日起满 18 个月,即行公布。专利行政机关可以根据申请人的请求早日公布其申请。
实质审查	对发明专利申请是否符合授予专利权的实质要件依法进行的审查。发明专利申请自申请日起 3 年内,专利行政机关可以根据申请人随时提出的请求,对其申请进行实质审查;申请人无正当理由逾期不请求实质审查的,该申请即被视为撤回。专利行政机关认为必要的时候,也可自行对发明专利申请进行实质审查。

---

① B。将配方作为商业秘密使用和保护,不属于公开使用,也不丧失新颖性。

续表

| 授权公告 | 发明专利申请经实质审查没有发现驳回理由的，由专利行政机关作出授予发明专利权的决定，发给发明专利证书，同时登记和公告。发明专利权自公告之日起生效。 |
| 救济措施 | 专利申请人对国务院专利行政部门驳回申请的决定不服的，可以自收到通知之日起3个月内向国务院专利行政部门请求复审。对国务院专利行政部门的复审决定不服的，可以自收到通知之日起3个月内向人民法院起诉。 |

【难点展开】发明专利临时保护

一项发明专利申请，从公布日至授权日，通常需要一年以上的时间。在这段时间里，该项发明处于一种很尴尬的地位：一方面，没有授予专利权，所以无法保护；另一方面，该发明已经公开，任何人都有可能实施。为此，专利法规定了发明专利的临时保护制度，其要点有：

1. 临时保护只适用于发明专利申请，不适用于实用新型、外观设计专利申请，因为后者采用"初审登记制"，没有实质审查程序；

2. 临时保护期为发明专利申请公布日至授权公告日期间；

3. 临时保护方法为，发明专利公告授权后，权利人可以要求实施其发明的单位或个人支付适当的费用（费用标准可以参照有关专利许可使用费合理确定），但无权禁止他人实施其发明；

4. 权利人要求支付适当费用的诉讼时效为3年，自专利权人知道或者应当知道他人使用其发明之日起计算，但是，专利权人于专利权授予之日前即已知道或者应当知道的，自专利权授予之日起计算。

【实战演练】

甲公司开发出一项发动机关键部件的技术，大大减少了汽车尾气排放。乙公司与甲公司签订书面合同受让该技术的专利申请权后不久，将该技术方案向国家知识产权局同时申请了发明专利和实用新型专利。下列哪一说法是正确的？①

A. 因该技术转让合同未生效，乙公司无权申请专利

B. 因尚未依据该技术方案制造出产品，乙公司无权申请专利

C. 乙公司获得专利申请权后，无权就同一技术方案同时申请发明专利和实用新型专利

D. 乙公司无权就该技术方案获得发明专利和实用新型专利

五、专利的无效和终止

【知识框架】

专利无效	申请主体	任何单位或个人。
	主管部门	国务院专利行政部门。
	无效事由	不符合专利授权条件，或者属于法定不授予专利权的情形。
	救济程序	可以自专利授权之日起申请宣告该专利无效，国务院专利行政部门依法定程序作出宣告专利权无效或维持专利权的决定，当事人对该决定不服的，可以自收到通知之日起3个月内提起行政诉讼。
	无效后果	原则上溯及既往，但是要维持现有法律秩序。

---

① D。禁止重复授权，但不禁止重复申请。

续表

专利终止	（1）期满终止； （2）期满前没有按照规定缴纳年费的； （3）期满前专利权人以书面声明放弃其专利权的。 期满前终止的，由国务院专利行政部门登记和公告。

【难点展开】

（一）专利保护期

1. 一般保护期

发明专利权的期限为 20 年，实用新型专利权的期限为 10 年，外观设计专利权的期限为 15 年，均自申请日起计算。此处的申请日为实际申请日，在有优先权的情况下并非指优先权日。

2. 发明专利期限补偿

自发明专利申请日起满 4 年，且自实质审查请求之日起满 3 年后授予发明专利权的，国务院专利行政部门应专利权人的请求，就发明专利在授权过程中的不合理延迟给予专利权期限补偿，但由申请人引起的不合理延迟除外。

为补偿新药上市审评审批占用的时间，对在中国获得上市许可的新药相关发明专利，国务院专利行政部门应专利权人的请求给予专利权期限补偿。补偿期限不超过 5 年，新药批准上市后总有效专利权期限不超过 14 年。

（二）专利无效溯及力

1. 原则上有溯及力

宣告无效的专利权视为自始即不存在。

2. 维持既成事实的法律秩序

宣告专利权无效的决定，对在宣告专利权无效前人民法院作出并已执行的专利侵权的判决、调解书，已经履行或者强制执行的专利侵权纠纷处理决定，以及已经履行的专利实施许可合同和专利权转让合同，不具有追溯力。但是因专利权人的恶意给他人造成的损失，应当给予赔偿。依照上述规定不返还专利侵权赔偿金、专利使用费、专利权转让费，明显违反公平原则的，应当全部或者部分返还。

六、专利权的内容

【知识框架】

独占实施权	产品发明和实用新型：制造、使用、销售、许诺销售、进口。
	外观设计：制造、销售、许诺销售、进口。
	方法发明：使用其专利方法以及使用、销售、许诺销售、进口依照该专利方法直接获得的产品。
转让权	转让专利权的，当事人应当订立书面合同，并向国务院专利行政机关登记，专利权的转让自登记之日起生效。
许可权	①有权许可他人实施其专利并收取专利使用费。 ②被许可人无权允许合同规定之外的任何单位或个人实施该专利。
标示权	有权在其专利产品或该产品的包装上标明专利标记和专利号。
放弃权	由于专利权人有义务缴纳专利年费，因此也可以放弃专利权。

【难点展开】独占实施权的具体内容

1. 产品发明、实用新型专利独占实施权的范围与外观设计专利不同，前者包括使用，后者不包括使用。也就是说，使用外观设计专利产品，不属于专利权人独占实施权控制的范围，当然也不可能构成侵权。

2. 方法发明专利的独占实施权，包括方法本身以及依照该方法直接获得的产品。因此，对于将依照专利方法直接获得的产品进一步加工、处理而获得后续产品的行为，属于侵犯专利方法的行为。对于将依照专利方法直接获得的产品进一步加工、处理而获得的后续产品，进行再加工、处理的，不属于侵犯专利方法的行为。

3. 许诺销售非实际销售，而是以商业广告、橱窗陈列或展会展出方式为销售商品的意思表示。如果产品买卖合同依法成立，应当认定属于销售行为，而非许诺销售行为。

【实战演练】

甲公司于 2000 年 5 月 10 日申请一项饮料配方的发明，2004 年 6 月 1 日获得专利权，2006 年 5 月 11 日与乙公司签订一份专利独占实施许可合同。下列哪些选项是正确的？[①]

A. 该合同属于技术转让合同　　　　　　B. 该合同的有效期不得超过 14 年
C. 乙公司不得许可第三人实施该专利技术　D. 乙公司可以起诉侵犯该专利技术的人

七、专利实施的特别许可

【知识框架】

（一）指定许可

国有企业事业单位的发明专利，对国家利益或者公共利益具有重大意义的，国务院有关主管部门和省、自治区、直辖市人民政府报经国务院批准，可以决定在批准的范围内推广应用，允许指定的单位实施，由实施单位按照国家规定向专利权人支付使用费。

（二）开放许可

1. 开放许可声明

专利权人自愿以书面方式向国务院专利行政部门声明愿意许可任何单位或者个人实施其专利，并明确许可使用费支付方式、标准的，由国务院专利行政部门予以公告，实行开放许可。就实用新型、外观设计专利提出开放许可声明的，应当提供专利权评价报告。

2. 开放许可内容

任何单位或者个人有意愿实施开放许可的专利的，以书面方式通知专利权人，并依照公告的许可使用费支付方式、标准支付许可使用费后，即获得专利实施许可。

开放许可实施期间，对专利权人缴纳专利年费相应给予减免。

实行开放许可的专利权人可以与被许可人就许可使用费进行协商后给予普通许可，但不得就该专利给予独占或者排他许可。

3. 开放许可声明的撤回

专利权人撤回开放许可声明的，应当以书面方式提出，并由国务院专利行政部门予以公告。开放许可声明被公告撤回的，不影响在先给予的开放许可的效力。

4. 开放许可纠纷解决

当事人就实施开放许可发生纠纷的，由当事人协商解决；不愿协商或者协商不成的，可以

---

① ABCD。专利法的问题，往往会结合合同法上技术合同的问题考查。

请求国务院专利行政部门进行调解，也可以向人民法院起诉

（三）强制许可

基本原理	①强制许可限于发明和实用新型，不适用于外观设计专利。 ②不享有独占的实施权，并且无权允许他人实施。 ③应付给专利权人合理使用费。 ④由国务院专利行政部门决定。强制许可的理由消除并不再发生时，国务院专利行政部门应当根据专利权人的请求，经审查后作出终止实施强制许可的决定。
滥用专利权	①不实施：专利权人自专利权被授予之日起满3年，且自提出专利申请之日起满4年，无正当理由未实施或未充分实施其专利的。 ②消除垄断：专利权人行使专利权的行为被依法认定为垄断行为，为消除或减少该行为对竞争产生的不利影响的（可以适用于半导体技术）。
公共利益	①公共利益：在国家出现紧急状态或非常情况时，或者为了公共利益的目的（可以适用于半导体技术）； ②公共健康：为了公共健康目的，对取得专利权的药品，可以给予制造并将其出口到符合中国参加的有关国际条约规定的国家或者地区的强制许可。
从属专利	一项取得专利权的发明或实用新型比前已经取得专利权的发明或实用新型具有显著经济意义的重大技术进步，其实施又有赖于前一发明或实用新型的实施的，根据后一专利权人的申请，可以给予实施前一发明或实用新型的强制许可。在依照上述规定给予实施强制许可的情形下，根据前一专利权人的申请，也可以给予实施后一发明或实用新型的强制许可。

【实战演练】

甲拥有一节能热水器的发明专利权，乙对此加以改进后获得重大技术进步，并取得新的专利权，但是专利之实施有赖于甲的专利之实施，双方又未能达成实施许可协议。在此情形下，下述哪一说法是正确的？①

A. 乙可以直接实施甲之专利且不构成侵权

B. 乙可以申请实施甲之专利的强制许可

C. 乙在取得实施强制许可后，无须给付甲使用费

D. 乙在取得实施强制许可后，有权允许他人实施该发明

八、专利权的保护

【知识框架】

保护范围	①发明或实用新型：以其权利要求的内容为准，说明书及附图可以用于解释权利要求。 ②外观设计：以表示在图片或照片中的该产品的外观设计为准，简要说明可以用于解释图片或照片所表示的该产品的外观设计。

---

① B。专利强制许可需要经行政机关裁决，而著作权法上的法定许可是可以直接使用。

续表

侵权行为	直接侵权：①未经许可；②为生产经营目的；③实施他人专利。
	间接侵权：①帮助侵权：明知有关产品系专门用于实施专利的材料、设备、零部件、中间物等，未经专利权人许可，为生产经营目的将该产品提供给他人实施了侵犯专利权的行为；②教唆侵权：明知有关产品、方法被授予专利权，未经专利权人许可，为生产经营目的积极诱导他人实施了侵犯专利权的行为。③间接侵权者与直接侵权者承担连带责任。
善意侵权	为生产经营目的使用、许诺销售或销售不知道是未经专利权人许可而制造并售出的专利侵权产品，能证明该产品合法来源的，应停止侵权，但不承担赔偿责任（对能证明已支付合理对价的善意使用者而言，不必停止使用）。
不视为侵犯专利权	①现有技术抗辩：在专利侵权纠纷中，被控侵权人有证据证明其实施的技术或设计属于现有技术或现有设计的； ②非商业使用：专为科学研究和实验而使用有关专利的； ③先用权：在专利申请日前已经制造相同产品、使用相同方法或已经作好制造、使用的必要准备，并且仅在原有范围内继续制造、使用的； ④专利用尽：专利产品或依照专利方法直接获得的产品，由专利权人或经许可的单位、个人售出后，使用、许诺销售、销售、进口该产品的； ⑤行政审批：为提供行政审批所需的信息，制造、使用、进口专利药品或专利医疗器械的，以及专门为其制造、进口专利药品或专利医疗器械的； ⑥临时过境：临时通过中国领陆、领水、领空的外国运输工具，依照其所属国同中国签订的协议或者共同参加的国际条约，或依照互惠原则，为运输工具自身需要而在其装置和设备中使用有关专利的。
赔偿标准	①实际损失或者侵权获益→参照专利许可使用费的倍数。 ②惩罚性赔偿：对故意侵犯专利权，情节严重的，可以在按照上述方法确定数额的1倍以上5倍以下确定赔偿数额。 ③法定赔偿额度：权利人的损失、侵权人获得的利益和专利许可使用费均难以确定的，人民法院可以根据专利权的类型、侵权行为的性质和情节等因素，确定给予3万元以上500万元以下的赔偿。 ④合理开支：权利人主张其为制止侵权行为所支付合理开支的，法院可以在上述赔偿数额之外另行计算。
	赔偿数额的证明：人民法院为确定赔偿数额，在权利人已经尽力举证，而与侵权行为相关的账簿、资料主要由侵权人掌握的情况下，可以责令侵权人提供与侵权行为相关的账簿、资料；侵权人不提供或者提供虚假的账簿、资料的，人民法院可以参考权利人的主张和提供的证据判定赔偿数额。
技术调查官	人民法院审理专利、技术秘密、计算机软件、垄断等专业技术性较强的知识产权案件时，可以指派技术调查官参与诉讼活动。技术调查官的回避，参照适用刑事诉讼法、民事诉讼法、行政诉讼法等有关其他人员回避的规定。技术调查官参与询问、听证、庭前会议、开庭审理活动时，经法官同意，可以就案件所涉技术问题向当事人及其他诉讼参与人发问。技术调查官应当在案件评议前就案件所涉技术问题提出技术调查意见。技术调查意见由技术调查官独立出具并签名，不对外公开。技术调查官列席案件评议时，其提出的意见应当记入评议笔录，并由其签名。技术调查官对案件裁判结果不具有表决权。技术调查官提出的技术调查意见可以作为合议庭认定技术事实的参考。合议庭对技术事实认定依法承担责任。

续表

确认不侵权之诉	法院一般不受理防守性的确认不侵权之诉，但是，权利人向他人发出侵犯专利权的警告，被警告人或者利害关系人经书面催告权利人行使诉权，自权利人收到该书面催告之日起1个月内或者自书面催告发出之日起2个月内，权利人不撤回警告也不提起诉讼，被警告人或者利害关系人向法院提起请求确认其行为不侵犯专利权的诉讼的，法院应当受理。

【难点展开】

（一）专利侵权的判断标准

1. 发明和实用新型专利

全面覆盖原则＋等同原则。法院判定被诉侵权技术方案是否落入专利权的保护范围，应当审查权利人主张的权利要求所记载的全部技术特征。被诉侵权技术方案包含与权利要求记载的全部技术特征相同或者等同的技术特征的，法院应当认定其落入专利权的保护范围；被诉侵权技术方案的技术特征与权利要求记载的全部技术特征相比，缺少权利要求记载的一个以上的技术特征，或者有一个以上技术特征不相同也不等同的，法院应当认定其没有落入专利权的保护范围。例如，原告专利权的技术特征为 ABCD 四项，那么 ABCDE、ABCD' 侵权，ABCE、ABC 不侵权。

2. 一般外观设计专利

在与外观设计专利产品相同或者相近种类产品上，采用与授权外观设计相同或者近似的外观设计的，法院应当认定被诉侵权设计落入外观设计专利权的保护范围。法院应当以外观设计专利产品的一般消费者的知识水平和认知能力，判断外观设计是否相同或者近似。被诉侵权设计与授权外观设计在整体视觉效果上无差异的，法院应当认定两者相同；在整体视觉效果上无实质性差异的，应当认定两者近似。

（二）专利权用尽与平行进口

专利产品的平行进口，是指一国未经授权的进口商，在某项专利已获进口国法律保护的情况下，仍从国外购得专利权人或其专利授权人生产、制造或销售的此项专利产品，并进口到该进口国销售的行为。例如，甲就某项技术分别在中国和 A 国获得专利权，并分别许可给中国乙公司和 A 国 B 公司实施该专利。丙公司未经许可从 A 国 B 公司进口专利产品到中国销售，是否侵犯甲或乙公司的专利权？根据现行《专利法》，丙公司的进口和销售行为不构成侵权，也就是说我国是允许专利平行进口的，其直接法律依据为《专利法》第 75 条第 1 项"专利产品或者依照专利方法直接获得的产品，由专利权人或者经其许可的单位、个人售出后，使用、许诺销售、销售、进口该产品的"，不视为侵犯专利权。

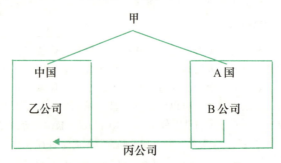

（三）程序问题

1. 中止诉讼

法院受理的侵犯实用新型、外观设计专利权纠纷案件，被告在答辩期间内请求宣告该项专利权无效的，法院应当中止诉讼，但具备下列情形之一的，可以不中止诉讼：（1）原告出具的检索报告或者专利权评价报告未发现导致实用新型或者外观设计专利权无效的事由的；（2）被告提供的证据足以证明其使用的技术已经公知的；（3）被告请求宣告该项专利权无效所提供的证据或者依据的理由明显不充分的；（4）其他情形。

法院受理的侵犯发明专利权纠纷案件或者经国务院专利行政部门审查维持专利权的侵犯实用新型、外观设计专利权纠纷案件，被告在答辩期间内请求宣告该项专利权无效的，法院可以不中止诉讼。

被告在答辩期间届满后请求宣告该项专利权无效的，法院不应当中止诉讼，但经审查认为有必要中止诉讼的除外。

2. 举证责任

一般由原告负举证责任，但是，专利侵权纠纷涉及新产品制造方法的发明专利的，制造同样产品的单位或者个人应当提供其产品制造方法不同于专利方法的证明。

3. 诉前保全

（1）行为保全和财产保全：专利权人或者利害关系人有证据证明他人正在实施或者即将实施侵犯专利权、妨碍其实现权利的行为，如不及时制止将会使其合法权益受到难以弥补的损害的，可以在起诉前依法向人民法院申请采取财产保全、责令作出一定行为或者禁止作出一定行为的措施。

（2）证据保全：为了制止专利侵权行为，在证据可能灭失或者以后难以取得的情况下，专利权人或者利害关系人可以在起诉前依法向人民法院申请保全证据。

4. 专利权评价报告

专利侵权纠纷涉及实用新型专利或者外观设计专利的，人民法院或者管理专利工作的部门可以要求专利权人或者利害关系人出具由国务院专利行政部门对相关实用新型或者外观设计进行检索、分析和评价后作出的专利权评价报告，作为审理、处理专利侵权纠纷的证据；专利权人、利害关系人或者被控侵权人也可以主动出具专利权评价报告。

5. 行政救济途径

国务院专利行政部门可以应专利权人或者利害关系人的请求处理在全国有重大影响的专利侵权纠纷。地方人民政府管理专利工作的部门应专利权人或者利害关系人请求处理专利侵权纠纷，对在本行政区域内侵犯其同一专利权的案件可以合并处理；对跨区域侵犯其同一专利权的案件可以请求上级地方人民政府管理专利工作的部门处理。

【案例分析】

1. 柏某清诉成都难寻物品营销服务中心等侵害实用新型专利权纠纷案

原告柏某清是"防电磁污染服"实用新型专利的专利权人。专利说明书载明，这一专利的目的是提供一种成本低、保护范围宽和效果好的防电磁污染服。其特征在于所述服装在面料里设有由导磁率高而无剩磁的金属细丝或者金属粉末构成的起屏蔽保护作用的金属网或膜。2010年5月28日，成都难寻物品营销服务中心销售了由上海添香实业有限公司生产的添香牌防辐射服上装，产品售价490元。7月19日，柏某清以成都难寻物品营销服务中心销售上海添香实业有限公司生产的添香牌防辐射服上装侵犯涉案专利权为由，向四川省成都市中级人民法院提起民事诉讼，请求判令成都难寻物品营销服务中心立即停止销售被控侵权产品；上海添香实业有限公司停止生产、销售被控侵权产品，并赔偿经济损失100万元。

法院生效裁判认为，准确界定专利权的保护范围，是认定被诉侵权技术方案是否构成侵权的前提条件。根据涉案专利说明书以及柏某清提供的有关证据，本领域技术人员难以确定权利要求1技术特征C中"导磁率高"的具体范围或者具体含义，不能准确确定权利要求1的保护范围，无法将被诉侵权产品与之进行有实质意义的侵权对比。因此判决驳回柏某清的诉讼请求。这一案例，旨在明确对于保护范围明显不清楚的专利权，不应认定被诉侵权技术方案构成侵权。确定了不保护不应保护或者无法保护的专利权的原则。（**案例来源：最高人民法院指导案例第55号**）

2. 电子商务平台承担专利侵权连带责任案

嘉易烤公司是名称为"红外线加热烹调装置"发明专利的专利权人，该专利于2014年11月5日获得授权。嘉易烤公司认为金仕德公司在天猫网上销售的烧烤炉侵犯其上述专利权，天猫公司在其发送侵权投诉的情况下未采取有效措施，应共同承担侵权责任。浙江省金华市中级人民法院认为金仕德公司的产品侵犯嘉易烤公司专利权，嘉易烤公司提交的投诉材料符合天猫公司的格式要求，天猫公司仅对该材料作出审核不通过的处理，其并未尽到合理的审查义务，也未采取必要措施防止损害扩大，应对损害扩大的部分与金仕德公司承担连带责任，故判决金仕德公司立即停止销售侵权产品，赔偿嘉易烤公司经济损失15万元，天猫公司对其中5万元承担连带赔偿责任。天猫公司不服提起上诉，浙江省高级人民法院认为，嘉易烤公司的投诉符合侵权责任法规定的"通知"的基本要件，属于有效通知。天猫公司接到投诉后未及时采取必要措施，一审判令其就损失的扩大部分承担连带责任并无不当，故维持一审判决。

【实战演练】

黑土公司获得一种新型药品制造方法的发明专利权后，发现市场上有大量白云公司制造的该种新型药品出售，遂向法院起诉要求白云公司停止侵权并赔偿损失。下列哪一说法是错误的？①

A. 如果该案已经过行政机关作出侵权认定，法院仍应当就当事人的诉讼请求进行全面审查

B. 黑土公司不应当承担被告的药品制造方法与专利方法相同的证明责任

C. 白云公司如能证明自己实施的技术属于现有技术，法院应告知白云公司另行提起专利无效宣告程序

D. 如侵犯专利权成立，即使没有证据确定损害赔偿数额，黑土公司仍可获得一定数额的赔偿

---

① C。专利侵权诉讼的被告如果能证明案涉专利为现有技术，既可以申请宣告专利无效，也可以在诉讼中提出现有技术抗辩。

第三章　商标法

码上揭秘

【本章概览】

地位	预计平均分值约为，客观题 3 分。
内容	商标权的取得、内容、消灭和保护，驰名商标的保护。
法条	《中华人民共和国商标法》 《中华人民共和国商标法实施条例》 《最高人民法院关于审理商标民事纠纷案件适用法律若干问题的解释》 《最高人民法院关于审理涉及驰名商标保护的民事纠纷案件应用法律若干问题的解释》

一、商标分类

商标形态	平面商标和立体商标
标示对象	商品商标和服务商标
法律状态	注册商标和未注册商标
特殊作用	集体商标，是指以团体、协会或者其他组织名义注册，供该组织成员在商事活动中使用，以表明使用者在该组织中的成员资格的标志，如沙县小吃（归属于沙县小吃同业公会）。
	证明商标，是指由对某种商品或者服务具有监督能力的组织所控制，而由该组织以外的单位或者个人使用于其商品或者服务，用以证明该商品或者服务的原产地、原料、制造方法、质量或者其他特定品质的标志。如绿色食品标志、真皮标志。

二、商标权的取得

（一）商标注册的原则

自愿注册	①是否申请商标注册，取决于当事人的自愿。 ②注册是取得商标专用权的唯一途径。对于未注册商标，可以使用，但商标使用人不享有专用权，无权禁止他人使用（但驰名商标除外）。 ③烟草制品必须使用注册商标，否则禁止生产和销售。
申请在先	先申请—先使用—协商—抽签：两个以上的商标注册申请人，在同一种商品或类似商品上，以相同或近似的商标申请注册的，初步审定并公告申请在先的商标；同一天申请的，初步审定并公告使用在先的商标，驳回其他人的申请，不予公告。同日使用或均未使用的，申请人协商解决，协商不成的，抽签决定。

(二) 商标构成条件

积极条件	①要素：删除了"可视性"的要求，文字、图形、字母、数字、三维标志、颜色组合和声音等，以及上述要素的组合，均可以作为商标申请注册。
	②显著性：能够将自然人、法人或非法人组织的商品与他人的商品区别开。显著性可以通过两种途径取得：一是天然显著，也就是标志本身固有的显著特征，如被咬了一口的苹果图案，显得立意新颖、设计独特；二是通过使用获得显著性，如直接叙述商品质量的标志经过使用取得显著特征，并便于识别的，可以作为商标注册。
禁止使用	①官方标志：同中国的国家名称、国旗、国徽、国歌、军旗、军徽、军歌、勋章等相同或近似的，以及同中央国家机关的名称、标志、所在地特定地点的名称或标志性建筑物的名称、图形相同的；同外国的国家名称、国旗、国徽、军旗等相同或近似的，但经该国政府同意的除外；同政府间国际组织的名称、旗帜、徽记等相同或近似的，但经该组织同意或不易误导公众的除外；与表明实施控制、予以保证的官方标志、检验印记相同或近似的，但经授权的除外；同"红十字"、"红新月"的名称、标志相同或近似的。
	②地名：县级以上行政区划的地名或公众知晓的外国地名，不得作为商标。但是，地名具有其他含义或作为集体商标、证明商标组成部分的除外；已经注册的使用地名的商标继续有效。
	③不良影响：带有民族歧视性的；带有欺骗性，容易使公众对商品的质量等特点或产地产生误认的；有害于社会主义道德风尚或有其他不良影响的。
禁止注册	不具有显著性：仅有本商品的通用名称、图形、型号的；仅直接表示商品的质量、主要原料、功能、用途、重量、数量及其他特点的；其他缺乏显著特征的。但是，上述标志经过使用取得显著特征，并便于识别的，可以作为商标注册。以三维标志申请注册商标的，仅由商品自身的性质产生的形状、为获得技术效果而需有的商品形状或使商品具有实质性价值的形状，不得注册。
	不以使用为目的的恶意商标注册申请，应当予以驳回。
不冲突	不得与他人在先取得的合法权利（如著作权、外观设计专利权、姓名权、肖像权、商号权、奥林匹克标志专有权、知名商品特有的名称包装装潢专用权等）相冲突。

【案例分析】

1. "weibo"可以注册商标吗？

第9013692号"weibo及图"商标，由微梦创科公司于2010年12月31日提出注册申请，指定使用的服务为第35类广告、广告宣传、数据通讯网络上的在线广告、广告传播、户外广告、商业信息、计算机数据库信息系统化等。关于该商标能否注册问题，北京市高级法院认为，微博，即微型博客（MicroBlog）的简称，系包括微梦创科公司在内的相关网络服务主体提供的一种社交网络平台产品名称。本案中，被异议商标由汉语拼音"weibo"及近似于无线网络WIFI的符号组成，汉字"微博"对应的汉语拼音为"weibo"，基于中国公众的理解和认读习惯以及微博的受众范围，整体上相关公众易将"weibo"与"微博"对应起来加以识别，并将其作为产品名称加以对待。微博基于用户关系进行信息的分享、传播及获取，是一种通过关注机制分享简短实时信息的广播式的社交网络平台，注重时效性、便捷性和随意性。在实际的市场经营活动中，存在腾讯微博、央视微博等多种微博服务，上述网络服务提供者在经营活动中，不仅将汉字"微博"作为其提供的产品的名称，而且亦会将"weibo"作为其产品名称进行标注，如×××weibo、×××weibo。被异议商标指定使用的"广告、广告宣传、数据通讯网络上的在线广告"等服务与微博产品存在紧密的联系，被异议商标申请注册在上述服务上，直接表示了服务的特点，会使相关公众不可避免地产生对服务特点的认知，不具有区分服务来源的功能，不符合注册条件。

2. 迈克尔·杰弗里·乔丹系列案件

综合最高人民法院的裁判，可以得出：（1）迈克尔·杰弗里·乔丹对"乔丹"二字享有姓名权，某公司以"乔丹"注册商标，侵害了他人的在先权利；（2）迈克尔·杰弗里·乔丹对"QIAODAN"不享有姓名权，某公司以"QIAODAN"注册商标，没有侵害他人的在先权利；（3）关于是否侵害迈克尔·杰弗里·乔丹的肖像权问题。肖像权所保护的"肖像"应当具有可识别性，其中应当包含足以使社会公众识别其所对应的权利主体，即特定自然人的个人特征，从而能够明确指代其所对应的权利主体。如果请求肖像权保护的标识不具有可识别性，不能明确指代特定自然人，则难以在该标识上形成依法应予保护，且归属于特定自然人的人格尊严或人格利益。如果当事人主张肖像权保护的标识并不具有足以识别的面部特征，则应当提供充分的证据，证明该标识包含了其他足以反映其所对应的自然人的个人特征，具有可识别性，使得社会公众能够认识到该标识能够明确指代该自然人。

【实战演练】

某企业在其生产的人用药品上使用"病必治"商标，但未进行注册。下列哪一选项是正确的？[①]

A. 该企业使用该商标违法，因人用药品商标必须注册

B. 该商标夸大宣传并具有欺骗性，不得使用

C. 该商标可以使用，但不得注册

D. 该商标通过使用获得显著性后，可以注册

（三）申请程序

申请人	自然人、法人或非法人组织可以申请。两个以上的自然人、法人或非法人组织可以共同向商标局申请注册同一商标，共同享有和行使该商标的专用权。
外国人	外国人或外国企业在中国申请商标注册的，应当按其所属国和中国签订的协议或共同参加的国际条约（如《巴黎公约》）办理，或按对等原则办理。
代理	中国申请者申请商标注册或者办理其他商标事宜，可以自行办理，也可以委托依法设立的商标代理机构办理。外国申请者必须委托商标代理机构代理。
	除对其代理服务申请商标注册外，自己不得申请注册其他商标。商标代理机构申请注册或者受让其代理服务以外的其他商标，商标局不予受理。
	委托人申请注册的商标可能存在不得注册情形的，商标代理机构可以接受委托，但是应当明确告知委托人。商标代理机构知道或者应当知道委托人申请注册的商标属于下列情形之一的，不得接受其委托：①不以使用为目的的恶意注册；②代理人、代表人、业务关系人恶意注册的；③损害他人在先权利的；④以不正当手段抢先注册他人已经使用并有一定影响的商标。

---

① B。"病必治"，对于药品而言，具有欺骗性，不得使用并禁止注册。

续表

申请规则	商标注册申请应当按照商品分类提出。允许一标多类申请（可以通过一份申请就多个类别的商品申请注册同一商标）。一种商品可以使用多个注册商标。
	扩大商品范围的应另行提出注册申请。注册商标需要改变其标志的应重新提出注册申请。变更商标注册人名义、地址或其他注册事项的，应当提出变更申请。
优先权	①首次申请：申请人自其商标在外国第一次提出商标注册申请之日起6个月内，又在中国就相同商品以同一商标提出注册申请，依该国与中国的协议或共同参加的国际条约，或者按照相互承认优先权的原则，可享有优先权。 ②首次使用：商标在中国政府主办的或者承认的国际展览会展出的商品上首次使用的，自该商品展出之日起6个月内，该商标的注册申请人可以享有优先权。 ③申请人要求优先权的，应当在提出商标注册申请的时候提出书面声明，并且在3个月内提交首次申请书副本或者其他证据，否则视为放弃优先权。

【实战演练】

下列关于《商标法》的有关规定，哪些说法是正确的？①

A. 声音也可被注册为商标

B. 商标注册申请人通过一份申请只能就一个类别的商品申请注册同一商标

C. 同中央国家机关的名称、标志相同的，不得作为商标注册

D. 经营者不得将驰名商标字样用于商品的广告宣传当中

（四）审查和核准程序

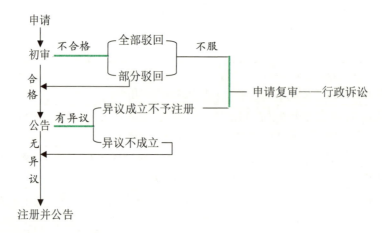

【难点展开】

1. 商标注册申请的分割制度：商标局对一件商标注册申请在部分指定商品上予以驳回的，申请人可以将该申请中初步审定的部分申请分割成另一件申请，分割后的申请保留原申请的申请日期。商标局收到分割申请后，应当将原申请分割为两件，对分割出来的初步审定申请生成新的申请号，并予以公告，注册程序继续进行。对被驳回的部分，申请人仍然可以依次申请复审、提起诉讼。

---

① ACD。我国商标法允许一标多类申请。

2. 商标异议

绝对异议	①禁止使用的；②禁止注册的。	任何人可提出	在公告后 3 个月内向商标局提出异议
相对异议	①抢注驰名商标；②代理人、代表人、业务关系人恶意注册；③恶意注册地理标志；④混淆注册申请；⑤根据先申请原则的异议；⑥损害他人在先权利；⑦抢注他人已经使用并有一定影响的商标。	只有权利人、利害关系人可提出	

①异议不成立，商标局准予注册，异议人可请求宣告该注册商标无效。
②异议成立，商标局不予注册，被异议人可申请复审。对复审决定不服的，可以自收到通知之日起 30 日内起诉，法院应当通知异议人作为第三人参加诉讼。

【实战演练】

如外国企业在我国申请注册商标，下列哪一说法是正确的？①

A. 应当委托在我国依法成立的律师事务所代理

B. 所属国必须已加入《保护工业产权巴黎公约》

C. 所属国必须已加入世界贸易组织

D. 如所属国商标注册主管机关曾驳回了其商标注册申请，该申请在我国仍有可能获准注册

三、商标权的内容

专用权	以核准注册的商标和核定使用的商品为限。
许可权	通过签订商标使用许可合同许可他人使用其注册商标的权利。
转让权	指商标权人依法享有的将其注册商标依法定程序和条件转让给他人的权利。
续展权	注册商标的有效期为 10 年，自核准注册之日起计算。注册商标有效期满，需要继续使用的，应当在期满前 12 个月内申请续展注册；在此期间未能提出申请的，可以给予 6 个月的宽展期。每次续展注册的有效期为 10 年，自该商标上一届有效期满次日起计算。宽展期满仍未提出申请的，注销其注册商标。
标示权	商标注册人有权在商品、包装或说明书等标明"注册商标"或注册标记。
禁止权	禁止未经其许可在相同或类似商品上使用与其注册商标相同或近似的商标。

---

① D。根据独立保护原则，商标注册和授权的条件是由所在申请国对申请注册的商标是否符合其申请条件而定，是本国商标法律予以的评价，与外国法无关，因此如所属国商标注册主管机关曾驳回了其商标注册申请，该申请在其他国家若符合注册条件和程序的，仍有可能获准注册。

【难点展开】

1. **商标许可**。包括普通使用许可、排他使用许可和独占使用许可。许可人应当监督被许可人使用其注册商标的商品质量,被许可人应当保证使用该注册商标的商品质量,并在使用该注册商标的商品上标明被许可人的名称和商品产地。许可他人使用其注册商标的,许可人应当将其商标使用许可报商标局备案,由商标局公告。商标使用许可合同未经备案的,不影响该许可合同的效力,但当事人另有约定的除外。商标使用许可未经备案不得对抗善意第三人。

2. **商标转让**。转让注册商标的,转让人和受让人应当签订转让协议,并共同向商标局提出申请。转让注册商标经核准后,予以公告。受让人自公告之日起享有商标专用权。受让人应当保证使用该注册商标的商品质量。转让注册商标的,商标注册人对其在同一种商品上注册的近似的商标,或者在类似商品上注册的相同或者近似的商标,应当一并转让;未一并转让的,由商标局通知其限期改正;期满未改正的,视为放弃转让该注册商标的申请,商标局应当书面通知申请人。注册商标的转让不影响转让前已经生效的商标使用许可合同的效力,但商标使用许可合同另有约定的除外。

【案例分析】

1. 商标独占使用双重许可合同纠纷

毕加索公司是第 2001022 号 图形商标的商标权人。2008 年 9 月 8 日,毕加索公司授予帕弗洛公司在中国大陆地区于书写工具类别上独家使用涉案商标,期限为 2008 年 9 月 10 日至 2013 年 12 月 31 日。2009 年 3 月 12 日,该商标使用许可合同备案被商标局核准。2010 年 2 月 11 日,毕加索公司与帕弗洛公司约定商标使用许可期限在原契约基础上延展 10 年。2012 年 1 月 1 日,毕加索公司与帕弗洛公司约定双方终止涉案商标使用许可备案,但双方关于该商标的其他约定不受影响。2012 年 2 月 16 日,毕加索公司与艺想公司签订《商标使用许可合同书》,约定艺想公司 2012 年 1 月 15 日至 2017 年 8 月 31 日期间独占使用涉案商标。帕弗洛公司认为毕加索公司与艺想公司的行为属于"恶意串通,损害第三人合法利益"及"违反法律、行政法规的强制性规定",向法院提起诉讼请求判令:毕加索公司与艺想公司签订的《商标许可使用合同》无效;两者共同赔偿帕弗洛公司经济损失 100 万元。

上海市第一中级人民法院认为,系争商标使用许可合同系双方当事人真实意思表示,目的在于获取涉案商标的独占许可使用权,难以认定其有损害帕弗洛公司合法利益的主观恶意;《最高人民法院关于审理商标民事纠纷案件适用法律若干问题的解释》第 3 条第 1 项[①]的内容是对商标法所规定的商标使用许可方式的定义,不属于强制性法律规范,系争合同的订立并未违反法律、行政法规的强制性规定。遂判决驳回帕弗洛公司的全部诉讼请求。帕弗洛公司不服,提起上诉。上海市高级人民法院认为,毕加索公司与艺想公司在签订系争商标使用许可合同时,均知晓帕弗洛公司与毕加索公司之间已存在涉案商标独占使用许可关系,因而艺想公司并不属于在后被授权之善意第三人,但尚无充分证据证明艺想公司有加害帕弗洛公司的主观恶意,亦无证据证明毕加索公司与艺想公司间存在串通行为,故难以认定此种合同行为属恶意串通损害第三人利益之行为。但由于艺想公司不属于善意第三人,帕弗洛公司对涉案商标享有的独占许可使用权可以对抗在后的系争商标使用许可合同关系,毕加索公司实际上并未履行系争商标使用许可合同的义务,艺想公司不能据此系争合同获得涉案商标的使用权。故判决驳回上

---

① ……(一)独占使用许可,是指商标注册人在约定的期间、地域和以约定的方式,将该注册商标仅许可一个被许可人使用,商标注册人依约定不得使用该注册商标;……

诉、维持原判。

2. 达能与娃哈哈之争中的商标权出资纠纷

达能集团与娃哈哈集团在 1996 年成立合资公司。根据《合资经营合同》，娃哈哈集团与合资公司签署《商标转让合同》，同意将"娃哈哈"商标转让给合资公司，作价 1 亿元，其中 5 千万元作为对合资公司的出资。后因商标转让登记手续一直未能完成，娃哈哈集团与合资公司签订《商标许可合同》，约定在转让得到国家商标局正式核准前，"娃哈哈"商标由合资公司独家使用。而达能集团调查发现，自 2001 年以来，娃哈哈集团未经合资公司同意，已将"娃哈哈"商标许可给多家企业使用。2007 年 5 月 9 日，达能集团根据仲裁协议，向斯德哥尔摩仲裁院提起仲裁。2009 年 9 月 30 号上午，在中国商务部主持下，双方发表联合声明，宣布达成和解方案。几个小时以后，斯德哥尔摩仲裁院作出了有利于达能集团的裁决。从学习的角度看，本案中的重要问题包括：（1）除非双方当事人另有约定，商标权转让合同自成立时生效；（2）注册商标转让核准是商标权转移的要件，而非商标权转让合同的生效要件，就像不动产登记是不动产所有权变动要件而非不动产买卖合同生效要件一样；（3）共同向商标局申请注册商标转让核准，是双方在商标权转让合同项下的主要义务，原则上适用继续履行，若继续履行在法律上或事实上不能，可以追究其他违约责任。

【实战演练】

甲公司通过签订商标普通许可使用合同许可乙公司使用其注册商标"童声"，核定使用的商品为儿童服装。合同约定发现侵权行为后乙公司可以其名义起诉。后乙公司发现个体户萧某销售假冒"童声"商标的儿童服装，萧某不能举证证明该批服装的合法来源。下列哪些说法是正确的？①

A. 乙公司必须在"童声"儿童服装上标明乙公司的名称和产地

B. 该商标使用许可合同自备案后生效

C. 乙公司不能以其名义起诉，因为诉权不得约定转移

D. 萧某应当承担停止销售和赔偿损失的法律责任

四、商标权的消灭

注销	申请注销：商标权人申请注销，经商标局核准注销的，该商标专用权在商标局收到申请之日终止。	
	期满注销：宽展期满未提出申请，或申请未获批准的，注销注册商标。	
撤销	商标局依职权撤销：自行改变注册商标、注册人名义、地址或其他注册事项，期满不改正的。	不服的可以申请复审，对复审决定不服的可以起诉。被撤销的注册商标，专用权自商标局公告之日起终止。
	申请商标局撤销：注册商标成为其核定使用的商品的通用名称或没有正当理由连续 3 年不使用的，任何单位或者个人可以向商标局申请撤销该注册商标。	

---

① AD。商标使用许可合同未经备案的，不影响该许可合同的效力，但当事人另有约定的除外。普通许可的被许可人根据许可合同约定或者许可人的授权，可以起诉商标侵权行为。

续表

无效	绝对理由：禁止使用的；禁止注册的；以欺骗手段或者其他不正当手段取得注册的。由商标局宣告无效，其他单位或个人可以请求宣告该注册商标无效。	①视为自始即不存在。②对宣告无效前法院做出并已执行的商标侵权案件的判决、裁定、调解书和已执行的商标侵权案件的处理决定以及已经履行的商标转让或使用许可合同不具有追溯力。
	相对理由：同"相对异议"理由，自商标注册之日起 5 年内，在先权利人或利害关系人可以请求宣告该注册商标无效。对恶意注册的，驰名商标所有人不受 5 年的时间限制。	
自撤销、宣告无效或注销之日起 1 年内，对与该商标相同或近似的商标注册申请，不予核准。		

【案例分析】"羊卓雍措" 商标无效案

第 14383893 号 "羊卓雍措" 商标（以下称争议商标）由西藏吞弥文化旅游股份有限公司（即本案被申请人）于 2014 年 4 月 15 日提出注册申请，2015 年 8 月 7 日经核准核定使用在第 29 类 "鱼制食品、腌制水果" 商品上。2017 年 4 月 5 日，浪卡子县羊卓投资有限责任公司（即本案申请人）对争议商标提出无效宣告请求。申请人称："羊卓雍措" 地处浪卡子县，在西藏地区乃至全国都具有极高知名度和影响力。争议商标的申请注册将造成相关公众对争议商标指定使用商品的产地、质量产生误认，违背了诚实信用原则。"羊卓雍措" 是公共资源，若为一家独占将造成不良社会影响。争议商标的注册违反了《商标法》第 10 条第 1 款第 8 项的规定，① 应予以宣告无效。被申请人在规定期限内未予答辩。

经审理认为：被申请人所在地与 "羊卓雍措" 所在地不同。被申请人将 "羊卓雍措" 作为商标申请注册在 "鱼制食品、腌制水果" 商品上，易使相关公众认为上述商品来源于 "羊卓雍措"，或者与 "羊卓雍措" 具有某种特定关联，从而对商品的质量及产地产生误认。因此，争议商标的注册已构成《商标法》第 10 条第 1 款第 7 项所指之情形。"羊卓雍措" 为西藏三大圣湖之一，在西藏地区具有较高知名度，争议商标的注册已构成《商标法》第 10 条第 1 款第 8 项所指之情形。审理结果，宣告该注册商标无效。

【实战演练】

某县的甲公司未经漫画家乙许可，将其创作的一幅漫画作品作为新产品的商标使用，并于 2013 年 3 月 3 日被核准注册。乙认为其著作权受到侵害，与甲发生纠纷。乙可以采取哪些方式保护自己的合法权益?②

---

① 《商标法》第 10 条第 1 款："下列标志不得作为商标使用：……带有欺骗性，容易使公众对商品的质量等特点或者产地产生误认的；有害于社会主义道德风尚或者有其他不良影响的。"

② 对于这个开放式问题，我们可以分别从著作权法和商标法的角度思考。从著作权法角度，甲公司侵犯了乙的著作权，乙可以通过诉讼方式追究甲公司侵权责任，当然也可以通过协商将著作权转让给甲公司或者许可给甲公司使用。从商标法的角度，该注册商标侵害了乙在先取得的合法权利，乙可以在注册之日起的 5 年内，请求宣告该注册商标无效。

五、注册商标侵权行为

（一）种类

<table>
<tr><td rowspan="15">商标侵权行为</td><td>①假冒：同种商品相同商标</td></tr>
<tr><td>②仿冒：同种商品近似商标，类似商品相同商标，类似商品近似商标；容易导致混淆</td></tr>
<tr><td>③销售侵权：销售侵犯注册商标专用权的商品。（注意：销售侵权不以过错为要件，但是销售不知道是侵犯注册商标专用权的商品，能证明该商品是自己合法取得并说明提供者的，不承担赔偿责任。）</td></tr>
<tr><td>④标识侵权：伪造、擅自制造他人注册商标标识或销售伪造、擅自制造的注册商标标识</td></tr>
<tr><td>⑤反向假冒：未经商标注册人同意，更换其注册商标并将该更换商标的商品又投入市场</td></tr>
<tr><td>⑥帮助侵权：故意为侵犯他人商标专用权行为提供便利条件（为侵犯他人商标专用权提供仓储、运输、邮寄、印制、隐匿、经营场所、网络商品交易平台等），帮助他人实施侵犯商标专用权行为</td></tr>
<tr><td>⑦商号侵权：将与他人注册商标相同或相近似的文字作为企业的字号在相同或类似商品上突出使用，容易使相关公众产生误认。（注意：将他人注册商标、未注册的驰名商标作为企业名称中的字号使用，误导公众，构成不正当竞争行为的，依照《中华人民共和国反不正当竞争法》处理。）</td></tr>
<tr><td>⑧商品名称或装潢侵权：在同一种商品或类似商品上将与他人注册商标相同或近似的标志作为商品名称或商品装潢使用，误导公众</td></tr>
<tr><td>⑨域名侵权：将与他人注册商标相同或相近似的文字注册为域名，并且通过该域名进行相关商品交易的电子商务，容易使相关公众产生误认</td></tr>
<tr><td>⑩侵害驰名商标专用权：复制、摹仿、翻译他人注册的驰名商标或其主要部分在不相同或不相类似商品上作为商标使用，误导公众，致使该驰名商标注册人的利益可能受到损害的。（需要注意，未注册驰名商标受保护程度有限，复制、摹仿、翻译他人未在中国注册的驰名商标或其主要部分，在相同或类似商品上作为商标使用，容易导致混淆的，应当承担停止侵害的民事法律责任）</td></tr>
</table>

【难点展开】

1. 商标相同或近似的判断。商标相同，是指被控侵权的商标与原告的注册商标相比较，二者在视觉上基本无差别。商标近似，是指被控侵权的商标与原告的注册商标相比较，其文字的字形、读音、含义或者图形的构图及颜色，或者其各要素组合后的整体结构相似，或者其立体形状、颜色组合近似，易使相关公众对商品的来源产生误认或者认为其来源与原告注册商标的商品有特定的联系。认定商标相同或者近似按照以下原则进行：以相关公众的一般注意力为标准；既要进行对商标的整体比对，又要进行对商标主要部分的比对，比对应当在比对对象隔离的状态下分别进行；判断商标是否近似，应当考虑请求保护注册商标的显著性和知名度。

2. 商品类似的判断。类似商品，是指在功能、用途、生产部门、销售渠道、消费对象等方面相同，或者相关公众一般认为其存在特定联系、容易造成混淆的商品。类似服务，是指在服务的目的、内容、方式、对象等方面相同，或者相关公众一般认为存在特定联系、容易造成混淆的服务。商品与服务类似，是指商品和服务之间存在特定联系，容易使相关公众混淆。认定商品或者服务是否类似，应当以相关公众对商品或者服务的一般认识综合判断；《商标注册用商品和服务国际分类表》、《类似商品和服务区分表》可以作为判断类似商品或者服务的参考。

3. 能证明该商品是自己合法取得的情形包括：（1）有供货单位合法签章的供货清单和货

款收据且经查证属实或者供货单位认可的；（2）有供销双方签订的进货合同且经查证已真实履行的；（3）有合法进货发票且发票记载事项与涉案商品对应的；（4）其他能够证明合法取得涉案商品的情形。

（二）责任

赔偿数额	确定方法：实际损失—侵权获利—商标许可使用费的倍数。
	惩罚性赔偿：对恶意侵犯商标专用权，情节严重的，可以在按照上述方法确定数额的1倍以上5倍以下确定赔偿数额。
	费用补偿：还应当赔偿权利人为制止侵权行为所支付的合理开支，包括权利人或委托代理人对侵权行为进行调查、取证的合理费用以及符合国家有关部门规定的律师费用。
	权利人因被侵权所受到的实际损失、侵权人因侵权所获得的利益、注册商标许可使用费均难以确定的，由人民法院根据侵权行为的情节判决给予500万元以下的赔偿。当事人也可以协议确定赔偿数额。
不必赔偿	销售不知道是侵犯注册商标专用权的商品，能证明该商品是自己合法取得并说明提供者的，不承担赔偿责任。
	注册商标专用权人不能证明此前3年内实际使用过该注册商标，也不能证明因侵权行为受到其他损失的，被控侵权人不承担赔偿责任。
销毁	法院审理商标纠纷案件，应权利人请求，对属于假冒注册商标的商品，除特殊情况外，责令销毁；对主要用于制造假冒注册商标的商品的材料、工具，责令销毁，且不予补偿；或者在特殊情况下，责令禁止前述材料、工具进入商业渠道，且不予补偿。假冒注册商标的商品不得在仅去除假冒注册商标后进入商业渠道。

【案例分析】"星河湾"侵害商标权及不正当竞争案

宏富公司拥有第1946396号和第1948763号组合商标，分别核定使用在第36类"不动产出租、不动产管理"等以及第37类"建筑"等服务项目，后转让给星河湾公司。宏富公司经许可使用上述两注册商标，并有权以自身的名义提起侵权诉讼。宏富公司及其关联企业先后在广州、北京、上海等地开发以"星河湾"命名的地产项目，"星河湾"地产项目及星河湾公司先后获得多项荣誉。自2000年起，炜赋公司在江苏省南通市先后推出"星河湾花园"等多个地产项目，小区名称均报经南通市民政局批准。星河湾公司、宏富公司以炜赋公司在开发的不动产项目中使用"星河湾"字样，侵害其注册商标权并构成不正当竞争为由，提起诉讼。江苏省南通市中级人民法院一审认为，炜赋公司使用"星河湾花园"作为其开发的楼盘名称，未导致消费者对该楼盘来源产生混淆，不构成商标侵权。其主观上并无搭便车之故意，客观上也未造成消费者误认，亦不构成不正当竞争。遂判决驳回星河湾公司、宏富公司的诉讼请求。星河湾公司、宏富公司不服，向江苏省高级人民法院提起上诉。江苏省高级人民法院二审判决驳回上诉、维持原判。星河湾公司、宏富公司仍不服，向最高人民法院申请再审。最高人民法院提审认为炜赋公司将与"星河湾"商标相近似的"星河湾花园"标识作为楼盘名称使用，容易使相关公众造成混淆误认，构成对星河湾公司、宏富公司相关商标权的侵犯，故判决撤销一审、二审判决，判令炜赋公司在其尚未出售的楼盘和将来拟开发的楼盘上不得使用相关"星河湾"名称作为其楼盘名称，并赔偿星河湾公司、宏富公司经济损失5万元。

【实战演练】

甲公司在汽车产品上注册了"山叶"商标，乙公司未经许可在自己生产的小轿车上也使用"山叶"商标。丙公司不知乙公司使用的商标不合法，与乙公司签订书面合同，以合理价格大量购买"山叶"小轿车后售出，获利100万元以上。下列哪一说法是正确的？①

    A. 乙公司的行为属于仿冒注册商标   B. 丙公司可继续销售"山叶"小轿车

    C. 丙公司应赔偿甲公司损失100万元   D. 行政部门不能对丙公司进行罚款处罚

（三）商标的合理使用（不构成侵权）

商标的合理使用不构成侵权	①不具有显著性：注册商标中含有的本商品的通用名称、图形、型号，或者直接表示商品的质量、主要原料、功能、用途、重量、数量及其他特点，或者含有的地名，注册商标专用权人无权禁止他人正当使用。
	②不具有显著性：三维标志注册商标中含有的商品自身的性质产生的形状、为获得技术效果而需有的商品形状或者使商品具有实质性价值的形状，注册商标专用权人无权禁止他人正当使用。
	③先用权人：商标注册人申请商标注册前，他人已经在同一种商品或者类似商品上先于商标注册人使用与注册商标相同或者近似并有一定影响的商标的，注册商标专用权人无权禁止该使用人在原使用范围内继续使用该商标，但可以要求其附加适当区别标识。

【案例分析】

1. 鲁锦公司诉鄄城鲁锦公司、礼之邦公司侵害商标权及不正当竞争纠纷案

原告鲁锦公司诉称：被告鄄城鲁锦公司、礼之邦公司大量生产、销售标有"鲁锦"字样的鲁锦产品，侵犯其"鲁锦"注册商标专用权。鄄城鲁锦公司企业名称中含有原告的"鲁锦"注册商标字样，误导消费者，构成不正当竞争。"鲁锦"不是通用名称。请求判令二被告承担侵犯商标专用权和不正当竞争的法律责任。

被告鄄城鲁锦公司辩称：原告鲁锦公司注册成立前及鲁锦商标注册完成前，"鲁锦"已成为通用名称。按照有关规定，其属于"正当使用"，不构成商标侵权，也不构成不正当竞争。被告礼之邦公司一审未作答辩，二审上诉称："鲁锦"是鲁西南一带民间纯棉手工纺织品的通用名称，不知道"鲁锦"是鲁锦公司的注册商标，接到诉状后已停止相关使用行为，故不应承担赔偿责任。

法院生效裁判认为，根据本案事实可以认定，在1999年鲁锦公司将"鲁锦"注册为商标之前，已是山东民间手工棉纺织品的通用名称，"鲁锦"织造技艺为非物质文化遗产。鄄城鲁锦公司、济宁礼之邦公司的行为不构成商标侵权，也非不正当竞争。（**案例来源：最高人民法院指导案例第46号**）

2. "启航考研"在先使用不侵权案

贵阳市云岩区启航英语培训学校于2003年取得第41类学校（教育）等服务上的"启航学校 Qihang School"注册商标，并将该商标许可给中创公司独占使用。中创公司发现启航考试学校及启航公司在共同运营的启航世纪网站、发放的宣传材料、名片、教材等之上以及对外加盟行为中使用与涉案商标相近似的"启航考研"等标识，认为上述行为侵犯其享有的涉案商标专用权，遂诉至法院。启航考试学校成立时间为1998年，启航公司成立于2003年。1998年至2001年间，启航考试学校编写了由中国人民大学出版社出版的各类考研书籍。启航考试学校及启航公司认为其系对自己在先登记使用并已有极高知名度的企业名称和字号使用，未侵犯中创公司享有的商标权。北京市海淀区人民法院及北京知识产权法院均认为，在"启航"商标的申请日，即2001年10月18日之前，启航考试学校已经在公开出版的图书上使用"启航考

---

① D。善意销售侵权行为，不赔偿，也不罚款。

研"字样并在公开媒体上发布"启航考研"招生信息，且已经具有一定规模，符合商标法第59条第3款的适用要件，不构成对注册商标专用权的侵犯。

注：《商标法》第59条第3款："商标注册人申请商标注册前，他人已经在同一种商品或者类似商品上先于商标注册人使用与注册商标相同或者近似并有一定影响的商标的，注册商标专用权人无权禁止该使用人在原使用范围内继续使用该商标，但可以要求其附加适当区别标识。"

【实战演练】

2010年，甲饮料厂开始制造并销售"香香"牌果汁并已产生一定影响。甲在外地的经销商乙发现甲尚未注册"香香"商标，就于2014年在果汁和碳酸饮料两类商品上同时注册了"香香"商标，但未实际使用。2015年，乙与丙饮料厂签订商标转让协议，将果汁类"香香"商标转让给了丙。对此，下列哪些选项是正确的？①

A. 甲可随时请求宣告乙注册的果汁类"香香"商标无效
B. 乙应将注册在果汁和碳酸饮料上的"香香"商标一并转让给丙
C. 乙就果汁和碳酸饮料两类商品注册商标必须分别提出注册申请
D. 甲可在果汁产品上附加区别标识，并在原有范围内继续使用"香香"商标

六、驰名商标的保护

一般原理	驰名商标是指在中国境内为相关公众所熟知的商标。商标的驰名与注册与否没有直接关系。商品商标、服务商标、集体商标、证明商标，都可能成为驰名商标。驰名商标不是终身桂冠。
认定标准	认定驰名商标应当考虑下列因素：相关公众对该商标的知晓程度；该商标使用的持续时间；该商标的任何宣传工作的持续时间、程度和地理范围；该商标作为驰名商标受保护的记录；该商标驰名的其他因素。
认定程序	①商标局或法院在个案的基础上作为事实进行认定。②在涉及驰名商标保护的民事纠纷案件中，法院对于商标驰名的认定，仅作为案件事实和判决理由，不写入判决主文；以调解方式审结的，在调解书中对商标驰名的事实不予认定。
使用限制	生产、经营者不得将"驰名商标"字样用于商品、商品包装或容器上，或用于广告宣传、展览以及其他商业活动中。
特殊保护	未注册的同类保护：①复制、摹仿、翻译他人未在中国注册的驰名商标或其主要部分，在相同或类似商品上作为商标使用，容易导致混淆的，应当承担停止侵害的民事法律责任（不承担赔偿责任）。②申请注册的，不予注册并禁止使用。
	已注册的全类保护：①就不相同或不相类似商品申请注册的商标是复制、摹仿或翻译他人已经在中国注册的驰名商标，误导公众，致使该驰名商标注册人的利益可能受到损害的，不予注册并禁止使用。②复制、摹仿、翻译他人注册的驰名商标或其主要部分在不相同或不相类似商品上作为商标使用，误导公众，致使该驰名商标注册人的利益可能受到损害的，构成侵权。③已注册的驰名商标，还受到与其他注册商标相同的保护。

---

① BD。本题具有综合性，是现代法考知识产权法题目的典型代表。

【案例分析】"途牛"商标无效案

第 16004180 号"途牛"商标（以下称争议商标）由青岛百奕名车汇商贸有限公司（即本案被申请人）于 2014 年 12 月 24 日提出注册申请，2017 年 7 月 4 日经异议程序决定被准予注册，核定使用在第 20 类"折叠式躺椅、垫褥（亚麻制品除外）"等商品上。2017 年 12 月 11 日，该商标被南京途牛科技有限公司（即本案申请人）提出无效宣告请求。申请人称："途牛"商标系申请人独创，具有很强的显著性，经过大量广泛的使用宣传已在旅游行业具有极高的知名度和影响力。争议商标是对申请人第 6631862 号"途牛"商标（以下称引证商标）的复制和抄袭，争议商标的注册将淡化申请人"途牛"商标的显著性，造成消费者误认。请求依据《商标法》第 13 条第 3 款①等规定，宣告争议商标无效。对此，被申请人的主要答辩意见为："途牛"为被申请人独创词汇，争议商标经被申请人长期使用，其显著特征更加突出，并在消费者中具有相当高的知名度。申请人申请驰名商标保护的主张不符合法律规定。请求维持争议商标的注册。

经审理认为，申请人引证商标曾被适用《商标法》第 13 条的规定予以保护，且根据申请人提交证据可知，"途牛"商标自 2008 年开始被广泛使用于申请人提供的旅游等各类服务上。此外，申请人还通过提供旅游服务、广告宣传等多种方式在全国范围内对其商标及服务进行了多方位的大力宣传和使用，申请人及其"途牛"品牌获得了多项荣誉。综上所述，引证商标在观光旅游等服务上通过长期广泛的宣传和销售，已为我国相关公众所熟知。争议商标"途牛"与申请人引证商标"途牛"文字构成相同，其核定使用的存储和运输用非金属容器、枕头、野营睡袋等商品为申请人所述旅游行业必需品，存在一定关联性。基于此，被申请人申请注册争议商标的行为已构成对申请人引证商标的复制和抄袭，争议商标的注册和使用易误导公众，致使申请人的利益可能受到损害。因此，争议商标的注册已构成《商标法》第 13 条第 3 款所指不予注册并禁止使用之情形，应予宣告无效。

【实战演练】

甲公司生产"美多"牌薰衣草保健枕，"美多"为注册商标，薰衣草为该枕头的主要原料之一。其产品广告和包装上均突出宣传"薰衣草"，致使"薰衣草"保健枕被消费者熟知，其他厂商也推出"薰衣草"保健枕。后"薰衣草"被法院认定为驰名商标。下列哪些表述是正确的？②

A. 甲公司可在一种商品上同时使用两件商标

B. 甲公司对"美多"享有商标专用权，对"薰衣草"不享有商标专用权

C. 法院对驰名商标的认定可写入判决主文

D. "薰衣草"叙述了该商品的主要原料，不能申请注册

---

① 《商标法》第 13 条第 3 款："就不相同或者不相类似商品申请注册的商标是复制、摹仿或者翻译他人已经在中国注册的驰名商标，误导公众，致使该驰名商标注册人的利益可能受到损害的，不予注册并禁止使用。"

② AB。法律并不禁止同一件商品使用两个以上的注册商标。只有注册商标才享有商标专用权。法院对于商标驰名的认定，仅作为案件事实和判决理由，不写入判决主文。"薰衣草"因主要叙述了该商品的主要原料而缺乏天然显著性，但经过长期使用已经取得了显著性。

文都法考

2022文都法考

客观题 主观题

内部嘟学班

🎬 录播课 + 📺 直播课

全年保姆式课程安排

| 01 针对在职在校学生设置 | 02 拒绝懒惰没计划效率低 |
| 03 全程规划督学答疑指导 | 04 学习任务按周精确到天 |

你仅需好好学习其他的都交给我们

- ✓ 每日督学管理
- ✓ 个人学习计划
- ✓ 阶段测评模拟
- ✓ 专辅1V1答题
- ✓ 个人学习档案
- ✓ 考点背诵任务
- ✓ 主观题1V1批改

扫码立即
咨询客服

扫码下载
小嘟AI课APP

文都法考

客观题　主观题

面授密训班

✓ 内部密训课程　✓ 内部核心资料　✓ 揭示命题套路

✓ 直击采分陷阱　✓ 传授答题思路　✓ 强化得分能力

全封闭
管理

专题式
密训

专辅跟班
指导

阶段模拟
测评

点对点
背诵检查

手把手
案例批改

1V1
督学提醒

扫码立即
咨询客服

扫码下载
小嘟AI课APP